돌궐어 문법

돌궐어 문법

탈랴트 테킨 지음

이용성 옮김

한국학술정보[주]

ORHON TÜRKÇESİ GRAMERİ

Copyright © 2000 by Talât Tekin

All rights reserved.

Korean translation copyrights © 2012

by Korean Studies Information co., Ltd.

■ 오르콘 강

■ 셀렝가 강

■ 돌궐시대의 석인상

■ 투뉴쿠크 제1 비문(오른쪽)과 제2 비문(왼쪽)

■ 퀼 티긴 비문의 서쪽 면
(박물관으로 옮기기 전)

■ 박물관의 퀼 티긴 비문(오른쪽)과
빌개 카간 비문(왼쪽)

■ 빌개 카간 비문의 동쪽 면

■ 투뉴쿠크 제1
비문

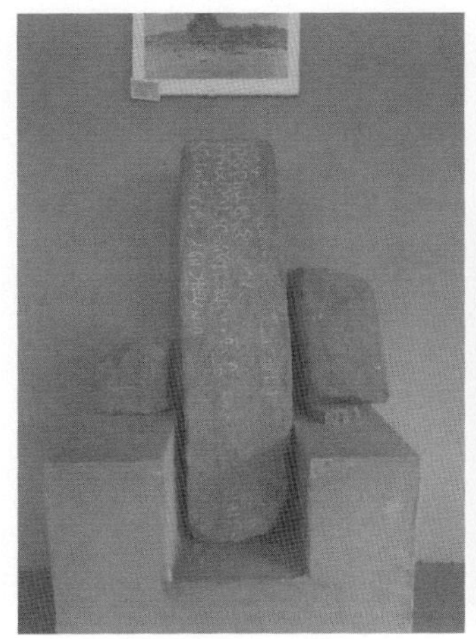

■ 박물관의 옹기 비문　　　　■ 퀼리 초르 비문

■ 옹기 비문 주변의 발발(balbal)들

■ 박물관의 타리아트 비문

■ 타리아트 비문 제1 조각의 서쪽 면

■ 타리아트 비문 제2 조각의 서쪽 면

■ 타리아트 비문 제3 조각의 서쪽 면(탁본을 뜬 뒤)

■ 시네 우수 비문 제2 조각의
동쪽 면

■ 시네 우수 비문 제1 조각의 북쪽 면

■ 테스 비문의 동쪽 면

■ 테스 비문의 서쪽 면

■ 테스 비문의 남쪽 면

■ 미누신스크 박물관의 헴치크-츠르가크 비문

■ 미누신스크 박물관의 알튼쾰 제1 비문

■ 미누신스크 박물관의 예니세이 비문들

오늘날 태평양 연안에서 발트해 연안까지, 북극해 연안에서 페르시아만 연안까지 이르는 아주 넓은 지역에서 대략 1억 5천만 ~ 2억 명의 사람들이 튀르크계 언어들을 사용하고 있다. 튀르크계 언어로는 터키어를 비롯하여 소련에서 독립한 튀르크계 여러 나라에서 사용되는 아제르바이잔어, 튀르크멘어, 우즈베크어, 카라칼파크어, 카자크어, 크르그즈어, 러시아 연방에서 사용되는 바시키르어, 야쿠트어, 추바시어, 타타르어, 투바어, 하카스어, 중국에서 사용되는 살라르어, 서부 유구르어, (현대) 위구르어, 우크라이나에서 사용되는 크림 타타르어, 이란에서 사용되는 카시카이어, 할라지어, 호라산 튀르크어 등 30여 개의 언어와 방언이 있다. 이들 튀르크계 언어들에 대한 가장 오래된 문헌 자료가 바로 돌궐 비문들이다.

튀르크학의 여러 분야, 특히 돌궐어 연구에 있어 세계적 권위자인 터키의 Talât Tekin(탈랴트 테킨, 1927~2015) 교수는 1965년 6월에 UCLA의 근동어학과에서 「A Grammar of Orkhon Turkic」라는 논문으로 박사학위를 받았다. 그의 이 논문은 1968년에 인디애나 대학교의 우랄알타이 총서 제69권으로 출판되었다. 이 책은 몽골에 있던 제2 돌궐 제국(682-744) 시대에서 남겨진 큰 비문 5개, 즉 퀼 티긴(Kül Tigin) 비문(732), 빌개 카간(Bilgä Kagan) 비문(735), 투뉴쿡(Tunyukuk) 비문

(720-725 ?), 옹기(Ongi) 비문(732-735 ?), 퀼리 초르(Küli Čor) 비문 (719-723 ?)에 바탕을 두고 있었다.

그는 터키로 돌아가서 앙카라의 하젤테페(Hacettepe) 대학교에서 근무하며 연구를 계속하여 여러 책과 논문을 내었다. 대표적인 것이 1988년의 『Orhon Yazıtları[오르콘 비문들]』과 1994년의 『Tunyukuk Yazıtı[투뉴쿠크 비문]』이다. 이 두 책은 역자가 번역하였고, 각각 『고대 튀르크 비문의 연구』(1993년), 『고대 튀르크 비문의 연구(II), -투뉴쿡 비문-』(1996년)이라는 제목으로 한국어로 발간되었다. 이 두 책을 역자가 한 권으로 묶어 다시 번역하였고 2008년에 『돌궐 비문 연구 -퀼 티긴 비문, 빌개 카간 비문, 투뉴쿠크 비문-』이라는 제목으로 발간되었다.

「A Grammar of Orkhon Turkic」이 발간될 때만 해도 타리아트 비문과 테스 비문은 학계에 알려져 있지 않았다. 돌궐 문자로 된 옛 튀르크 비문들에 관하여 여러 학자의 중요한 연구물들이 발간되었고, 저자도 새로운 독법과 해석을 제시하는 등 견해가 바뀐 것들이 있다. 그리하여 Talât Tekin 교수는 이 분야에서 가장 최근의 발전 및 바뀐 사항들을 고려하여 자신의 박사학위 논문을 새로운 문서들과 정보들로 확대하여 다시 집필하였다. 이것이 2000년에 발간된 『Orhon Türkçesi Grameri [한국어로는 '오르콘 튀르크어 문법', 영어로는 'A Grammar of Orkhon

Turkic’]』라는 문법서이다. 터키어로 쓰인 이 책에서 다룬 자료는 제2 돌궐 제국(682-744) 시대에서 남겨진 큰 비문 5개와 더불어 다음과 같다:

1. 몽골에 있는 위구르 제국(744-840) 시대에서 남겨진 비문들: 시네 -우수(Shine-Usu) 비문(760), 타리아트(Tariat) 비문(753), 테스(Tes) 비문(750)

2. 크르그즈 비문들: 수지(Suji) 비문(840 ?), 8-9세기에서 남겨진 예니세이 비문들

3. 동 튀르키스탄에서 발견된 돌궐 문자로 된 필사본들, 특히 으르크 비틱(Ïrk Bitig)이라는 이름의 점괘책.

제2 돌궐 제국(682-744) 시대에서 남겨진 큰 비문 5개의 언어, 위구르 제국 시대(744-840)에서 남겨진 비문들의 언어 및 같은 세기[즉, 8세기]와 9-10세기에 남겨진 것으로 여겨지는 예니세이 비문들과 동(東) 튀르키스탄에서 발견된 돌궐 문자로 된 텍스트들의 언어는 서로 그리 다르지 않기 때문에 함께 다룬 것이다. ‘오르콘 튀르크어’는 ‘돌궐어’를 가리키므로 번역서의 제목은 ‘돌궐어 문법’으로 하였다. 이 책은 『Orhon Türkçesi Grameri』가 최초로 외국어로 번역된 것이다. 이 번역서에서는 터키어 원본에는 없는 여러 사진 자료를 실었다.

이 번역서가 출간되기까지 도움을 주신 여러분께 감사를 표하고자

한다. 내 스승인 Talât Tekin 교수에게 감사를 드린다. Talât Tekin 교수는 알츠하이머병으로 몇 년째 투병하고 있다. 그의 저서 『Orhon Türkçesi Grameri』는 그야말로 돌궐 문자로 된 옛 튀르크 비문들에 관한 그의 연구를 집대성한 것이라 할 수 있다. Talât Tekin 교수를 대신하여 Orhon Türkçesi Grameri의 발간자로서 이 책의 한국어 번역을 허락해 준 Mehmet Ölmez 교수에게 감사를 드린다. 박물관의 퀼 티긴 비문과 빌개 카간 비문, 퀼리 초르 비문, 옹기 비문의 사진 자료를 보내 준 정재훈 교수와 위구르 비문들(시네-우수 비문, 타리아트 비문, 테스 비문)의 사진 자료를 보내 준 Cengiz Alyılmaz 교수와 Osman Mert 교수에게 감사를 드린다. 출판을 담당한 한국학술정보(주)의 채종준 대표이사님과 직원 여러분의 노고에 감사를 드린다. 그리고 책이 마무리되기까지 큰 힘이 되어준 내 사랑하는 가족 아내 경숙과 딸 설희에게 고마움을 전한다.

끝으로 이 번역서가 고대 튀르크어와 튀르크어 역사에 관심 있는 관련학자 및 학생, 독자들에게 도움이 되기를 바란다.

2012년 7월

역자 이용성

| 머 리 말 |

독자의 손에 있는 문법서는 필자가 1963년 가을에 블루밍턴(Bloomington)에서 집필하기 시작하여 1965년 5월에 UCLA에 제출한 「A Grammar of Orkhon Turkic」이라는 제목의 박사학위 논문을 터키어로 옮긴 것이다. 집필된 지 3년 지나 1968년에 인디애나 대학교에서 발간된 이 문법서는 몽골에 있던 제2 돌궐 제국(682-744) 시대에서 남겨진 큰 비문 5개에 바탕을 두고 있었다. 이 다섯 비문은 다음과 같다: 퀼 티긴(Kül Tigin) 비문(732), 빌개 카간(Bilgä Kagan) 비문(735), 투뉴쿠크(Tunyukuk) 비문(720-725 ?), 옹기(Ongi) 비문(732-735 ?), 퀼리 초르(Küli Čor) 비문(719-723 ?). 달리 말하면, 위구르 제국 시대(744-840)에서 남겨진 모윤 초르(Moyun Čor) 또는 시네-우수(Shine-Usu) 비문(760) 및 돌궐 문자로 된 다른 모든 비문들, 크르그즈족에게서 남겨진 것으로 여겨지는 수지(Suji) 비문(840 ?) 및 예니세이 비문들과 돌궐 문자로 된 투르판(Turfan), 미란(Miran) 및 둔황 필사본들은 이 문법서가 바탕을 둔 언어 자료에 포함되지 않았다.

돌궐어 문법서가 집필된 지 35년만큼이라는 꽤 긴 시간이 지났다. 이 기간에 몽골에서는 돌궐 문자로 된 새로운 비문들(타리아트(Tariat) 또는 테르흐(Terkh) 비문, 테스(Tes) 비문 등)이 발견되었을 뿐만 아니라 돌궐 문자로 된 옛 튀르크 비문들에 관하여 중요한 연구물들이 발간되었다: D.

D. Vasil'ev[1]), *Korpus tjurkskix runičeskix pamjatnikov bassejna jeniseja*, Leningrad 1983 및 I. V. Kormušin[2]), *Tjurkskije jenisejskije epitafii: Teksty i issledovanija*, Moskva 1997 (Nauka) 등처럼. 한편 필자도 돌궐 문자로 된 오르콘 비문들, 투르판 필사본들 및 예니세이 비문들에 대하여 연구물들을 냈다: *Orhon Yazıtları*[오르콘 비문들] (TDK yayını[터키언어협회 발간물], Ankara 1988), *Irk Bitig: The Book of Omens* (Harrassowitz Verlag, Wiesbaden 1993), *Tunyukuk Yazıtı*[투뉴쿠크 비문] (Simurg, Ankara 1994), "Elegest (Körtle Han) Yazıtı[엘레게스트 (쾨르틀레 칸) 비문]", *Türk Dilleri Araştırmaları*[튀르크 언어들의 연구들] 5 (1995: 19-32), "The First *Altınköl* Inscription", *Turkic Languages* 1-2 (1997: 210-226), "The Second *Altınköl* Inscription", *Türk Dilleri Araştırmaları* 8 (1998: 5-14) 등처럼.

---

1) Dmitrij Dmitrijevič Vasil'ev(1946.10.11.-). 소련/러시아의 동양학자, 튀르크학자. M. V. Lomonosov 이름의 모스크바 국립 대학교 부설 동양어 연구소를 졸업하였다. 러시아 학술원 동양학 연구소 동양사 과장이자 RGGU(러시아 국립 인문 대학교, Rossijskij gosudarstvennyj gumanitarnyj universitet) 교수, 러시아 학술원 동양학회 부회장이다.

2) Igor' Valentinovič Kormušin(1939.1.25.-). 북 키프로스의 니코시아에 있는 근동 대학교 (Yakın Doğu Üniversitesi, Near East University) 교수, (모스크바의) 러시아 학술원 언어학 연구소의 수석 연구원, (크즐(Kyzyl)의) 투바 국립 대학교의 명예 교수, 러시아 학술원의 역사-문헌학 분과 소속의 러시아 튀르크학 위원회장이다.

게다가, 지난 35년 동안에 오르콘 및 예니세이 비문들과 관련하여 필자의 견해들도 당연히 바뀐 것들이 있다 (새로운 독법들, 새로운 해석들 등처럼). 바로 독자의 손에 있는 이 저작은 필자의 옛 돌궐어 문법서를 새로운 문서들과 정보들로 확대하여 번역한 것이자 이 분야에서 가장 최근의 발전 및 바뀐 사항들을 고려하여 다시 집필한 오르콘 튀르크어[즉, 돌궐어] 또는 오르콘-예니세이 튀르크어 문법서이다.

문법서의 끝에는 오르콘-예니세이 비문들에서 가져온 본문 예들의 부분 및 문법과 본문 예들에 나타나는 낱말들을 포함하는 짧막한 어휘집 부분이 덧붙여졌다. 필자는 이 문법서가 우리 대학교들의 터키어[학과] 학생들 및 오르콘-예니세이 비문들의 언어를 배우고 싶어하는 언어학자들과 튀르크어 역사를 궁금해 하는 독자들에게 쓸모 있으리라고 믿는다. 여기에서 말이 나온 김에, 옛 돌궐 문자표 및 예니세이 비문들에서 사용된 다른 글자와 부호들을 준비할 때 필자를 도와 준 제자이자 동료인 부교수 메흐메트 욀메즈(Mehmet Ölmez) 박사에게, 책을 처음부터 끝까지 읽으며 잘못 조판된 부분들을 고쳐준 제자 이용성 박사에게 이러한 도움들로 해서 감사를 표하고 싶다.

탈랴트 테킨(Talât Tekin), 2000년 9월 15일

1. 비문

BK	빌개 카간(Bilgä Kagan) 비문
KČ	퀼리 초르(Küli Čor = 이헤-휘쇼퇴(Ikhe-Khüshötü)) 비문
KT	퀼 티긴(Kül Tigin) 비문
K.-Xovu	쾨제엘릭-호부(Köžeelig-Xovu) 비문
MČ	시네-우수(Shine-Usu = 모윤 초르(Moyun Čor)) 비문
O	옹기(Ongi) 비문
Ozn. I	오즈나첸노예(Označennoje) 제1 비문
T	투뉴쿠크(Tunyukuk) 비문
Tar.	타리아트(Tariat = 테르흐(Terkh)) 비문
Xem.-Čir.	헴치크-츠르가크(Xemčik-Čïrgak) 비문

2. 비문에서의 방향

B	뒷면
E	동쪽 면
F	앞면
L	왼쪽 면
N	북쪽 면
R	오른쪽 면
S	남쪽 면
SE	동남쪽 면
SW	서남쪽 면
W	서쪽 면

3. 책

CC	코덱스 쿠마니쿠스(Codex Cumanicus)
EDPT	Sir Gerard Clauson, *An Etymological Dictionary of Pre-Thirteenth-Century Turkish*, Oxford 1972.
ETY	Hüseyin Namık Orkun, *Eski Türk Yazıtları*[고대 튀르크 비문들], I-IV, İstanbul 1936-1941.
Fund.	Jean Deny et al. (eds.), *Philologiae Turcicae Fundamenta* 1, Wiesbaden 1959.
ÏB	으르크 비틱(İrk Bitig)
IO	Vilhelm Thomsen, *Inscriptions de l'Orkhon déchiffrées*, Helsingfors 1896.
JPT	Sergej Je. Malov, *Jenisejskaja pis'mennost' tjurkov*, Moskva 1952.
MK	Maḥmūd al-Kāšɣ arī의 Dīwān Luɣ āt at-Turk
OTWF II	Marcel Erdal, *Old Turkic word formation: a functional approach to the lexicon*, Vol. 2, Turcologica: 7, Wiesbaden 1991.

4. 학술지

AOH	Acta Orientalia Hungarica
CAJ	Central Asiatic Journal
DTCFD	Dil ve Tarih-Coğrafya Fakültesi Dergisi

JA	Journal Asiatique
JRAS	Journal of the Royal Asiatic Society
JSFOu	Journal de la Société Finno-Ougrienne
KCsA	Körösi Csoma Archivum
MSFOu	Mémoires de la Société Finno-Ougrienne
MSOS	Mitteilungen des Seminars für Orientalische Sprachen
MT	Materialia Turcica
RO	Rocznik Orientalistyczny
SBAW	Sitzungsberichte der Preussischen Akademie der Wissenschaften
SO	Studia Orientalia
TDA	Türk Dilleri Araştırmaları
TDAY	Türk Dili Araştırmaları Yıllığı
UAJb	Ural-Altaische Jahrbücher
UJb	Ungarische Jahrbücher
WZKM	Wiener Zeitschrift für die Kunde des Morgenlandes
ZDMG	Zeitschrift der Deutschen Morgenländischen Gesellschaft

5. 기타

| TDK | Türk Dil Kurumu |
| TTK | Türk Tarih Kurumu |

차 례

I. 들어가는 말

돌궐어는 그 표기된 문헌들이 우리에게까지 온 가장 오래된 튀르크 방언이다. 이 이름으로는 대개 8세기 전반에, 제2 돌궐 제국 시대(682-744)에, 오늘의 몽골에서 사용된 옛 튀르크 방언이라고 알고 있다. 이 방언은, 전혀 의심할 것 없이, 제1 돌궐 제국 시대(550-630)에 같은 지역에서 사용된 옛 튀르크 방언의 연속이었다. 제2 돌궐 제국 다음에 같은 지역에서 세워진 위구르 제국 시대(744-840)에서 남겨진 비문들의 언어 및 같은 세기[즉, 8세기]와 9-10세기에 남겨진 것으로 여겨지는 예니세이 비문들과 동(東) 튀르키스탄에서 발견된 돌궐 문자로 된 텍스트들의 언어도 돌궐어의 것과 그리 다르지 않다.

돌궐어의 주요한 음운적·형태적 특징들은 다음과 같다:

1. 나중에 [고대] 위구르어에서 /w/로 바뀌는 어중과 어말의 /b/ 소리가 유지되었다: yabïz "나쁜", täbi "낙타", äb "집, 천막", sub "물; 강" 등;

2. 나중에 카라한 튀르크어3)에서 유성 치간 마찰음 /ð/로 바뀌는 어중과 어말의 /d/ 소리가 유지되었다4): adak "발", adgïr "종마(種馬)",

---

3) 튀르크족이 중앙아시아에서 세운 최초의 이슬람 왕조인 카라한(Karakhanid) 왕조(840-1212)의 언어로서 다음의 문헌들이 대표적이다.

  1. Qutaðɣu Bilig [쿠타드구 빌릭 "(사람들을 두 세상 모두에서) 행복하게 하는 지식"]: 11세기 후반에 Balasagun 사람 Yūsuf Ḫāṣṣ Ḥājib가 집필하였다. 모두 6645 beyit(二行連句, couplet)가 확인되는 이 책의 원본은 전해지지 않고 후대에 필사된 Herat(또는 Wien) 사본, Fergana 사본, Cairo 사본의 세 필사본만 전한다.

  2. Dīwān Luɣāt at-Turk["튀르크 언어들의 모음집"]: Maḥmūd al-Kāšɣarī(카시가르 사람 마흐무드)가 당대의 튀르크어 방언들을 연구하여 11세기 후반에 아랍어로 저술하여 바그다드의 압바스 왕조 칼리프에게 바친, 튀르크 언어들에 대한 최초의 포괄적인 사전을 말한다. 이 책의 원본은 전해지지 않고 후대에 필사된 유일한 사본이 터키의 이스탄불에 있다.

  3. ʿAtabatu'l-Ḥaqāʾiq["진실들의 문지방"]: Yüknäk 사람 Adīb Aḥmad가 집필하였다. 언제 어디에서 집필했는지는 알려져 있지 않지만, 쿠타드구 빌릭보다는 반세기 후에 집필된 듯하다. 쿠타드구 빌릭보다 아랍어와 페르시아어 낱말이 훨씬 더 많다. 아랍 문자 및 위구르 문자로 된 사본 1개, 아랍 문자로 된 사본 1개, 위구르 문자로 된 사본 1개가 터키의 이스탄불에 있다.

4) 이미 돌궐어에서도 유성 치간 마찰음 /ð/가 있었다고 보고, 카라한 튀르크어 자료에서 /ð/가 있는 것으로 확인되는 낱말들을 돌궐 문자로 되어 있는 원문들에서 모두 /ð/로 읽

tod- "배부르다", ïd- "보내다" 등;

3. 나중에 [고대] 위구르어에서 한 방언에서는 /n/으로, 한 방언에서는 /y/로 바뀌는 경구개 /ñ/ 소리가 유지되었다: añïg "나쁜", čïgañ "가난한", koñ "양(羊)" 등;

4. 연구개 비(鼻)자음 /ŋ/이 유성 구개 자음 /g/와 교대하는 경향을 보였다: bardïŋïz ~ bardïgïz "너희는 갔다", süŋökün ~ süŋöküg "너의 뼈" 등;

5. 명사들의 속격이 자음 다음에는 {-Iŋ}, 모음 다음에는 {-nIŋ}으로 표현되었다: bilgä kagan-ïŋ "빌개 카간의", kül tigin-iŋ "퀼 왕자의", bayïrku-nïŋ "바이르쿠5) 족의" 등;

6. 명사들의 탈격을 위하여 별도의 어미 없이 처격 어미로 표현되었다: oglanïŋïz-da "당신의 아들들보다", kurïdïn-ta "서쪽으로부터"6), tabgač7)-da "중국으로부터" 등.

7. 명사들의 동등격(comitative)이 있었고 이 격은 어미 {-LIgU}로 표현되었다: män ini-ligü "나는 남동생과 함께", eki üč kiši-ligü "두세 사람과 함께" 등;

는 학자들도 있다.

5) 바이르쿠(Bayïrku)는 중국 문헌에서 拔也古, 拔野古, 拔曳古로 나온다.

6) 이 낱말은 Kurïdïnta(또는 Korïdïnta) "쿠르칸으로부터"로 읽고 해석하는 것이 정확할 수도 있다. 이 낱말이 있는 부분에는 동돌궐의 사방에 있는 적대적인 종족 이름들이 언급되어 있는데, 유독 서쪽에 대해서만 종족 이름을 거론하지 않는 것은 논리에 맞지 않는다. 오늘날의 야쿠트족의 조상으로 여겨지는 쿠르칸족은 옛 문헌에 쿠르(Kurï)로도 나온다. 고대 튀르크어에서 "서쪽에서"를 뜻하는 낱말로는 kurïya와 kedin이 있을 뿐 kurïdïn은 확인되지 않는다. 이 문제와 관련하여 Yong-sŏng Li, "Zu QWRDNTA in der Tuńuquq-Inschrift", *CAJ*, 47/2 (2003), pp. 229-241을 볼 것.

7) (북)중국을 가리키는 낱말 타브가치(Tabgač)는 본래 역사상 탁발(拓跋)로 알려진 선비족(鮮卑族)의 한 부족 이름이다. 이들은 5호16국 시대에 북중국에 들어가 북위(北魏)(386-534)를 세웠다. 그리하여 Tabgač는 중앙아시아 사람들에게 북중국을 가리키는 데 사용되었다.

8. 현재 분사가 어미 {-gmA}로 표현되었다: bar-ï-gma "가는", käl-i-gmä "오는", biti-gmä "쓰는" 등;

9. 미래 시제가 어미 {-DAčI}로 표현되었다: olor-tačï sän "너는 거주할 것이다", öl-täči sän "너는 죽을 것이다" 등;

10. 어미 {-čI}로 표현된 미래 시제가 있었다: tägmä-či män "나는 공격하지 않을 것이다"(O 10), yarama-čï "그것은 쓸모없을 것이다, 좋지 않을 것이다"(T 23) 등;

11. 미래 시제-당위 동명사가 어미 {-sIk}로 표현되었다: āč-sïk "배고플 것", to-sïk "배부를 것", ūdï-sïk "잠잘 것", öl-sik-i-ŋ "너는 반드시 죽을 것이다" 등처럼.

주요한 음운적·형태적 특징들이 이것들인 이 가장 오래된 튀르크 방언에 지지난 세기 말부터 여러 가지 이름이 붙여졌다: W. Radloff[8]는 오르콘 비문들의 언어를 처음부터 "고대 튀르크어"(Alttürkisch)라고 이름 붙였다. W. Bang[9]은 "빌개 카간이 자신의 백성에게 여러 곳에서 쾨크 튀르크(kök Türk)라는 관용구를 사용하고 있다"는 이유로

---

8) Friedrich Wilhelm Radloff(1837.1.17.-1918.5.12.). 도이칠란트 베를린 출신의 러시아 튀르크학자. 1858년에 예나(Jena) 대학교에서 박사 학위를 받은 뒤 러시아의 상크트 페테르부르그로 이주하였다. 러시아에 정착한 뒤 Vasilij Vasil'evič Radlov로 이름을 고쳤다. 본래 아무르(Amur) 강 유역의 퉁구스 언어들을 현지 조사하고 싶어 했지만, 사정이 여의치 않아 알타이 지역의 바르나울(Barnaul)로 가서 그곳의 광산 학교에서 1859-1871에 도이치어/라틴어 교사로 근무하였다. 이 시기에 여름에 시베리아와 튀르키스탄의 여러 튀르크족 거주지로 여행하여 언어, 민속, 역사 자료를 모았다. 이들 자료는 1866-1907에 흔히 Proben으로 통칭되는 10권의 책으로 발간되었다. 다방면에 걸쳐 업적을 냈는데 특히 그의 1893-1911에 4권으로 발간된 Versuch eines Wörterbuches der Türk-Dialecte 와 앞에서 언급한 Proben으로 언급되는 10권의 저서는 현대 튀르크학의 기초가 되고 있다.

9) Johannes Wilhelm Max Julius Bang Kaup (또는 Willy Bang-Kaup, 1869.8.9.-1934.10.8.). 벨기에 출신의 동양학자/영어학자이자 현대 튀르크 언어학 건설자이다. 이란어와 우랄 알타이어를 공부하였고, 1914년 이전에는 벨기에의 Louvain 대학교 영어학과 교수였다. 1920년에 베를린으로 가서 연구와 교수 활동을 하였다. Annemarie von Gabain, Reşid Rahmeti Arat 등 많은 제자를 두었다.

이 언어에 "쾨크 튀르크어"(Köktürkisch)라는 이름을 주었다(*Über die köktürkische Inschrift auf der Südseite des Kül-Tägin-Denkmals*, Leipzig 1896, Vorwort를 볼 것). 그렇지만 kök Türk, 더 정확히는 kök Türük라는 이름은 비문들에서 여러 번이 아니라 단지 한 번 나온다(KT E 3 = BK E 4). 아마도 이때문에 Radloff는 이 이름을 돌궐 비문들의 언어를 위해 전혀 알맞다고 생각하지 않았다(*Die Alttürkischen Inschriften der Mongolei*, Neue Folge, Vorwort, 1번 주석).

Bang의 "쾨크 튀르크어"(Köktürkisch)라는 이름을 Thomsen[10]도 받아들이지 않고 Radloff의 Alttürkisch, 즉 "고대 튀르크어"라는 이름을 더 알맞다고 생각하였다(*Turcica*, p. 20, 4번 주석). Thomsen은 오르콘 비문들의 언어를 위해 "고대 튀르크어"(vieux turc), "룬 문자 튀르크어"(turc runique), "고대 오르콘 튀르크어"(vieux turc de l'Orkhon) 또는 더 단순하게 "오르콘 튀르크어"(turc de l'Orkhon)라는 이름을 제안하였다. 그는 "Dr. M. A. Stein's Manuscripts in Turkish 'Runic' script from Miran and Tun-huang"이라는 제목의 자신의 논문에서는 룬 문자로 쓰인 모든 비문들과 텍스트들의 언어를 위해 "고대 튀르크어"(Old Turkish)라는 용어를 사용하였다(JRAS 1912, 181-227).

룬 문자로 된 옛 튀르크어 비문들의 언어를 위해 사용된 "고대 튀르크어"(Alttürkisch)라는 이름은 특히 Gabain[11]의 Alttürkische Grammatik

---

10) Vilhelm Ludvig Peter Thomsen(1842.1.25.-1927.5.13.). 덴마크의 언어학자. 1887-1913에 코펜하겐 대학교 일반언어학 교수로 근무하였다. 오르콘 및 예니세이 비문들에서 사용된 튀르크 "룬" 문자를 최초로 해독하였다. 튀르크학뿐만 아니라 인도-유럽어 및 핀-우고르어 분야에서도 영향력이 큰 학자였다.

11) Annemarie von Gabain(1901.7.4.-1993.1.15.). 도이칠란트의 튀르크학자/중국학자. 로트링엔(Lothringen, Lorraine)의 Mörchingen의 옛 위그노 교도(Huguenot) 집안에서 태어났다. 베를린 대학교에서 E. Haenisch(1880.8.27.-1966.12.21.) 밑에서 중국학을 공부하였다. 투르판 문서 판독 작업에 참여하였고, W. Bang(1869.8.9.-1934.10.8.)의

이라는 제목의 유명한 문법서(Leipzig 1941) 이후에 더욱 더 널리 퍼졌다. A. von Gabain은 알려진 것처럼 오르콘 및 예니세이 비문들의 언어와 모든 위구르어 필사본들의 언어를 모두 "고대 튀르크어"라고 이름 붙였다.

그 뒤에 "오르콘 튀르크어"를 위해 다른 용어가 3개 더 제안되었다. N. A. Baskakov[12])는 "오르콘 튀르크어"를 위해서는 "고대 오구즈어"(Drevneoguzskij)라는 용어, "위구르어"를 위해서는 "고대 위구르어"(Drevneujgurskij)라는 용어를 사용하였다(N. A. Baskakov, *Tjurkskije jazyki*, Moskva 1960). "오르콘 튀르크어"를 위해 G. Clauson[13])은 Türkü 라는 이름(*Turkish and Mongolian Studies*, London 1962), O. Pritsak[14])는 "튀르퀴트어"(Türkütisch)라는 용어("Das Alttürkische", *Handbuch der Orientalistik, Turkologie*, Leiden/Köln 1963, p. 27 등)를 사용하였다.

이들 용어 중 "Türkü"는 비문들에 있는 Türük라는 낱말을 Clauson이

제자가 되어 튀르크학도 공부하였다. 1930년 7월 30일에 중국학(漢學) 분야에서 박사학위를 받았고, 1935-1937년에는 터키 앙카라 대학교 중국학과 교수로 근무하였다. 1940년에 베를린 대학교에서 튀르크학으로 대학교수자격을 취득하였다. 1950년에 함부르크(Hamburg) 대학교 조교수가 되어 그곳에서 계속 근무하였다.

12) Nikolaj Aleksandrovič Baskakov(1905.3.22.-1995.3.23.). 소련/러시아의 튀르크학자, 언어학자, 민족학자. 모스크바 대학교를 졸업하였다. 튀르크어 분류 모델을 제시하였고, 튀르크인-러시아인 접촉 관계 등을 연구하였다. 여러 튀르크어의 사전과 문법서 발간에 참여하였다. 32권의 책을 포함하여 640개 정도의 학술 저작이 있다.

13) Sir Gerard Leslie Makins Clauson(1891.4.28.-1974.5.1.). 영국의 문관(文官), 실업가, 동양학자.

14) Omeljan Pritsak(1919.4.7.-2006.5.29.). 우크라이나 출신의 역사학자/동양학자. Lviv (Lwów), Kiev, Berlin 및 Göttingen에서 튀르크계 언어들, 이슬람 및 이란 문헌학을 공부하였다. Göttingen에서 박사학위를 받은 뒤 함부르크(Hamburg) 대학교 교수가 되었다. 1960년대에 미국으로 가서 시애틀(Seattle)에 있는 워싱턴 대학교(University of Washington)에서 잠시 근무한 뒤, 언어학자인 Roman Jakobson(1896.10.10.-1982.7.18.) 의 초청으로 1964년에 하버드(Harvard) 대학교로 옮겨 1989년까지 근무한 뒤 정년퇴직하였다. 중앙아시아, 남부 러시아, 동부 유럽 역사 전문가였고 튀르크학과 알타이학 분야에서도 조예가 깊었다.

Türkü라고 잘못 읽어 제안한 것이다. Pritsak가 제안한 Türküt라는 용어는 Pelliot[15])의 상당히 미심쩍은 추정에 의거한 것으로 알맞지 않다. Baskakov가 제안한 "고대 오구즈어"라는 용어도 오르콘 튀르크어를 위해 알맞지 않다. 왜냐하면 오구즈족 또는 토쿠즈 오구즈족은 제2 돌궐 제국에 포함된 종족 집단 중 하나였기 때문이다.

나는 바로 이러한 생각들로 해서 Thomsen의 "오르콘 튀르크어"라는 용어를 더 알맞다고 여겨 1968년에 발간된 나의 문법서에도 "오르콘 튀르크어"라는 이름을 주었다(*A Grammar of Orkhon Turkic*, Indiana University Publications, Bloomington 1968). 이 문법서가 바탕을 둔 언어 자료는 제2 돌궐 제국 시대에서 남겨진 다음의 비문들이었다: 퀼 티긴(Kül Tigin) 비문(732), 빌개 카간(Bilgä Kagan) 비문[16])(735), 투뉴쿠크(Tunyukuk) 비문[17])(720-725 ?), 옹기(Ongi) 비문[18])(732-735 ?) 및

---

15) Paul Pelliot(1878.5.28.-1945.10.26.). 프랑스의 중국학자/중앙아시아 탐험가.

16) 퀼 티긴 비문과 빌개 카간 비문은 러시아의 민족지학자 및 언론인이었던 Nikolaj Mixajlovič Jadrincev(1842.10.18.-1894.6.7.)가 1889년에 러시아 지리학회 동시베리아 분과에 의하여 학술조사단장으로 임명되어 몽골에 갔을 때에, 카라코룸 및 카라발가순 유적을 조사하고, Kökshin-Orkhon 지역의 Khöshöö-Tsaidam 호수 부근에서 발견하였다. 현재 두 비문은 훼손이 심하여 인근의 Khöshöö-Tsaidam 박물관 건물 안으로 옮겨졌고 원래 비문이 있던 곳에는 복제품이 세워져 있다.
퀼 티긴은 684-731년에 살았는데, 중국 문헌에는 闕特勒으로 기록되어 있다. 勒은 勤의 잘못임이 분명하다. 실제로 퀼 티킨 비문의 서쪽 면의 한문 비명을 보면 故闕特勤之碑로 나온다. 다만 勤의 왼쪽 아랫부분에서 한 획이 모자란다. 빌개 카간은 683-734년에 살았는데, 중국 문헌에는 毗伽可汗으로 기록되어 있다. 그 이름은 黙棘連이다.

17) 1897년 여름에 몽골의 수도 울란바토르 50km 동남쪽의 Nalaikha 부근에 있는 Bain-Tsokto라는 곳에서 러시아의 민족지학자/고고학자/식물학자인 Jelizaveta Nikolajevna Klemenc(1854-1914)가 발견하였다. 그의 남편은 러시아의 민족지학자/고고학자인 Dmitrij Aleksandrovič Klemenc(1848.12.27.-1914.1.21.)였다. Klemenc 여사는 남편과 함께 학술 조사단에 참여하여 여행하였다.
투뉴쿠크 비문은 제2 돌궐 제국의 위대한 정치가인 빌개 투뉴쿠크 부일라 바가 타르칸(Bilgä Tuñukuk Buyla Baga Tarkan)이 생전에 자기 이름으로 쓰게 하고 세우게 한, 동일한 크기의 두 비석으로 이루어진다. 두 비석 모두 네 면이 비명으로 채워져 있다. 첫째 비석에는 35줄, 둘째 비석에는 27줄의 비명이 있다.

18) 1891년에 러시아의 야드린체프(Nikolaj Mixajlovič Jadrincev, 1842.10.18.-1894.6.7.)

퀼리 초르(Küli Čor (Ikhe-Khüshötü)) 비문[19](719-723 ?).

이 터키어 문법서가 바탕을 둔 언어 자료에 대해 말하면, 이것들은 위에서 밝힌 비문들과 더불어 다음의 룬 문자로 된 비문들과 필사본들이다:

1. 몽골에 있는 위구르 제국(744-840) 시대에서 남겨진 비문들[20]:

가 옹기(Ongi) 강의 지류인 Taramel 강가에서 발견하였다. Bilgä Îšbara Tamgan Tarkan 이 자기 아버지인 El-etmiš Yabgu를 위하여 세운 것으로서 Îšbara Tarkan 비문이라 하기도 한다. 1개의 주 비문과 1개의 부속 비문으로 이루어져 있다. 주 비문의 앞면에는 8행, 오른쪽 면에는 4행의 긴 비명, 부속 비문에는 수평으로 7행의 짧은 비명이 있다. 일테리시 카간과 카프간 카간을 언급하는 것으로 보아 이 비문은 8세기에 속하는 것이다. 여러 조각으로 파손된 이 비문은 현재 우부르항가이 (Övörkhangai = 南 Khangai) 아이막의 박물관에 옮겨져 보관되고 있다.
Ongi 강은 몽골 중부의 우부르항가이 아이막 북부 지역에서 발원하여 고비 사막의 올라안 노오르(Ulaan nuur "붉은 호수")호수로 흘러든다. 강의 길이는 437km이다.

19) Władysław Kotwicz(1872.4.1.-1944.10.3.)가 1911년에 몽골 중앙의 Ikhe Khüshötü(= Их Хэшөөт)에서 발견한 비문으로서 발견 장소의 이름을 따라 Ikhe Khüshötü 비문이라고도 한다. 카를루크(Karluk, 葛邏祿)족과 싸우다 죽은 으시바라 빌개 퀼리 초르(Îšbara Bilgä Küli Čor)를 기념하기 위하여 세운 것으로 동쪽 면에 13행, 서쪽 면에 12행 그리고 북쪽 면에 4행의 비명이 있다.

20) 몽골에 있는 위구르 제국 시대에 남겨진 비문 중 테스 비문, 타리아트 비문, 시네-우수 비문을 연구한 최근의 저작으로 다음의 것이 있다:
Osman Mert, *Ötüken Uygur Dönemi Yazıtlarından Tes — Tariat — Şine Us*[외튀캔 위구르 시대 비문들 중 테스 — 타리아트 — 시네-우수], Ankara 2009.
이 저작에는 비문의 사진을 비롯하여 각종 사진이 많이 있다. 룬 문자로 원문을 옮겨 적고 라틴 문자로 전사하였으며, 터키어로 번역하였다. 상세하게 각주를 많이 달아 여러 연구자의 독법도 언급하고 있다.
한편, 헝가리에서 발간된 다음의 저작에서는 퀼리 초르 비문, 투뉴쿠크 비문, 퀼 티긴 비문 및 빌개 카간 비문, 옹기 비문, 테스 비문, 타리아트 비문, 시네-우수 비문, 수지 비문을 다루고 있다:
Árpád Berta, *Szavaimat jól halljátok···, A türk és ujgur rovásírásos emlékek kritikai kiadása*, Szeged 2004.
이 저작에는 사진과 룬 문자로 된 원문은 없다. 각 비문의 원문을 라틴 문자로 자역하고 전사한 뒤 헝가리어로 번역하였다. 상세하게 각주를 많이 달아 여러 연구자의 독법도 언급하고 있다.
고대 튀르크 "룬" 문자로 된 많은 문헌을 다룬 웹 사이트로는 카자흐스탄에서 만들어진 http://irq.kaznpu.kz/라는 것이 있다. 카자크어, 러시아어, 영어로 볼 수 있다:
http://irq.kaznpu.kz/?lang=k&mod=0 (카자크어)
http://irq.kaznpu.kz/?lang=r&mod=0 (러시아어)
http://irq.kaznpu.kz/?lang=e&mod=0 (영어)

모윤 초르(Moyun Čor) 또는 시네-우수(Shine-Usu) 비문[21](760), 타리

아트(Tariat) 또는 테르흐(Terkh) 비문[22](753), 테스(Tes) 비문[23](750);

2. 크르그즈 비문들: 수지(Suji) 비문[24](840 ?), 8-9세기에서 남겨진

---

21) 1909년에 Gustav John Ramstedt(1873.10.22.-1950.11.25.)가 오늘날의 몽골의 볼간
(Bulgan) 아이막 사이한(Saikhan) 솜에 있는 시네 우수(Shine-Usu) 호수 근처에서 발
견한, 고대 튀르크 "룬" 문자로 된 비문을 말한다. 51행으로 된 이 비문은 위구르 제
국의 두 번째 카간인 Moyun Čor(Bayan Čor(?), 중국 문헌에는 磨延啜로 기록; 재위
A.D. 747-759)의 묘비문으로서 위구르 제국의 건국 시기에 대하여 많은 자료를 제공
한다. Moyun Čor 비문이라고도 한다. 북쪽 면에 12행, 동쪽 면에 12행, 남쪽 면에 15
행, 서쪽 면에 10행의 비명이 있다. 위구르 제국의 비문 중 가장 분량이 많다. 두 조각
이 나 있다.

22) Tariat (또는 Terkh) 비문은 몽골의 아르항가이(Arkhangai = 北 Khangai) 아이막의
Tariat 솜에서 1957, 1969, 1970년에 4조각 상태로 발견되었다. 첫 조각은 1957년에 고
고학자 Ts. Dorjsüren이 Terkhiin gol(Terkh 강) 강 골짜기에 있는 Doloon-mod라는 곳
에서 발견하였다. Doloon-mod는 Terkhiin Tsagaan nuur("Terkh의 흰 호수")라는 호수
로부터는 서쪽으로 12km, Tarbagatai(서북 항가이) 산맥의 가파른 비탈로부터는 남쪽
으로 2km 지점이다. 소련-몽골 비문 조사단(S. G. Kljaštornyj, Kh. Lubsanbaldan, M.
Shineekhüü, B. Bazilkhan)이 1969년에 이곳에서 발굴 작업을 벌여 거북 모양의 석조
비문 받침대를 발견하였다. N. Ser-Odjav와 V. V. Volkov가 1970년에 같은 곳에서
발굴 작업을 계속하여 두 조각을 발견하였다. 동쪽 면에 9행, 남쪽 면에 6행, 서쪽 면
에 9행, 북쪽 면에 6행의 비명이 있다. 위구르 제국의 두 번째 카간인 Moyun Čor의
활동과 관련된 내용이다. 이 비문은 울란바토르로 옮겨져 몽골 학술원 부속 역사 연구
소에서 오랫동안 보관되다가 최근에 몽골 고고학 박물관으로 옮겨졌다.

23) 위구르 제국의 3대 카간인 뵈귀(Bögü) 카간 재위 시에 세워진 것으로 추정되는 테스(Tes) 비문은
1915년에 러시아의 Boris Jakovlevič Vladimircov(1884.7.8.-1931.8.17.)가 테스 강 골짜기에서
발견하였다. 그는 고대 튀르크 "룬" 문자로 된 비문을 베꼈지만 발간하지 못하였다. 그 뒤
소련의 Sergej Grigor'evič Kljaštornyj(1928.2.4.-)가 1969년과 1975년에 이 비문을 다시
방문하여 관찰하고 발간하였다(S. G. Kljaštornyj, "The Tes Inscription of the Uighur
Bögü Qaghan", *AOH*, XXXIX, 1 (1985), pp. 137-156.). 서쪽 면에 6행, 북쪽 면에 5행,
동쪽 면에 6행, 남쪽 면에 5행 등 모두 22행의 비명으로 이루어진다. 그런데 서쪽 면 제1
행과 남쪽 면 제5행은 완전히 마멸되었고, 나머지 행들에서도 많은 글자가 마멸되었으며
비문의 밑부분 절반(즉 시작 부분)이 아직 발견되지 않고 있어서, 실제 판독이 가능한 부
분은 비문의 3분의 1이나 4분의 1 정도 밖에 되지 않을 수 있다. 테스 비문은 1976년
에 흡스굴(Khövsgöl) 박물관에 넘겨진 뒤, 울란바토르로 옮겨져 몽골 고고학 박물관
창고에서 보관되고 있다.
테스 강은 몽골 서북부 흡스굴(Khövsgöl) 아이막에서 발원하여 웁스 노오르(Uvs nuur,
"웁스 호") 호수로 흘러 들어간다. 길이는 568km이다. 몽골어로는 Tesiin gol/Tes gol
(테스 강), 투바어로는 Tes khem(테스 강)이라 한다.

24) 수지(Suji) 비문은 Gustav John Ramstedt(1873.10.22.-1950.11.25.)가 1900년 오늘날의
몽골의 볼간(Bulgan) 아이막 사이한(Saikhan) 솜의 수우지 고개(Сүүжийн даваа,
Süüjiin dawaa)에서 발견하였다. 몽골어로는 Сүүжийн бичээс라고 한다. 그러므로

예니세이 비문들[25]);

　3. 동 튀르키스탄에서 발견된 룬 문자로 된 필사본들, 특히 Ïrk Bitig[26)]
이라는 이름의 점괘 책.

　　수우지(Süüji) 비문이라 표기하는 것이 더 정확하다. 모두 11행으로 되어 있다.
　　이 비문을 Ramstedt는 위구르 비문으로 여겼지만, 오히려 위구르 제국 멸망 후 한 크
르그즈 백(bäg)이 세웠을 가능성이 더 있다. 왜냐하면 둘째 줄에 Kïrkïz oglï män "나
는 크르그즈(인의) 아들이다"라는 문장이 있기 때문이다.
　　이 비문은 Sergej Jefimovič Malov(1880.1.28.-1957.9.6.)의 분류에 따르면 E-47이다.
여기에서 E는 러시아어 Енисей , 즉 예니세이(Yenisey)의 첫 글자이다. 즉 예니세이
비문들의 분류 번호인 것이다.

25) 예니세이 강의 상류 지역인 러시아의 하카시아(Khakassia) 공화국과 투바(Tuva) 공화
　　국에서 발견된, 튀르크 룬 문자로 된 작은 비문들을 예니세이 비문들이라고 통칭한다.

26) "역서(易書)"를 뜻하는 Ïrk Bitig(ïrk "조짐, 점괘", bitig "책")는 튀르크 룬 문자로 쓰
　　인 책 형태의 유일한 고대 튀르크어 문헌이다. 65개 점괘를 다룬 58쪽 분량의 이 소책
　　자는 9세기경 저술되었을 것으로 추정되는데, 중국 감숙성 돈황(燉煌) 근처의 천불동
　　석굴(千佛洞石窟)에서 발견되었다.

II. 문자

1. 룬 문자

고대 튀르크 비문들에서 사용된 가장 오래된 튀르크 문자는 대부분이 수직선들과 사선들이 여러 모양으로 합해져서 생긴 글자들로 이루어진다. 어떤 글자들에서는 곡선들도 발견된다; 다만 수평선들은 아주 적다. 이 가장 오래된 튀르크 문자에 있는 글자들은 옛 스칸디나비아 룬 문자에 있는 글자들을 닮았기 때문에 이 문자에 서양의 튀르크 학자들은 "옛 튀르크 룬 문자"라는 이름을 주었다. 터키에서는 이 문자가 대개 "Göktürk alfabesi"[괴크튀르크 알파벳] 또는 "Orhon alfabesi" [오르콘 알파벳]라고 알려져 있다.

고대 튀르크 룬 문자는 오른쪽에서 왼쪽으로 쓰인다. 적은 수의 일부 예니세이 비문들에서는 행들이 왼쪽에서 오른쪽으로 쓰인 것도 보인다. 다만 이 경우에 글자들은 반대 방향으로 뒤집혀져 새겨졌다.

고대 튀르크 룬 문자를 해독한 Thomsen은 이 문자가 옛 이란 문자를 통해 아람 문자에서 나왔을 수 있다고 주장하였고 이 견해는 대개 받아들여졌다. Thomsen은 게다가 이 문자에 있는 어떤 글자들(반달 모양의 글자 ay[27], 화살 모양의 글자 ok/uk[28] 및 천막 모양의 글자 äb[29]) 이 상형문자(ideogram)에서 비롯되었을 수 있다고 밝혔다.

본래의 오르콘 비문들(퀼 티긴 비문과 빌개 카간 비문)에서 사용된 옛 튀르크 룬 문자는 38 글자로 이루어진다. 투뉴쿡 비문에서는 각각 한 번씩 사용된 2개의 음절 부호(부호 aš와 부호 baš)와 함께 이 문

---

27) 즉, j.

28) 즉, q.

29) 즉, B.

자에 있는 글자의 수가 40이 된다.

오르콘 비문들과 투뉴쿠크 비문에서 사용된 문자에 있는 글자들 중 4개는 모음 부호이다. 이 부호들 각각은 모음을 두 개씩 나타낸다: a/ä, ï/i, o/u 및 ö/ü. 문자에 있는 쌍으로 된 자음 부호 체계와 튀르크어에 있는 모음조화는 모음 /a/와 /ä/ 및 모음 /ï/와 /i/를 잘못 읽는 것을 막는다. 다만 원순모음 /o/와 /u/ 및 원순모음 /ö/와 /ü/를 이 문자에서 구별하는 것은 불가능하다.

나머지 글자들 중 20개는 쌍으로 된 "자음 부호들"이라고 이름 붙일 수 있다. 이것들은 모음 /a/나 /ä/로 시작하여 관련된 자음으로 끝나는 음절 부호들과 같다. 음절 부호들과 다른 점은 이것들이 단지 관련된 자음으로도 사용될 수 있다는 것이다. 이 글자들은 다음의 것들이다: /ab/, /äb/; /ad/, /äd/; /ag/, /äg/; /ak/, /äk/; /al/, /äl/; /an/, /än/; /ar/, /är/; /as/, /äs/; /at/, /ät/; /ay/, /äy/.

문자에는 원순모음들로 이루어진 음절들을 나타내는 글자 2개와 평순협모음들로 이루어진 음절들을 나타내는 글자 2개가 더 있다. 이것들 중 2개는 글자 /ok, uk, ko, ku/와 글자 /ök, ük, kö, kü/, 다른 2개는 글자 /ïk, kï/와 글자 /ič, či/이다.

고대 튀르크 룬 문자에는 글자 /č/, /m/, /ñ/, /ŋ/, /p/, /š/ 및 /z/를 위해 부호가 단지 한 개씩 있고 이것들은 모음의 견지에서 중립적이다. 달리 말하면, 이것들은 후설모음으로 된 낱말들에서도 전설모음으로 된 낱말들에서도 사용될 수 있다.

문자에는 합성 자음 부호들이 3개 있다. 이것들은 /lt/, /nč/ 및 /nt/라는 "쌍 자음 부호들"이다. 이 부호들 중 첫째 것은 단지 후설모음으로 된 낱말들에 있는 자음 쌍 /lt/를 표기하는 데에 사용된 반면에 다른 두 부호는 후설모음으로 된 낱말들에서도 전설모음으로 된 낱말들에서도 사용된다.

마지막으로, 투뉴쿠크 비문에는 각각 한 번씩 사용된 음절 부호가 2개 더 있는데, 이것들 중 하나는 /aš/, 다른 하나는 /baš/라는 음절 또는 낱말의 음가가 있다.[30]

이 문자에 글자 /č/와 글자 /I/가 합해져서 생긴, 투뉴쿠크 비문에서 한 번 사용된 /či/의 음가가 있는 글자도 포함시켜야 한다.[31]

어떤 예니세이 비문들에서는 하나는 협모음 /e/, 다른 하나는 개모음 /ä/의 음가가 있는 모음 부호 2개, 다른 모양의 자음 부호 /š/와 /ŋ/, 음절 부호 /aš/, /baš/, /däm/ 및 /kiš/, Ïrk Bitig에서는 하나는 /up, üp/, 다른 하나는 /ot/ 음가가 있는 룬 글자들이 있다.

고대 튀르크 룬 문자에 있는 글자들의 모양들은 대개 바뀌지 않는다. 이와 함께 어떤 글자들은 비문에 따라 다소 다른 형태로 있다.

고대 튀르크 룬 문자는 아래에 있는 도표들에서 제시되어 있다.

---

30) 소리떼 Y /Aš/를 나타내는 부호는 자음 /š/가 글자 /š/로 제시된 Xemčik-Čïrgak 비문에서 10번 나온다(Orkun, *ETY* III, pp. 79-80을 볼 것), E /baš/ 음가가 있는 부호는 Uyuk-Aržan 비문, Ak-Yüs 비문 및 Tuva I 비문에서 나온다(Malov, *JPT*, p. 14, 97 및 핀란드 발간 도해 XXXI을 볼 것). 이 부호의 음가에 관하여는 W. Bang, *Turcica*, p. 288, 189를 볼 것.

31) 즉, C (< C + i).

2. 룬 문자표

오르콘 비문들에서 사용된 부호표

글자	자역	음가
a	A	a, ä
i	I	ï, i
o	W	o, u
O	Ẅ	ö, ü
b (T, KČ b)	B¹	b
B e (T, O, KČ B)	B²	b
d (KČ d)	D¹	d
D	D²	d
g (T 𐰉)	G¹	g
G (O G)	G²	g
k	K¹	k
K (T, O K, KČ K)	K²	k
l	L¹	l
L	L²	l
n	N¹	n
N	N²	n
r	R¹	r
R	R²	r
s (T s, KČ 𐰾)	S¹	s
S	S²	s
t (T, O, KČ 𐱃, O 𐰴)	T¹	t
T	T²	t
j	Y¹	y
J	Y²	y
C	Č	č
m (T m)	M	m
h	Ŋ	ŋ
y	Ñ	ñ
p	P	p

w	Š	š
z (T, O z)	Z	z
q	^wK	ok/uk, ko/ku
Q (T, O Q, KČ Ɓ)	$^{\ddot{w}}K$	ök/ük, kö/kü
x (T, O x)	$^{\ddot{\imath}}K$	ïk/kï
c	^{i}Č	ič
C	či	či
;	LT	lt
v	NČ	nč
f (T P, O H, KČ F)	NT	nt
Y	Aš	aš, äš
E	baš	baš

예니세이 비문들에서 사용된 부호표

글자	자역	음가
Ɣ	ä	ä
e	e	e
Ñ	Ŋ	ŋ (후설모음으로 된 낱말들에서)
♋	M	m
s	Š	š
⩗	T'	t
I	däm	däm
ẞ, Ʒ	Up	up, üp (Ïrk Bitig, 예니세이 비문)
⌢	ot	ot (Ïrk Bitig)
Ƙ	kïš	kïš

III. 표기

룬 문자로 된 옛 튀르크 표기 체계는 음절 표기 체계와 알파벳 표기 체계가 섞인 것이다. 모음 부호들의 사용은 상당히 제한되어 있고 일정한 표기 원칙들을 따른다. 커다란 비문들에서 사용된 이 문자의 부류에서는 모음 부호가 4개 있다. 이것들은 a/ä, ï/i, o/u 및 ö/ü라는 글자들이다. 어떤 예니세이 비문들에서는 다섯째와 여섯째 모음 부호로서 협모음 /e/ 글자와 개모음 /ä/ 글자도 사용되었다.

룬 문자에 있는 자음 부호들은 모음 /a/와 모음 /ä/로 시작하여 관련된 자음으로 끝나는 음절들을 나타낸다. 일정한 상황들에서는, 즉 다른 모음 부호들의 옆에서는 이것들은 단 하나의 자음 음가만 있다. 이것을 보며 옛 튀르크 문자는 음절 문자 체계에서 알파벳 표기 체계로 옮기는 과정에 있다고 주장할 수 있다. 동 튀르키스탄에서 발견되었으며 오르콘 비문들보다 더 새롭다고 알려진 필사본들(İrk Bitig 등)은 이 사실을 증명한다. 왜냐하면 이 필사본들에서는 모음 부호들이 많이 사용되었으며 이것들에서 적용된 표기 체계는 이제는 "알파벳 식"이라고 말할 수 있기 때문이다.

1. 표기 원칙

1.1 모음의 표기

1.1.1 어두 모음

어두의 단모음 /a/와 단모음 /ä/는 대개 표기되지 않는다. 이 원칙은 자음 부호들이 원래는 모음 /a/와 모음 /ä/로 시작하여 관련된 자음으

로 끝나는 음절들을 나타낸다는 사실에서 비롯된다:

/T¹/ at "말(馬)"(KT E 33)

/K¹/ ak "흰, 백색의"(KT E 36)

/B²/ äb "집, 천막"(BK E 32)

/R²/ är "사내, 남자"(KT E 12)

/D¹K¹/ ad-ak, 즉 adak "발(足)"(KT N 7)

/L¹T¹WN¹/ al-tun, 즉 altun "금(金)"(BK S 11)

/R¹T¹ᵂK/ ar-tuk, 즉 artuk "많은, 아주 많은"(KČ E 13)

/D²G²Ẅ/ äd-gü, 즉 ädgü "좋은"(BK S 12)

/R²N²/ är-än, 즉 ärän "사내들, 남자들"(KT N 9; BK S 11)

/MG²K²/ äm-g-äk, 즉 ämgäk "고통, 괴로움"(KT E 19)

어두의 장모음 /ā/는 퀼 티긴 비문과 빌개 카간 비문에서 드물게 그리고 낱말 āč "배고픈", 낱말 āč- "배고프다" 및 낱말 āt "이름, 칭호"에서만 표기되었다:

/AČ/ a-ač, 즉 āč "배고픈"(BK E 38)

/AČS¹K¹/ āčs(ï)k "배고픔"(BK N 6), /AČS²K¹/ āčs(ï)k (KT S 8, 8), /AČS¹R¹/ āčsar "배고프면"(BK N 6)

/AT¹/ āt "이름, 칭호"(BK E 41), /AT¹G¹/ āt(ï)g "이름을, 칭호를"(KT W 2, KČ W 1), /AT¹IN²/ ātin "그들의 칭호를"(KT E 7, 7) 등.

동 튀르키스탄 필사본들 중에서 Ïrk Bitig에서는 어두의 장모음 /ā/가 표기된 예가 더 많이 있다:

/AK¹/ āk "흰, 백색의"(ÏB 5, 19)

/AL¹A/ āla "알록달록한, 아롱다롱한"(İB 2)

/AR¹A/ āra "사이에서"(İB 10, 38, 52, 52)

/AR¹T¹/ ārt "고개, 재"(İB 6)

/AT¹N¹/ ātan- "유명해지다, 이름나게 되다"(İB 55)

/AZ/ āz "적은, 소수의"(İB 57)

/AZ/ āz- "길에서 벗어나다"(İB 15, 15, 15)

어두의 열린 (그리고 긴?) 모음 /ǟ/는, 짧은 모음 /a/처럼, 표기되지 않는다. 이 모음은 단지 미누신스크(Minusinsk) 비문32)에서 낱말 äsiz 에서 한 번 글자 /A/로 표시되었다:

/AS²ZA/ äs(i)z ä "아!, 유감스럽게도!"(Minusinsk a 1)

어두의 열린 긴 모음 /ǟ/도 단지 Tuva I (Bay-Bulun II) 비문33)에서 한 번 표시되었다:

/AS²N²I/ äsni-, 즉 ǟsni "기억해라!"(Tuva I (Bay-Bulun II) 3)

폐모음 /e/를 위하여 오르콘 비문들에서는 부호가 따로 없다. 이때

---

32) 이 비문을 Sergej Jefimovič Malov(1880.1.28.-1957.9.6.)가 처음으로 1936년에 Le langage et la mentalité라는 학술지의 제 VI-VIII 호에서 발간하였다. 이 비문은 오늘날 미누 신스크 박물관에 있다. Malov는 이 비문이 어디에서 발견되었는지 조사하지 않고 비문을 발간하였으므로 발견 장소는 알려져 있지 않다. 편의상 a, b, c, d 면으로 부른다.

33) 4줄로 이루어진 바이-불룬 제1 비문과 같은 곳, 즉 오늘날의 러시아 연방 투바(Tuva) 공화국의 Ulug-Xem '예니세이 강'(글자 그대로는 '큰 강') 왼쪽 기슭의 바이-불룬 (Bay-Bulun) 초원에서, 엘레게스트(Elegest) 강 합류점에서 하류로 7~8km 되는 곳에 서 발견되었다. 1915년부터 미누신스크 박물관에 보관되고 있다. 물품 목록 번호는 No. 22이다. 이 비문은 Sergej Jefimovič Malov(1880.1.28.-1957.9.6.)의 분류에 따르면 E-49이다.

문에 어두(와 어중)의 폐모음 /e/는 이 비문들에서 글자 /I/로 표기되거
나 전혀 표시되지 않는다:

/IK²G²W̆/ ikägü "두 부분"(KT N 3), /K²I/ eki "2"(BK E 41 등)

/IL²/ il "백성"(KT E 25 등), /L²/ el (KT E 4 등)

/IR²/ ir- "이르다, 도달하다"(T 47), /R²/ er- (KT E 23, N 1; BK E 19)

/IT²/ it- "조직하다, 편성하다"(KT E 1 등), /T²/ et- (KT E 10 등)

예니세이 비문들에서는 어두(와 어중)의 폐모음 /e/가 대개 그것 자
체의 특별한 글자로 표시된다:

/eK²I/ eki, 즉 ēki "2"(Tuva I (Bay-Bulun II) 3)

/eL²/ el, 즉 ēl "백성, 나라"(Elegest I[34] 7 등)

/eT²/ et-, 즉 ēt- "하다, 조직하다"(Demir-Sug[35] 2)

/eŠM/ eš(i)m, 즉 ēšim "나의 친구, 나의 길동무"(Uyuk-Aržan[36] 1,
Tuva II[37] 3 등)

---

34) 12줄로 이루어진 이 비문은 러시아 연방 투바(Tuva) 공화국의 Ulug-Xem '예니세이
강'(글자 그대로는 '큰 강') 왼쪽 기슭에서, 엘레게스트(Elegest) 강 합류점 가까운 곳
에서 발견되어 미누신스크 박물관에 보관되고 있다. 물품 목록 번호는 No. 19이다. 이
비문은 Sergej Jefimovič Malov(1880.1.28.-1957.9.6.)의 분류에 따르면 E-10이다.

35) 2줄로 이루어진 이 비문은 러시아 연방 투바(Tuva) 공화국의 Ulug-Xem '예니세이 강'
(글자 그대로는 '큰 강') 오른쪽 기슭에서, 데미르-숙(Demir-Sug) 강과 예니세이 강 상류
(Verxnij Jenisej)의 합류점으로부터 1km 되는 곳에서 발견되어 투바 박물관에서 보관되
고 있다. 이 비문은 Sergej Jefimovič Malov(1880.1.28.-1957.9.6.)의 분류에 따르면 E-92
이다.

36) 5줄로 이루어진 이 비문은 러시아 연방 투바(Tuva) 공화국에서 예니세이 강의 작은 지
류인 우유크(Uyuk, 투바어로는 Öök) 강 왼쪽 기슭으로부터 2km 지점에서, 스키타이
시대의 유명한 왕의 쿠르간인 아르잔(Aržan)으로부터 1km 지점에서 발견되어 미누신
스크 박물관에서 보관되고 있다. 물품 목록 번호는 No. 21이다. 이 비문은 Sergej
Jefimovič Malov(1880.1.28.-1957.9.6.)의 분류에 따르면 E-2이다.

37) 4줄로 이루어진 이 비문은 출처를 알 수 없다. 미누신스크 박물관에 보관되고 있고, 물
품 목록 번호는 No. 36이다. 이 비문은 Sergej Jefimovič Malov(1880.1.28.-1957.9.6.)의
분류에 따르면 E-51이다.

다만, 폐모음 /e/ 글자는 어떤 예니세이 비문들에서는 어두의 개모음 /ä/를 표기하기 위해서도 사용되었다:

/eR²D²M/ erd(i)m "나는 ~이었다"(Barïk II[38] 3), 그러나 대개는 är-
/eL²G²/ el(i)g (Tuva I (Bay-Bulun II) 3), /eL²IG²/ elig "50"(Čaa-Xöl III[39]
3, K.-Xovu[40] 7); 대개는 äl(i)g

어두의 평순 협모음 /i/와 /i/는 원칙상 언제나 표기된다:

/ID¹ᵂK/ ïduk "신성한, 성스러운"(T 38)

/IG¹Č/ ïgač "나무"(T 25)

/IR¹K¹D¹A/ ïrakda "멀리서"(T 5)

/IT¹I/ ït(t)ï "그들이 보냈다"(KT S 12)

/IČK²D²I/ ič(i)kdi "그들이 복종하였다"(T 2)

/IG²D²/ ig(i)d "잘못, 거짓"(KT S 10)

/IL²G²R²Ẅ/ ilgärü "동쪽으로"(KT E 12) 등

어두의 /i/ 다음에 오는 자음 /č/는 소리떼 /ič/의 두 글자 대신에 음절

---

38) 4 줄로 이루어진 Barïk 제 2 비문은 러시아 연방 투바(Tuva) 공화국에서 예니세이 강
　　상류의 왼쪽 기슭에, 바르크(Barïk) 강가에서, 크즐(Kyzyl)에서 서쪽으로 80 km 떨어
　　진 쿠르간에서 발견되어 투바 박물관에서 보관되고 있다. 이 비문은 Sergej Jefimovič
　　Malov(1880.1.28.-1957.9.6.)의 분류에 따르면 E-6이다.

39) 3줄로 이루어진 이 비문은 핀란드의 Axel Olai Heikel(1851.5.28.-1924.9.6.)이 오늘날
　　의 러시아 연방 투바(Tuva) 공화국의 Čaa-Xöl 강 왼쪽 기슭에서 발견하였다. 핀란드의
　　헬싱키 국립박물관에 보관되고 있는 듯하다. I. V. Kormušin의 저서에서 언급되어 있
　　지 않은 이 비문은 Sergej Jefimovič Malov(1880.1.28.-1957.9.6.)의 분류에 따르면 E-15
　　이다.

40) 10줄로 이루어진 쾨제엘릭-호부(Köžeelig-Xovu) 비문은 러시아 연방 투바(Tuva) 공화
　　국의 예니세이 강 상류(Verxnij Jenisej)의 오른쪽 기슭에서 이 강의 지류인 에짐
　　(Ežim) 강의 오른쪽 기슭을 따라 예니세이 강에서 3km 떨어진 쾨제엘릭-호부(Köžeelig-
　　Xovu)라는 곳에서 발견되어 투바 박물관에서 보관되고 있다. 이 비문은 Sergej Jefimovič
　　Malov(1880.1.28.-1957.9.6.)의 분류에 따르면 E-45이다.

부호 /Č/로도 표기될 수 있다:

/ˈČK²D²I/ ič(i)kdi "그들이 복종하였다"(T 28)

/ˈČR²A/ ičrä "안에서, 속에서"(T 34) 등

어두의 모음 /i/가 표기되지 않은 예가 조금 있다:

/S²G²/ (i)š(i)g "일을"(T 52)

/S²T²MI/ (i)štämi "이시태미(室點密)"(BK E 3)

/L²G²R²Ẅ/ (i)lgärü "동쪽으로"(KT E 21)

/ẄZČI/ öz (i)či "그 자신의 안/속"(T 13)

/ŊL²K²I/ äŋ (i)lki "맨 처음에"(KT E 32) 등

어두에 있는 원순모음들은 언제나 표기된다:

/WG¹L¹M/ ogl(ï)m "나의 아들"(BK S 9)

/WT¹Z/ ot(u)z "30"(KT N 1)

/WČZ/ uč(u)z "쉬운"(T 13)

/WR¹Š/ ur(u)š "싸움"(O 10)

/ẄL²G²L²I/ ölgäli "죽기 위하여"(KT N 10)

/ẄČN²/ üč(ü)n "~ 때문에"(KT W 1)

/ẄG²Z/ üg(ü)z "강"(KT E 17)

/ẄZG²L²I/ üzgäli "부러뜨리기 위하여"(T 13) 등

원순모음 /o/와 /u/ 다음에 있는 자음이 연구개 /k/이면 소리떼 /ok/나
/uk/는 글자 /ᵂK/로 표기될 수 있다:

/ᵂKN¹/ ok(u)n "화살로"(KT E 33, 36) 등

원순모음 /ö/와 /ü/ 다음에 있는 자음이 경구개 /k/이면 소리떼 /ök/나
/ük/는 음절 부호 /^{W}K/로 표기될 수 있다:

/^{W}KN²/ ök(ü)n "참회하여라!"(BK E 19)

/^{W}KŠ/ ük(ü)š "많은"(KT S 10) 등

1.1.2 첫 음절 모음

첫 음절에 있는 단모음과 장모음 /a/와 /ä/[와 /e/]는 대개 표기되지
않는다:

/B¹L¹ͥK/ balïk "도시"(T 19)

/T¹B¹G¹Č/ tabgač "중국"(T 1 등)

/T¹B¹S¹G¹N¹/ tab(ï)šgan "토끼"(T 8)

/S²B²N²P/ säb(i)n(i)p "기뻐하고"(BK E 2)

/B²G²L²R²/ bäglär "백들"(KT E 7 등)

/B²R²MS²/ berm(i)š "그가 주었다고 한다"(KT E 14)

/Y²R²/ yer "땅"(BK N 10 등)

오르콘 비문들에서는 단지 다음 낱말에서만 첫 음절에 있는 장모음
/a/가 표기되었다:

/T¹AMK¹A/ tāmka "벽에, 벽들에"(KT SE)

Ïrk Bitig 및 예니세이 비문들 중 하나에서도 다음 낱말들의 첫 음절
에 있는 장모음 /a/가 표기되었다:

/B¹AMIS²/ bāmiš "그가 묶었다고 한다"(ÏB 14)

/K¹AL¹/ kāl- "남다"(Elegest I 9)

/Y¹AŠ/ yāš "축축한, 신선한"(ÏB 17, 17, 53)

첫 음절에 있는 폐모음 /e/는 예니세이 비문들에서 특별한 글자로 표시된다:

/eK²I/ eki, 즉 ēki "2"(Tuva I (Bay-Bulun II) 3 등)

/B²eL²/ bel, 즉 bēl "허리"(Uyuk-Turan[41] 2 등)

/B²eŠ/ beš, 즉 bēš "5"(Ozn. I[42] 4 등)

/K²eŠ/ keš, 즉 kēš "화살집, 전동(箭筒)"(Ozn. I 3 등)

/Y²eG²IR²MI/ yegirmi "20"(K.-Xovu 2 등)

/Y²eR²/ yer "땅, 나라"(K.-Xovu 6, E 23 1)

/Y²eT²I/ yeti, 즉 yēti "7"(Eerbek I[43] 1)

/Y²eT²MŠ/ yetm(i)š, 즉 yētmiš "70"(Uyuk-Turan 4), /Y²eT²MIŠ/ (K.-Xovu 5)

첫 음절에 있는 모음 /ï/와 /i/는 대개 표시된다:

/B¹IN̦/ bïŋ "1,000"(T 16, 18)

/K¹IR¹K¹/ kïrk "40"(KT N 2)

---

41) 6줄로 이루어진 이 비문은 러시아 연방 투바(Tuva) 공화국 북부에서 투란(Turan) 강의 오른쪽 기슭에서 이 강이 예니세이 강의 작은 지류인 우유크(Uyuk, 투바어로는 Öök) 강과 합류하는 곳으로부터 3km 지점에서 발견되어 투바 박물관에서 보관되고 있다. 이 비문은 Sergej Jefimovič Malov(1880.1.28.-1957.9.6.)의 분류에 따르면 E-3이다.

42) 7줄로 이루어진 오즈나첸노예(Označennoje) 제1 비문은 오늘날의 러시아 연방 하카시아(Khakassia) 공화국에서, 예니세이 강의 왼쪽 기슭, 코이발(Koibal) 초원의 산기슭 부분에 있는 과거의 오즈나첸노예(Označennoje) 마을, 즉 현재의 사야노고르스크(Sajanogorsk) 시에서 발견되어 1880년부터 미누신스크 박물관에서 보관되고 있다. 물품 목록 번호는 No. 30이다. 이 비문은 Sergej Jefimovič Malov(1880.1.28.-1957.9.6.)의 분류에 따르면 E-25이다.

43) 5줄로 이루어진 이 비문은 러시아 연방 투바(Tuva) 공화국의 Ulug-Xem '예니세이 강'(글자 그대로는 '큰 강') 강의 오른쪽 기슭에서, Eerbek 마을의 19km 서쪽에 있는 옹가르-호부(Ongar-Xovu)라는 곳에서 발견되어 투바 박물관에서 보관되고 있다. 이 비문은 Sergej Jefimovič Malov(1880.1.28.-1957.9.6.)의 분류에 따르면 E-147이다.

/Y¹IL¹K¹A/ yïlka "해(年)에"(O 12)

/B²IL²G²A/ bilgä "현명한"(KT E 3)

/K²IS²I/ kiši "사람"(BK E 3) 등

어두의 자음이 연구개 /k/이면 소리떼 /kï/는 부호 /ᵏK/로 표시될 수 있다:

/ᵏKL¹P/ kïl(ï)p "하고"(O 10)

/ᵏKS¹MS²/ kïsm(i)š[44] "그들이 진압하였다고 한다"(O 1)

오르콘 비문들에서는 첫 음절에 있는 모음 /i/와 /ï/가 표기되지 않은 낱말들도 있다:

/B²L²G²S²I/ b(i)lgäsi ["그의 고문(顧問)"](T 7)

/B²N²T²R²A/ b(i)nt(ü)rä "(말에) 태우며"(T 25)

/B²ZN²I/ b(i)zni "우리를"(T 20)

/T²L²D²M/ t(i)läd(i)m "내가 원하였다"(T 23)

/S¹MD¹I/ s(ï)madï "그가 깨뜨리지 않았다"(KČ E 8) 등

첫 음절의 원순모음들은 대개 표기된다:

/B¹WD¹N¹/ bod(u)n "부족들, 백성"(KT E 9)

/B¹WL¹Ṇ/ bul(u)ŋ "구석, 모퉁이"(KT E 2)

/B²ẄR²I/ böri, 즉 b̄öri "이리, 늑대"(KT E 12)

/T²ẄK²T²I/ tükäti "완전히"(KT E 2) 등

---

44) 저자는 이 낱말을 **원문 예**에서는 etmiš로 표기하였다.

원순모음 다음에 있는 자음이 연구개 /k/이면 소리떼 /ok/나 /uk/는
부호 /ʷK/로 표시될 수 있다:

/T¹ʷK/ tok "배부른"(T 8)

/T¹ʷKZ/ tok(u)z "9"(BK E 34)

/B¹ʷKA/ buka "황소"(T 6) 등

원순모음 다음에 있는 자음이 경구개 /k/이면 소리떼 /ök/나 /ük/는
부호 /ᵂ̈K/로 표시될 수 있다:

/S²ᵂ̈KD²M/ sökd(ü)m "내가 헤쳤다"(T 25)

/T²ᵂ̈KT²I/ tök(ü)ti "쏠으며"(T 52)

/Y²ᵂ̈KNTI/ yük(ü)nti "그가/그들이 고개 숙였다"(T 28, 46) 등

어두의 자음이 연구개 /k/이면 소리떼 /ko/와 /ku/는 부호 /ʷK/로 표
시될 수 있다:

/ʷKPN¹/ kop(ï)n "모두 함께"(T 16)

/ʷKT¹/ kut "운, 재수"(O 8) 등

어두의 자음이 경구개 /k/이면 소리떼 /kö/와 /kü/는 부호 /ᵂ̈K/로 표
시될 수 있다:

/ᵂ̈KR²T²G²/ kört(ü)g "네가 보았다"(O 7)

/ᵂ̈KL²K²N²/ köläk(i)n "못(池)과"(T 15) 등

첫 음절에 있는 원순모음이 전혀 표시되지 않은 예들도 있다:

/B¹L¹Ṇ/ b(u)l(u)ŋ "구석, 모퉁이"(BK E 3)

/B²G²Ẅ/ b(ö)gü "뵈귀"(T 50) 등

1.1.3 어중 모음

첫 음절에 있지 않은 모음 /a/와 모음 /ä/는 대개 표시되지 않는다:

/AČS¹R¹/ āčsar "배고프면"(BK N 6)

/K¹ZG¹N¹MS¹R¹/ kazganmasar "획득하지 않(았)으면"(T 54 등)

/K²L²R²M/ äkälär(i)m "나의 누나들"(KT N 9)

/S²ẄL²MS²R²/ sülämäsär "출정하지 않으면"(T 20) 등

모음으로 끝나는 낱말들에 어미가 붙을 때 기본 낱말에 있는 어말 모음 /a/와 /ä/가 표시되기도 한다. 다만 이러한 표기는 모음의 장단과 는 관련이 없다:

/PAM/ apam "나의 조상"(KT E 1 등)

/PAMZ/ apam(ï)z "우리의 조상"(KT E 19 등)

/S¹IG¹T¹AMŠ/ sïgtam(i)š "그가/그들이 울었다고 한다"(BK E 5; KT E 4)

/Y¹WG¹L¹AMŠ/ yoglam(i)š "그가/그들이 애도하였다고 한다"(BK E 5; KT E 4)

/WN¹AMŊ/ unamaŋ "너희가 허가하지 마라"(T 35)

/R¹K¹AS²IN²/ arkasin "그것의 등을"(KČ E 9) 등

첫 음절이 아닌 음절들의 평순폐모음 /ï/와 /i/는 대개 표기되지 않는다:

/D¹G¹R¹G¹/ adg(ï)r(ï)g "종마(種馬)를"(KT E 36)

/D¹R¹L¹ML¹M/ adr(ï)lmal(ï)m "갈라지지 맙시다, 헤어지지 맙시다"(O 11)

/B¹WŊS²Z/ buŋs(ï)z "부족함 없이, 잔뜩"(T 48)

/ẄL²S²K²ŊN²/ öls(i)k(i)ŋ(i)n "네가 분명히 죽으리라는 것을"(KT S 10)

/T²ẄR²G²S²/ türg(i)š "튀르기시[45]"(KT N 13) 등

그렇지만 이 평순폐모음들이 때때로 표기되기도 한다:

/K¹IT¹MZ/ akït(tï)m(ï)z ["우리는 습격하게 하였다"](KT N 8), 그러나

/K¹T¹D¹MZ/ ak(ï)td(ï)m(ï)z (T 35)

1.1.4 어말 모음

모든 어말 모음들은 표기된다. 이 원칙은 룬 문자에 있는 자음 부호들이 /a/나 /ä/로 시작하여 관련된 자음으로 끝나는 음절들이나 소리떼들의 음가가 있다는 견해를 증명한다:

/R¹A/ ara[āra] "사이에서"(KT E 1)

/B²K²A/ äbkä "본영에"(O 10)

/L¹T¹I/ altï "6"(KT E 31)

/K²IS²I/ kiši "사람"(T 10)

/WL¹Y¹W/ ulayu "그리고, 및"(KT N 9)

/B²ŊG²Ẅ/ bäŋgü "영원히"(KT S 8) 등

모음으로 끝나는 낱말이 그 다음에 있는 낱말과 함께 표기될 때에

---

45) 본래 튀르기시(Türgiš)족은 온 오크(On Ok, 西突厥)를 이루는 부족 중 하나였는데 후에 그 카간이 서돌궐 전체를 지배하게 되었다. 그러므로 돌궐 비문들에 나타나는 튀르기시 카간과 On Ok 카간은 동일 인물이고 이가 곧 서돌궐 카간이다. 튀르기시는 중국 문헌에 突騎施로 표기되어 있다. 이 이름은 오늘날 시베리아 남부의 알타이 산맥 북쪽 기슭에 살며 알타이 튀르크어를 문어로 사용하고 있는 투바(Tuba)인의 구성 종족의 하나인 Tirgäš에 남아 있다.

첫 낱말의 어말 모음이 표시되지 않을 수 있다:

/NČT¹K¹I/ anč(a) takï "그리고 또한"(KT S 13)

/K¹NTY¹N²/ kant(a) yan "칸(汗)에게서"(T 33)

/Y²IR¹D¹NTY¹N¹/ yïrd(ï)nt(a) yan "북쪽으로부터"(T 11)

/eL²T²ẄR²S²Ẅ/ el tör(ö) sü "백성, 관습법 및 군대(를)"(Elegest I 7)

1.2 자음의 표기

1.2.1 쌍 자음 부호 체계

고대 튀르크 룬 문자는, 위에서도 언급하였듯이, 자음 부호들을 보면 매우 풍부하다. 이 문자의 매우 중요한 특징은 자음 /b/, /d/, /g/, /k/, /l/, /n/, /r/, /s/, /t/, /y/를 위하여 글자가 2개씩 있다는 점이다. 이 글자들 중에서 하나는 후설모음으로 된 낱말들에서, 다른 하나는 전설모음으로 된 낱말들에서 문제의 자음을 표기하기 위하여 사용된다. 이 체계 및 튀르크어에 있는 모음조화는 룬 글자들로 표기된 낱말들이 잘못 읽히는 것을 막는다:

/K¹L¹MD¹I/ kalmadï ["그가 남지 않았다"]

/K²L²MD²I/ kälmädi ["그가 오지 않았다"]

/B¹L¹D¹M/ ablad(ï)m ["내가 사냥하였다"]

/B²L²D²M/ äbläd(i)m ["내가 혼인시켰다"]

/S¹B¹G¹/ sab(ï)g ["말(言)을"]

/S²B²G²/ Säb(i)g ["새빅 (사람 이름)"]

/Y¹L¹MA/ yalma ["카프탄"]

/Y²L²MA/ yälmä ["기마 정찰대"]

그렇지만, 후설모음으로 된 어떤 낱말들을 표기할 때에 후설자음 부호 대신에 전설자음 부호가 사용되기도 한다. 이러한 표기들 중 어떤 것은 아무런 음운적 발전을 반영하지 않고 단지 잘못 표기되었을 뿐이다. 이를테면,

/K̈IL¹N̲T̲M/ kïl(ï)nt(ï)m ["내가 태어났다"](T 1)

/B¹WL²N̲G²/ bul(u)ŋ(u)g ["구석을"](O 1)

/K¹G¹N¹L¹D²ᵂK/ kaganladok ["카간으로 만든"](KT E 7)

/K¹ZG¹N¹MS¹R²/ kazganmasar ["획득하지 않(았)으면"](T 54) 등처럼.

한편, 이러한 표기들 중 어떤 것은 돌궐어의 음운론에서 보면 중요하다; 달리 말하면, 이것들은 음운적 상황이나 발전을 보여준다:

/T²IN̲L¹A/ tiŋla "들어라!"(KT S 2) ~ tiŋla- (ÏB 58)

/K¹T¹G¹D²I/ kat(ï)gdi "단단히"(KT N 11) ~ kat(ï)gdï (KT S 2)

/S²IY¹W/ siyu "부수며"(KT E 36 등) < sï- "부수다, 깨뜨리다"

/K¹G¹N¹IN²/ kaganin "그들의 카간을"(KT E 35 등)

/S¹B¹MN²/ sab(ï)min "나의 말(言)을"(KT S 2)

/Y¹G¹S²I/ yag(ï)si "그의/그들의 적"(BK E 11 등)

/B¹WL¹MS²/ bolm(i)š "그가/그들이 ~ 되었다고 한다"(T 31 등)

후설모음으로 된 낱말들을 표기할 때에 널리 사용되는 글자들은 전설 글자 /S²/와 전설 글자 /Y²/이다.

1.2.2 전설 글자 /S²/

전설모음으로 된 낱말들에 있는 자음 /s/를 표기하기 위하여 사용되는 전설 글자 /S²/는 (1) 후설모음으로 된 낱말들에서 /i/와 인접한 자음 /s/ 및 (2) 전설모음으로 된 낱말들에 있는 자음 /š/를 표기하기 위해서도 사용된다:

1. 모음 /i/와 인접한 자음 /s/:

/AČS²K¹/ āčsïk "배고픔"(KT S 8) = /AČS¹K¹/ (BK N 6)

/S²IG¹T¹AMŠ/ sïgtamiš "그가/그들이 애도하였다고 한다"(BK E 5) = /S¹IG¹T¹AMS²/ (KT E 4) 등

2. 전설모음으로 된 낱말들과 어미 {-mIš}에 있는 자음 /š/:

/K²IS²I/ kiši "사람" (대개) ~ /K²IŠI/ (KT S 7; BK E 28, N 6 등)

/B²IS²/ biš "5" (대개) ~ /B²IŠ/ (KT E 18, N 4)

/ᵂ̲K̲ẄS²/ (KT S 6; T 39, 40), /ẄK²S²/ (T 7) üküš "많은" ~ /ẄK²Š/ (대개), /ᵂ̲K̲ẄŠ/ (KT S 10)

/K²ẄMS²/ (BK S 11, N 3), /ᵂ̲K̲ẄMS²/ (T 48) küm(ü)š "은(銀)" ~ /K²ẄMŠ/ (KT S 5, N 12, SW: BK N 11)

/S²ẄŊS²/ süŋ(ü)š "싸움" (KT E 15) ~ /S²ẄŊŠ/ (대개)

과거분사 어미 {-mIš}는 빌개 카간 비문에서는 대개 글자 /Š/로, 그렇지만 퀼 티긴 비문 및 룬 문자로 된 다른 텍스트들에서는 전설 글자 /S²/로 표기되었다. 이러한 표기는 어미 {-mIš}가 돌궐어에서 대개 모

음조화 원칙을 적용받지 않았음을 보여준다.

전설 글자 /S²/는 드물게는 후설모음으로 된 어떤 낱말들에서 모음
/a/ 및 모음 /u/와 인접한 음소 /s/를 표기하기 위해서도 사용되었다:

/B¹S²D¹M/ basd(ï)m ["내가 억눌렀다"][46] (O 9)

/B¹S²MS²/ basm(i)š ["그들이 억눌렀다 한다"] (O 1)

/B¹WL¹S²R¹/ bolsar ["~이 되면"] (T 13)

/S²B¹G¹/ sab(ï)g ["말(言)을"] (T 12)

/S²K¹NTM/ sak(ï)nt(ï)m ["내가 생각하였다"] (T 6; O 10)

/S²WB¹/ sub ["물"] (T 38)

/Y¹WR¹MS²R¹/ yor(ï)masar ["진군하지 않으면"] (T 29)

/Y¹L¹ŊWS²/ yalŋus ["혼자서"] (KČ E 11) 등처럼.

이러한 용법들은 물론 잘못 표기된 것들이다.

1.2.3 전설 글자 /Y²/

전설모음으로 된 낱말들에 있는 음소 /y/를 표기하기 위하여 사용되
는 전설 글자 /Y²/는 후설모음으로 된 어떤 낱말들에서 모음 /ï/ 앞에
있는 어두 음소 /y/를 표기하기 위해서도 사용되었다. 그렇지만, 이렇
게 사용된 것은 음운적인 중요성이 없다:

1. 어두에서 모음 /ï/ 앞에서:

/Y²IL¹/ yïl ["해(年)"](대개), 그러나 /Y¹IL¹K¹A/ yïlka ["해에"](O 12)

/Y²IL¹K¹I/ yïlkï ["말때"](대개), 그러나 /Y²IL¹K¹···IN¹/ yïlk[ïs]in ["그

---

46) 이 낱말은 Malov의 저작에는 나오지만 저자의 **원문 예**에서는 ....로 표시한 부분에
위치한다. 즉 저자는 이 낱말이 포함된 부분을 마멸된 것으로 여긴다.

의 말떼를"](KT SW)

/Y²IL¹PG¹WT¹I/ yïlpaguti ["그들의 씩씩한 전사들"](BK E 31)

/Y²IL¹S²G¹/ yïls(ï)g ["넉넉한"](KT E 26)

/Y²IS¹G¹R¹W/ yïšgaru ["숲으로 덮인 산을 향하여"](T 15) 등

2. 전설 글자 /Y²/는 후설모음으로 된 낱말들에서 모음 /o/와 모음 /u/ 앞에 있는 어두 음소 /y/를 표기하기 위해서도 사용되었다. 이렇게 사용된 것도 음운적인 중요성이 없다:

/Y²WG¹N¹/ yogan ["굵은"](T 14)

/Y²WK¹/ yok (T 18)

/Y²WR¹IL¹M/ yorïl(ï)m ["진군합시다!"](T 29)

/Y²WR¹IT¹D¹M/ yorïtd(ï)m ["나는 진군하게 하였다"](T 35) 등

1.2.4 음절 부호 /ʷK/

후설 부호 /ʷK/의 음가는 다음과 같다: 1. 소리떼 /ok/와 /uk/, 2. 후설 자음 /k/.

1. 소리떼 /ok/와 /uk/:

a) /ʷK̲G¹L¹I/ ok(ï)galï ["초대하기 위하여"](BK E 38)

/ʷK̲WN¹/ okun "화살로"(KT E 33, 36)

/WL¹ʷK̲/ ol ok ["바로 그"](T 42)

/IT¹M̲ʷK/ ï(t)t(ï)m ok ["내가 보냈다"](T 52)

/WL¹G¹R¹T¹D¹M̲ʷK/ olg(u)rtd(u)m⁴⁷⁾ ok ["내가 세우게 하였다"](T 53)

---

47) 이 낱말은 터키어 원본에서는 ulgartd(ı)m, 즉 ulgartd(ï)m으로 나온다. 그렇지만 저자
　는 다른 부분들에서는 이 낱말을 olg(u)rtd(u)m으로 읽었다: arkuy kargu-g olgurtdum

/T¹ʷK̲ID¹I/ tokïdï [“그가 쳤다”](KT N 6)

/T¹ʷK̲WZ/ tokuz [“9”](KT N 4 등), /T¹ʷKZ/ tok(u)z (BK E 34)

/B¹R¹D¹ʷK̲/ bardok [“(네가) 간”](KT E 24)

/K¹IL¹N̲T̲ʷK̲D¹A/ kïl(ï)ntokda [“창조되었을 때에”](KT E 1) 등

/R¹T¹ʷK̲/ artuk [“과도한, 과잉의”](KT E 33)

/B¹WY¹R¹ʷK̲/ buyruk [“지휘관”](KT S 1)

/T¹WG¹S¹ʷK̲A/ tugsuk(k)a[48] [“(해) 뜨는 곳에”](O 1)

/T¹WN¹Y¹ʷK̲ʷK/ tunyukuk [“퇸유쿠크”](BK S 14) 등

b) 음절 부호 /ʷK/는 모음 부호 /W/ 다음에 사용될 때에도 /ok/나 /uk/의 음가가 있다:

/Y¹WʷK̲/ yook, 즉 yōk [“없는”] (KT E 11, 39; ÏB 36, 36; O 1), 그러나 /Y¹ʷK̲/ yok (대개)

/B¹WʷK̲A/ buuka, 즉 būka “황소”(T 5, 5, 6), 그러나 /B¹ʷK̲A/ buka (T 6)

2. 음절 부호 /ʷK/가 낱말이나 음절의 첫머리에서 모음 /o/와 모음 /u/ 앞에서 사용되면 단지 후설자음 /k/의 음가가 있다:

/ʷK̲WNT̲R¹/ kontur- [“자리 잡게 하다”](대개)

/ʷK̲WT¹I/ ko(t)tï [“그들이 놓았다”](BK S 12)

/ʷK̲WB¹R¹T¹/ kubrat- [“모으다”](KT S 10 등)

---

ok “나는 요새들(과) 망루들을 설치하였다”. 한편 저자는 어휘집 부분에서 ulgart- ‘높이다, 승진시키다’ (BK E 41)라는 표제어를 두었다. BK E 41를 보면 kič(i)g atl(ï)g[(ï)g ulgartd(ï)m] “나는 작은 칭호를 지닌 자[를 승진시켰다.”로 나온다. 마멸된 부분을 채워 넣은 것인데, 동사 *ulgart-(< ulug + -ar- + -t-)는 아직 다른 곳에서 확인된 적이 없다. 한편 동사 ulgad-는 많이 확인되고 오늘날에는 ulgay-로 나타나므로 *ulgart-보다는 ulgad-나 *ulgadït-로 채워 넣는 것이 더 나을 것이다.

48) 옹기 비문의 제1행에는 이 낱말이 없다. 제2행에는 /K²ẄN²T¹WG¹S²K¹ṆA/ 즉, kün tugsïkïṇa가 나온다. 저자가 착각한 것 같다.

/ᵂK̲WL¹/ kul ["사내종"](일반적으로)

/ᵂK̲WT¹M/ kut(u)m ["나의 운"](KT E 29 등)

/ᵂK̲WL¹K¹K¹N¹/ kulkak(ï)n "귀로써"(BK N 11)

/B¹Y¹R¹ᵂK̲W/ bay(ï)rku ["바이르쿠 족"](KT E 34)

/ᵂK̲WR¹ᵂK̲WR¹/ korkur ["두려워한다"](T 39) 등

1.2.5 음절 부호 /ᵂ̈K/

음절 부호 /ᵂ̈K/의 음가는 다음과 같다: 1. 소리떼 /ök/와 /ük/, 2. 소리떼 /kö/와 /kü/, 3. 전설 자음 /k/.

1. 소리떼 /ök/와 /ük/:

a) /ᵂ̈K̲N²/ ök(ü)n ["참회하여라!"](BK E 19)[49], /ᵂ̈K̲N²P/ ök(ü)n(ü)p ["슬퍼하고"](KT E 40), 그러나 /ẄK²ẄN²/ ökün ["참회하여라!"](KT E 23)

/ᵂ̈K̲ẄS²/ üküš ["많은"](KT S 6; T 40), 그러나 대개 /ẄK²Š/, /ẄK²S²/ (T 7)

/S²ᵂ̈K̲D²M/ sökd(ü)m ["내가 헤쳤다"](T 25), 그러나 /S²ẄK²PN²/ sök(ü)pän ["헤치고"](KT E 35; BK E 27)

/T²ᵂ̈K̲T²I/ tök(ü)ti ["흘리며"](T 52)

/T²ẄR²ᵂ̈K̲/ türük ["튀르크"](KT S 1 등), 그러나 /T²ẄR²K²/ türk (T 1, 2, 3 등)

---

49) 실제로 BK E 19를 보면 이 낱말은 핀란드 발간 도해에서는 /T¹ᵂ̈K̲ẄN²/, 라들로프 발간 도해에서는 /Ẅᵂ̈K̲ẄN²/으로 나온다. 핀란드 발간 도해의 희미한 T¹(t)는 Ẅ(O)의 잘못임이 분명하다. 그러므로 이것은 오히려 "b) 이 부호는 글자 /Ẅ/ 다음에 사용될 때에도 /ök, ük/의 음가가 있다."의 예에 속한다. 저자가 착각한 듯하다. 아니면 핀란드 발간 도해를 따르되 희미한 T¹을 위아래로 찍힌 두 점(:)으로 여긴 듯하다.

/ẄL²R²T²ČIK²ᵂK/ öl(ü)rtäčik-ök ["그가 반드시 죽일 것이다"](T 30)

/Y²ᵂKN²T²I/ yük(ü)nti ["그들이 머리 숙였다"](T 28, 46) 등

b) 이 부호는 글자 /Ẅ/ 다음에 사용될 때에도 /ök, ük/의 음가가 있다:

/K²ẄᵂK/ köök, 즉 kȫk "푸른"(Tar. E 4)

2. 소리떼 /kö/와 /kü/:

/ᵂKL²K²N²/ köläk(i)n "못(池)과"(T 15)

/ᵂKR²/ kör ["봐라!"](T 26)

/ᵂKR²T²G²/ kört(ü)g ["네가 보았다"](O 7)

/ᵂKZD²Ẅ/ küzädü ["보호하며"](KT W 1)

3. 음절 부호 /ᵂK/가 낱말이나 음절의 첫머리에서 글자 /Ẅ/ 앞에서 사용되면 단지 경구개 /k/의 음가가 있다:

/ᵂKẄK²/ kök "푸른"(KT E 3)

/ᵂKẄR²R²/ kör(ü)r ["예속하는"](T 1)

/ᵂKẄR²G²/ küräg⁵⁰⁾ ["탈주자"](T 29, 33)

/ᵂKẄ/ kü "명성, 명망"(KČ W 12)

/ᵂKẄMS²/ küm(ü)š ["은(銀)"](T 48)

/ᵂKẄN²/ kün ["해, 태양"](KT E 4)

/ᵂKẄN²T²Z/ künt(ü)z ["낮에"](T 52)

/ᵂKẄČ/ küč ["힘"](KT E 12)

---

50) 터키어 원본에는 kör(ü)g이라는 옛 독법이 제시되어 있는데, 이것은 저자가 잘못 표기
한 것임이 분명하다.

4. 다음 낱말들을 표기할 때에 나란히 사용된 음절 부호 /ᪿK/ 중에서 첫째 것은 /k/, 둘째 것은 /ök/의 음가가 있다:

/ẄL²T²Ï̈K̈K/ öltik-ök ["그들이 틀림없이 죽었다"](T 16)

/ẄL²R²T²ČÏ̈K̈K/ öl(ü)rtäčik-ök ["그가 반드시 죽일 것이다"](T 21)

1.2.6 음절 부호 /Ï̈K/

음절 부호 /Ï̈K/의 음가는 다음과 같다: 1. 소리떼 /ïk/, 2. 소리떼 /kï/, 3. 어두에서 그리고 모음 /i/ 앞에서 연구개 /k/.

1. 모든 상황에서 소리떼 /ïk/의 음가가 있다:

/B¹L¹Ï̈K/ balïk "도시"(BK E 28; T 19)

/B¹L¹Ï̈KA/ balïk(k)a "도시에"(T 18)

/B¹T¹S¹Ï̈KA/ batsïk(k)a ["(해) 지는 곳에"](Suji 4)

/B¹T¹S¹Ï̈KIŊA/ batsïkïŋa ["(해) 지는 곳에"](BK N 2)

/T¹G¹Ï̈K/ tagïk-51) ["산에 오르다"](KT E 11)

/T¹Š̆Ï̈K/ tašïk- ["나가다"](BK E 32)

/WD¹S²Ï̈KM/ ud(ï)sïk(ï)m ["내가 자야 할 것임"](T 22) 등

---

51) 이 동사는 핀란드 발간 도해에서는 T¹G¹Ï̈K, Radloff 발간 도해에서는 T¹Š̆K로 되어 있다. 즉 두 도해에서 이 낱말은 둘째 글자만 서로 다르다. 그런데 이것에 상응하는 BK E 10을 보면 핀란드 발간 도해에서는 바로 이 낱말부터 공백으로 되어 있지만, Radloff 발간 도해에서는 T¹Š 다음부터가 공백으로 되어 있다. Radloff 발간 도해에서는 두 비문 모두에서 둘째 글자가 Š로 되어 있는 것이다. G¹(g)와 Š(w)는 서로 혼동될 수 있다. 그 당시 돌궐이 중국에 예속되어 있었다면, 중국의 직접적인 지배권은 몇몇 도시에 한정되었을 것이다. kaŋïm kagan yiti yeg[ir]mi ärin ~ yetmiš är bolmiš는 이러한 도시에 있던 사람들이 일테리시가 반란을 일으킨다는 소식을 듣고는 도시의 성곽 밖으로 나가고, 중국의 지배를 피하여 산지로 올라가 숨어서 지내던 사람들이 내려와 일테리시의 세력에 들어가니 70명이 되었다는 것을 표현한 것임이 분명하다. 그렇다면 이 동사는 Radloff 발간 도해대로 tašïk-로 읽는 것이 이치에 맞다.

2. 어두와 어중에서는 소리떼 /kï/의 음가가 있다:

/Z̈KÑA/ azkïña ["극소수의, 아주 적은"](KT E 34), 그러나 /ZKʲÑA/ azk(ï)ña (T 9)

/K̈LʲP/ kïl(ï)p ["(~을) 하고"](O 10)

/K̈S²DʲI/ kïšdï "그가/그들이 … 만들었다"(O 3) 등

3. 어두에서 그리고 모음 /i/ 앞에서 연구개 /k/의 음가가 있다:

/K̈IL²NTM/ kïl(ï)nt(ï)m ["내가 태어났다"](T 1)

/K̈ILTI/ kïltï ["그가 하였다, 그가 만들었다"](BK E 14)

/K̈ILʲČLʲDʲI/ kïl(ï)čladï ["그가 칼로 쳤다"](KT N 5)

/K̈IRʲKʲ/ kïrk ["40"](KT E 15, NE)

/K̈IRʲKʲZ/ Kïrk(ï)z ["크르그즈 족"](T 27 등)

/K̈ISʲGʲA/ kïsga ["짧은"](KČ E 11)

/K̈ISʲLʲTʲA/ kïs(ï)lta ["좁은 산길에서"](BK E 37)

/K̈IŠNʲ/ kïš(ï)n ["겨울에"](BK S 2)

/K̈IZ/ kïz ["계집아이"](T 48 등)

/K̈IZLʲ/ kïz(ï)l ["붉은"](T 52) 등

1.2.7 음절 부호 /Č̈/

비문들에서 아주 드물게 사용된 음절 부호들 중 하나는 /Č̈/이다. 이 부호는 소리떼 /ič/와 /či/ 및 모음 /i/ 앞에 있는 어두 자음 /č/를 표기하기 위하여 사용되었다:

1. 소리떼 /ič/:

/ˈČG²R²T²M/ ičgärt(i)m ["내가 예속시켰다"](BK E 25)

/ˈČK²D²I/ ič(i)kdi ["그들이 예속하였다"](BK E 37; T 28)

/ˈČK²MŠ/ ič(i)km(i)š ["그들이 예속하였다고 한다"](BK E 9)

/ˈČR²A/ ičrä ["은밀한"](T 34)

/ˈČR²K²I/ ičräki ["안에 있는, 근왕의"](Tar. W 6)

2. 이 부호는 예니세이 비문들 중 하나에서 소리떼 /či/를 표기하기 위해서도 사용되었다:

/L²ⁱČ/ (e)lči "사신, 사절"(Xem.-Čïr.[52) 8)

3. 음절 부호 /Č/는 종족 이름 Čik에서 글자 /I/ 앞에서 한 번 사용되었다:

/ˈČIK²/ Čik ["치크 족"](MČ S 2), 그러나 /ČIK²/ (MČ E 7, 11), /ČIK²G²/ Čik(i)g ["치크 족을"](MČ E 10)

1.2.8 음절 부호 /Aš/

음절 부호 /Aš/는 소리떼 /aš/와 /äš/를 표기하기 위하여 사용된다:

1. 음절 부호 /Aš/는 투뉴쿠크 비문에서 한 번 사용되었다:

/Aš<T²>G²/ aš <t>äg "음식 같은"(T 8)

---

52) 11줄로 이루어진 Xemčik-Čïrgak 비문은 러시아 연방 투바(Tuva) 공화국의 Xemčik 강가에서 Čïrgak라는 곳에서 발견되어 미누신스크 박물관에서 보관되고 있다. 물품 목록 번호는 No. 34이다. 이 비문은 Sergej Jefimovič Malov(1880.1.28.-1957.9.6.)의 분류에 따르면 E-41이다.

음절 부호 /Aš/의 약간 다른 형태가 예니세이 비문들에서 더 많이 눈에 뜨인다:

/AšN¹WK¹I/ ašnukï "앞의"(Xem.-Čïr. 2, 4)

/K¹G¹D¹AšM/ kagadaš(ï)m "나의 친척들"(Xem.-Čïr. 3)

/B¹Aš/ baš ["머리"](Xem.-Čïr. 7)

/Y¹AšM/ yaš(ï)m ["나의 나이"](Xem.-Čïr. 9)

2. 음절 부호 /Aš/는 Xemčik-Čïrgak 비문에서 소리떼 /äš/를 표기하기 위해서도 사용되었다:

/AšN²T²M/ äš(i)nt(i)m "나는 (나의 말들을) 빠르게 몰았다"(Xem.-Čïr. 4)

1.2.9 음절 부호 /baš/

음절 부호 또는 상형 문자 /baš/는 투뉴쿠크 비문에서 한 번, 어떤 예니세이 비문들에서는 몇 번 나온다:

/IB¹R¹baš/ ï bar baš "숲이 있는 꼭대기"(T 26)

/Y¹ŠK¹baš/ Yaš Ak Baš ["사람 이름"](Uyuk-Aržan 5)

/K¹bašT¹Ï̈K/ Ak Baš Atïk ["사람 이름"](Tuva I (Bay-Bulun II) 2) 등

1.2.10 합자 /či/

합자 /či/는 투뉴쿠크 비문에서 한 번 사용되었다:

/K²L²T²čiMZ/ kältäčim(i)z ["우리의 올 사람(들)"](T 14)

1.2.11 음절 부호 /ot/

음절 부호 /ot/는 Ïrk Bitig에서 낱말 ot["풀(草)"]를 표기하기 위하여
세 번 사용되었다:

/Y¹S¹ot/ yaš ot ["신선한 풀"](ÏB 17, 53)

/otS¹WZ/ otsuz ["풀 없는, 풀 없이"](ÏB 45)

1.2.12 음절 부호 /Up/

음절 부호 /Up/는 더 많이는 Ïrk Bitig에서, 드물게는 어떤 예니세이
비문들과 필사본들에서 사용되었다. 이 부호는 소리떼 /up/와 /üp/ 및
모음 /u/ 다음에 오는 자음 /p/를 표기하기 위하여 사용된다.

1. 소리떼 /up/의 음가가 있다:

/WL¹R¹UpN¹/ ol(o)rupan "권좌에 앉고"(ÏB 28)

/B¹WL¹Up/ bolup "되고"(Elegest I 8) 등

2. 소리떼 /üp/의 음가가 있다:

/Y²ẄT²ẄR²Up/ yütürüp "잃고"(ÏB 24)

3. 모음 /u/ 다음에 오는 자음 /p/의 음가가 있다:

/K¹WN¹WUpN¹/ konupan "내려앉고"(ÏB 64)

/WL¹WR¹WUpN¹/ olorupan "앉고"(ÏB 4)

/WŊWUp/ oŋup "색이 바래고"(ÏB 17)

/T¹WR¹WUpN¹/ turupan "남고"(ÏB 56)

/T¹WT¹WUpN¹/ tutupan "잡고"(ÏB 16)

/WR¹WUpN¹/ urupan "치고"(ÏB 40)

1.2.13 음절 부호 /däm/

이 음절 부호는 단지 Tuva I (Bay-Bulun II) 비문에서 두 번 사용되었다:
/R²R²dämM/ är ärdäm(i)m "나의 사나이 미덕"(Tuva I (Bay-Bulun II) 3)
/L²däm/ äldäm (/R²däm/, 즉 ärdäm ["미덕"] 대신에; Tuva I (Bay-Bulun II) 4)

1.2.14 음절 부호 /kïš/

이 부호도 단지 Tuva I (Bay-Bulun II) 비문에서 두 번 사용되었다:
/T¹WkïšM/ tokïš(i)m "나의 싸움"(Tuva I (Bay-Bulun II) 3)
/R¹kïš/ arkïš (/L¹kïš/, 즉 alkïš "칭찬, 찬양" 대신에; Tuva I (Bay-Bulun II) 4)

1.2.15 겹자음 부호

1.2.15.1 겹자음 부호 /LT/

겹자음 부호 /LT/는 후설모음으로 된 낱말들에서 어두의 소리떼 /alt/와 어중의 자음쌍 /lt/를 표기하기 위하여 사용된다.

1. 어두의 소리떼 /alt/의 음가가 있다:
/LTM/ alt(ï)m "내가 얻었다"(O 9; Xem.-Čïr. 9)
/LTZD¹I/ alt(ï)zdï "그가 사로잡게 하였다"(KT E 38)
/LTMŠ/ altm(ï)š "60"(Xem.-Čïr. 9), /LTMS²/ altm(ï)š (Tar. W 6)
/LTI/ altï "6"(Xem.-Čïr. 4)
/K¹LTČI/ kaltačï "남을 것이다"(KT N 9; T 13)

/L̲T̲N¹M/ alt(u)n(u)m "나의 금(金)"(Xem.-Čir. 5) 등

2. 후설모음으로 된 낱말들에서 자음쌍 /lt/의 음가가 있다:

/B¹WL̲T̲ČI/ boltačï "될 것이다" (대개), 그러나 /B¹WL¹T¹ČI/ (KT N 11; BK E 31)

/B¹WL̲T̲I/ boltï "그가/그들이 되었다"(KT E 31 등), 그러나 /B¹WL¹[T¹I]/ (KČ W 3)

/B¹WL̲T̲WK¹D¹A/ boltokda "되었을 때에"(O 1, 6)

/B¹WL̲T̲M/ bolt(u)m "내가 되었다"(T 56, 56)

/K¹I̲L̲T̲I/ kïltï "그가/그들이 만들었다"(BK E 7, 14), 그러나 /K¹IL¹T¹I/ (BK E 7)

/Y¹N̲L̲T̲ČI/ yaŋ(ï)ltačï "잘못할 것이다"(KT S 11)

/Y¹N̲L̲T̲I/ yaŋ(ï)ltï "그가 잘못하였다"(KT E 20)

/Y¹WL̲T̲A/ yolta "길에서"(T 16), 그러나 /Y¹WL¹T¹A/ (KT N 9) 등

3. 겹자음 부호 /LT/는 단지 한 번 전설모음으로 된 낱말에 있는 자음쌍 /lt/를 표기하기 위해서도 사용되었다:

/Y²R²L̲T̲M/ y(i)r(i)lt(i)m "내가 갈라졌다, 헤어졌다"(Xem.-Čir. 6)

1.2.15.2 겹자음 부호 /NT/

이 부호는 소리떼 /ant/ 와 /änt/ 및 자음쌍 /nt/를 표기하기 위하여 사용된다.

1. 소리떼 /ant/의 음가가 있다:

/N̲T̲A/ anta "거기에서" (대개)

/NTG¹/ antag "그렇게, 그러한"(T 9, 36), /NTG²/ antäg "그렇게, 그러한"(T 29)

/T¹L¹NTI/ atlantï "그들이 말에 탔다"(KČ E 8)

/B¹WG¹ZL¹NTI/ bog(u)zlantï "그가 목 잘렸다"(T 26) 등

2. 소리떼 /änt/의 음가가 있다:

/K²NTẄ/ käntü "자기, 자신"(KT E 23; BK E 19), 그러나 /K²N²T²Ẅ/ (KT N 4)

3. 자음쌍 /nt/의 음가가 있다:

/L¹K¹NTI/ alk(ï)ntï "그들이 사라졌다"(T 3), /L¹K¹NTG¹/ alk(ï)nt(ï)g "네가 사라졌다"(KT S 9; BK N 7)

/B¹WNTA/ bunta "여기에서"(KT E 20 등)

/ČINTN¹/ čintan "백단(白檀)"(BK S 11)

/K¹IL¹NTWK¹D¹A/ kïl(ï)ntokda "창조되었을 때에"(KT E 1 등)

이 겹자음 부호가 사용되지 않은 예도 꽤 많다:

/B²N²T²R²A/ b(i)nt(ü)rä "(말에) 태우며"(T 25)

/B²IZN²T²A/ biz(i)ntä "우리보다"(T 40)

/B²ẄN²T²G²I/ büntägi "(그들의) 이러한, 이와 같은 (이)"[53])(T 57)

/K²IN²T²I/ ekinti "두 번째로"(KT E 33 등)

---

53) Cengiz Alyılmaz는 "Bilge Tonyukuk Yazıtları Üzerine Birkaç Düzeltme"[빌개 톤유쿠크 비문들에 관한 몇몇 정정], *Türk Dilleri Araştırmaları*[튀르크 언어들의 연구들] 10 (2000), pp. 103-112에서 이 낱말이 B²IN²T²G²I로 되어 있고 bint(ä)gi "(그들의)나와 같은 것, 나와 같은 사람"으로 읽히고 번역되어야 한다고 주장하였다.

/IN²T²MZ/ int(i)m(i)z "우리가 내려갔다"(T 26)

/K²ẄN²T²Z/ künt(ü)z "낮에"(KT E 27 등)

/ẄN²T²R²Ẅ/ ünt(ü)rü "동틀 때에"(T 35) 등

1.2.15.3 겹자음 부호 /NČ/

이 부호는 소리떼 /anč/ 와 /änč/ 및 자음쌍 /nč/를 표기하기 위하여 사용된다.

1. 소리떼 /anč/의 음가가 있다:

/NČA/ anča "그렇게"(KT S 5 등)

/NČWL¹D¹I/ ančoladï "그가 바쳤다, 그가 넘겼다"(KT E 32)

/S¹NČD¹I/ sančdï "그가 찔렀다"(KT N 5) 등

2. 소리떼 /änč/의 음가가 있다:

/N²NČA/ nänčä "꽤 많이, 여러 번"(BK N 9) 등

3. 자음쌍 /nč/의 음가가 있다:

/B¹WNČA/ bunča "이만큼" (대개)

/R²NČ/ är(i)nč "틀림없이" (대개)

1.2.16 쌍자음

어중에 있는 쌍자음들은 룬 문자에서 드물게 표시된다. 달리 말하면, 어중에 있는 쌍자음들은 대개 글자 한 개로 표시된다.

1. /G²/ = g(g):

/Y²ẄG²R²Ẅ/ yüg(g)ärü "위로, 위를 향하여"(KT E 11 등)

2. /K¹/ = k(k):

/B¹L¹Ï̱KA/ balïk(k)a "진창에"(KT N 8)

/ID¹ᵂ̱KT¹/ ïduk (ku)t ["칭호의 하나"](BK E 25)

/WL¹R¹T¹ᵂ̱KA/ ol(o)rtok(k)a ["(권좌에) 앉았을 때에"](BK E 14)

/T¹WG¹S¹K¹A/ tugs(ï)k(k)a ["(해) 뜨는 곳에"](KT S 2)

/T¹WÑ̃ᵂ̱Ḵᵂ̱KA/ tuñukuk(k)a ["투뉴쿠크에게"](T 31)

/Y¹ᵂ̱KR¹W/ yok(k)aru ["위로, 위를 향하여"](T 25)

/Y¹R¹L¹K¹D¹ᵂ̱Ḵ/ yarl(ï)k(k)adok ["(신이) 명령한"](KT E 15) 등

3. /K²/ = k(k):

/B²IR²T²ᵂ̱̈KR²Ẅ/ birtök(k)ärü ["준 것을 향하여"](BK E 9), 그러나
/B²IR²T²ᵂ̱̈KG²R²Ẅ/ birtökgärü (KT E 10)

4. /T¹/, /T²/ = t(t):

/IT¹I/ ï(t)ti "그가/그들이 보냈다"(KT E 7 등), /IT¹M/ ï(t)t(ï)m ["내가
보냈다"](BK E 40), /IT¹MZ/ ï(t)t(ï)m(ï)z ["우리가 보냈다"](KT E 40)

/K¹IT¹MZ/ akït(tï)m(ï)z ["우리가 습격하게 하였다"](KT N 8)

/ᴬᵂ̱KWT¹I/ ko(t)ti ["그들이 놓았다"](BK S 12)

/ᴬᵂ̱KWB¹R¹T¹M/ kubrat(tï)m ["내가 모았다"](BK N 7)

/WL¹R¹T¹I/ ol(o)rt(t)ï ["그들이 세웠다"](KČ E 12)

/Y¹G¹T¹ᵂ̱KD¹A/ yag(ït)tokda ["적이 되었을 때에"](KČ W 5, E 6)

/Y¹WG¹L¹T¹I/ yoglat(t)ï ["그들이 장례를 치르게 하였다"](KČ E 12)

/Y¹WNTA/ yunt(t)a ["(수)말에게서"](ÏB 24)

/Y¹WR¹T¹A/ yurt(t)a ["야영지에서"](ÏB 13)

/S²T²M/ eš(it)t(i)m ["내가 (그에게서) 들었다"](T 24)

/IG²T²I/ ig(it)ti ["그가 배부르게 하였다"](KT E 16), /IG²T²M/ ig(it)t(i)m ["내가 배부르게 하였다"](KT E 29)

/B²D²ZT²M/ bädzät(ti)m ["내가 꾸미게 하였다"](KT S 11)

/Y²ẄG²T²ẄR²MŠ/ yügä(t)türm(i)š ["그가 승진시켰다고 한다"](KČ W 2)

5. /D¹/, /D²/ = d(d):

/Y¹R¹T¹D¹M/ yarat(ï)d(dï)m (BK N 14), 그러나 /Y¹R¹T¹T¹D¹M/ yarat(ï)td(ï)m ["내가 만들게 하였다"](MČ E 8, 9, 10)

/B²IT²ID²M/ biti(d)d(i)m (KT S 13; BK N 15), 그러나 /B²IT²IT²D²M/ bititd(i)m ["내가 쓰게 하였다"](T 58)

6. /L¹/, /L²/ = l(l):

/Y¹WL¹G¹/ Yol(lu)g (KT S 13 등), 그러나 /Y¹WL¹L¹G¹/ Yoll(u)g ["욜룩 (왕자)"](KT SW)

/ČẄL²G²/ čöl(lü)g ["초원의"](KT E 4; BK E 5)

/IL²D²ᵂK/ il(l)ädök (BK E 7), 그러나 /IL²L²D²ᵂK/ illädök ["나라를 세운"](KT E 6) 등

7. /N¹/, /N²/ = n(n):

/K¹ČN¹Ṇ/ kačan (n)äŋ [(ärsär가 뒤에 붙으면) "언제라도"](T 21), /K¹ČN²Ṇ/ kača(n) näŋ (T 20, 29)

8. 다음 예에서는 어중에 있는 자음떼 /šs/가 단지 후설 글자 /Sⁱ/ 한 개로만 표시되었다:

/K¹B¹S¹R¹/ kab(iš)sar ["연합하면"](T 12)

이러한 표기에는 예외들도 있다:

/ČWR¹K¹K¹A/ čorakka ["불모지에"](BK SE)

/L²L²G²D²A/ ell(i)gdä ["나라가 있는 자보다"](KT E 29; BK E 24)

/IL²L²G²G²/ ill(i)g(i)g ["나라가 있는 자를"](KT E 15, 18; BK E 13)

/K¹R¹L¹ᵂKK¹A/ Karlukka ["카를루크 족에"](KČ E 7)

/ᵂKWL¹L¹G¹/ kull(u)g ["사내종이 있는"](KT E 21; BK E 18)

/T²ZK²K²A/ Täz(i)kkä [타지크 족⁵⁴⁾에](KČ E 4) 등처럼.

1.3 구두점 찍기

룬 문자로 된 텍스트들에서, 특히 오르콘 및 예니세이 비문들에서 낱말들이나 구(句)들을 구분하기 위하여 사용된 유일한 구두점 부호는 위아래로 찍힌 두 점이다. 어떤 예니세이 비문들에서는, 이를테면 베그레(Begre) 비문⁵⁵⁾에서는 위아래 두 점 대신에 단 하나의 점이 사

---

54) 압바스 왕조(王朝) 때의 이슬람교도들을 당(唐)에서 大食이라고 부른 것을 보면, Täzik 는 아랍인을 가리키는 것인 듯하다. 더구나 저자는 1968년에 발간된 자신의 저서인 A Grammar of Orkhon Turkic의 어휘집에서 täzik, täzīk에 대하여 'ethnic n. (Arab)'(p. 380a)이라 하였다.

55) 10줄로 이루어진 이 비문은 러시아 연방 투바(Tuva) 공화국에서 예니세이 강 상류 분지의 동북부에서, 이 분지와 우육-투란(Uyuk-Turan) 분지의 경계에서 비이-헴(Biy-Xem) 강의 오른쪽 지류인 베그레(Begre) 강에서 발견되어 1916년부터 미누신스크 박물관에서 보관되고 있다. 물품 목록 번호는 No. 40이다. 이 비문은 Sergej Jefimovič Malov (1880.1.28.-1957.9.6.)의 분류에 따르면 E-11이다.

용되었다. Ïrk Bitig에서는 낱말들이 위아래 두 점 대신에 등호 부호를 닮은 두 개의 짧은 선으로 서로 구분된다.

이 구두점 부호의 용법과 관련하여 다음 원칙들이 주의를 끈다:

1. 길이가 보통인 낱말들은 이 부호로 서로 구분된다:

: täŋridä : bolm(i)š : türük : bilgä : kagan : (KT S 1)[56]

: türük : bäglär : bod(u)n : bunï : eš(i)d(i)ŋ : (KT S 10)[57]

2. 음절 한 개로 된 낱말들은 대개 앞이나 뒤에 있는 낱말과 함께 표기된다:

: WL¹T²G²D²ᵂKD²A : ol tägdökdä ["그 전투에서"](KT E 36)

: K¹D¹G¹R¹G¹ : ak adg(ï)r(ï)g ["흰 종마를"](KT E 36)

: K²IR²G² : eki är(i)g ["두 남자를"](KT E 36)

: K²IN²R¹A : ekin ara ["둘 사이에서"](KT E 1)

: B²IZŊS²Ẅ : biz(i)ŋ sü ["우리의 군대"](KT E 39)

: Y¹WᵂKR²T²I : yok ärti ["(식량이) 없었다"](KT E 39)

3. 합성어들과 구(句)들은 대개 함께 표기된다:

: Y²IT²IY²G²[R²]MIR²N² : yiti yeg[(i)r]mi är(i)n ["17 명의 남자와 함께"] (KT E 11)

: Y²T²IY²ẄZR² : yeti yüz är ["700 명의 남자"](KT E 13)

: T²ẄR²ᵂKID¹ᵂKY²IR²IS¹WB¹I : türük ïduk yiri subi ["튀르크의 신성한 땅(과) 물(의 정령들)"](KT E 10-11) 등

---

56) 이 구절의 뜻은 "신에게서 된 튀르크 빌개 카간"이다.

57) 이 구절의 뜻은 "튀르크 백들(과) 백성(아) 이것을 들어라!"이다.

4. 어떤 예니세이 비문들에서는 한 낱말이 구두점으로 둘로 나뉘기
도 한다:

: K¹W<u>NČ</u> : Y¹MA : kunč(u)y(u)ma ["나의 공주에게"[58)])(Elegest I 1)

: W̌ČY²e : T²MŠ : üč yetm(i)š ["63"](Uyuk-Turan 4) 등

<hr>

58) 중국어 公主에서 차용된 kunčuy는 오르콘 비문들에서는 '공주'를 뜻하지만 예니세이
　비문들에서는 '아내'를 뜻한 것이 분명하다. 그러므로 저자가 예니세이 비문들에 나오
　는 kunčuy를 모두 '아내'로 번역하는 것이 옳을 것이다.

IV. 음운론

1. 모음

돌궐어에는 다음 모음들이 있다: /a/, /ä/, /e/, /ï/, /i/, /o/, /ö/, /u/, /ü/. 이 모음들은 폐모음 /e/ 외에는 3 차원 체계에서 서로 대립한다: 후설모음들(a, ï, o, u)에 대하여 전설모음들(ä, i, ö, ü), 저모음들(a, ä, o, ö)에 대하여 고모음들(ï, i, u, ü) 및 평순모음들(a, ä, ï, i)에 대하여 원순모음들(o, ö, u, ü).

돌궐어 모음 체계의 중요한 특징 하나는 이 모음들의 장모음 종류도 있다는 것이다. 달리 말하면, 돌궐어에서 모음의 장단은 음운적이다. 즉 의미 차이를 일으킨다:

ač- "열다" : āč- "배고프다" 및 āč "배고픈"

at "말(馬)" : āt "이름, 칭호"

ak- "흐르다, 쇄도하다" : āk "흰, 백색의" 등

1.1 첫 음절 모음

1.1.1 모음 /a/

1.1.1.1 단모음 /a/

첫 음절에 있는 단모음 /a/는 전혀 표기되지 않는다:

ač- "열다"(T 28)

adak "발(足)"(KT N 7)

adg(ï)r "종마"(BK N 11)

bar- "가다"(BK E 35)

kab(i)š- "만나다, 회동하다"(T 12)

yazï "평원"(KT S 7) 등

1.1.1.2 장모음 /a/

돌궐어에서 첫 음절에 장모음 /a/가 있다는 것은 표기에서 알 수 있다. 오르콘 비문들에서 어두의 단모음 /a/는 표기되지 않지만 장모음 /a/는 드물기는 하여도 표기된다:

/AČ/ āč "배고픈"(BK E 38)

/AČ/ āč- "배고프다"(KT S 8, 8; BK N 6, 6)

/AT¹/ āt "이름, 칭호"(KT E 7, 7, W 2; BK E 41; KČ W 1)

예니세이 비문들과 Ïrk Bitig에는 첫 음절에 있는 장모음 /a/의 예가 더 많이 있다:

āk "흰, 백색의"(ÏB 5, 19)

āla "알록달록한, 아롱다롱한"(ÏB 2)

āra "사이에서"(ÏB 10, 38, 52, 52)

ārt "고개, 재"(ÏB 6)

ās "흰담비"(Uybat VI[59] 6)

ātan- "유명해지다, 이름나게 되다"(ÏB 55)

āy "달"(K.-Xovu 3)

āz "적은, 소수의"(ÏB 57)

---

59) 7줄로 이루어진 이 비문은 러시아 연방 하카시아(Khakassia) 공화국 중부에서, 우이바트(Uybat) 강의 중류에서, 차르코프(Čarkov) 마을 가까이에서 발견되어 아바칸 박물관에서 보관되고 있다. 이 비문은 Sergej Jefimovič Malov(1880.1.28.-1957.9.6.)의 분류에 따르면 E-98이다.

āz- "길을 잃다"(ÏB 15, 15, 15)

자음으로 시작하는 낱말들의 첫 음절들에 있는 장모음 /a/도 대개 표시되지 않는다. 오르콘 비문들에서는 단지 다음의 낱말에서 첫 음절의 장모음 /a/가 표시되었다:

tāmka "벽에"(KT SE).

예니세이 비문들과 Ïrk Bitig에는 이렇게 표기된 다른 예들도 있다:

/K¹AL¹/ kāl- "남다"(Elegest I 9)

/B¹A/ bā- "매다, 묶다"(ÏB 14)

/Y¹AŠ/ yāš "축축한, 신선한"(ÏB 17) 등

표기로는 알 수 없지만, 다음의 낱말들의 첫 음절들에 있는 모음 /a/도 틀림없이 장모음이다:

ab "사냥"	kar "눈(雪)"
ar- "속이다"	karï "늙은"
aš "음식"	karï- "늙다"
aš- "넘다"	kaš "(겉)눈썹"
azuk "먹을 것, 식량"	katun "카툰, 카간의 아내"
bar "있는"	sakïn- "생각하다"
bay "부유한"	sarïg "누런"
ačïg "쓴(苦)"	sayu "~마다, 매(每)~, 각(各)~"
agrï- "병들다"	yat "타지, 낯선 고장"
kadïn "사돈"	yay "여름"

kan "피, 혈액"   yayïn "여름에" 등

1.1.2 모음 /ï/

1.1.2.1 단모음 /ï/

돌궐어에 단모음 /ï/가 있다는 것은 표기로부터 알 수 있다:

[b]ïč- "베다, 자르다"(BK S 12)

[ï]t "개"(BK S 10)

kïl- "하다, 만들다"(KT E 15)

kïšla- "겨울을 나다, 월동하다"(KT N 8)

sïgta- "(죽은 사람 생각을 하며) 울다, 통곡하다"(KT E 4)

tïl "정보원"(T 36)

yïlkï "말떼"[60](KČ E 13)

yïš "숲으로 덮인 산"(T 20) 등

1.1.2.2 장모음 /ï/

돌궐어에서 첫 음절에 장모음 /ï/가 있다는 것은 표기로부터 알 수 없다. 비문들에서 음절 부호 /ⁱK/가 사용되었다는 것은 아무리 적어도 일단의 낱말에서 장모음 /ï/를 한정하는 데에 기준이 될 수 있을 것이었다. 그렇지만, 이 부호가 어두에서 모음 /ï/ 앞에서 사용되는 것은 음성적인 가치가 전혀 없다. 이러한 상황에서 단 하나의 기준은 비교이

---

60) yïlkï는 원래 (작은 사냥감 등은 포함하지 않는) "가축, 사족수(四足獸)"를 뜻하지만, 불교 용어에서는 "인간"에 대립하는 것으로서의 "짐승"을 뜻하였다. 이 낱말은 때로는, 심지어는 아주 이른 시기에, 양, 낙타 등과 함께 사용되기도 하여 이 낱말이 단지 "마소"를 뜻하였음을 시사한다. 일부 현대 튀르크어에서는 이 낱말의 뜻이 더 한정되어 "말들"을 가리킨다(EDPT: 925b-926a). 그러므로 비문에서 이 낱말은 "말떼"로 번역되기는 하지만, "가축"을 뜻할 수도 있다.

다. 이 방법으로 다음 낱말들에 있는 모음 /ï/가 장모음이라는 것을 말할 수 있다:

ï [ī] "나무들, 숲"(T 26)

ïgač [īgač] "나무"(T 25)

ï- [ī] "보내다"(KT S 7; BK N 7), ïd- [īd] "보내다"(BK E 35 등)

kïz [kīz] "딸, 여자의"(KT E 24 등)

sï- [sī] "깨뜨리다, 부수다"(T 19 등)

tïd- [tīd] "방해하다, 저지하다"(KT N 11) 등

1.1.3 모음 /o/

1.1.3.1 단모음 /o/

bod "부족, 종족"(T 4)

boz "잿빛, 회색"(KT E 32)

kon- "자리 잡다, 앉다"(KT S 7)

koñ "양(羊)"(KT E 12)

ol(o)r- "앉다, 살다"(T 8)

tok "배부른"(T 8)

yok(k)aru "위로, 위를 향하여"(T 25) 등

1.1.3.2 장모음 /o/

돌궐어에 장모음 /o/가 있다는 것은 낱말 yok가 어떤 비문들에서는 다르게 표기되었다는 것으로부터 알 수 있다. 대개는 글자 /Y¹/, /W/ 및 /K¹/로 표기되는 이 낱말은 드물게는 /Y¹W<u>ʷK</u>/, 즉 글자 /W/ 다음에

음절 부호 /ᵐK/가 사용되어 표기되었다. 이 경우에 모음 /o/는 두 번 표기된 것으로 볼 수 있다:

yoo͟k [yōk] "없는"(KT E 11, 39; O 1; MČ W 4; Abakan[61]) 12; ÏB 36, 36, 36)

론 문자 표기로부터 분명하지는 않지만 다음의 낱말들에 있는 모음도 장모음이라고 말할 수 있다:

on [ōn] "10"(KT N 7)

ot [ōt] "불"(KT E 27)

bol- [bōl] "되다"(KT E 7)

ton [tōn] "옷"(KT E 26)

tor- [tōr] "기진맥진하다, 야위다"(KT S 9; BK N 7)

toruk [tōruk] "야윈"(T 5, 6)

tor(u)g [tōrug] "밤색의"(KT E 33)

yol [yōl] "길"(KT N 9) 등

1.1.4 모음 /u/

1.1.4.1 단모음 /u/

uč- "날다, 죽다"(KT E 16)

ud- "추적하다"(T 41)

---

61) 15줄로 이루어진 이 비문은 오늘날의 러시아 연방 하카시아(Khakassia) 공화국 중부에서, 우이바트(Uybat)강과 아바칸(Abakan) 강의 합류점에서 투탙치코프(Tutatčikov) 마을 부근에서 발견되었다. 1913년부터 미누신스크 박물관에서 보관되고 있다. 물품 목록 번호는 No. 44이다. 이 비문은 Sergej Jefimovič Malov(1880.1.28.-1957.9.6.)의 분류에 따르면 E-48이다.

ul(u)g "큰"(BK S 9)

bul(u)ŋ "구석, 모퉁이"(KT E 2)

kul "사내종"(KT E 7)

uz(u)n "먼"(T 52) 등

1.1.4.2 장모음 /u/

돌궐어에 장모음 /u/가 있다는 것은 낱말 buka "황소"의 표기로부터 알 수 있다. 투뉴쿠크 비문의 다섯째와 여섯째 줄에서 네 번 나오는 이 낱말은 거기에서 한 번은 /B¹ᵂKA/, 그러나 세 번은 /B¹WᵂKA/ būka 형태로 표기되었다(아제르바이잔어62)와 튀르크멘어63) buɣa, 터키어 boğa(< *būka)와 비교할 것).

---

62) 이란 서북부 및 아제르바이잔 공화국을 중심으로 인근의 러시아의 다게스탄(Dagestan) 공화국, 조지아 동남부, 터키 동부, 이라크 북부 등지에서도 사용되는 튀르크계 언어로서 크게 아제르바이잔 공화국을 중심으로 하는 옛 소련 지역의 북아제르바이잔어와 이란 지역의 남아제르바이잔어로 나눌 수 있다. 터키어(Turkish), 가가우즈(Gagauz)어, 튀르크멘(Türkmen)어, 호라산 튀르크어(Khorasan Turkish) 등과 함께 오구즈(Oghuz) 그룹에 속한다.
이란에 1천6백만~2천3백만 명, 아제르바이잔 공화국에 8백만 명, 기타 지역에 8십만 명 등 전 세계에는 아제르바이잔어를 모어로 사용하는 사람이 2천3백만~3천만 명 있다. 터키 아나톨리아 동부의 방언들은 엄밀히 말하면 아제르바이잔어의 방언들이다. 아제르바이잔의 공식문자는 라틴 문자이지만 키릴 문자도 많이 사용된다. 아제르바이잔족의 대부분은 시아파 이슬람교도이다.

63) 튀르크메니스탄을 중심으로 인근의 이란, 아프가니스탄, 우즈베키스탄에서도 사용되는 튀르크계 언어로서 현대 터키어(Turkish), 아제르바이잔어(Azerbaijani), 가가우즈(Gagauz) 어, 호라산 튀르크어(Khorasan Turkish) 등과 함께 오구즈(Oghuz) 그룹에 속한다. 튀르크멘어는 할라지(Khalaj)어 및 야쿠트(Yakut)어와 더불어 튀르크 조어(Proto-Turkic) 의 일차 장모음을 체계적으로 유지하고 있다. 다른 튀르크어들과 비교할 때 튀르크멘어에서는 /s/ > /θ/; /z/ > /ð/ 등의 음운 변화가 있다. 현재 튀르크메니스탄에서는 터키의 것과는 상당히 다른 라틴 문자가 사용된다.
튀르크메니스탄의 인구는 2007년 7월에 5,097,028명이고 이중 85%가 튀르크멘족인 것으로 추정되었다. 이란에는 약 2백만 명(1997), 아프가니스탄에는 약 5십만 명(1995) 의 튀르크멘족이 있는 것으로 추정되어 전 세계에는 약 6백만 명의 튀르크멘어 사용자가 있는 듯한데, 이들은 호라산 튀르크어 및 관련 방언 사용자들도 모두 포함한 것이다.

론 문자 표기로부터 분명하지는 않지만 다음의 낱말들에 있는 첫 음절 모음도 장모음이라고 말할 수 있다:

u [ū] "잠, 수면"(T 27)

uđï- [ūđï] "자다"(KT E 27)

uč [ūč] "끝, 첨단, (군대의) 익(翼)"(T 40)

uč(u)z [ūčuz] "쉬운"(T 13)

ur- [ūr] "치다, 때리다"(KT E 33)

uya [ūya] "둥지, 들짐승의 굴"(ÏB 31)

yurč [yūrč] "(손아래) 처남"64)(KT E 32)

yurt [yūrt] "야영지"(KT N 9) 등

---

64) MK 에서 yurč "손아래 처남", 차가타이어에서 yügürǰi "같은 뜻"으로 확인되는 이 낱말은 몇몇 현대 튀르크어에 남아 있다:
튀르크멘어 yüwürǰi "시동생"
타타르어 (방언) yŏrtsï, yŏrttsï "시동생"
바시키르어 (방언) yŏrsŏ "어린 아이; 시동생, 손아래 처남"
알타이어 d′určï, d′urtčï "처남; 아내의 자매"("시누이"로 나오는 자료도 있음)
알타이어 쿠만드 방언 čürčim "나의 처남"(< čürči-m)
출름 튀르크어 하류 출름 방언 yurtsum "나의 손아래 처남"(< yurtsu-m)
출름 튀르크어 중류 출름 방언 čurčum "나의 손아래 처남, 나의 시동생"(< čurču-m)
하카스어 čurču "처남; 아내의 자매"("손아래 처남"으로 나오는 자료도 있음)
쇼르어 čurču "처남"
투바어 čuržu "손아래 처남; 처제"
서부 유구르어 yohrtşi, yohrtʰtşi, yöhrtşʰi "시동생"
야쿠트어 surus "(누나에 대하여) 남동생"(surǰum "나의 남동생")
위에서 제시한 예들에서, "처남"은 "손아래 처남", "아내의 자매"는 "처제"임이 분명하다. -m은 단수 1인칭 소유어미이다. -ï/-i/-ŏ/-u는 원래는 단수 3인칭 소유어미였는데 낱말의 일부로 굳어진 것이다. 튀르크어에는 이와 같이 단수 3인칭 소유어미가 낱말의 일부로 굳어진 예가 매우 많다.

1.1.5 모음 /ä/

1.1.5.1 단모음 /ä/

äb "집, 유르트, 본영"(T 30)

äkä "누나, 언니"(KT N 9)

är- "있다, ~이다"(조동사)(KT E 21)

bän "나"(T 5)

käl- "오다"(KT E 23)

käm "누구"(BK E 9)

säm(i)z "살찐, 비만한"(T 5, 6)

sän "너"(KT S 8) 등

1.1.5.2 장모음 /ä/

첫 음절에 있는 긴 개모음 /ä/는 예니세이 비문들 중 한 개에서 다음
의 낱말을 표기할 때에 표시되었다:

/AS²N²I/ äsni-, 즉 āsni "기억해라!"(Tuva I (Bay-Bulun II) 3)

표기로부터 분명하지는 않지만 다음의 낱말들에서도 긴 개모음 /ä/
가 있다고 말할 수 있다:

är [ār] "사내, 남자"(KT E 12)

bärü [bārü] "이쪽으로"(T 46)

yäl- [yāl] "(말을) 전속력으로 몰다, 달리게 하다"(T 27)

1.1.6 폐모음 /e/

오르콘 비문들에서는 어떤 낱말들에서 첫 음절의 전설 저모음(폐모음 /e/)이 모음 /ä/처럼 전혀 표시되지 않거나 글자 /I/로 표기된다: br- ~ bir- "주다", bš ~ biš "5" 등처럼. 이 낱말들의 표기에서 일관성이 없다는 것은, Thomsen이 이미 1896년에 밝혔듯이(IO, pp. 15-16), 틀림없이 문제의 모음의 성질과 관련이 있다. 더 나중에 다루어진 어떤 예니세이 비문들에서 이 낱말이 특별한 부호로 표시되어 있다는 것은 Thomsen이 옳음을 보여주었다(Thomsen, "Une lettre méconnue…", *JSFOu* 30: 4를 볼 것). 예니세이 비문들에서 이 특별한 글자 /e/로 표기된 낱말들은 다음과 같다:

eki "2"	beš "5"
el "백성"	keš "화살집, 전동(箭筒)"
eš "벗, 친구"	yeti "7"
et- "조직하다"	yetmiš "70".
bel "허리"	

오르콘 비문들에는 bel과 keš를 빼고는 이 낱말들 모두가 있는데 위에서 밝힌 것처럼 그 표기가 일관성이 없다.

이 아홉째 모음의 성질에 대하여 말하면, Thomsen이 이 주제와 관련하여 자신의 글에서 밝힌 것처럼, 이것은 틀림없이 장모음 /e/이다; 왜냐하면 이 모음은 나중에 야쿠트어[65]에서 이중모음 /ie/로 발전하였

---

65) 러시아 연방의 사하 공화국(Sakha(= Yakutia) Republic) 및 인근 지역에서도 사용되는 튀르크계 언어로서 할라지(Khalaj)어 및 튀르크멘(Türkmen)어와 더불어 튀르크 조어(Proto-Turkic)의 일차 장모음을 체계적으로 유지하고 있다. 야쿠트어는 주위의 어웡키(Evenki), 어원(Even), 유카기르(Yukagir)인들이 공용어로 사용한다. 몽골어와 퉁구스어의 영향을 많이 받았다. 2010년 러시아 인구조사에 따르면 야쿠트족은 478,085명,

기 때문이다: 야쿠트어 bier- "주다" < *bēr-, 야쿠트어 bies "5" < *bēš.

돌궐어와 예니세이 비문들에 (고대 튀르크어에) 아홉째 모음인 폐모음 /e/가 있다는 사실은 튀르크어학에서 큰 관심을 불러 일으켰고, 이 분야의 연구자들은 여덟 모음을 옹호하는 사람과 아홉 모음을 옹호하는 사람 등 두 그룹으로 나뉘었다. 나중에 행해진 연구와 작업들을 통하여 이 긴 폐모음 /e/가 아제르바이잔어에서는 짧은 폐모음 /e/로 유지되고 튀르크멘어에서는 규칙적으로 장모음 /i/로 발전하였다는 것이 밝혀졌고 폐모음 /e/ 문제는 이렇게 해서 증명되었다. 그렇지만 즉시 밝혀야겠는데, 돌궐어에는 (고대 튀르크어에는) 이 폐모음 /e/의 짧은 종류도 있다. 짧은 폐모음 /e/는 아제르바이잔어와 튀르크멘어에서는 유지되고, 야쿠트어와 추바시어66)에서는 대개 단모음 /i/로 발전하였다.

1.1.6.1 짧은 폐모음 /e/

(e)lt- "휩쓸어 가다, 보내다"(T 18, 32, 53) ~ ilt- (BK E 9) (브라흐미 문자로 표기된 위구르어 문헌의 elt-와 비교할 것)

(e)šid- "듣다"(KT S 2 등) ~ iš(i)d- (Kara Balgasun67) W 8)

야쿠트어를 아는 사람은 450,140명이다.

66) 추바시어는 러시아 연방의 볼가강 연안에 있는 추바시아(Chuvashia, 추바시 공화국, 수도는 체복사르(Cheboksary))를 중심으로 인근 지역에서도 사용되는 튀르크계 언어로서 Anatri(또는 Lower)와 Viryal(또는 Upper)의 두 방언으로 나뉜다. 추바시어는 공통 튀르크어(Common Turkic)의 z과 š에 대하여 각각 r과 l을 지니고 있는 등 튀르크어파의 언어 중에서 가장 독특하다.

2010년 러시아 인구조사에 따르면 추바시족은 1,435,872명, 추바시어를 아는 사람은 1,042,989명이었다. 추바시족의 조상은 볼가 불가르족이다. 그런데 볼가 불가르족은 이슬람교를 믿었지만, 추바시족은 크리스트교(정교)를 믿는다. 그러므로 추바시족의 조상은 볼가 불가르족 중 시골에 거주하며 이슬람교를 받아들이지 않은 사람들이었을 것이다. (카잔) 타타르족도 볼가 불가르족을 자신들의 조상으로 여긴다.

67) 몽골에 있던 위구르 제국의 수도 오르두 발르크(Ordu-Balïk, Kara Balgasun)에서 발견

k(e)y(i)k "야수, 사슴"(T 8) ~ kiyik (ÏB 31, 49 등)

y(e)g "더 좋은, 더 잘"(BK E 24) ~ yig (KT S 4; BK N 3)

y(e)girmi "20"(T 49) ~ yig(i)rmi (KT SE; ÏB 67), yegirmi (K.-Xovu 2)

y(e)r "땅"(BK N 10) ~ yir (KT N 4; ÏB 16 등) 등

1.1.6.2 긴 폐모음 /e/

b(e)r- "주다"(KT E 12) ~ bir- (KT E 8)

b(e)š "5"(T 49) ~ biš (KT E 18, N 4) ~ 예니세이 beš

(e)ki "2"(T 18 등) ~ ikägü "2, 두 부분"(KT N 3) ~ 예니세이 eki

(e)l "백성, 부족들, 나라"(KT E 4) ~ il (BK E 5) ~ 예니세이 el

(e)t- "하다, 조직하다"(KT E 11) ~ it- (대개) ~ 예니세이 et-

k(e)rü "뒤로"(KČ E 4; O 11) ~ kirü "뒤로, 서쪽으로"(KT E 2)

k(e)srä "다음에"(KČ E 4; O 1) ~ kisrä (KT E 5 등)

t(e)- "말하다, 이야기하다"(T 5 등) ~ ti- (KT E 9; T 5 등)

t(e)r- "모으다"(낱말 elteriš에서) ~ tir- (BK E 11)

y(e)- "먹다"(T 8) ~ yi- (T 8)

y(e)ti "7"(KT E 15) ~ yiti (KT SE) ~ 예니세이 yeti

y(e)tm(i)š "70"(KT E 12; BK E 11) ~ 예니세이 yetm(i)š

된 비문으로 제8대 보의가한(保義可汗:재위 808~821)의 기공비(紀功碑)이다. 고대 튀르크 룬 문자로 된 위구르어, 소그드 문자로 된 소그드어 및 한문으로 작성되었다. 이 비문은 여러 조각으로 부서졌는데, 파손 정도가 심하여 복원할 수 없다. 특히 가장 많은 부분을 차지하는 위구르어로 작성된 부분이 거의 훼손되었다. 소그드어 부분은 31줄이다. 한문으로 작성된 부분이 제일 잘 보존되었는데, 이 부분을 보면 비문의 이름은 九姓回骨愛登里羅汨沒密施合毗伽可汗聖文神武碑인데 흔히 줄여서 구성회골가한비문(九姓回骨可汗碑文)이라고 한다.

이 낱말들에 다음의 것들도 포함되어야 한다:

idi [ēdi] "주인"(KT E 19 등)

ir- [ēr] "이르다, 도달하다"(T 45)

irtür- [ērtür] "이르게 하다, 도달하게 하다"(KT E 40)

kičä [kēčä] "저녁, 저녁에"(MČ E 1)

y(e)t- [yēt] "(끄는 밧줄로) 끌고 가다"(T 25)

yil [yēl] "갈기"(ÏB 16)

및 예니세이 비문들에서 특별한 폐모음 /e/ 글자로 표기된 낱말들
중에서

eš [ēš] "벗, 친구"

bel [bēl] "허리"

keš [kēš] "화살집, 전동(箭筒)"

1.1.7 모음 /i/

1.1.7.1 단모음 /i/

bil- ["알다"](BK N 15 등)

ič ["안, 속"](BK S 14)

ilgärü "앞으로, 동쪽으로"(KT S 2)

tik- "세우다"(KT E 25)

yit- "사라지다, 없어지다"(KT E 27 등) 등

1.1.7.2 장모음 /i/

돌궐어에서 첫 음절에 장모음 /i/가 있다는 것은 표기로부터 알 수

없다. 그렇지만, 비교 방법을 통하여 다음 낱말들에 있는 모음 /i/도 장모음이라는 것을 말할 수 있다:

bin- "(올라)타다"(KT N 5) [ti]r- "살다, 살아남다"[68]

bir "1"(KT S 8) tir(i)g "살아 있는"(KT N 9)

birki "결합한, 뭉쳐진"(BK E 22) tir(i)l- "살아남다"(BK E 31)

iš "일, 봉사"(KT W 1) tiz "무릎"(BK N 10)

kir- "들어가다"(BK E 38 등) yinčgä "가는, 가느다란"(T 13) 등

kiš "검은담비"(BK S 12)

1.1.8 모음 /ö/

1.1.8.1 단모음 /ö/

bökä "강력한, 용감한"(KČ E 5)

bök- "배부르다, 포만하다"(Uyuk-Turan 1 등)

ög "어머니"(KT E 25)

törü- "생기다, 창조되다"(KT N 9) 등

1.1.8.2 장모음 /ö/

돌궐어에 장모음 /ö/가 있다는 것은 타리아트(Tariat) 비문에 있는 다음의 예로부터 알 수 있다:

/K²ẄʷK/ köök, 즉 kȫk "푸른"(Tar. E 4)

표기로부터 분명하지는 않지만 다음의 낱말들에 있는 모음 /ö/도 장

---

68) 이 낱말은 tir-, 즉 ter- "모으다"임이 분명하다.

모음이라고 말할 수 있다:

　böri “이리, 늑대”(KT E 12)

　köl “호수”(KT E 34)

　köl- “(동물을) 족쇄 채우다”(ÏB 25)

　ö- “생각하다”(KT S 5 등)

　ör- “봉기하다, 반란을 일으키다”(KT W 1)

　öz “자기, 자신”(T 13)

　tört “4”(BK E 2) 등

1.1.9 모음 /ü/

1.1.9.1 단모음 /ü/

　küŋ “계집종”(KD E 24)

　küzäd- “지키다, 보호하다”(KT W 1)

　süŋ(ü)š- “싸우다”(BK E 30)

　tükäti “완전히”(KT S 1)

　tüš- “내려가다”(T 30)

　yüg(ü)r- “흐르다; 달리다”(KT E 24) 등

1.1.9.2 장모음 /ü/

표기로부터 분명하지는 않지만 다음의 낱말들에 있는 모음 /ü/가 장
모음이라고 말할 수 있다:

　kü “명성”(KČ W 12)　　　　sür- “몰다”(KT E 23 등)

　küč “힘”(KT E 12)　　　　tü “털”(ÏB 3)

kün "날, 해"(BK S 1 등)   tün "밤(夜)"(BK E 32)

küz "가을"(MČ E 8)   yüz "얼굴"(KT E 33)

sü "군대"(T 31 등)   yüz "100"(KT E 33) 등

süčig "단, 달콤한"(KT S 5 등)

1.2 첫 음절 외의 모음

1.2.1 구개 모음조화

돌궐어에서는 폐모음 /e/ 외의 모든 모음들이 첫 음절 외의 음절들에 있을 수 있다.

첫 음절 외의 음절들의 모음들은 구개 모음조화 또는 전설-후설 모음조화 원칙들에 따라 있다. 구개 모음조화 또는 전설-후설 모음조화는 다음과 같이 정의될 수 있다: 한 낱말에는 단지 후설모음들이나 전설모음들이 있을 수 있다. 이리하여, 첫 음절의 모음이 후설모음이면 다른 음절들의 모음들도 후설모음이 되고, 전설모음이면 다른 음절들의 모음들도 전설모음이 된다.

그렇지만, 구개 모음조화 원칙들이 작용하지 않는 경우들도 있다. 어떤 낱말들은 첫 음절들에 있는 후설모음들이 인접한 자음들 때문에 경구개음화하여 모음조화에서 벗어났다. 게다가, 어떤 특정한 어미들은 단지 전설모음 형태 하나만 있고 이것들은 이러한 까닭에 모음조화 원칙들을 따르지 않는다.

1.2.1.1 경구개음화 결과로 모음조화에서 벗어나기

비문들에는 아무 음절에 있는 후설 평순 협모음이 경구개음화하여

모음조화에서 벗어난 어떤 낱말들이 있다:

/B¹WL¹MY¹N²/ bulmay(i)n "찾지 못하고"(T 2) < *bulmayïn

/T²ID¹A/ tida "잡으며, 저지하며"(KT N 11) < *tïïd- "잡다, 저지하다"

/T²IŊL¹A/ tiŋla "들어라!"(KT S 2) ~ tïŋla (ÏB 58)

/T¹IT²IN²/ tïtin- "찢어지다, 뜯어지다"(ÏB 44) < *tïïtïn-

/Y²IMŠK¹/ yimšak "부드러운"(KT S 5)

/Y²IŠK¹A/ yiška ["숲으로 덮인 산에"](KT E 2), /Y²ŠK¹A/ y(i)ška (BK E 37) < *yïška

/Y²IŠD¹A/ yišda ["숲으로 덮인 산에서/산보다"](KT S 4, E 35) ~ yïšda (T 31, 32)

/Y²IŠG¹/ yiš(ï)g ["숲으로 덮인 산을"](KT E 21, 35; BK E 27, 27) ~ yïš(ï)g (T 28, 35, 37)

경구개음화 결과로 모음조화에서 벗어나는 것은 단수 1인칭 희망법 어미가 붙은 낱말들에서도 보인다:

ay-ayin ["내가 말하겠어"] (T 32)

ay(ï)t-ayin[69) ["내가 묻겠어"] (BK E 41)

ïdma-yin ["내가 보내지 않겠어"] (BK E 33)

kïš-ayin ["내가 만들겠어"] (T 5)

kon-ayin ["내가 자리 잡겠어"] (KT S 7), [ko]n-ayin (BK N 5)

ur(u)gs(ï)rat-ayin ["내가 멸종시키겠어"] (KT E 10)

yoglat-ayin ["내가 장례를 치르게 하겠어"] (T 31) 등

---

69) 저자는 이 동사를 예전에는 añït- '두려워하게 하다, 으르다'로 읽었다.

단수 1인칭 희망법 어미는 위구르 및 예니세이 비문들과 Ïrk Bitig에
서는 대개 모음조화의 적용을 받는다:

[b]ulga-yïn ["내가 문제를 일으키겠어"] (MČ S 4)

tašïk-ayïn ["내가 나가겠어"] (MČ E 10)

yazma-yïn ["내가 위반하지 않겠어"] (MČ W 5)

yorï-yïn ["내가 진군하겠어"] (MČ E 5)

adrïl-ayïn ["내가 헤어지겠어"] (Elegest I 9)

kāl-ayïn ["내가 남겠어"] (Elegest I 9)

al-ayïn ["내가 받겠어"] (ÏB 58)

tïŋla-yïn ["내가 듣겠어"] (ÏB 58) 등

1.2.1.2 구개 모음조화의 적용을 받지 않는 어미

본래의 오르콘 비문들에서 구개 모음조화 또는 전설-후설 모음조화
의 적용을 대개 받지 않는 어미들은 다음과 같다:

1. 3인칭 소유 어미 {+(s)i}

2. 단수 1인칭 및 2인칭 소유 어미를 지닌 낱말들에 붙는 대격어미
{+In}

3. 분사어미 {-mIš}.

1.2.1.2.1 3인칭 소유 어미 {+(s)i}

3인칭 소유 어미는 오르콘 비문들에서 대개 {+i}와 {+si} 형태로 전
설모음으로 되어 있다. 이 상황은 표기로부터 알 수 있다: 이 어미를
지닌 후설모음으로 된 낱말들에 붙는 대격어미 {+n}이 대개 전설 글
자 /N²/로, 이 어미의 {+si} 종류를 지닌 후설모음으로 된 낱말들에 있

는 자음 /s/도 대개 전설 글자 /S²/로 표기된다. 게다가, 이 어미의 모음
은 어쩌면 장모음이었다; 왜냐하면 짧은 연결 모음들인 /ï/와 /i/가 대
개 표기되지 않는데도 3인칭 소유 어미의 모음은 거의 언제나 표기되
었기 때문이다. 아래에 있는 것과 같은 대립되는 낱말 쌍들은 이 사실
을 명백히 증명할 성질이 있다:

 är-(i)n "남자들과 함께"(KT E 11)   är-in "그(들)의 남자들을"(KT N 1)

kulkak-(ï)n "귀로써"(BK N 11)   kulkak-in "그들의 귀를"(BK S 12)

sab-(ï)n "말(言)로써"(KT S 5)   sab-in "그의 말(言)을"(KT S 9)

이 어미가 현대 위구르어[70]의 타란치(Taranči) 방언에서 오늘날에
도 장모음 /i/로 되어 있다는 것은 아주 재미있다: qeš-ī-ɣa "그의 앞에"
등. 게다가, 알려진 것처럼, 이 어미는 오늘날 추바시어에서도 자음들
다음에는 짧은 /i/, 모음들 다음에는 보통의 /i/ 형태로 있다; 달리 말하
면, 전설-후설 모음조화의 적용을 받지 않는다.

---

70) 중국 신강 위구르 자치구를 중심으로 인근의 카자흐스탄, 크르그즈스탄 등에서도 사용되
는 튀르크계 언어로서 고대 위구르어와 구별하기 위하여 신(新)위구르어(New Uyghur)
또는 현대 위구르어(Modern Uyghur)라 불린다. 우즈베크어와 밀접한 관계에 있다. 현
대 위구르어는 크게 중앙(Central Uyghur), 호탄(Khotan), 로프(Lop) 방언으로 나뉜다.
중국에서는 라틴 문자로 표기를 하였으나 1987년 이래로 아랍 문자를 개량하여 쓴다.
현대 위구르어 사용자는 중국에 8백5십만 명(2004), 카자흐스탄에 3십만 명이 있다.
1921년에 동(東)튀르키스탄(즉, 오늘날의 신강 위구르 자치구) 일대의 튀르크어 사용자
들을 고대 위구르족의 직계 후손이라고 가정하여 이들에 대한 통칭으로 위구르(Uyghur)
라는 이름이 도입되었다. 그렇지만 이들은 고대 위구르족의 직계 후손이라기보다는 몽
골에서 840년에 크르그즈족에게 위구르 제국이 무너진 뒤 타림 분지로 이주한 위구르
족과 그곳의 여러 토착 종족이 혼혈하여 생긴 다양한 집단들이다. 현대 위구르어는 이
를 반영하듯 방언이 많다. 이들 집단은 거주 지역의 이름을 따라 불렸으며, 위구르라는
이름은 오랫동안 사용되지도 않았다. 서양에서는 동(東)튀르키스탄 일대의 튀르크어
방언들을 흔히 Eastern Turki(또는 East Turki)라고 불렀다. 위구르족은 중국의 5대 민
족 가운데 하나이다.

예:

1. adg(ï)r-in ["그들의 종마를"] (BK N 11)

   ak-in ["그의 백마를"] (KT N 2, 3, 9)

   āt-in ["그들의 칭호를"] (KT E 7, 7), at-in (BK E 7)

   at-in ["그의/그들의 말(馬)을"] (KT E 40; BK S 12, N 11)

   bar(ï)m-in ["그들의 재산을"] (KT N 1; BK E 24)

   bark-in ["그의 능묘를"] (KT NE)

   bod(u)n-in ["그의 백성을"] (BK S 15)

   bulgak-in ["그것들의 혼란 (때문에)"] (KT N 4; BK E 29)

   kagan-in ["그들의 카간을"] (KT E 35, 36, 38; BK E 27, 28)

   kan-in "그들의 칸(汗)을"(T 2, 2, 28)

   kaŋ-in ["그들의 아버지(들)을"] (KT E 5; BK E 6, 18)

   kazgantok-in ["그가 획득하였기 (때문에)"] (T 55)

   kotay-in ["그들의 비단을"] (BK N 11)

   kulkak-in ["그들의 귀를"](BK S 12)

   kuz-in ["그(산)의 북쪽 기슭을"](T 7)

   ogl-in ["그들의 자식(들)을"](KT E 7; BK E 7, 7, 24, S 3; KČ W 5, E 1, 10) 등

2. armakčï-sin ["그들이 사기꾼이기 (때문에)"] (KT E 6)

   kar(a)-sin ["그들의 일반 백성을"] (O 9)

   yabgu-sin ["그들의 야브구(葉護)를"] (T 41)

   yïlkï-sin ["그들의 말떼를"] (BK E 24) 등

이것으로 보아, 대격어미가 붙지 않은 3인칭 소유 어미도 모든 곳에서 -i와 -si 형태로 읽어야 한다고 필자는 생각한다:

atï-si ["그의 조카"] (KT S 13, SE; BK SW)

aygučï-si ["그의 대변인"] (T 10, 21, 29)

bod(u)n-i ["그들의 백성"] (KT E 3)

čab(ï)š-i ["그의 총사령관"] (T 7)

kagan-i ["그들의 카간"] (KT E 19)

yagï-si ["그들의 적"] (KT E 12; BK E 11) 등

시네-우수 비문에서는 문제의 소유 어미가 모음조화의 적용을 받았음을 알 수 있다; 왜냐하면 후설모음으로 된 낱말들에서 이것에 붙는 대격어미 {+n}이 대개 후설 글자 /N¹/로, 이 어미의 {+si} 형태에 있는 자음 /s/도 후설 글자 /S¹/로 표기되었기 때문이다: yïlkï-sïn bar(ï)m-ïn kïz-ïn kod(u)z-ïn ["그들의 말떼를, 재산을, 부녀자를"](MČ E 3)

1.2.1.2.2 대격어미 {+In}

단수 1인칭 및 2인칭 소유 어미를 지닌 낱말들에 붙는 대격어미 {+In}도 어떤 비문들에서는 (오르콘 비문들, 수지(Suji) 비문 및 Ïrk Bitig에서) 대개 전설 글자 /N²/로 표기되었다:

sab(ï)m-(i)n "나의 말(言)을"(KT S 2) ~ sab(ï)m-(i)n (KT S 1)

čït(ï)m-(i)n "나의 울타리를"(MČ S 2)

ogl(ï)m-(i)n "나의 아들을"(Suji 6)

kïz(ï)m-(i)n "나의 딸을"(Suji 7)

at(ï)m-(i)n "나의 손자를"(Suji 8)

kurugsak(ï)m-in "나의 위(胃)를"(ÏB 8)

tapladok(u)m-in "내가 사랑한 것을"(ÏB 4)

kan(ï)ŋ-(i)n "너의 칸(汗)을"(T 3)

위구르 비문들과 İrk Bitig에서는 이 어미가 이제는 막 모음조화의
적용을 받게 됐다는 것을 보여주는 예들이 있다:

bod(u)n(u)m-(ï)n ["나의 백성을"](MČ N 5)

at(ï)m-(ï)n "나의 칭호를"(Tar. E 4)

sub(u)m-(ï)n ["나의 물을"](Tar. W 4)

baš(ï)m-ïn ["나의 머리를"](ÏB 8) 등 (**순행 동화**를 볼 것)

1.2.1.2.3 과거 분사/시제 어미 {-mIš}

과거 분사/시제 어미 {-mIš}도 필자가 보기에는 돌궐어에서 전설-후
설 모음조화의 적용을 받지 않는 어미들 중 하나이다; 왜냐하면 이 어
미의 끝에 있는 자음 /š/가 후설모음으로 된 낱말들에서도, 만약에 글
자 /Š/로 표기되지 않았다면, 대개 전설 부호 /S²/로 표기되었기 때문이
다. 고대 튀르크 룬 문자를 성공적으로 해독한 Thomsen은, 알려진 것
처럼, 어미 /-MS²/에 있는 전설 글자 /S²/의 음가가 /š/였다는 견해였다
(1896: 36, 38). Thomsen은 게다가 이 어미를 후설모음들에서는 -m(ï)š
와 -m(ï)s로 전사하였다. 즉, 그는 이 어미가 모음조화의 적용을 받았
음을 받아들였다. Thomsen의 이 견해를 나중에 비문들을 연구한 서양
학자들도 받아들였다.

그렇지만, A. C. Emre[71]는 1949년에 문제의 어미의 모음이 돌궐어

---

71) Ahmet Cevat Emre(1877-1961). 터키의 언어학자/번역가/작가. 크레타 섬에서 태어났

에서 모음조화의 적용을 받지 않았고 모든 곳에서 -miš/-mis 형태였다고 주장하였다(1949: 34). 이 어미의 모음에 관하여 필자도 A. C. Emre 처럼 생각한다. 필자의 견해를 뒷받침하는 필자의 추가적인 증거들은 다음과 같다:

1. 비문들에서는 후설모음으로 된 동사 어간에 있는 /š/ 음은 글자 /Š/로, 이것에 붙는 어미 {-mIš}에 있는 /š/ 음은 전설 글자 /S²/로 표기된 예들이 있다:

/B¹WŠG¹WR¹MS²/ bošgurm(i)š [“그가 가르쳤다고 한다”72)] (KT E 13)

/T¹ŠK¹MS²/ taš(ï)km(i)š [“그가 나갔다고 한다”] (KT E 11) 등

2. 후설모음으로 된 낱말들에서 후설 글자 /S¹/은 동사 어간에 있는 /s/와 /š/ 음을 표시하지만, 같은 낱말에 있는 어미 {-mIš}는 전설 부호 /S²/로 표기된 예들이 있다:

/S¹MS²/ ašm(i)š [“그가 넘었다고 한다”] (MČ N 8)

/K¹G¹N¹S¹R¹MS²/ kagans(ï)ram(i)š [“카간이 없게 된”] (KT E 13)

/S¹K¹IN¹MIS²/ sakïnmiš [“그가 생각하였다고 한다”] (ÏB 42, 58)

/S¹IG¹T¹AMS²/ sïgtam(i)š [“그들이 울었다고 한다”] (KT E 4)

/S¹WK¹WS¹MIS²/ sokušmiš [“그가 마주쳤다고 한다”] (ÏB 35)

다. 사관학교에 다닐 때에 급진적인 사상 때문에 1895년에 리비아 서남부 페즈잔(Fezzan) 으로 쫓겨났다. 나중에 프랑스로 달아나서 1908년까지 유럽에서 머물렀다. 입헌군주제가 선포되자 귀국하여 언론인으로 일하였다. 이스탄불 대학교의 전신인 다륄퓌눈(Darulfûnûn) 에서 터키어문학을 강의하였다. 1923년에 터키 공화국이 선포된 뒤 1928년에는 알파 벳 위원회(Alfabe Komisyonu)에서 일하였다. 터키 언어 협회(Türk Dil Kurumu)의 활 동에 참가하였다. 차낙칼레(Çanakkale) 도를 대표하는 국회의원으로 선출되기도 하였다.

72) bošgurm(i)š 바로 앞에는 yaratm(i)š가 있다. 동사 yarat-는 ‘만들다, 창조하다; 조직하 다, 편성하다’, 동사 bošgur-는 ‘가르치다, 일깨우다; 만들다, 조직하다’를 뜻한다. 그러 므로 이 두 동사는 여기에서 ‘만들다’ 또는 ‘조직하다’라는 같은 뜻으로 사용되었다고 보는 것이 맞을 것이다.

/T¹S¹Ɪ̄KMS²/ tašĭkm(i)š ["그가 출정하였다고(나갔다고) 한다"] (T 30) 등

우리는 위에 있는 표기들을 주목하며 어미 {-mIš}가 돌궐어에서는 대개 전설모음으로만 되어 있다는 것을, 다시 말하면 이 어미가 전설-후설 모음조화의 적용을 받지 않았다는 것을 분명하게 주장할 수 있다.

시네-우수 비문에서도 어미 {-mIš}는 대개 전설-후설 모음조화의 적용을 받지 않는다: kalm(i)š-i ["그들 중 남은 자들"] (MČ N 3), ol(o)rm(i)š ["그들이 다스렸다고(앉았다고) 한다"] (MČ N 4), bolm(i)š ["그가 되었다고 한다"] (MČ N 9) 등. 그렇지만, 이 비문에서 이 어미가 구개 모음조화의 적용을 받았음을 보여주는 약간의 예가 없는 것은 아니다:

/B¹S¹MS¹/ basm(i)š ["그들이 습격하였다고 한다"] (MČ E 12)

/K¹T¹L¹MS¹/ kat(ï)lm(ï)š ["그들이 가담하였다고 한다"] (MČ S 8) 등 처럼

1.2.2 순음 모음조화

순음 모음조화 또는 평순-원순 모음조화는 다음과 같이 정의될 수 있다: 한 낱말에서 원순모음 다음에는 원순모음이나 평순 개모음이 있을 수 있다. 달리 말하면, 원순모음 다음에는 평순 폐모음이 있을 수 없고, 평순모음 다음에는 원순모음이 있을 수 없다. 순음 모음조화 의 이러한 종류는 이를테면 현대 터키어에 있다.

돌궐어에서는 순음 모음조화 또는 평순-원순 모음조화가 아직 첫 발전 단계에 있다. 달리 말하면, 돌궐어에서는 단지 연결모음들과

CVC[73] 종류의 어미/접미사들만 순음 모음조화 규칙들을 따른다.

1.2.2.1 연결모음

원순모음으로 되어 있는 어간이나 음절들 다음에 오는 연결모음들은 돌궐어에서 순음 모음조화의 적용을 받는다. 이 상황은 연결모음들이 표기된 꽤 많은 예로부터 알 수 있다:

karluk-u-g "카를루크족을"(KT N 2)

kunč(u)y-u-g "공주를"(KT E 20)

kunč(u)y-u-m "나의 공주"(Telee[74] 1)

ok-u-n "화살로"(KT E 33)

ög-ü-m "나의 어머니"(ÏB 58)

siŋök[75]-ü-ŋ "너의 뼈"(KT E 24)

totok-u-g "도둑을"(KT E 38)

ÏrK Bitig에서 얻어낸 아래에 있는 예들에서는 연결모음들이 순음 모음조화 규칙들을 따르지 않는다:

sïnuk-ï-ŋ-ïn "너의 깨진 곳을"(ÏB 48)

üzük-i-ŋ-in "너의 찢어진 곳을"(ÏB 48)

---

73) 즉 자음-모음-자음.

74) 4줄로 이루어진 이 비문은 러시아 연방 투바(Tuva) 공화국의 예니세이 강 상류(Verxnij Jenisej)의 오른쪽 기슭에서, 이 강의 오른쪽 지류인 에짐(Ežim) 강과 텔레(Tele, 투바어로는 Telee) 강의 사이에서 3km 떨어진 쾨제엘릭-호부(Köžeelig-Xovu)라는 곳에서 발견되었다. 쾨제엘릭-호부(Köžeelig-Xovu) 비문과는 3km 떨어진 곳이다. 투바 박물관에서 보관되고 있다. 이 비문은 Sergej Jefimovič Malov(1880.1.28.-1957.9.6.)의 분류에 따르면 E-46이다.

75) 이 낱말은 핀란드 발간 도해에서는 siŋök, Radloff 발간 도해에서는 süŋök로 나온다. I(i)와 Ẅ(O)는 서로 혼동될 수 있으므로 siŋök는 süŋök의 잘못일 수 있다.

1.2.2.2 순음 모음조화의 적용을 받는 어미/접미사

돌궐어에서 순음 모음조화의 적용을 받는 CVC 종류의 어미/접미사
들은 다음과 같다: 1. 긍정 형용사화 접미사 {+lXg}, 2. 접미사 {+lXk},
3. 단수 및 복수 1인칭과 2인칭 단순 과거시제 어미들, 4. 장소 및 방향
부사 어미 {+dXn}

1. 긍정 형용사화 접미사 {+lXg}:

bašl(i)g "자만한, 오만한"(KT E 2)

kinl(i)g "사향 냄새가 나는"(BK N 11)

tonlug "옷이 있는"(ÏB 22, 42)

busušlug "슬픈"(ÏB 52)

kutlug "행복한, 행운의"(ÏB 56)

muŋlug "걱정스러운"(ÏB 22)

küčlüg "강력한"(ÏB 3, 20, 60) 등

2. 접미사 {+lXk}

özlük-i "그의 승용마"(KČ W 4, E 3)

özlük-i-n "그의 승용마를"(KČ E 3)

top(u)lguluk "뚫기"(T 13)

üzg(ü)lük "꺾기"(T 14) 등

3. 단수 및 복수 1인칭과 2인칭 단순 과거시제 어미들:

al-t(i)m "내가 정복하였다"(BK E 27)

biti-d(i)m "내가 썼다"(KT SE)

buz-d(u)m "내가 참패시켰다"(BK E 24)

kälür-t(ü)m "내가 데려왔다"(KT S 11)

bar-d(ï)g "네가 갔다"(BK E 20)

bir-t(i)m(i)z "우리가 주었다"(KT E 20)

buz-d(u)m(u)z "우리가 참패시켰다"(KT E 31)

süŋ(ü)š-d(ü)m(ü)z "우리가 싸웠다"(BK E 28)

ič(i)k-d(i)ŋ "네가 예속되었다"(T 3)

kigür-t(ü)g "네가 들었다"(KT E 23)

bar-d(ï)g(ï)z "너희가 갔다"(KT SE) 등

4. 장소 및 방향 부사 어미 {+dXn}

kur(ï)-d(ï)n "서쪽에서"[76](KT W 1)

yïr-d(ï)n-ta yan "북쪽으로부터"(T 11)

b(i)r-d(i)n yän "남쪽으로부터"(T 11)

öŋ-d(ü)n yän "동쪽으로부터"(T 11) 등

1.2.2.3 순음 모음조화의 적용을 받지 않는 어미/접미사

돌궐어에서 순음 모음조화 또는 평순-원순 모음조화의 적용을 받지 않는 어미/접미사들은 다음과 같다: 1. 부정 형용사화 접미사 {+sIz}, 2. 명사에서 동사 파생시키는 접미사 {+sIrA-}, 3. 미래-당위 분사어미 {-sIk}, 4. 접속 어미 {+lI}, 5. 대격어미 {+nI}, 6. 강화 명령법 어미 {+gIl}, 7. 3인칭 단순 과거시제 어미 {-DI}, 8. 소속 어미 {+GI}, 9. 부사화 접미사 {+tI}, 10. 과거 분사/시제 어미 {-mIš}

---

76) 고대 튀르크어에서 "서쪽에서"를 뜻하는 낱말로는 qurïya와 kedin이 있을 뿐 qurïdïn은 확인되지 않는다. 이 낱말을 korïdïn으로 읽고 (흔히 Kurïkan으로 읽어 온) Korïkan[骨利幹] 족이라고 보는 것이 옳을지도 모른다.

1. 부정 형용사화 접미사 {+sIz}:

표기로부터 알 수 있는 바로는 접미사 {+sIz}와 이것의 확대형인 접
미사 {+sIzIn}은 돌궐어에서 순음 모음조화의 적용을 받지 않는다:

/B¹WŊS²IZ/ buŋsïz "아주 많이, 잔뜩"(Ačura[77]) 7)

/B¹WŊS²Z/ buŋs(ï)z "아주 많이, 잔뜩"(T 48)

/Y¹WL¹S²ZN²/ yols(ï)z(ï)n "길 없이"(T 35)

그렇지만, 어떤 예니세이 비문들과 İrk Bitig에서는 이 어미/접미사
가 순음 모음조화의 적용을 받은 예들이 있다:

buŋusuz "걱정 없는, 괴로움 없는"(Barïk II[78] 3; Barïk III 2)

otsuz "풀 없는"(İB 45)

subsuz "물 없는"(İB 45) 등

2. 명사에서 동사 파생시키는 접미사 {+sIrA-}:

ur(u)gs(ï)rat- "멸종시키다"(KT E 10) 등; 위구르어 kutsïra- ["불운하
게 되다"], küčsirä- ["힘이 없게 되다, 약해지다"], ögsirä- ["의식이 없
게 되다"] 등과 비교할 것.

---

77) 13줄로 이루어진 이 비문은 오늘날의 러시아 연방 하카시아(Khakassia) 공화국에서 아
   바칸(Abakan) 시에서 남쪽으로 30km 떨어진 코이발(Koibal) 초원의 아추라(Ačura, 또
   는 Očurï) 마을로부터 서북쪽으로 20km 되는 곳에서 발견되었다. 미누신스크 박물관에
   서 보관되고 있다. 물품 목록 번호는 No. 32이다. 이 비문은 Sergej Jefimovič Malov
   (1880.1.28.-1957.9.6.)의 분류에 따르면 E-26이다.

78) 각각 4줄로 이루어진 Barïk 제2 비문과 Barïk 제3 비문은 러시아 연방 투바(Tuva) 공
   화국에서 예니세이 강 상류의 왼쪽 기슭에, 바르크(Barïk) 강가에서, 크즐(Kyzyl)에서
   서쪽으로 80km 떨어진 같은 쿠르간에서 발견되어 투바 박물관에서 보관되고 있다. 이
   비문은 Sergej Jefimovič Malov(1880.1.28.-1957.9.6.)의 분류에 따르면 Barïk 제2 비문
   은 E-6, Barïk 제3 비문은 E-7이다.

3. 미래-당위 분사어미 {-sIk}:

/WL¹R¹S²K¹M/ ol(o)rs(ï)k(ï)m "내가 앉아야 할 것"(T 22)

/T¹WS¹K¹/ tos(ï)k "배부름, 배부를 것"(KT S 8; BK N 6)

/T¹WG¹S²K¹D¹A/ tugs(ï)kda "(해) 뜨는 곳으로부터"(KT E 4) 등

/ẄL²S²K²Ṇ/ öls(i)k(i)ŋ "네가 분명히 죽을 것이다"(BK N 5) 등

4. 접속 어미 {+lI}:

tün+li kün+li "밤낮으로"(BK SE)

adïg+lï toŋuz+lï "곰과 (멧)돼지"(ÏB 6)

5. 대격어미 {+nI}:

/ʷKWN¹I/ ku+nï "쿠(장군)를"(T 9) 등

6. 강화 명령법 어미 {+gIl}:

urg(ï)l "반드시 두어라!"(T 34)

7. 3인칭 단순 과거시제 어미 {-DI}:

učdï "그가 날았다"(KT NE)

ölti "그것이 죽었다"(KT E 33) 등

8. 소속 어미 {+GI}:

čölgi "초원의, 초원에 있는"(T 23)

bod(u)nkï "(적의) 백성의 (것)"(Tar. W 5)

9. 부사화 접미사 {+tI}:

ädgüti "잘"(KT S 2)

10. 과거 분사/시제 어미 {-mIš}:

bošgurm(i)š "그가 가르쳤다고 한다"[79](KT E 13)

bolm(i)š "된"(KT E 21)

süŋ(ü)šm(i)š "그가 싸웠다고 한다"(KT E 40)

ol(o)rm(i)š "그가 즉위하였다고 한다"(MČ N 4)

tutm(i)š "그가 붙잡았다고 한다"(MČ E 12)

sokušmiš "그가 마주쳤다고 한다"(ÏB 2)

toŋmiš "언"(ÏB 57) 등

1.2.3 모음 교체

돌궐어에서는 아주 적은 낱말에서 모음교체 a ~ ï와 ä ~ i가 보인다:
1. 모음교체 a ~ ï:

alpagu "용사들"(KT N 7) ~ yïlpagut "같은 뜻"(BK E 31)

2. 모음교체 ä ~ i:

bän "나"(T 1) ~ bini "나를"(T 10)

sän "너"(KT S 8) ~ sini "너를"(T 10)

---

79) bošgurm(i)š 바로 앞에는 yaratm(i)š가 있다. 동사 yarat-는 '만들다, 창조하다; 조직하다, 편성하다', 동사 bošgur-는 '가르치다, 일깨우다; 만들다, 조직하다'를 뜻한다. 그러므로 이 두 동사는 여기에서 '만들다' 또는 '조직하다'라는 같은 뜻으로 사용되었다고 보는 것이 맞을 것이다.

ärsär "~이면" (대개) ~ irsär (KT S 13)

isirkä- "잃은 것에 대하여 슬퍼하다"(Altïnköl II[80]) 4) < *äsirkä-

모음교체 e ~ i에 대해서는 **폐모음 /e/**를 볼 것.

1.2.4 전설모음화

첫 음절의 모음 /i/는 인접한 전설화시키는 자음들의 영향으로 전설모음화 경향을 보인다:

biç- (ÏB 37) ~ [b]ič- "베다, 자르다"(BK S 12)

biŋ (T 14) ~ bïŋ "1,000"(T 16, 18)

ir-i-n "그것의 북쪽을"(MČ E 7), ir-in-tä "그것의 북쪽에서"(MČ E 11) ~ yïr "북쪽"

til-ï-g "정보를"(T 32) ~ tïl-ï-g (T 36)

tiŋla "들어라!"(KT S 2) ~ tïŋla- (ÏB 58)

yimšak, y(i)mšak "부드러운"(KT S 5; BK N 4, 4) < *yïmšak

yiš "숲으로 덮인 산"(KT S 6 등) ~ yïš (T 20 등), yïš-garu ["숲으로 덮인 산을 향하여"] (T 15)

yiš-da ["숲으로 덮인 산에서/산보다"] (KT S 4, E 35; BK E 27) ~ yïš-da (T 31, 32)

---

80) 9줄로 이루어진 알튼쾰(Altïnköl) 제1 비문과 8줄로 이루어진 알튼쾰(Altïnköl) 제2 비문은 러시아 연방 하카시아(Khakassia) 공화국의 남부에서 아바칸(Abakan) 강 중류의 오른쪽 기슭에서, 알튼쾰(Altïnköl "金湖") 호수 근처의 같은 곳에서 발견되어 미누신스크 박물관에서 보관되고 있다. 물품 목록 번호는 알튼쾰(Altïnköl) 제1 비문이 No. 27, 알튼쾰(Altïnköl) 제2 비문이 No. 28이다. Sergej Jefimovič Malov(1880.1.28.-1957.9.6.)의 분류에 따르면 알튼쾰(Altïnköl) 제1 비문이 E-28, 알튼쾰(Altïnköl) 제2 비문이 E-29이다.

yiš-ka ["숲으로 덮인 산에"] (KT E 2; BK E 37) < *yiš-ka

yiš-(i)-g ["숲으로 덮인 산을"] (KT E 21, 35; BK E 27) ~ yïš-(ï)-g (T 28, 35, 37) 등

후설모음 /i/의 전설화는 낱말 yïrya "북쪽에서"의 둘째 음절에서도 실현되었을 수 있다:

/Y¹R¹Y²A/, 즉 y(ï)ryä (O 2, 5) < yïrya (KT S 1, E 14; BK E 12)

1.2.5 후설모음화

돌궐어에서 후설모음화는 중국어에서 차용된 낱말 säŋün "장군"에 서만 보인다. 오르콘 비문들에서는 전설모음으로 되어 있는 이 낱말이 예니세이 비문들과 돈황 필사본들에서는 대개 saŋun 형태로 나타난다:

körtlä saŋun "쾨르틀래 장군"(Elegest II[81] 1)

bayča saŋun "바이차 장군"(Barïk III[82] 1)

čoči böri saŋun "초치 뵈리 장군"(Aldïï-Bel[83] 1)

külüg saŋun "퀼뤽 장군"(Miran[84] B 7)

---

81) 3줄로 이루어진 이 비문은 러시아 연방 투바(Tuva) 공화국의 엘레게스트(Elegest) 강 중류의 오른쪽 기슭에서, 엘레게스트(Elegest) 마을 부근에서 발견되어 투바 박물관에 서 보관되고 있다. 이 비문은 Sergej Jefimovič Malov(1880.1.28.-1957.9.6.)의 분류에 따 르면 E-52이다.

82) 각각 4줄로 이루어진 Barïk 제2 비문과 Barïk 제3 비문은 러시아 연방 투바(Tuva) 공 화국에서 예니세이 강 상류의 왼쪽 기슭에, 바르크(Barïk) 강가에서, 크즐(Kyzyl)에서 서쪽으로 80km 떨어진 같은 쿠르간에서 발견되어 투바 박물관에서 보관되고 있다. 이 비문은 Sergej Jefimovič Malov(1880.1.28.-1957.9.6.)의 분류에 따르면 Barïk 제2 비문 은 E-6, Barïk 제3 비문은 E-7이다.

83) 3줄로 이루어진 이 비문은 러시아 연방 투바(Tuva) 공화국에서 크즐(Kyzyl) 시로부터 서쪽으로 약 120km 떨어진 Ulug-Xem '예니세이 강'글자 그대로는 '큰 강' 예니세이 강의 상류) 오른쪽 기슭의 알드으-벨(Aldïï-Bel)이라는 곳에서 발견되었다. 이 비문은 Sergej Jefimovič Malov(1880.1.28.-1957.9.6.)의 분류에 따르면 E-12이다.

1.2.6 이중모음화

이중모음화는 다음의 두 예에서 보인다:

1. /ī/ > /iy/:

iniy+gün "남동생들" < ini ["남동생"]. 이 이중모음화는 낱말 ini의 끝에 있는 모음 /i/의 길이때문에 생긴 것일 수 있다(야쿠트어 inī "남동생"과 비교할 것).

2. /ȫ/ > /üö/:

Uyuk-Turan 비문에서 öz ogl(u)m["나 자신의 아들"]이라는 구에 있는 낱말 öz [ȫz] ["자기, 자신"]은 /ẄWZ/, 즉 üoz 형태로 표기되었다 (Uyuk-Turan 5). 이것은 /ẄZ/, 즉 öz 대신에 잘못 표기된 것이거나 이 낱말에 있는 장모음 /ö/가 /üö/ 형태로 이른 시기에 이중모음화한 것을 보여주는 표기를 하려고 애쓴 것일 수 있다(야쿠트어 üös ["중심, 중앙"] < *ȫz와 비교할 것).

---

84) 헝가리 출신의 유대인 학자 Sir Marc Aurel Stein(1862.11.26.-1943.10.26.)이 1907년에 타클라마칸 사막의 미란(Miran, 米蘭) 폐허에서 고대 튀르크 룬 문자로 작성된 필사본들을 찾아냈다. 이 필사본들은 3부분으로 되어 있어서 각각 A, B, C로 불린다. A 필사본은 종이의 한 면에만 22줄의 글이 쓰여 있다. B 필사본은 종이의 앞면에 12줄, 뒷면에 10줄의 글이 쓰여 있다. C 필사본은 9줄의 글이 한 면에 쓰여 있다. Stein은 이 필사본들을 덴마크의 Vilhelm Thomsen(1842.1.25.-1927.5.13.)에게 보냈고, Thomsen은 이것들을 다음의 글에서 영어 번역과 함께 발간하였다: "Dr. M. A Stein's Manuscripts in Turkish 'Runic' script from Miran and Tun-huang", *JRAS* 1912, pp. 181-227.

1.2.7 모음 동화

1.2.7.1 순행 동화

1.2.7.1.1 인접 동화

돌궐어에는 인접 모음동화와 간격 모음동화의 예들이 있다.

1. 오르콘 비문들에서는 3인칭 소유 어미 /+(s)i/가 후설모음으로 된 낱말들에서 모음조화의 적용을 받는 경향을 보인다:

agïšïn "그의 재산을"(KT SW) < *agïš-in

altunïn "그의 금을"(KT SW) < [altu]nin (BK N 11)

bar(ï)mïn "그의 재물을"(KT SW) < *barïm-in

kaganïn "그들의 카간을"(KT E 7) < kagan-in (KT E 35 등)

kïzïn "그의 딸을"(BK N 10 등) < *kïz-in

sabïn "그의 말(言)을"(T 22) < sab-in (KT S 9; BK N 7)

taš(ï)n "그것의 밖을"(T 13) < taš-in (KT S 12; BK N 14)

usïn "그의 잠을"(T 19) < *u-sin

y(ï)lk[ïs]ïn "그의 말떼를"(KT SW) < yïlkï-sin (BK E 24)

위구르 비문들에서도 후설모음으로 된 낱말들에 붙는 3인칭 소유 어미가 대개 모음조화의 적용을 받는다:

atïn "그의 이름을"(Tar. N 5) < *āt-in

bar(ï)mïn "그의 재물을"(MČ E 3) < *barïm-in

barkïn "그의 주택을"(MČ E 2) < *bark-in

bašïn "그것의 꼭대기를"(MČ E 4) < *baš-in

katunïn "그의 카툰을"(MČ N 10) < *katun-in

kïzïn "그들의 딸들을"(MČ E 3) < *kïz-in

kod(u)zïn "그들의 여자들을"(MČ E 3) < *koduz-in

tabarïn "그들의 가축들을"(MČ S 5) < *tabar-in

yïlkïsïn "그들의 말떼를"(MČ E 2, 3) < *yïlkï-sin 등

Ïrk Bitig에서도 이 어미가 모음조화의 적용을 받는 경향이 있음을 보여주는 예들이 있다:

ayakïn "그의 그릇을"(ÏB 42) < *ayak-in

karš(ï)sïn "그의 경쟁자를"(ÏB 19) < *karšï-sin

kudrukïn "그것의 꼬리를"(ÏB 50) < *kudruk-in

oglïn "그의 아들을"(ÏB 2, 29) < ogl-in (BK E 7 등)

sabïn "그의 말(言)을"(ÏB 58) < sab-in (KT S 9; BK N 7) 등

2. 단수 1인칭 소유 어미를 지닌 낱말들의 대격에서도 동일한 순행 동화가 틀림없이 일어났다:

bašïmïn "나의 머리를"(ÏB 8) < *bašimin

sabïmïn "나의 말(言)을"(KT S 1, 11, 12; BK N 1) < sabïmin (KT S 2)

atïmïn "나의 이름을"(Tar. E 4) < *ātïmin 등

3. 어미 {-mIš}는 오르콘 비문들에서는 대개 모음조화의 적용을 받지 않았음을 표기로부터 알 수 있는데, 이 어미가 위구르 비문들에서는 모음조화의 적용을 받는 경향이 있음을 보여주는 예들도 조금 있다:

/B¹R¹MS¹/ barm(ï)š "그가 갔다고 한다"(MČ S 37) < barmiš

/B¹S¹MS¹/ basm(ï)š "그가 습격하였다고 한다"(MČ E 12) < basmiš

/B¹WL¹MS¹/ bolm(ï)š "그가 ~되었다고 한다"(Tar. W 37) < bolmiš 등

1.2.7.1.2 간격 동화

두 낱말 사이에서 실현되는 순행 모음동화들은 아래에 있는 예들에서 보인다:

1. antag "그러한, 그렇게"(KT E 4, 40; BK E 5; T 9, 36) < antäg (T 29) < *anï täg

2. b(i)rd(i)n-yän "남쪽으로부터"(T 11) < *birdin yan

öŋd(ü)n-yän "동쪽으로부터"(T 11) < *öŋdün yan

3. erür barur "(자유롭게) 오고 가는, 독립된"(KT N 1; BK E 29) < *erür barïr

yatu kalur "누워 남는"(T 19) < *yatu kalïr

1.2.7.2 역행 동화

첫 음절과 가운데 음절의 모음은 뒤에 오는 음절이나 낱말에 있는 원순모음의 영향으로 원순모음이 된다:

1. /ï-u/ > /u-u/:

yaratunu uma- "스스로를 조직하지 못하다"(KT E 10) < yarat(ï)nu uma- (BK E 9)

adartu umaz "그것이 손해를 줄 수 없다"(Toyok[85] 24, 29) < *adart-ï

---

85) 중국 신강 위구르 자치구의 투르판 인근에 있는 토요크(Toyok 또는 Toyuk) 불교 석굴에서 발견된 고대 튀르크 룬 문자로 된 필사본 중 하나로 31줄이 있다.

uma-

2. /i-ü/ > /ü-ü/:

yütür-üp "잃고"(ÏB 24) ~ yitür- (KT E 7; BK E 7)

3. /i-ö/ > /ü-ö/:

süŋök(ü)g "너의 뼈"(BK E 20 등) < siŋöküŋ[86] (KT E 24)

4. /u-ä/ > /ü-ä/:

büntägi "(그들의) 이러한, 이와 같은 (이)"[87](T 57) < *buntägi < *bunï täg-i

1.2.8 모음 탈락

1.2.8.1 어중 모음 탈락

강세가 없는 가운데 음절들의 평순 약모음들이 특히 자음 /r, l, n, y/와 인접한 경우에 이미 오래 전에 탈락해서 이 낱말들은 음절을 잃어 돌궐어에서 2 음절짜리가 되었다:

adrïl- "헤어지다, 갈라지다"(T 2 등) < *adïrïl-

antag "그러한, 그렇게"(T 9 등) ~ antäg (T 29) < *anï täg

balbal "살해된 적의 석상(石像)"(BK S 7 등) < *barmal < 몽골어 barimal "조각, 석상"

---

86) 이 낱말은 핀란드 발간 도해에서는 siŋöküŋ, Radloff 발간 도해에서는 süŋöküŋ로 나온다. I(i)와 Ẅ(O)는 서로 혼동될 수 있으므로 siŋöküŋ은 süŋöküŋ의 잘못일 수 있다.

87) 이 낱말은 bint(ä)gi "(그들의) 나와 같은 (이)"(< *bini täg-i)일 수 있다.

bu[l]na- "사로잡다, 포로로 하다"(KČ E 10) < *bulun+a-

büntäg "이러한, 이와 같은"[88])(T 57) < *buntäg < *bunï täg

ägri "굽은, 혹이 있는"(T 48 등) < ägir-i, ägir- "굽게 하다, 휘이게 하다"

ärkli "~일 때에, ~인"(T 8) < är-i-gli

kikšür- "서로 자극하다"(KT E 6) < *kikiš-ür-, *kikiš- "서로 반목하다"

korkïnč "무서움, 두려움"(ÏB 36) < *korïk-ïnč

oglan "아들들, 자식들"(KT N 11 등) < *og(ï)l-an

oglït "아들들"(KT E 5; BK E 5) < *og(ï)l-ï-t

ötrü "~ 뒤에, 다음에"(T 12, 16) < *ötür-ü, *ötür- "지나게 하다"

sïgta- "애도하다, 울다"(KT E 4; BK E 5) < sïgït "울음, 애도"

tarkïnč "화난, 성난, 언짢은"(T 22) < *tarïk- "화내다, 성내다"

tägrä "주위에서, 빙 돌아"(T 8) < *tägir- "돌다"

udšur-u "뒤쫓으며, 추적하며"(KT E 36, N 2) < *uduš-ur-

yabrït- "참패시키다, 유린하다"(BK E 31) < *yabïr+ï-t- (yabïz "나쁜, 불량한"과 비교할 것)

yagru "가까이"(KT S 5 등) < *yagur-u, *yagur- "가까워지다"

yägrän "밤색의 (말)"(KČ E 3, 9) < *yägir+än, yägir "사슴"(KČ E 6); (야쿠트어 siär "밤색" < *yägir와 비교할 것) 등

이러한 모음 탈락이 다음의 낱말들에서 유음(流音) /l/과 /r/ 다음에 틀림없이 일어났다:

ilt- "가져가다, 파송하다"(BK E 19 등) ~ elt- (KT E 23 등) < *elit-

(위구르어 elt-, elit-, MK[89] elät-, 터키어 ilet-, 아제르바이잔어 älät- "같은 뜻"과 비교할 것; 또한 몽골어 ile- "보내다"와 비교할 것)

kork- "무서워하다, 두려워하다"(T 39 등) < *korïk- < *korï- "지키다, 보호하다"

bark "집, 건물"(KT N 13 등) < *barïk (몽골어 bari- "건설하다, 만들다"와 비교할 것)

türk[90] "튀르크"(T 1 등) ~ türük (대개)

1.2.8.2 어말 모음 탈락

어말 모음 탈락이 다음의 예들에서 틀림없이 일어났다:

---

89) MK는 Maḥmūd al-Kāšɣarī(카시가르 사람 마흐무드)가 튀르크어 방언들을 연구해서 11세기 후반에 아랍어로 저술하여 바그다드의 압바스조 칼리프에게 바친, Dīwān Luɣāt at-Turk라는 튀르크 언어들에 대한 최초의 포괄적인 사전을 말한다. 이것을 터키의 Besim Atalay가 터키어로 번역하여 앙카라에서 Divanü Lûgat-it-Türk Tercümesi [Dīwān Luɣāt at-Turk 번역] I(1939), II(1940), III (1940) 및 Divanü Lûgat-it-Türk Dizini "Endeks"[Dīwān Luɣāt at-Turk 색인 "Index"](1943)라는 이름으로 발간되었고, 이것들은 그 뒤에도 여러 번 다시 발간되었다.

90) Gerhard Doerfer(1920.3.8.-2003.12.27.)는 "Bemerkungen zu Talât Tekins "Orhon Yazıtları"", *TDA* 1992 (1992), pp. 5-17 중 pp. 6-7에서 다음의 이유들로 해서 이 낱말이 [türk]로 읽혀야 한다고 주장하였다:
   (1) 옹긴(Ongi) 비문과 퀼리 초르(Küli Čor) 비문에서는 türk, 투뉴쿠크(Tunyukuk) 비문에서는 türk ~ türük로 있는데, 이것들은 가장 오래된 돌궐 비문들이다.
   (2) 돌궐 비문과 거의 같은 시기의, 위구르 문자로 된 Türkische Turfantexte 2.1, 10행 (763년의 것)에는 türk가 나오고[W. Bang & A. von Gabain, Türkische Turfantexte. II, Berlin 1929의 p. 6에서 필사본 T M 276a의 앞면 10행을 보면 bu qamɣ türk budun(정정: bodun) "dieses ganze Türkisches Volk"("이 모든 튀르크 백성")이라는 구절이 있다], 기본적으로 türük라는 형태는 위구르 문자, 마니 문자, 아랍 문자로 된 문헌에서 확인되지 않는다.
   (3) 옛 중국 문헌에 있는 형태는 tu-küe[突厥]인데, 이것은 단지 türk를 반영할 수 있을 뿐이다; *türük였다면 tu-lu-küe 또는 이와 비슷한 형태로 표기되었을 것이다.
   (4) 몇몇 비문에서 부호 ᵂK가 선택되었다면, 이것은 낱말 türk에서 ü가 r 너머로 영향을 끼침을 나타내는 것일 수 있다. 이와 비슷한 경우로 Tariat 비문에는 yïlⁱka "해(年)에"가 있는데, 이것의 발음은 [yïlka]임이 분명하다: ⁱk의 ï는 음성학적 또는 형태론적 가치가 없다.

birdin "남쪽으로부터", biryä "남쪽에서", birgärü "남쪽을 향하여"와
같은 낱말들의 어근인 bir "남쪽" < *biri

kurgaru (KT E 24, S 2, 3) ~ kurïgaru "서쪽을 향하여"(KT E 8, 12,
17, 21 등) < *kurï "뒤, 서쪽"

yïrgaru "북쪽을 향하여", yïrd(ï)nta "북쪽으로부터"와 같은 낱말들의
어근인 yïr "북쪽"(KT, BK, T) ~ ir (MČ E 7, 11) < *yïrï

kül tigin "퀼 왕자"(KT, BK), kül čor "퀼 초르"(BK S 13) ~ küli čor
(KČ W 6, 10 등)

yul- "약탈하다"(BK E 32; MČ E 2) ~ yulï- (T 39)

1.2.9 모음 첨가

1.2.9.1 어두 모음 첨가

다음의 예에서 자음 /l/로 시작하는 차용어의 어두에 모음이 첨가되
었다:

ulu "용 (해 이름)"(Tar. W 2) < 중국어 [龍] lung "용"; 크르그즈어[91]
ulū "같은 뜻", 카자크어[92] 등 uluw "같은 뜻", 투바어[93] ulu "같은 뜻"

---

91) 크르그즈스탄(Kyrgyzstan)를 중심으로 인근의 우즈베키스탄, 중국 신강 위구르 자치
   구, 타지키스탄, 카자흐스탄 등에서도 사용되는 튀르크계 언어이다. 크게 북부 방언
   (Northern Kirghiz)과 남부 방언(Southern Kirghiz)으로 나뉘는데, 북부 방언이 크르그
   즈 문어의 토대가 되었다. 현대 크르그즈어가 고대 크르그즈어의 직계 후손인지는 분
   명하지 않다. 크르그즈어는 기원적으로 남부 시베리아에서 사용되는 알타이어의 남부
   방언들과 밀접한 관계에 있지만, 후에 상당한 변화를 겪어 카자크어와 가깝게 되었으
   므로 흔히 큽차크 그룹에 속하는 언어로 분류된다. 그렇지만 고대 튀르크어의 taɣlïɣ
   "산이 있는"이 크르그즈어에서는 tōlū, 큽차크 그룹의 언어들에서는 tawlï로 발전하여
   상당히 다르다. 위키피디아(Wikipedia)의 자료에 따르면 전 세계에 약 4~5백만 명의
   크르그즈어 사용자가 있다. 키르기스 족은 자신의 민족 이름을 크르그즈(Kyrgyz)라고
   하는데, 한국에서는 러시아어 표기 Киргиз(Kirgis라고 발음됨)에 따라 키르기스라고
   원음과는 아주 다르게 표기하고 있다.

92) 카자흐스탄을 중심으로 중국 신강 위구르 자치구 북부, 몽골 서단, 러시아, 우즈베키스탄

1.2.9.2 어중 모음 첨가

아래에 있는 예들에서 어중 모음 첨가가 틀림없이 일어났다:

1. 어두에 있는 자음쌍 /pr/ 사이에서:

pur(u)m "동로마, 비잔티움"(KT E 4; BK E 5) < 파르티아어 Frum

2. 어중에서 자음쌍 /ŋg/, /ŋs/ 및 /čr/ 사이에서:

bäŋigü "영원한, 끝없는"(O 부속 2) ~ bäŋgü (대개)

buŋusuz "걱정 없는"(Barïk II 3; Barïk III 2) ~ buŋs(ï)z "풍부하게, 어려움 없이"(T 48), buŋsïz "같은 뜻"(Ačura 7)

ičiräki "근왕의, 궁궐에 소속된"(Miran A 4 등) ~ ičräki (대개)

3. Tariat(Terkh) 비문에도 어중 모음 첨가의 예들이 있다. 예들에서 볼 수 있듯이 자음쌍 /L²G²/ 및 /L¹K¹/ 사이에서 모음이 첨가되었다:

b(i)ligä "현명한"(Tar. N 6, 6) ~ bilgä (대개)

등에서 1천만 명이상이 사용하는 튀르크계 언어로서, 타타르(Tatar)어, 바시키르(Bashkir)어, 카라칼파크(Karakalpak)어, 노가이(Nogay)어, 카라차이-발카르(Karachay-Balkar)어 등과 함께 킵차크(Kypchak) 그룹에 속한다. 크게 동북, 남부, 서부 방언으로 나뉘지만 방언 차이가 크지 않다. 카자흐스탄과 몽골 등에서는 키릴 문자, 중국에서는 아랍 문자로 표기된다.

93) 러시아 연방의 투바 공화국을 중심으로 인근의 몽골, 중국 신강 위구르 자치구 북부 등에서도 사용되는 튀르크계 언어이다. 투바어는 투바 공화국 안에서는 중앙(Central Tuvan), 서부(Western Tuvan), 동북(Northeastern Tuvan = Tožu), 동남(Southeastern Tuvan) 방언이 있고, 몽골과 중국에는 쾨크 몬차크(Kök Monchak), 몽골에는 두하 (Dukha = Tsaatan), 우량하이(Uriankhai), 쳉겔(Tsengel Tuvan), 러시아 연방의 부리야트 공화국에는 소요트(Soyot) 방언이 있다. 중앙 방언이 투바 문어의 토대가 되었다. 투바어는 할라지(Khalaj)어처럼 튀르크 조어(Proto-Turkic)의 어중·어말의 d를 체계적으로 유지하고 있다. 몽골어의 영향을 크게 받았다.
2010년 러시아 인구조사에 따르면 투바족은 263,934명, 투바어를 아는 사람은 253,673명이다; 투바족의 일족인 토주(Tožu)족은 1,858명이다. 몽골에 27,000명, 중국 신강 위구르 자치구에 2,600명의 투바족이 거주한다. 투바족은 몽골족처럼 불교(라마교)를 믿는다.

(i)ligärü "앞으로, 동쪽으로"(Tar. W 5) ~ ilgärü (대개)

yïlïka[94] "해(年)에"(Tar. E 9, S 1, 2, 3, 5, W 2) ~ yïlka (Tar. W 1, 1, S 4, E 5)

꽤 어리둥절하게 하고 생각지도 않은 이 예들은 어쩌면 타리아트 (Tariat) 비문을 쓴 사람의 개인 방언을 반영하고 있는 것일지도 모른다.

1.3 모음 축약

모음 축약이 다음의 예들에서 일어났다:

bödkä "이때에"(KT S 11; BK N 1, 8, E 2) < bu ödkä (KT S 1)

bučägü "이 셋이 함께"(T 12) < *bu üčägü

ölürtäčik "그들이 반드시 죽일 것이다"(T 11) < *ölürtäči ök

ölürtäčik-ök "그가 반드시 죽일 것이다"(T 21, 30) < *ölürtäči ök ök

öltik-ök "그들이 틀림없이 죽었다"(T 16) < *ölti ök

näčök "어떻게"(ÏB 45) < *näčä ök

nälök "왜, 무엇 때문에"(ÏB 57) < *nälä ök

ančïp "그렇게 되자. 그리고 나서, 그 경우에"(MČ E 7, W 1; ÏB 65) < *anča ärip ?

---

94) Gerhard Doerfer(1920.3.8.-2003.12.27.)는 "Bemerkungen zu Talât Tekins "Orhon Yazıtları"", *TDA* 1992 (1992), pp. 5-17 중 pp. 6-7에서 türük가 아니라 türk로 읽혀야 한다고 주장할 때에 "몇몇 비문에서 부호 ᵂK가 선택되었다면, 이것은 낱말 türk에서 ü가 r 너머로 영향을 끼침을 나타내는 것일 수 있다. 이와 비슷한 경우로 Tariat 비문에는 yïlʸka "해(年)에"가 있는데, 이것의 발음은 [yïlka]임이 분명하다: ʸk의 ï는 음성학적 또는 형태론적 가치가 없다."고 하였다.

1.4 중음 생략

아래에 있는 예에서 중음 생략이 일어났다:
yug(u)rča "(눈을) 반죽하듯이"(T 26) < *yugur-ur-ča

2. 자음

돌궐어에는 다음의 자음 음운들이 있다: /p, b, t, d, k, g, č, s, z, š,
m, n, ŋ, ñ, l, r, y/

이 자음 음운들은 조음 장소들에 따라 다음과 같이 분류될 수 있다:
1. 순음: /p, b, m/; 2. 치음 및 치경음: /t, d, č, s, z, š, n, l, r/; 3. 경구개
음: /ñ, y/; 4. 연구개음: /k, g, ŋ/

/d, g, ŋ, ñ, r, z/ 외의 모든 자음들이 어두에 있다; 자음 /l, p, š/는
단지 차용어들에서만 어두에 있을 수 있다.

어두에서는 전혀 자음군이 없다. 어말에서 있을 수 있는 자음군들
은 다음과 같다: /lk/, /lp/, /lt/, /nč/, /nt/, /rč/, /rk/, /rs/, /rt/, /yt/

2.1 순음

2.1.1 자음 /p/

무성 양순 파열음 /p/는 모든 위치에 있다.
1. 어두에서는 다음의 차용어에서만 있다:

pur(u)m "동로마, 비잔티움"(KT E 4; BK E 5) < 파르티아어 Frum "로마"(중국어 [拂菻] Fu-lin "동로마"와 비교할 것)

2. 어중에서는 모든 경우에 있다:

apa "조상, 선조"   top(u)l- "뚫다"

opla- "몸을 던지다, 돌진하다"   alpagu "용사들" 등

3. 어말에서:

kop "모두, 완전히"   agr(ï)p "병들어"

alp "용사" 등

2.1.2 자음 /b/

유성 양순 파열음 /b/는 모든 위치에 있다.

1. 어두에서:

bar "있는"   bar- "가다"

bol- "되다"   ber- "주다"

bulït "구름" 등

2. 어중에서:

kab(ï)š- "만나다, 연합하다"   äb(i)r- "돌다; 둘러싸다"

säb(i)n- "기뻐하다"   abla- "사냥하다"

balbal "살해된 적의 석상" 등

3. 어말에서:

ab "사냥"   äb "집, 천막"

sab "말(言)"   sub "물, 강" 등

2.1.3 자음 /m/

양순 비음 /m/은 모든 위치에 있다.

1. 자음 /m/은 어두에서 고유어들에서도 차용어들에서도 있다:

mag "칭찬, 찬양"(BK S 15, 15) < 몽골어 *mag; 몽골어 magta- "칭찬하다"와 비교할 것

mati "충실한, 순종하는" < 몽골어; 몽골어 batu "같은 뜻", 카라칼파크어[95] mätibiy "자신의 집에, 가족에 매인 충실한 남자" < *mati bäg 와 비교할 것

고유어들에 있는 어두의 /m/은 2차적인 것으로 /b/에서 바뀐 것이다:

män "나"(KT, BK) ~ bän (투뉴쿠크 비문, 위구르 및 예니세이 비문들); **비음화**를 볼 것

2. 어중에서:

säm(i)z "살찐"   täm(i)r "쇠"

ämgäk "괴로움, 고통"   yimšak "부드러운"

amti "지금"   yetmiš "70" 등

---

95) 우즈베키스탄의 카라칼파키스탄 자치공화국을 중심으로 카자흐스탄, 튀르크메니스탄, 러시아, 아프가니스탄에서 50여만 명이 사용하는 튀르크계 언어로서, 타타르(Tatar)어, 바시키르(Bashkir)어, 카자크(Kazakh)어, 노가이(Nogay)어, 카라차이-발카르(Karachay-Balkar)어 등과 함께 큽차크(Kypchak) 그룹에 속한다. 동북 방언과 동남 방언으로 나뉜다. 카자크어와 매우 비슷하므로 카자크어 방언으로 볼 수도 있다.

3. 어말에서:

barïm "재산" käm "누구"

tām "벽" 등

2.2 치음 및 치경음

2.2.1 자음 /t/

무성 파열 치음 /t/는 모든 위치에 있다.

1. 어두에서:

tām "벽" taŋ "여명, 서광"

täbi "낙타" tär "땀" 등

2. 어중에서:

atï "조카" biti- "쓰다, 적다"

ädgüti "잘, 좋게" sïgta- "애도하다, 울다"

käntü "자기, 자신" 등

3. 어말에서:

āt "이름, 칭호" at "말(馬)"

bulït "구름" oglït "아들들"

ilt- "가져가다, 보내다" ol(o)rt- "즉위시키다"

tört "4" ayt- "말하다" 등

2.2.2 자음 /d/

유성 파열 치음 /d/는 어중과 어말에 있다.

1. 어중에서:

adak "발"   bädük "큰"

bod(u)n "부족들, 백성"   ïduk "신성한"

adg(ï)r "종마"   adr(ï)l- "헤어지다, 갈라지다"

yegdi "더 잘"   kat(ï)gdï "단단히, 철저히" 등

2. 어말에서:

bod "부족(部族)"   ešid- "듣다"

ïd- "보내다"   ig(i)d- "키우다, 기르다" 등

2.2.3 자음 /č/

무성 치경 파찰음 /č/는 모든 위치에 있다.

1. 어두에서:

čïkan "이종사촌"[96)]   čab(ï)š "부관(副官)"

čär(i)g "군대"   čïgañ "가난한"

čorak "물 없는 불모의 땅"   čöl "초원, 사막" 등

---

96) 이 낱말은 오늘날 튀르크멘어 čïqan "이종사촌", 우즈베크어(화레즘 방언) čïqan "여자 친
  구", 카라칼파크어 šïqan "여자 친구", 서부 유구르어 tšʰiqan, tšʰiqʰan "사촌", 야쿠트
  어 sïgan "사촌; 육촌"으로 살아 있다. Derleme Sözlüğü[(터키어 방언) 수집 사전] Ⅲ:
  1165에 있는 çıkana "자매/누이의 아이"도 이것과 관련이 있는 듯하다.

2. 어중에서:

ečí “삼촌, 숙부”　　　　　　äčü “조상, 선조”

ičik- “복종하다, 예속하다”　　kičä “저녁에”

učuz “쉬운”　　　　　　　　üč(ü)n “~을 위하여, ~ 때문에”

ičgär- “복종시키다, 예속시키다”　yogčï “문상객, 우는 사람” 등

3. 어말에서:

ač- “열다”　　　　　　　　āč- “배고프다”

ïgač “나무”　　　　　　　küč “힘”

üč(ü)nč “세 번째로”　　　　öt(ü)nč “요청”

yurč “(손아래) 처남” 등

2.2.4 자음 /s/

무성 마찰 치음 /s/는 모든 위치에 있다.

1. 어두에서:

sab “말(言)”　　　　　　sakïn- “생각하다”

säbin- “기뻐하다”　　　　säkiz “8” 등

2. 어중에서:

āčsïk “배고플 것”　　　　aššïz “먹을 것 없는”

asra “아래에서, 밑에서”　　elsirä- “나라가 없게 되다”

kïsïl “좁은 고개”　　　　kïsga “짧은”

kisrä “다음에” 등

3. 어말에서:

bas- "습격하다"   yalŋus "혼자서"

bars "표범" 등

2.2.5 자음 /z/

유성 마찰 치음 /z/는 어중과 어말에 있다.

1. 어중에서:

azu "또는, 그렇지 않으면"   kïzïl ["붉은"]

üzä "위에서"   azkïña "극소수의, 아주 적은"

kazgan- "획득하다"   tizlig "강력한, 굳센"(글자 그대

로는 "무릎이 있는") 등

2. 어말에서:

āz- "길에서 벗어나다"   buz- "(쳐)부수다, 참패시키다"

otuz "30"   ügüz "강"

yabïz "나쁜"   yutuz "여자" 등

2.2.6 자음 /š/

무성 경구개 마찰음 /š/는 고유어들에서는 어중과 어말에서만 있다.
차용어들에서는 어두에서도 있을 수 있다.

1. 어두에서:

šad "칭호의 하나"(< 이란어)   šantuŋ "산동(山東)"(< 중국어) 등

2. 어중에서:

tašïk- "나가다"   yaša- ["살다"]

kïšla- ["겨울을 나다, 월동하다"] tašra "밖으로"

aššïz "먹을 것 없는"   kamšat- "흔들리다, 비틀거리다"

yimšak "부드러운" 등

3. 어말에서:

aš "먹을 것"   baš "머리; 꼭대기, 정상"

beš "5"   taš "돌"

taš "밖"   tirkiš "카라반"

üküš "많은"   yïš "숲으로 덮인 산" 등

2.2.7 자음 /n/

치-비음 /n/은 모든 위치에 있다.

1. 어두에서: 자음 /n/은 어두에서 의문대명사 nä 및 이것의 파생어들에서만 있다:

nä "무엇"   näkä "왜, 어째서"

nänčä "얼마나 많이"

2. 어중에서:

ini "남동생"   kanï "어디에서"

yana "다시, 또"   tašra "밖으로"

bunča "이만큼"   anta "거기에서"

bunta "여기에서"   käntü "자기, 자신"

küntüz "낮"   üčünč "세 번째로"

sanč- "찌르다"   yinčgä "가는, 가느다란"

bulna- "사로잡다, 포로로 하다" 등

3. 어말에서:

altun "금(金)"   bin- ["(올라)타다"]

ärän "남자들, 사내들"   kan ["피"]

sakïn- "생각하다"   tün "밤(夜)" 등

2.2.8 자음 /l/

음소 /l/은 하나는 후설이고 다른 하나는 전설인 두 종류가 있다. 연구개 /l/은 후설모음으로 된 낱말들에서, 경구개 /l/은 전설모음으로 된 낱말들에서 사용된다.

자음 /l/은 고유어들에서는 어중과 어말에서만 있다. 차용어들에서는 어두에서 있을 수 있다.

1. 어두에서:

lagzïn (MČ N 11), lagzin (BK S 10), lakz(ï)n (Ikhe-Askhete[97]) B 2)

---

97) Wilhelm Radloff(1837.1.17.-1918.5.12.) 일행이 몽골의 Khöshöö-Tsaidam 호숫가에 머무를 때에 두루 여행하는 어떤 몽골 사람에게서 Askhete 호숫가에 몇 개의 비석이 있다는 소식을 들었다. 일행 중 한 사람이 그 지역으로 가서 Askhete 호숫가에서 석관 하나와 비문 판 하나가 있는 묘비 하나를 발견하였다. Wilhelm Radloff가 Nikolaj Mixajlovič Jadrincev(1842.10.18.-1894.6.7.)에게 캬흐타로 돌아갈 때에 Askhete 호수에 들러 이 비문의 탁본을 떠 달라고 부탁하였다. 야드린체프(Jadrincev)가 묘비의 스냅 사진을 몇 장 찍고 비문의 탁본을 두 장 떴지만 불완전하였다. 그리하여 1893년에 Dmitrij Aleksandrovič Klemenc(1848.12.27.-1914.1.21.)가 이 지역을 다시 방문하여 질 좋은 사진을 몇 장 찍고 비문의 탁본을 두 장 잘 떴으며, 그 무덤 옆에 있는 작은 비석의 비문도 탁본들을 떠서 Wilhelm Radloff에게 보냈다. Wilhelm Radloff는 이 비문 자료를 Die alttürkischen Inschriften der Mongolei, Dritte Lieferung (1895), pp.

"돼지" < ?

lü "용"(On. Ap.4) < 중국어 lung[龍]

likäŋ98) "사람 이름" < 중국어 Liu-hiang[呂向]

lisün "사람 이름" < 중국어 Li-ts'ün[李佺]

2. 어중에서:

balïk "도시"   älig "50"

ilig "군주"   kïlïč ["칼, 검"]

ölüg "죽은 (사람)"   altun "금(金)"

alk- "없애다, 소멸하다"   alp ["용감한, 씩씩한"]

ilk ["처음"] 등

3. 어말에서:

kïsïl "좁은 고개"   kïzïl ["붉은"]

bol- "~이 되다"   bil- ["알다"]

yïl ["해(年)"]   yol ["길"] 등

2.2.9 자음 /r/

진동음 /r/는 어중과 어말에서만 있다.

1. 어중에서:

257-258에 실었다. 이곳을 보면, Ikhe-Askhete 비문은 큰 비석의 앞면에 3줄, 뒷면에 4줄, 작은 비석에는 3줄의 비명이 있다.

98) Likäŋ은 중국 문헌에 나오는 사람 이름 呂向(현대 중국어로는 Lü Hiang, 병음(拼音)으로는 Lǚ Xiàng)을 돌궐어로 음역한 것이다. 그렇다면 Likäŋ이 아니라 Lükäŋ이 원음에 더 가까운 표기가 될 것이다. 어쩌면 I(i)는 Ẅ(O)의 잘못일지도 모른다.

āra "사이에서"

ärän "남자들, 사내들"

toruk "야윈"

orto "가운데"

tašra "밖으로" 등

böri "이리, 늑대"

käräkü "천막"

arka ["뒤"]

asra "아래에서, 밑에서"

2. 어말에서:

adgïr "종마"

bar- "가다"

bor "폭풍, 회오리바람"

bark ["집, 주택"]

kork- ["무서워하다, 두려워하다"]

yurt "버려진 야영지"

bars "표범" 등

bar "있는"

ber- "주다"

yurč "(손아래) 처남"

kïrk ["40"]

ört "불, 불꽃"

yügürt- "흐르게 하다, 흘리다"

2.3 경구개 자음

2.3.1 자음 /y/

경구개 자음 /y/는 모든 위치에서 있다.

1. 어두에서:

yabïz "나쁜"

yïl ["해(年)"]

yulï- "약탈하다" 등

yer ["땅"]

yol ["길"]

2. 어중에서:

keyik "야수"   kïyïn "형벌, 벌"

täyäŋ "다람쥐"   yayïn "여름에"

ayt- "묻다, 질문하다"   yuyka "얇은" 등

3. 어중에서 /r/ 다음에:

biryä "남쪽에서"   yïrya "북쪽에서"

kurya "뒤에서, 서쪽에서" < *kurïya

4. 어말에서:

ay "달"   ay- "말하다"

bay "부유한"   kunčuy "공주"(< 중국어 [公主])

kotay "비단"(< 중국어 [縞帶])   taloy "바다"(< 중국어 [大流])

tay "큰"(< 중국어 [大])   yay "여름" 등

2.3.2 자음 /ñ/

경구개 비음 /ñ/는 어중과 어말에서만 있다.

1. 어중에서:

añïg "나쁜"   kañu "어느"(Kara Balgasun S 3)

tuñukuk "투뉴쿠크" (대개) ~ tunyukuk (BK S 14)

azkïña "극소수의, 아주 적은"   koñči "양치기"

yañdok "흩뜨려진 사람들"   turña "두루미" 등

2. 어말에서:

čïgañ "가난한"　　　　　　　　koñ "양"

kïtañ "거란, 글안"99)　　　　　yañ- "흩뜨리다, 흩어지게 하다" 등

2.4 연구개 자음

2.4.1 음소 /k/

음소 /k/는 하나는 후설, 다른 하나는 전설인 두 변이음이 있다: 무성 연구개 파열음 /q/ 및 이것의 전설 상응음인 /k/. 처음 것은 후설모음으로 된 낱말들에서, 두 번째 것은 전설모음으로 된 낱말들에서 있다.

1. 어두에서:

kal- ["남다"]　　　　　　　　kan ["피"]

kïl ["털, 체모"]　　　　　　　kïzïl ["붉은"]

kon- ["자리 잡다, 앉다"]　　　kul ["종, 노예"] 등

käl- "오다"　　　　　　　　　kičä "저녁에"

kir- "들어가다"　　　　　　　kök "푸른"

kün "날(日)" 등

2. 어중에서, 모음 사이에서:

sakïn- "생각하다"　　　　　　būka "황소"

---

99) 돌궐 비문들에서 Kïtañ, 중국 문헌에서는 契丹으로 나타나는 거란족은 후에 요(遼)나라를 세워 매우 강성했으므로 Kïtañ의 변형인 Cathay, Китай 등은 중국을 가리키게 되었다. 고대 튀르크어의 음소 ñ(= ny)은 후에 n과 y로 분화되었는데 Cathay, Китай 등은 ñ > y의 예이고 한국어의 글안/거란의 ㄴ(n)은 ñ > n의 예이다.

tokï- "치다, 때리다" 등

äkä "누나, 언니"   eki "2"

ökün- "후회하다, 참회하다"   töküt- "흘리다"

üküš "많은" 등

3. 어중에서, 자음 옆에서:

armakčï "사기꾼, 협잡꾼"   kulkak "귀"

yïlkï "말떼"   yuyka "얇은"

azkïña "극소수의, 아주 적은" 등

ärkli "~인; ~일 때에"   ilki "처음의, 첫째의"

ärklig "힘센, 강력한"   kärgäksiz "아주 많이, 잔뜩" 등

4. 어말에서:

adak "발"   ïrak ["먼, 멀리 있는"]

buyruk "지휘관"   balïk "도시" 등

bädük "큰"   bišük "친척"

kök "푸른"   türük "튀르크" 등

5. 어말에서, /l/과 /r/ 다음에:

bark ["집, 주택"]   kïrk ["40"]

kork- ["무서워하다, 두려워하다"] 등

ärk "힘"   ürk- ["겁내다, 두려워하다"]

ilk ["처음"]   türk ["튀르크"] 등

2.4.2 음소 /g/

음소 /g/는 하나는 후설, 다른 하나는 전설인 두 종류가 있다: 유성 연구개 마찰음 /ɣ/ 및 이것의 전설 상응음인 /g/. 처음 것은 후설모음으로 된 낱말들에서, 두 번째 것은 전설모음으로 된 낱말들에서 있다.

1. 음소 /g/는 의문사 gu/gü 외에는 어두에서 있지 않다:

bar-gu "(그것이) 있는가?"   bäglär-gü "백들인가?"

2. 어중에서, 모음 사이에서 그리고 자음 옆에서:

agït- "쫓아내다, 몰아내다"   ïgač "나무"

uguš "부족(部族)" 등

ägir- "둘러싸다, 포위하다"   igid- "먹이다, 기르다"

kigür- "들이다, 넣다"   ügüz "강" 등

agrï- "병들다"   katïgdï "단단히"

oglan "아들들"   adgïr "종마"

kïsga "짧은"   ïčgïn- "잃다"

tabïšgan "(산)토끼" 등

yegdi "더 잘"   yüg(g)ärü "위로, 위를 향하여"

tägrä "주위에서, 빙 돌아"   bilgä "현명한"

ädgü "좋은"   ilgärü "앞으로, 앞을 향하여" 등

3. 어말에서:

antag "그렇게"   añïg "나쁜"

tag "산"   tug- "(해가) 뜨다"

ulug "큰"

yog "장례식" 등

bäg "백"

bitig "글"

čärig "군대"

ög "어머니"

ölüg "죽은 (사람)"

tirig "살아 있는 (사람)" 등

2.4.3 자음 /ŋ/

연구개 비음 /ŋ/은 어중과 어말에 있다.

1. 어중에서:

aŋaru "그를 향하여"

baŋaru "나를 향하여"

buŋad- "지루하다, 따분하다"

ärtiŋü "매우, 무척"

siŋil "여동생"

süŋök "뼈"

süŋüš- "싸우다" 등

öŋdün "동쪽"

täŋri "하늘; 신"

tïŋla- "듣다, 경청하다" 등

2. 어말에서:

äŋ "가장, 제일"

bïŋ "1,000"

buŋ "어려움, 괴로움"

kaŋ "아버지"

ürüŋ "흰, 백색의"

taŋ "여명, 서광"

täyäŋ "다람쥐" 등

2.5 자음 변화

2.5.1 비음화

어두에 있는 자음 /b/는 어중에서 그것 다음에 오는 비음의 영향으로 비음화하여 /m/으로 바뀐다:

män "나"(KT, BK, ÏB) ~ bän (T, KČ, MČ, Tariat 비문 및 예니세이 비문들)

maŋa "나에게"(KT, BK) ~ baŋa (T 31), baŋaru "나를 향하여"(T 34)

män(i)ŋ "나의"(KT, BK) ~ bän(i)ŋ (T 21)

mäŋi "기쁨, 행복"(ÏB 52), mäŋilä- "기뻐하다, 행복해지다"(ÏB 1 등), mäŋilig "기쁜, 행복한"(ÏB 5, 62) ~ bäŋi "행복"(KČ W 3)

muŋlug "걱정스러운, 고통스러운"(ÏB 5, 62) ~ buŋ "걱정, 괴로움"(KT S 3 등), buŋs(ï)z "걱정 없이, 괴로움 없이"(BK N 14 등), buŋad- "지루하다, 따분하다"(T 26)

mäŋkü "영원한"(Kara-Yüs[100] 5) ~ bäŋgü (KT S 8, 12; BK N 6), bäŋkü (Kara-Yüs 1), bäŋigü (O 부속 2)

min- "(올라)타다"(ÏB 16) ~ bin- (KT E 33 등; KČ E 3 등), b(i)nt(ü)r-

---

100) 카라 이위스(Kara-Yüs) 비문은 핀란드의 고고학자 Johannes Reinhold Aspelin (1842.8.1.-1915.5.29.)이 1887년에 오늘날의 러시아 연방 하카시아(Khakassia) 공화국 북부의 오르조니키제 지구(Ordžonikidzevskij rajon, 하카스어로는 Ordžonikidze aymaɣï)에서 쵸르느이 이유스(Čjornyj Ijus, 하카스어로는 Xara-Üüs < 고대 튀르크어 Kara ügüz "검은 강") 강의 골짜기를 따라 있는 술레크(Sulek) 마을로부터 몇 킬로미터 떨어진 피산나야 산(Pisannaja gora, 하카스어로는 Pičïktïg-Taɣ "문서가 있는 산")에서 발견하였다. 바위에 새겨진 모두 6 줄로 이루어진 이 비문은 Sergej Jefimovič Malov(1880.1.28.-1957.9.6.)의 분류에 따르면 E-39이다.
길이가 178 km인 쵸르느이 이유스(Čjornyj Ijus) 강은 출름(Čulïm, Chulym) 강의 수원(水源) 중 하나이다. 길이가 1,799 km인 출름 강은 오브(Ob) 강의 오른쪽 지류이다.

"태우다, 타게 하다"(T 25)

min "1,000"(ÏB 32, 32) ~ biŋ (BK S 1; T 14), bïŋ (T 16, 18)

서술어 인칭어미로 사용될 때에 대명사 bän은 대개 män 형태로 있다: bän anča ter män "나는 그렇게 말한다"(T 37 등) 등, 그렇지만 konar köčär bän "나는 자리 잡는다, 이주한다"(Tar. W 4) 등과 비교할 것.

2.5.2 자음 교체

2.5.2.1 ŋ ~ g 교체

비음 /ŋ/은 어중과 어말에서 자주 마찰음 /g/와 교체한다. 이 음의 변화는 단수 및 복수 2인칭 소유 어미들과 인칭어미들에서 보인다:

bardïgïz "너희가 갔다"(KT SE) ~ bardïŋïz (O 12)

ölsikig "너는 분명히 죽을 것이다"(KT S 7; BK N 5) ~ ölsikiŋ (KT S 6; BK N 5)

süŋöküg "너의 뼈"(BK E 20) ~ siŋöküŋ[101] (KT E 24)

törög-in "너의 관습법을"(BK E 19) ~ töröŋ-in (KT E 24)

alkïntïg "너는 소멸되었다"(KT S 9; BK N 7) < *alkïntïŋ

arïltïg "너는 줄었다, 너는 소진되었다"(KT S 9) < *arïltïŋ

bardïg "네가 갔다" (대개) < *bardïŋ

bäglärig-dä "너의 백들에게서"(BK N 13) < *bägläriŋ

bilmädöküg-in "네가 모르기 (때문에)"(BK E 20) < *bilmädöküŋ

buŋug "너의 걱정"(KT S 8) < *buŋuŋ

---

101) 이 낱말은 핀란드 발간 도해에서는 siŋöküŋ, Radloff 발간 도해에서는 süŋöküŋ로 나온다. I(i)와 W̆(O)는 서로 혼동될 수 있으므로 siŋöküŋ은 süŋöküŋ의 잘못일 수 있다.

ädgüg "너의 소득"(KT E 24; BK E 20) < *ädgüŋ

ärtig "너는 ~이었다"(KT S 9: BK N 7) < *ärtiŋ

ärtigiz "너희는 ~이었다"(KT N 9, 10, SE) < *ärtiŋiz

kïltüg "네가 만들었다"(BK E 20, 20) < *kïltüŋ

kigürtüg "네가 들었다"(KT E 23: BK E 19) < *kigürtüŋ

öltüg "네가 죽었다"(BK E 19) < *öltüŋ

2.5.2.2 ñ ~ y 교체

경구개 비음 /ñ/는 두 낱말에서 /y/와 교체한다:

낱말 taygunuŋuz[102] "당신의 망아지들, 당신의 망아지 같은 아들들"(KT SE)에 있는 tay ~ tañ-larïm "나의 망아지들"(Xem.-Čïr. 2)

yay- "흩뜨리다, 참패시키다"(O 1, 9[103]) ~ yañ- (대개)

2.5.2.3 m ~ b 교체

양순 비음 /m/은 단지 다음의 땅이름에서 /b/와 교체한다:

tarban-ka "타르만에"(BK E 18) ~ tarman-ka (KT E 21) < 중국 문헌

---

102) Gerhard Doerfer(1920.3.8.-2003.12.27.)는 "Bemerkungen zu Talât Tekins "Orhon Yazıtları"", *TDA 1992* (1992), pp. 5-17 중 p. 15에서, 돌궐 문자로 기록된 튀르크어에서 "망아지"가 tañ 형태로 있기 때문에, taygun을 tay "망아지"의 복수형으로 보기는 어렵다고 하였다. 그는 D. D. Vasil'ev, *Korpus tjurkskix runičeskix pamjatnikov bassejna Jeniseja*, Leningrad 1983을 보면 Xemčik-Čïrgak 비문 2행에서 첫 낱말이 사진에서 TÑLRM[tañlar(ï)m]으로 뚜렷하게 식별될 수 있다고 하였다.

　한편 역자는 지난 2006년 7월에 몽골 홉스굴(Khövsgöl) 아이막의 차가앙 우우르(Tsagaan-Üür)에서 투바(Tuva)어의 우량하이(Uriankhai) 방언을 조사한 적이 있는데 이때 피조사자가 고대 튀르크어에서도 y로 확인되는 몇몇 낱말을 ñ으로 발음하는 것을 확인할 수 있었다. 이를테면, "잔, 컵"을 뜻하는 낱말이 ÏB에서도, 그 후의 여러 문헌이나 여러 현대 튀르크어에서도 모두 ayak로 확인되지만, 우량하이 피조사자는 añak로 발음하였다. 혹시 tañ ↔ tay도 이러한 관계인지 모른다.

103) 이 낱말은 Malov의 저작에는 나오지만 저자의 **원문 예**에서는 ·········로 표시한 부분에 위치한다. 즉 저자는 이 낱말이 포함된 부분을 마멸된 것으로 여긴다.

의 T'an-man 산[貪漫山[104]]?(Thomsen, *IO*, 196을 볼 것)

간격 동화를 볼 것.

2.5.3 가까운 음으로 대용하기

다음의 차용어 어두에 있는 자음 /š/ 대신에 이것에 가까운 자음 /č/ 가 사용되었다:

čad "샤드"(Tar. N 4, 4) ~ šad (대개) < 이란어

čorak-ka "불모지에"(BK SE) < 이란어 *šōrag (페르시아어 šōra "소금기가 많고 불모인 땅"과 비교할 것)[105]

다음의 차용어들에서도 낯선 자음 /β/와 /f/ 대신에 자음 /p/, 자음 /v/ 대신에 자음 /b/가 사용되었다:

apar "아바르"(KT E 4) < 그리스어 aβar

pur(u)m "동로마, 비잔티움"(KT E 4) < 파르티아어 Frum, From (중국어 [拂菻] Fu-lin "같은 뜻"과 비교할 것)

išbara "높은 칭호의 하나"(KČ E 10 등) < 산스크리트어 īśvara "지배자, 통치자"

---

104) 오늘날의 사얀산맥을 가리킨다. Edwin G. Pulleyblank (1991), *Lexicon of Reconstructed Pronunciation in Early Middle Chinese, Late Middle Chinese, and Early Mandarin*, Vancouver: UBC Press의 300 쪽을 보면 貪은 현대 중국어 병음(拼音)으로는 tān으로 표기되지만, 과거의 중국어에서는 늘 tʰam이었다.

105) 저자는 V. 형태론에서는 이 낱말을 *이란어 šōr "소금"에 접미사 +Ak가 붙어 파생된 것으로 보았다.

2.5.4 자음 동화

2.5.4.1 순행 동화

2.5.4.1.1 인접 동화

순행 인접 동화에는 다음과 같은 예들이 있다: 1. /čs/ > /čč/, 2. /kg/ > /kk/, 3. /td/ > /tt/, 4. /gt/ > /gd/, 5. /mk/ > /mg/, 6. /nk/ > /ng/, 7. /lk/ > /lg/.

1. /čs/ > /čč/:

adïnč(č)ïg "굉장한, 비할 바 없는"(KT S 12; BK N 14, 14) < *adïnčsïg

2. /kg/ > /kk/:

birtök(k)ärü "준 것에 관하여"(BK E 9) < birtökgärü (KT E 10)

yok(k)aru "위로, 위를 향하여"(T 25) < *yokgaru (차가타이어[106] yoqqari "같은 뜻"과 비교할 것)

3. /td/ > /tt/:

agït(t)ïm "내가 쫓아냈다, 내가 몰아냈다"(BK E 31) < *agïtdïm

akït(t)ïmïz "우리가 습격하게 하였다"(KT N 8) < akïtdïmïz (T 35)

---

106) 카라한 튀르크어, 화레즘 튀르크어를 이은 제3단계의 중앙아시아 이슬람 튀르크어를 가리키는데, 이 용어는 학자들 사이에 서로 달리 사용되고 있다. 15세기~19세기말에 중앙아시아의 튀르크인들이 사용하였다. 인디아의 무굴 제국 조정, 오스만 튀르크 제국 및 카잔(Kazan)에서도 사용되었다. 13세기~제1차 세계대전에 오스만 튀르크 제국 밖의 유라시아 지역에서 사용된 이슬람 튀르크 문어로 정의하는 학자들도 있다. 학자에 따라서는 17세기 이후의 것이라고 보기도 하고 15~16세기 고전기의 고급 문어라고 보기도 한다. 차가타이라는 이름은 칭기스칸의 둘째 아들의 이름에서 왔다. 차가타이어는 오늘날 우즈베크어와 현대 위구르어로 이어진다. 타타르족, 튀르크멘족, 카자크족도 차가타이어를 문어로 사용하였는데, 이제는 자기들의 문어가 있다.

bädzät(t)i "그들이 꾸미게 하였다"(KČ E 12) < *bädzätdi

bädzät(t)im "내가 꾸미게 하였다"(KT S 11; BK SW) < *bädzätdim

kubrat(t)ïm "내가 모았다"(BK N 7) < *kubratdïm

olort(t)ï "그들이 왕위에 앉혔다"(KČ E 12) < *olortdï

sämrit(t)i "그가 살찌게 하였다"(ÏB 16) < *sämritdi

yoglat(t)ï "그들이 장례를 치르게 하였다"(KČ E 12) < *yōglatdï

yunt(t)a "(수)말에게서"(ÏB 24) < *yuntda

yurt(t)a "버려진 야영지에서"(ÏB 13) < *yūrtda

4. /gt/ > /gd/:

katïgdï "단단히"(ÏB 33 등) < katïgtï (ÏB 14); ädgüti "잘"과 비교할 것

yaraklïgdï "무장한 상태로"(KT E 32) < *yaraklïgtï

yegdi "더 좋게, 더 잘"(KT SE; BK E 36) < *yegti

5. /mk/ > /mg/: 여격-처격 어미에 있는 연구개 자음 /k/는 어떤 예니세이 비문들에서는 /m/ 다음에 유성음화 경향을 보인다:

kunčuyumga "나의 공주에게"[107](Barïk II 4), kunčuyumga-ka (!) "나의 공주에게"(Barïk III 4)

uyamga "나의 친척에게"(Čaa-Xöl III 3)

agïmga "나의 사타구니에"(Xem.-Čïr. 9)

artïmga "나의 뒤에"(Xem.-Čïr. 10) 등; 그러나

yašïmka "내가 ~살 때에"(BK E 15)

---

107) 중국어 公主에서 차용된 kunčuy는 오르콘 비문들에서는 '공주'를 뜻하지만 예니세이 비문들에서는 '아내'를 뜻한 것이 분명하다. 그러므로 저자가 예니세이 비문들에 나오는 kunčuy를 모두 '아내'로 번역하는 것이 옳을 것이다.

atačïmka "나의 친애하는 아버지에게"(Uybat III[108] 11)

oglumka "나의 아들들에게"(Barïk III 4) 등

6. /nk/ > /ng/:

kagangï "카간의 것"(Tar. W 5) < *kagankï; 그러나

bodunkï "부족들의 것"(Tar. W 5)

biryäki "남쪽에 있는"(T 17)

kuryakï "서쪽에 있는"(T 17)

yïryakï "북쪽에 있는"(T 17)

öŋräki "동쪽에 있는"(T 17)

bärüki "이쪽에 있는"(T 46) 등

7. /lk/ > /lg/:

čölgi "초원에 있는"(T 23) < *čölki; 그러나

tabgačgï (KT E 7) 및 tabg[ačgï] (BK E 7) "중국에 있는"

2.5.4.1.2 간격 동화

1. /b-n/ > /b-m/:

boymul "목이 흰 (매)"(ÏB 64) < *boynul

---

2. /b-m/ > /b-b/:

balbal "살해된 적의 석상"(KT E 25 등) < *barbal < *barmal < 몽골어 barimal "조각, 석상"

2.5.4.2 역행 동화

2.5.4.2.1 인접 동화

역행 인접 동화에는 다음과 같은 예들이 있다: 1. /dt/ > /tt/, 2. /td/ > /dd/, 3. /gk/ > /kk/.

1. /dt/ > /tt/:

eši(t)tim "내가 들었다"(T 24) < *ešidtim; 그러나 ešidti "그가 들었다"(ÏB 54, 60)

ï(t)tï "그들이 보냈다"(KT S 12; BK N 14), ï(t)tï "그들이 버렸다"(KT E 7; BK E 7) < *ïdtï

ï(t)tïm "내가 보냈다"(BK E 40; MČ E 11) < *ïdtïm

ï(t)tïmïz "우리가 보냈다"(KT E 40) < *ïdtïmïz

igi(t)tim "내가 키웠다"(KT E 29; BK E 23, 38) < *igidtim

ko(t)tï "그들이 놓았다"(BK S 12) < *kodtï

ko(t)tum "내가 놓았다"(MČ E 2) < *kodtum

ulga(t)tïm "내가 컸다"(Barïk III 2) < *ulgadtïm

yagï(t)tokda "적이 되었을 때에"(KČ W 5, E 6) < *yagïdtokda

yügä(t)tür-miš "그가 승진시켰다고 한다"(KČ W 2) < *yügädtür-

다음의 유일한 예에서는 어간 끝의 자음 /d/가 무성음화하였지만 과

거시제 어미의 첫머리에 있는 자음 /d/는 유지되었다:

kütdüm "내가 기다렸다"(MČ E 15) < *küdtüm < *kūd- "기다리다";
CC[109] küy- "같은 뜻", 그러나 크르그즈어 등 küt-, 타타르어[110] kȫt-,
아제르바이잔어 güd-, 터키어 güt- < *kǖt-

2. /td/ > /dd/:

biti(d)dim "내가 쓰게 하였다"(KT S 13; BK N 15) < bititdim (T 58)
yaratï(d)dïm "내가 만들게 하였다"(BK N 14) < yaratïtdïm (MČ E 8,
9, 10)

3. /gk/ > /kk/:

yarlï(k)ka- "(신이) 명령하다"(KT E 15 등) < *yarlïgka-

---

109) 코덱스 쿠마니쿠스(Codex Cumanicus)는 13~16세기에 남 러시아 초원에서 살았던
     쿠만(Kuman, Cuman) 또는 큽차크(Kypchak)라 불리는 튀르크족의 언어와 관련하여 라
     틴 문자로 기록된 언어 교본이다. 1304년에 만들어진 사본 하나만 전해지는 Codex
     Cumanicus는 두 부분으로 이루어져 있다. 앞부분은 라틴어-페르시아어-쿠만어 사전
     인데, 이탈리아 상인들을 위하여 편집되었다. 뒷부분은 여러 가지 종교 텍스트들과
     수수께끼들이 쿠만어로 기록되고 라틴어와 동부 중세 고지 도이치어(Eastern Middle
     High German)로 번역되었는데, 도이칠란트 선교사들을 위하여 만들어졌다. 덴마크의
     Kaare Grønbech가 1942년에 Komanisches Wörterbuch[코만어 사전]이라는 이름으
     로 Codex Cumanicus에 있는 튀르크어 낱말 색인을 만들어 발간하였다.

110) 러시아 연방의 타타르스탄(Tatarstan) 공화국을 중심으로 인근 지역 및 인근 국가에서
     도 사용되는 튀르크계 언어로서 바시키르(Bashkir)어, 카자크(Kazakh)어, 카라칼파크
     (Karakalpak)어, 노가이(Nogay)어, 카라차이-발카르(Karachay-Balkar)어 등과 함께 큽
     차크(Kypchak) 그룹에 속한다. 중부(= 카잔(Kazan)), 서부(= 미셰르(Misher)), 동부(=
     시베리아 타타르(Siberian Tatar)) 방언으로 나뉜다. 카잔 방언을 기초로 하여 타타르
     문어가 형성되었다. 크림 타타르어와 다른 언어이다.
     2010년 러시아 인구조사에 따르면 타타르족은 5,310,649명(별도의 집단으로 제시된
     아스트라한 타타르인은 7명, 크레셴 타타르인은 34,822명, 미셰르 타타르인은 786명,
     시베리아 타타르인은 6,779명), 타타르어를 아는 사람은 4,280,718명이었다.

2.5.4.2.2 간격 동화

역행 간격 동화는 다음의 예들에서 보인다:

1. /č-č/ < /š-č/:

čača "사람 이름"(KT E 32; BK E 26) < 중국어 Ša-ča[111]

2. /l-l/ < /r-l/:

balbal "살해된 적의 석상"(KT E 25 등) < *barbal < *barmal < 몽골어 barimal "조각, 석상"

2.5.5 무성음화

돌궐어에서, 유성 자음 /l, n, r, z, m/ 다음에 오는 어떤 유성 자음들은 그 자신이 유지되는 것이 기대될 때에 정반대로 무성음화한다. 이 예상치 못한 현상에는 다음의 종류들이 있다: 1. /lg/ > /lk/, 2. /rg/ > /rk/, 3. /ld/ > /lt/, 4. /nd/ > /nt/, 5. /rd/ > /rt/ 및 드물게는 6. /zd/ > /zt/, 7. /md/ > /mt/, 8. /mg/ > /mk/.

1. /lg/ > /lk/:

kulkak "귀"(BK S 12, N 11) < *kulgak; 터키어 등의 kulak "같은 뜻"과 비교할 것

2. /rg/ > /rk/:

ärkli "~인; ~일 때에"(KT N 1; T 13; MČ E 1, 5 등) < *ärgli < *ärigli

---

3. /ld/ > /lt/:

iltä "나라에서"(KT S 3) ~ eldä (Telee 3) < *ēldä

yolta "길에서"(KT N 9; T 16; ÏB 35) < *yōlda

boltokda "되었을 때에"(O 1, 6) < *bōldokda ~ boldum "내가 되었
다"(Barïk II 1)

adrïltïm "내가 헤어졌다"(Uyuk-Turan 1; Kïzïl-Čiraa I[112]) 2 등) ~
adrïldïm (Begre 2 등)

altïm "내가 빼앗았다"(BK E 24 등) < *aldïm

kaltïm "내가 남았다"(BK E 14 등) < *kāldïm

kälti "그가 왔다"(KT N 12 등) < *käldi

ölti "그가 죽었다"(KT E 19 등) < *öldi ~ öldüm "내가 죽었
다"(Elegest I 10)

boltačï "될"(KT N 9 등) < *bōldačï

öltäči "죽을"(KT E 29 등) < *öldäči

4. /nd/ > /nt/:

bizintä "우리의 것보다"(T 40) < *bizindä

bašïnta "그것의 첫머리에서"(ÏB 57) < *bašïnda

bodunta "백성에게서"(KT E 26 등) < *bodunda

kaganta "(중국) 황제에게서"(KT N 12 등) < *kaganda

---

112) 5줄로 이루어진 이 비문은 러시아 연방 투바(Tuva) 공화국의 Ulug-Xem '예니세이
강'(글자 그대로는 '큰 강'; 예니세이 강의 상류) 오른쪽 기슭에서, 크즐(Kïzïl) 시에
서 서쪽으로 50km 떨어진 크즐-츠라아(Kïzïl-Čiraa)라는 곳에서 발견되어 투바 박물
관에서 보관되고 있다. 이 비문은 Sergej Jefimovič Malov(1880.1.28.-1957.9.6.)의 분류
에 따르면 E-43이다. 크즐-츠라아(Kïzïl-Čiraa) 제2 비문과 350m 떨어져 있다.

örpäntä "외르팬에서"(BK E 26) < *örpändä

alkïntï "그들이 없어졌다, 그들이 소멸되었다"(T 3) < *alkïndï

yükünti "그가 머리 숙였다, 그가 고개 숙였다"(T 28, 43, 46) < *yükündi

kazgantok "획득한"(T 61; BK E 33) < *kazgandok

ötüntök "요청한"(T 15) < *ötündök

säčlintim "내가 분리되었다"(Kïzïl-Čïraa I 2) < *säčlindim

예외들:

käčändä "캐챈113)에서"(KČ W 10)

adrïndïm "내가 헤어졌다"(Uybat III 10, 11)

5. /rd/ > /rt/:

adïrtï "그가 분리하였다"(Altïnköl I114) 8) ~ adïrdïm "내가 분리하였다"(Uybat III 13)

kälürti "그가 가져왔다"(BK S 11 등) < *kälürdi

körti "그가 보았다"(KT E 19) < *kördi

kötürti "그가 올렸다, 그가 높였다"(BK E 10) < *kötürdi

olortum "내가 왕좌에 앉았다"(KT E 26 등) < *olordum

---

113) 중국 문헌에 姑藏으로 나오는 땅이름인 듯하다.

114) 9줄로 이루어진 알튼쾰(Altïnköl) 제1 비문과 8줄로 이루어진 알튼쾰(Altïnköl) 제2 비문은 러시아 연방 하카시아(Khakassia) 공화국의 남부에서 아바칸(Abakan) 강 중류의 오른쪽 기슭에서, 알튼쾰(Altïnköl "金湖") 호수 근처의 같은 곳에서 발견되어 미누신스크 박물관에서 보관되고 있다. 물품 목록 번호는 알튼쾰(Altïnköl) 제1 비문이 No. 27, 알튼쾰(Altïnköl) 제2 비문이 No. 28이다. Sergej Jefimovič Malov(1880.1.28.-1957.9.6.)의 분류에 따르면 알튼쾰(Altïnköl) 제1 비문이 E-28, 알튼쾰(Altïnköl) 제2 비문이 E-29이다.

olortokda "왕좌에 앉았을 때에"(KT E 17 등) < *olordokda

ölürtüm "내가 죽였다"(BK E 26 등) ~ ölürdüm (Bay-Bulun I[115]) 3 등)

yertä "땅에서, 곳에서"(KT S 13, 13; BK N 15) ~ yerdä (BK E 35,
36), yerdäki ["땅에 있는, 곳에 있는"](T 56), yirdä (İB 16, 17, 49) 등

예외들: adïrdïm, ölürdüm, yerdä와 같은 예들에 더하여 동사 bar- "가
다"의 활용형들에서도 이러한 발달이 보이지 않는다:

bardï "그가 갔다"(KT E 34 등)   bardïg "네가 갔다"(KT E 24 등)

bardïgïz "너희가 갔다"(KT SE)   bardok "간"

bardïmïz "우리가 갔다" (대개)

또한 tabarda "타바르에서"(KT E 38).

6. /zd/ > /zt/:

tutuzt[ï] "그가 붙잡게 하였다"(KT E 38) < *tutuzdï

uduztum "내가 파견하였다"(T 15) < *uduzdum

uduzt[ok]ï "그가 파견한"(KČ E 1) < *uduzdokï

āztï "그가 길을 잃었다"(İB 15, 세 번) < *āzdï

그렇지만 이러한 음의 변화가 보이지 않는 예들도 많이 있다:

āzdïm "내가 헤어졌다"(Elegest I 3; K.-Xovu 5), azdïm (Begre 1, 7)

---

altïzdï "그가 사로잡게 하였다"(KT E 38)

buzdum "내가 참패시켰다"(BK E 24 등)

buzdumuz "우리가 참패시켰다"(KT E 31)

közdä "눈(目)에서, 눈으로부터"(KT N 11) 등

7. /md/ > /mt/:

ayakïmta "나의 그릇으로부터"(ÏB 42) < *ayakïmda

idišimtä "나의 사발로부터"(ÏB 42) < *idišimdä

yašïmta "내가 ~살 때에"(Uybat III 11, 13) ~ yašïmda (대개)

8. /mg/ > /mk/:

tamkalïg "낙인된, 도장이 찍힌"(Ačura 6) ~ tamgačï "옥새관"(KT N 13)

2.5.6 자리 바꾸기

아래에 있는 두 예에서 어중 및 두 낱말 사이에서 자음들이 자리를
바꾸었다:

balbar "살해된 적의 석상"(Tuva III[116] 4) < *barbal < *barmal < 몽골
어 barimal "조각, 석상"

arkïš äldäm "갈채 (및) 미덕"(Tuva I (Bay-Bulun II) 4) < *alkïš ärdäm

---

116) 4줄로 이루어진 이 비문의 출처는 알려져 있지 않다. 미누신스크 박물관에 보관되고 있
다. 물품 목록 번호는 No. 36이다. 이 비문은 Sergej Jefimovič Malov(1880.1.28.-1957.9.6.)
의 분류에 따르면 E-51이다.

2.5.7 융합

융합, 즉 어중에서 나란히 있는 두 자음이 결합되어 단하나의 음소로 발전하는 것은 다음의 자음군들에서 보인다: /ng/ > /ŋ/ 및 어쩌면 /ny/ > /ñ/.

1. /ng/ > /ŋ/:

ärt(i)ŋü "매우, 무척"(BK N 10 등) < *ärtin+gü

käl(i)ŋün "며느리들"(KT N 9) < *kälin+gün

maŋa (KT S 2), baŋa (T 31) "나에게" < *bän+ga

saŋa "너에게"(T 32) < *sän+ga

biz(i)ŋä "우리에게"(KT E 19, 40; BK E 21) < *bizin+gä

aŋar "그에게"(KT S 11 등) < *an+gar

aŋaru "그를 향하여"(T 20) < *an+garu

baŋaru "나를 향하여"(T 34) < *bän+garu

baš(ï)ŋa "그의 머리에"(KT E 33) < *baš+in+ga

ortosïŋaru[117] "그것의 가운데를 향하여"(KT S 2 등) < *orto+sin+garu 등

예외: 시네-우수 비문에서 두 번 나오는 낱말 ïngaru에서는 /ng/ > /ŋ/의 발전이 실현되지 않았다:

anta ïngaru "그 다음에, 그 너머로"(MČ N 10), anta [ïn]garu (MČ W 2).

---

117) ortosïŋaru의 sïŋaru는 "~을 향하여"라는 뜻의 후치사로 보아야 한다. kün ortosï 및 tün ortosï와 같이 3인칭 소유 어미를 지닌 형태는 훨씬 후대에 나타났고 예전에는 모두 kün orto, tün orto였으며 아직도 일부 튀르크어에서는 이 형태로 있기 때문이다. 후치사 sïŋaru는 옛 튀르크어 문헌에서 아주 조금 확인된다. 이제까지 kün ortosïŋaru, tün ortosïŋaru로 읽어온 낱말들은 각각 kün orto sïŋaru, tün orto sïŋaru로 읽어야 한다. 이와 관련하여 Wolfram Hesche, "Die Postposition *sïŋaru* ,nach' in den Orchon-Inschriften", *TDA* 11 (2001), pp. 33-74 및 Wolfram Hesche, "Die Himmelsrichtungen im SW-Türkischen", *MT*, 23 (2002), pp. 53-80을 볼 것.

2. /ny/ > /ñ/:

tuñukuk "투뉴쿠크" (대개) < tunyukuk[118] (BK S 14) < tun "첫" +
*yukuk "대신(大臣)"; čabïš tun tarkan "지휘관 일등 타르칸"(Uybat I[119]
2)과 비교할 것; MK tun bäg "첫 남편", 투바어 tun ogul "첫 아들" 등
과 비교할 것

2.6 자음 파생

2.6.1 어두에서 /y/ 파생

다음 낱말들은 어두에서 y- 파생이 보인다:
yïlpagut "용사들"(BK E 31) < *ïlpagut < *alpagut ~ alpagu (KT N 7)
yürüŋ "흰, 백색의"(Toyok 5 등) ~ ürüŋ (Begre 10)
yün- "나오다, 나타나다"(Toyok 22) ~ ün- (ÏB 75 등) < *ǖn-

2.6.2 어중에서 /y/ 파생

접미사/어미가 붙여질 때에 나란히 오는 두 모음 사이에 있는 공백
은 /y/ 파생으로 제거된다. 이 /y/ 파생은 옛 여격-처격 어미 {+A}가
낱말 *bir(i), *kurï 및 *yïr(i)에 붙여질 때에 보인다:
bir(i)yä "남쪽에서"(KT S 1 등) < biri+y+ä

---

118) 중국 문헌에는 暾欲谷으로 나온다.

119) 5줄로 이루어진 이 비문은 러시아 연방 하카시아(Khakassia) 공화국의 우이바트(Uybat)
강 중류의 오른쪽 기슭에서, 차르코프(Čarkov) 마을 가까이에 있는 고대의 묘지에서
발견되어 19세기 말부터 미누신스크 박물관에서 보관되고 있다. 물품 목록 번호는
No. 7이다. 이 비문은 Sergej Jefimovič Malov(1880.1.28.-1957.9.6.)의 분류에 따르면
E-30이다.

yïr(ï)ya "북쪽에서"(KT S 1 등) < yïrï+y+a

kur(ï)ya "서쪽에서"(KT N 12 등) < kurï+y+a

2.6.3 산디(Sandhi)에서 /y/ 파생

다음의 예에서 모음으로 끝나는 낱말 다음에 오는 동사 ïd- "보내
다"의 어두에 /y/가 파생되었다[120]:

anča yïd-m(i)š "그가 그렇게 (소식을) 보냈다고 한다"(T 34) < *anča ïd-

2.7 자음 탈락

어말에 있는 자음 /n/은 몇몇 낱말의 절대격에서는 탈락하였지만 어
떤 구(句)들에서는 유지되었다:

eki "2", 그러나 구 ekin ara ["둘 사이에서"]에서는 ekin (KT E 1, 2;
BK E 4); 또한 ekinti "둘째"(BK S 1) < *ēkin+ti와 비교할 것

yagï "적(敵)"(KT N 8 등), 그러나 구 yagïn baši ["적의 우두머리"](MČ
E 6)에서는 yagïn; 몽골어 dayin "적; 싸움" < *dagïn과 비교할 것

---

120) Giraud(1961)는 이 구절을 anča ay-ïdmïš로 읽고 ay-ïdmïš를 ayï-ïdmïš에서 변화한 것
   으로 보았다. 즉, Giraud는 동사 ay- "말하다"의 부동사형인 ayï와 동사 ïd- "보내다"
   가 결합되어 ay-ïd- 형태로 발전한 것으로 본 것이다. 그렇지만 동사 ay-의 부동사형은
   ayï가 아니라 ayu이다. 그러므로 이 형태를 ayu ïdmïš에서 모음축약에 의하여 발전한
   것으로 보는 것이 타당할 것이다. 이렇게 보면 연결자음 y를 생각하지 않아도 된다.

3. 강세

돌궐어에서 낱말의 강세는, 한정된 예외들을 제외하고는, 대개 마지막 음절에 있었다. 모음교체와 변화가 대개 마지막 음절 외의 음절들에서 있다는 것은 이 견해를 뒷받침한다:

alpagú ~ yïlpagút "용사들"　　　ärsär ~ irsär "~이면" 등처럼.

세 음절로 된 낱말들에서는 첫 음절에서도 제2 급의 호흡 강세가 있었다; 가운데 음절은 강세가 없었다. 이러한 까닭에 가운데 음절의 짧은 협모음은 약하였고 꽤 많은 경우에 탈락하고 있었다:

adrïl- ["헤어지다, 갈라지다"] < *adïrïl- 등

접미사/어미가 붙여질 때에 낱말 강세는 마지막 음절로 이동하고 있었다:

bodún "백성", bodunúm "나의 백성", bodunumïn "나의 백성을" 등

그렇지만, 한정된 접미사/어미들은 강세를 받지 않아서 강세는 접미사/어미 앞에 있는 음절에 남아 있었다:

bírmädi "그가 주지 않았다"　　　udïmatï "자지 않으며"

kïlïnmadok "그가 창조되지 않았다고 한다"

bilíŋ "너희는 알아라!"　　　ánïn "그것과 함께"

ókun "화살로"　　　kaganïmïn "나의 카간과 함께"

ótča "불처럼" 등

V. 형태론

1. 조어

1.1 첨가에 의한 조어

돌궐어에는 두 종류의 어간이 있다: 단순 (1차) 어간들, 파생 (2차) 어간들. 단순 어간들은 ab "사냥", taš "밖", käl- "오다"처럼 더 이상 분석될 수 없는 어간들이다. 파생 어간들은 단순 어간들로부터 첨가나 결합의 방법으로 얻어진 어간들이다: abla- "사냥하다", tašïk- "나가다, 나오다", kälür- "가져오다", yir-sub "지역, 나라"(yir "땅, 토지", sub "물, 강").

돌궐어 형태론의 중요한 특징들 중 하나는 가까운 개념들을 밝히는 명사 어간들과 동사 어간들이 분명하게 서로 구분된다는 점이다. 같은 음을 지닌 명사 어간들과 동사 어간들은 극도로 적다: āč "배고픈"과 āč- "배고프다", karï "늙은"과 karï- "늙다".

파생 접미사들은 넷으로 나뉜다: 1. 명사에서 명사를 파생시키는 접미사들, 2. 명사에서 동사를 파생시키는 접미사들, 3. 동사에서 명사를 파생시키는 접미사들, 4. 동사에서 동사를 파생시키는 접미사들.

1.1.1 명사에서 명사를 파생시키는 접미사

1. {+A}. 옛 여격-처격 어미:

üzä "위에서, 위에"(KT S 1 등) < *üz "위, 위쪽"; 위구르어 üztün, üstün "위로, 위에서" < *üz+tün과 비교할 것; **부사, 후치사**를 볼 것.

kičä "저녁에"(MČ E 1; ÏB 1 등) < *kēč "늦은, 늦은 시간"

2. {+Ak}:

čorak "불모지, 소금기가 있고 메마른 토지"(BK SE) < *이란어 šōr "소금"121); 서부 유구르어122), 크르그즈어, 카라칼파크어 čor "같은 뜻"과 비교할 것

irkäk "수컷"(ÏB 24, 41) < *irk "수양(羊)"; MK irk "같은 뜻"과 비교할 것

3. {+An}:

yägrän "밤색 (말 털색)"(KČ E 3, 9) < yägir "영양(羚羊)"(KČ E 6); 하카스어123) čigrän "밤색", 타타르어 ǰirän "같은 뜻", 야쿠트어 siär

---

121) 저자는 앞에서는 이 낱말을 가까운 음으로 대용하기의 예로 들면서 čorak-ka "불모지에"(BK SE) < 이란어 *šōrag (페르시아어 šōra "소금기가 많고 불모인 땅"과 비교할 것)로 설명하였다.

122) 2000년 인구조사에 따르면 중국에는 13,719명의 유구르(Yugur)족이 있는데, 이들의 대부분은 감숙성(甘肅省) 서북부의 숙남 유고족 자치현(肅南裕固族自治縣)에 살고 있다. 이들 중 4,600명 정도는 뛰르크계 언어를 사용하고, 2,800명 정도는 몽골계 언어를 사용한다. 유구르족의 3분의 1은 중국어를 모어로 사용하고 티베트어를 사용하는 사람들도 있다. 자치현에서 융창하(隆暢河) 서쪽에는 뛰르크계 언어, 동쪽에는 몽골계 언어를 사용하는 사람들이 거주하므로 중국에서는 이들을 각각 서부유고(西部裕固), 동부유고(東部裕固)로 구분하여 부른다.
동부 유구르족은 13세기의 몽골의 정복 과정에서 중국 북부에 침입한 몽골족의 후손으로 여겨진다. 한편 스스로를 사릭 유구르(Sarïγ Yuγur = Yellow Uyghur)라 부르는 서부 유구르족은 840년에 몽골 지방의 위구르 제국이 크르그즈족에게 무너지자 감숙(甘肅) 지역으로 이주하여 감주(甘州) 왕국(870-1036)을 세웠던 위구르족의 후손으로 여겨진다. 이들 위구르족을 원(元)에서는 撒里畏吾爾, 명(明)에서는 撒里維吾爾라 불렀다. 撒里는 뛰르크어 sarïγ "노란, 누런"을 중국어로 음역한 것이다. Yuγur라는 이름은 음운도치(metathesis)에 의하여 위구르(Uyγur)에서 바뀐 형태이다.
서부 유구르어는 하카스(Khakas)어, 쇼르(Shor)어의 므라스-상류 톰(Mrass-Upper Tom) 방언, 출름 뛰르크어(Chulym Turkic)의 중류 출름(Middle Chulym) 방언, 푸위 크르그즈(Fuyu(富裕) Kirghiz)어와 함께 뛰르크어의 이른바 azaq 그룹에 속한다. 다른 현대 뛰르크 언어들이 모두 21과 같은 수는 '20 1'로 읽는 데 비해 서부 유구르어는 11~29의 수를 아직도 고대 뛰르크어에서처럼 '1 30' 형태로 읽는다.

123) 러시아 연방의 하카시아(Khakassia) 공화국에서 사용되는 뛰르크계 언어로서 사가이-벨티르(Sagai-Beltir), 카차-코이발-크즐(Kacha-Koibal-Kyzyl), 쇼르(Shor) 방언들로 나뉜다. 사가이 방언과 카차 방언이 하카스 문어의 토대가 되었다. 벨티르 방언은 사

"같은 뜻" < *yägir와 비교할 것.

4. {+(X)č}. 축소와 사랑을 나타내는 낱말들을 파생시킨다:

atač+ï+m "나의 친애하는 아버지"(O 12, 부속 비문 3; Uybat III 11) < ata "아버지"

ičič+i+m "나의 친애하는 형/오빠"(Uyuk-Turan 6; Uybat III 6 등) < eči, iči "형/오빠"

bägič+i+m "나의 친애하는 백"(Abakan 7) < bäg '백'

kaŋïč+ï+m "나의 친애하는 아버지"(Abakan 14) < kaŋ '아버지'

5. {+čI}. 어떤 직업에 소속된 사람 또는 어떤 일을 지속적으로 하는 사람을 뜻하는 명사들을 파생시킨다:

bäd(i)zči "화가, 조각사"(KT S 11 등) < bädiz "그림, 조각"

äbči "아내, 처"(Bay-Bulun I 2 등) < äb "집"

sïgïtčï "문상객, 우는 사람"(KT N 11 등) < sïgït "애도"

tamgačï "옥새관"(KT N 13) < *tamga "낙인, 인장"

yagïčï "전사(戰士), 싸움을 지휘하는 사람"(T 50 등) < yagï "싸움; 적(敵)"

yogčï "장례에 참석한 문상객"(BK E 5 등) < yog "장례"

yulugčï "약탈자"(BK SE) < *yulug "약탈"

<hr>

가이 방언에, 코이발 방언은 카차 방언에 흡수되었다. 2010년 러시아 인구조사에 따르면 하카스족은 72,959명이고, 하카스어를 아는 사람은 42,604명이다.
하카시아 지역은 과거에 크르그즈족이 거주하던 곳이었다. 중국 당(唐)나라의 문헌에서는 이 크르그즈족을 한자로 黠戛斯라고 부정확하게 기록하였는데, 이 중국어 명칭은 하카스로 읽혀서 소련 성립 이후 통합된 튀르크계 언어를 사용하는 이 지역의 여러 종족의 공통 명칭이 되었다.

armakčï "속이는 사람, 사기꾼"(KT E 6) < *armak "속이기"

koñči+lärkä "양치기들에게"(Miran C 5) < koñ "양"

6. {+čïg}. 다음의 예에서만:

adïnč(č)ïg "놀라운, 굉장한"(KT S 12 등) < *adïnč+sïg; 위구르어
korkïnčïg "무서운" < *korkïnč+sïg; {+sIg}를 볼 것.

7. {+daš}. 어떤 것을 함께하는 사람을 뜻하는 명사들을 파생시킨다:

kadaš "형제, 가까운 친척"(Uyuk-Turan 1 등), kagadaš [kādaš] "같은
뜻"(Xem.-Čïr. 3) < *kā "가족"

8. {+däm}. 다음의 예에서만:

ärdäm "미덕, 용기"(KČ W 4 등) < är "남자"

9. {+dXn}. 장소 부사를 파생시킨다:

birdin "남쪽, 남쪽에서"(MČ E 3) < *bir(i)

kidin "서쪽, 서쪽에서"(MČ E 3) < *kē; kirü "뒤로, 서쪽으로"(KT E
2), kerü "뒤로"(KČ 16) < *kē+rü와 비교할 것

kur(ï)dïn "서쪽에서"[124](KT W 1) < *kurï "뒤, 서쪽"; kurïgaru "서쪽
을 향하여, 서쪽으로"(KT E 24, S 2; BK E 11, 15, N 2)

öŋdün "앞에서, 동쪽에서"(T 29) < *öŋ "앞"

낱말 yïrdïnta "북쪽으로부터"에 있는 yïrdïn (T 11) < *yïr(ï) "북쪽" 등

---

124) 고대 튀르크어에서 "서쪽에서"를 뜻하는 낱말로는 kurïya와 kedin이 있을 뿐 kurïdïn은
확인되지 않는다. 이 낱말을 korïdïn으로 읽고 (흔히 Kurïkan으로 읽어 온) Korïkan[骨
利幹] 족이라고 보는 것이 옳을지도 모른다.

10. {+gAč}. 지소접미사:

ïgač "나무"(T 25; ÏB 6 등) < ï "숲"(T 4 등) < *ï̄

11. {+gArU}. 향격 어미:

yok(k)aru "위로, 위를 향하여"(T 25 등) < *yok+garu; MK yok "오르막"과 비교할 것

yüg(g)ärü "위로, 위를 향하여"(KT E 11; BK E 10 등) < *yüg "높은 곳"; yügä(t)-tür- "승진시키다" < *yügäd- (KČ W 2)와 비교할 것; 또한 MK yügsä- "오르다, 높아지다"와 비교할 것

kurïgaru "서쪽을 향하여, 서쪽으로"(KT E 24 등) < *kurï "뒤, 서쪽"

yïrgaru "북쪽을 향하여, 북쪽으로"(KT E 28 등) < *yïr(ï) "북쪽"

12. {+gU}. 질(質)을 나타내는 명사들을 파생시킨다:

ädgü "좋은; 쓸모, 이득"(BK N 5 등) < *äd "재물, 값진 것"; 위구르어 ädsiz "쓸모없는", ädlig "값진, 가치 있는", MK äðlig "같은 뜻", äðgär- "발전하다"와 비교할 것

bašgu "이마에 흰 점이 있는"(KT E 37) < baš "머리"(MK bašgïl "같은 뜻")

낱말 nägüdä "어디에서"(ÏB 24)에 있는 nägü "무엇" < nä

13. {+k}. 다음의 낱말에서만:

ilk "처음, 첫 번째로"(KT N 4 등) < *il "앞"; ilgärü "앞으로"와 비교할 것

14. {+ka}. 여격-처격 어미. 다음의 낱말에서만:

arka "뒤, 뒤에"(KČ E 9) < *ār; ārt "산길, 산허리"(ÏB 10), 몽골어 aru "뒤에, 뒤"와 비교할 것.

15. {+kAn}. 칭호들과 고유 명사들에서만:

täŋrikän "신적인, 신 같은 (카간의 칭호)"(O 5 등)

tarkan "고위직의 하나"(KT W 2 등) < *tar

kadïrkan[125] "훙안령 산맥"(KT E 2 등) < *kadïr "단단한, 험준한"; 위구르어, MK kadïr "같은 뜻"과 비교할 것.

16. {+kI}, {+gI}. 소속, 관련을 나타내는 형용사들을 파생시킨다:

ičräki "안에 있는, 궁궐에 소속된"(BK N 14 등) < ičrä "안에서" ~ ičrägi (Tuba III[126] 1)

öŋräki "앞에 있는, 동쪽에 있는"(T 17 등) < öŋrä "앞에서, 동쪽에서"(KT E 4 등)

biryäki "남쪽에 있는"(T 17) < biryä "남쪽에서"(KT S 6)

yïryakï "북쪽에 있는"(T 17) < yïrya "북쪽에서"(KT S 1 등)

kuryakï "서쪽에 있는"(T 17) < kurya "서쪽에서"(KT N 12 등)

bärüki "이쪽에 있는"(T 46) < *bärü "이리, 이쪽"; **관계 대명사**를 볼 것

---

125) 위구르어를 다룬 명대(明代)의 화이역어(華夷譯語) 고창관잡자(高昌館雜字)를 보면 화목문(花木門)에 kadïrkan 哈的兒罕 "槐(회화나무)"라는 낱말이 있다. 이 낱말이 돌궐 비문들에 나오는 kadïrkan yïš의 kadïrkan과 관련이 있을지 모른다.

126) 3줄로 이루어진 이 비문은 1722년에 오늘날의 러시아 연방 하카시아(Khakassia) 공화국에서 예니세이 강의 왼쪽 기슭에서, 테스(Tes') 강과 예르바(Yerba) 강 사이에서, 중부 하카시아와 북부 하카시아 경계에 가까운 곳에서 발견되어 19세기 말부터 미누신스크 박물관에서 보관되고 있다. 물품 목록 번호는 No. 12이다. 이 비문은 Sergej Jefimovič Malov(1880.1.28.-1957.9.6.)의 분류에 따르면 E-37이다.

yagï bodunkï "적(敵) 백성의"(Tar. W 5)

tabgačgï "중국에 있는"(KT E 7)

čölgi "초원에 있는"(T 23)

kagangï "카간에 속하는"(Tar. W 5)

17. {+kIñA}. 지소 명사들을 파생시킨다. 다음의 낱말에서만:

azkïña "극소수의, (인구가) 아주 적은"(KT E 34; T 9) < āz "적은"

18. {+Il}. 빛깔 이름들을 파생시킨다:

küzïl "붉은, 빨간"(T 52 등) < *küz "뜨거운"; 위구르어 küz "같은 뜻",
MK küzar- "붉어지다, 붉게 되다" < küz+ar-와 비교할 것

 yašïl "녹색의"(KT E 17; BK E 15 등) < yāš "축축한, 신선한, 푸른
풀"(ÏB 18, 54)

19. {+lIg}. "가진, 있는"을 뜻하는 형용사들을 파생시킨다:

atlïg "말 탄 (이), 기병"(BK S 1 등) < at ["말(馬)"]

atlïg "칭호를 지닌 (이)"(BK E 41) < āt "이름, 칭호"

bašlïg "머리가 있는, 오만한"(BK E 3 등) < baš ["머리"]

tizlig "무릎이 있는, 강력한"(BK E 3 등) < *tīz "무릎"

bäŋlig "점이 있는, (흰) 점이 있는"(T 44) < *bäŋ "점, 반점"

ärklig "힘센, 강력한, 자유로운"(BK N 12) < ärk "힘, 의지"

ellig "나라를 지닌, 나라가 있는"(KT E 29; BK E 24) < *ėl ["나라"]

kullug "사내종을 지닌, 사내종이 있는"(KT E 21; BK E 18) < kul
"사내종"

künlüg "계집종을 지닌, 계집종이 있는"(BK E 18) < küŋ "계집종"

käräkülüg "천막을 지닌, 유목의"(BK E 1) < käräkü "천막"(İB 27)

süŋüglüg "창을 가진 (적)"(KT E 33; BK E 19) < süŋüg ["창(槍)"]

täblig "속이는, 현혹시키는"(KT E 6; BK E 6) < *täb "속임수, 간계"

kürlüg "속이는, 현혹시키는"(KT E 6; BK E 6) < *kür "속임수, 간계"

tügünlüg "(꼬리가) 매듭지어진 (말)"(T 54) [< *tügün "매듭"]

yaraklïg "무기를 지닌"(KT E 23 등) [< *yarak "무기"]

yollug "욜룩" < "행운의, 행복한"(KT SW 등) < *yōl "행복, 운, 안
녕"(투바어 čoldug "행운의, 행복한" < *yōllug과 비교할 것)

20. {+lXk}:

bäglik "백이 될 만한, 백이 될"(KT E 7 등)

ešilik "귀부인이 될 만한, 귀부인이 될"(KT E 7 등) < *eši "귀부인"
(위구르어 iši, išiy "같은 뜻", MK išilär "같은 뜻"과 비교할 것)

özlük "개인적인, 개인에 속하는"(KČ E 3 등)

adgïrlïk "종마가 될, 종마가 될 수 있는"(İB 5)

bugralïk "씨낙타가 될, 씨낙타가 될 수 있는"(İB 5)

21. {+mAk}:

köküzmäk "흉갑"(Miran C 6) < *köküz "가슴"

22. {+mAn}. 지소 형용사들을 파생시킨다 (?):

ataman "높은, 총(總) (칭호)": ataman tarkan (BK S 14) < ata "아버
지"; baga tarkan과 비교할 것

23. {+un}. 집합 명사 어미 (?). 다음의 낱말에서만:

bodun "부족들, 백성"(KT E 14 등) < bod "부족(部族)"(T 60)

24. {+(X)nč}. 서수사 접미사:

törtünč "넷째"(KT N 7 등) < *tȫrt "4"

bišinč "다섯째"(KT N 7 등) < *bēš "5"; **서수사**를 볼 것.

25. {+rA}. 장소 부사들을 파생시킨다:

asra "아래에서, 밑에서"(KT E 1 등) < *as "아래, 밑, 밑 부분"; MK
astïn "아래, 아래에서"와 비교할 것

ičrä "안에서"(KT E 26 등) < ič ["안, 속"]

tašra "밖으로, 밖에서"(KT E 26 등) < taš "밖"; **장소 부사**를 볼 것.

26. {+sIg}. 비슷함을 나타내는 형용사들을 파생시킨다:

yïlsïg "부유한, 넉넉한, 행복한"(KT E 26) < *yalsïg < *yal; yalïg "행
복한, 웃는 얼굴의"(ÏB 2) < *yal-ïg, 야쿠트어 salï "같은 뜻" < *yalïg과
비교할 것; 또한 몽골어 yali "중요한, 유명한", yali- "좋아지다, 질이
좋게 되다"와 비교할 것.

27. {+sIz}, {+sUz}. 없음을 나타내는 형용사들을 파생시키는 접미사:

aššïz "먹을 것 없는, 음식이 없는"(KT E 26) < āš "먹을 것, 음식"

tons(ï)z "옷이 없는, 가난한"(KT E 26; BK E 21) < tōn "윗옷"

buŋs(ï)z "걱정 없는, 근심 없는, 괴로움 없는"(BK N 14 등), 그러나
buŋusuz "걱정 없는, 근심 없는"(Barïk II 3, Barïk III 2) < buŋ "걱정,

괴로움”

idisiz “주인 없는”(KT E 20 등) < *ēdi “주인”

kalïsïz “남김없이, 모두, 모조리”(KT N 1 등) < *kālï “나머지, 잔여”

kärgäksiz “필요 없이, 잔뜩”(KT N 12; BK S 11) < kärgäk “필요한”

sansïz “무수한, 수없는”(BK S 12) < *sān “수(數)”

ögs(ü)z “고아의, 어미 없는”(KT N 9) [< ög “어머니”]

otsuz “풀(草) 없는”(ÏB 45) [< ot “풀(草)”]

subsuz “물 없는”(ÏB 45) [< sub “물”] 등

{+sIrA-}를 볼 것.

28. {+Aš}:

künäš “햇빛, 햇빛이 있는 곳, 햇빛이 드는 쪽”(ÏB 57) < kün “날(日)”

29. {+(X)š}:

agïš “재산, 재물, 금고”(KT SW) < agï “비단”

bagïš “끈, 줄”(ÏB 18) < bāg “같은 뜻”

ödüš “하루, 24 시간”(BK SE) < öd “때, 시간”(KT N 10 등); MK karï,
kariš “뼘”과 비교할 것.

30. {+t}. 옛 복수 어미 (?):

sïgït “애도, 비탄, 울음, 울기”(KT E 4 등) < *sïgï; 터키어 ağıt, 아제
르바이잔어 aγï, 뒤르크멘어 āγï “같은 뜻”과 비교할 것; 또한 위구르
어 yïgït sïgït “울기, 애도하기”

31. {+tI}, {+dI}. 명사에서 부사를 파생시킨다:

amtï "지금"(KT E 9 등) < *am "이 순간"; 하카스어 am "지금, 이 순간"과 비교할 것

ekinti "둘째, 둘째로"(KT N 5 등) < eki, ekin "2"(KT E 1; BK E 4) < *ēkin

ädgüti "잘"(KT S 2 등) < ädgü "좋은"

katïgtï "단단히"(ÏB 33) ~ katïgdï (KT S 2; ÏB 14) **부사**를 볼 것.

1.1.2 명사에서 동사를 파생시키는 접미사

1. {+A-}. 더 많이는 자동사들을 파생시킨다:

ata- "칭호를 주다, 임명하다"(MČ N 12) < āt "칭호"

동사 bädzä-t- "그림과 조각들로 꾸미게 하다, 장식하게 하다"에 있는 bädzä- (KT S 1 등) < bädiz "그림, 조각(彫刻)"

bu[l]na- "사로잡다, 포로로 하다"(KČ E 10) < bulun "포로, 전쟁 포로"(KČ W 5)

kürä- "도주자가 되다, 독립적으로 되다, 제어할 수 없게 되다"(KT E 25; BK 19) < *kür "자유로운, 용감한, 제어할 수 없는"(MK kür "같은 뜻"과 비교할 것)

sïgta- "애도하다, 울다"(KT E 4; BK E 5) < sïgït "애도, 고함"

yaša- "살다, ~ 살이 되다"(KT N 2 등) < yāš "나이, 살"

{+sIrA-}를 볼 것.

2. {+(A)d-}. 자동사들을 파생시킨다:

bašad- "우두머리로 있다, 지휘하다"(BK S 8, 11) < baš ["머리"]

buŋad- "지루하다, 짜증나다"(T 26) < buŋ "걱정, 괴로움"

kulad- "사내종이 되다"(KT E 13) < kul "사내종"

künäd- "계집종이 되다"(KT E 13) < kün "계집종"

ogad- "늦다, 지각하다, 중단하다"(Uyuk-Oorzak II[127) 3, III 1) < *og
"사이, 중단"; 위구르어 og "같은 뜻"(OTWF II 489)과 비교할 것

ulgat- (< *ulgad-) "크다"(Barïk III 2 등) < ulug ["큰"]

yagït- (< yagïd-) "적이 되다"(KČ E 6) < yagï ["적"]

yokad- "없어지다"(KT E 11) < yōk ["없는"]

yügät- (< yügäd-) "승진하다, 높아지다"(KČ W 2) < *yüg "높은 곳"

3. {+(A)r-}:

taŋlar- "동트다"(ÏB 26) < *taŋla "동틀녘"; MK tünlä "밤에"와 비교
할 것

4. {+dI-}:

udï- "자다"(BK E 22 등) < ū "잠"; MK aŋdï- "사냥을 위해 잠복하
다" < aŋ "사냥"과 비교할 것

---

127) 각각 4줄로 이루어진 우육-오오르자크(Uyuk-Oorzak) 제1, 제2, 제3 비문은 러시아
연방 투바(Tuva) 공화국에서 비이-헴(Biy-Xem) 강의 오른쪽 지류인 우유크(Uyuk,
투바어로는 Öök) 강 가까이에 있는 오오르자크(Oorzak)라는 곳에서 1974년에 고고
학자들에게 발견되어 투바 박물관에서 보관되고 있다. Sergej Jefimovič Malov
(1880.1.28.-1957.9.6.)의 분류에 따르면 제1 비문은 E-108, 제2 비문은 E-109, 제3
비문은 E-110이다.

5. {+gAr-}. 타동사들을 파생시킨다; {+(I)k-}를 볼 것:

ičgär- "예속시키다"(KT SE 등) < ič ["안, 속"]

tašgar- "(군대를 원정에) 나가게 하다"(MČ E 10) < taš "밖"

6. {+I-}. 더 많이는 자동사들을 파생시킨다:

biti- "쓰다, 적다"(KT SE 등) < *bit "붓" < 중국어 [筆] pi < *piet "솔"

tokï- "치다, 싸움에서 격파하다"(BK S 8 등) < *tok "의성어"

낱말 yabrït- "부수다, 참패시키다"(BK E 31)에 있는 *yabrï- "부서지
다, 참패하다" < *yabïr "나쁨"(yabïz "같은 뜻"과 비교할 것)

yorï- "걷다"(KT E 37 등) < *yor (MK yorči "안내자, 길안내", 몽골
어 ǰorči- "가다, 걷다, 거닐다"와 비교할 것)

7. {+(I)k-}. 자동사들을 파생시킨다; {+gAr-}를 볼 것:

ičik- "예속하다, 종속하다"(KT E 10 등) < ič ["안, 속"]

tašïk- "나가다"(KT E 11 등) < taš "밖"

tagïk- "산에 오르다"(KT E 12) < tag "산"

형용사 birki "뭉쳐진, 통일된"(KT E 27 등)에 있는 *birik- "결합하
다, 뭉치다" < *bīr ["1"]

kük- "유명해지다, 이름나게 되다"(KČ W 4) < kü "명성, 명망"(KČ
W 12 등) < *kǖ

yoluk- "길에서 만나다"(Elegest I 10) < yol ["길"]

8. {+kA-}:

isirkä- "상실한 것에 대해 슬퍼하다"(Altïnköl II 4) < *äsir+kä-; äsiz

“애석하다!”

yarlï(k)ka- “(신이) 은혜를 베풀다, 명령하다”(KT S 9 등) < *yarlïgka- < *yarlïg “명령”

9. {+rA-}. 의성 동사들을 파생시킨다:

möŋrä- “(소, 사슴 등이) 울다”(İB 60); 몽골어 mögere- “같은 뜻”과 비교할 것

yaŋra- “메아리치다”(İB 22) < *yaŋ “의성어”; 위구르어 yaŋku “메아리”와 비교할 것

10. {+lA-}:

abla- “사냥하다”(KČ W 9) < ab “사냥”

ančola- “(윗사람에게) 어떤 것을 바치다, 증정하다”(KT E 32) < *ančo “선물, 상”128)

bašla- “이끌다, 우두머리로 있다”(BK E 33 등) < baš [“머리”]

botola- “(낙타가) 새끼를 낳다”(İB 5) < boto “새끼 낙타”(Altïnköl I 5)

illä- “나라를 세우다”(KT E 6; BK E 7) < il “나라”

kaganla- “카간으로 만들다”(KT N 7 등) < kagan [“카간”]

kïlïčla- “칼로 죽이다”(KT N 5) < kïlïč [“칼, 장검”]

kišla- “겨울을 나다”(KT N 8; BK E 31) < kiš [“겨울”]

kulunla- “(암말이) 새끼를 낳다”(İB 5) < kulun “망아지”129)(İB 24)

---

128) 이 낱말이 중국어 차용어라면 獻上일 수 있지만, 獻上에서 ančo로의 변화를 설명하기는 힘들다.

129) kulun은 ‘태어나서 1 년까지의 망아지’, tay는 ‘1년이나 2년 된 망아지’를 뜻한다. 즉, kulun이 tay보다 어린 망아지이다 (EDPT 622b, 566b).

kušla- "새를 사냥하다"(İB 43) < kuš ["새"]

opla- "돌진하다, 몸을 던지다"(KT N 5 등) < *op "의태어"; 크르그 즈어 opton- "자신을 억제하지 못하다, 돌진하다, 몸을 던지다" < *oplan-과 비교할 것

ötlä- "충고하다, 권고하다"(O 11) < *öt "충고, 권고"

sülä- "출정하다, 군대를 보내다"(BK E 40 등) < sü "군대"

talula- "고르다, 선택하다"(İB 19) < *talu "선택된, 선정된"

tapla- "알맞다고 여기다, 좋아하다, 인가하다"(BK E 35) < *tapï "협정"; MK tapï "같은 뜻"과 비교할 것

tïŋla- "듣다, 경청하다"(İB 58) < *tïŋ "소리"(위구르어 tïŋ "같은 뜻"과 비교할 것)

yogla- "죽은 사람에 대하여 문상하다"(KT E 4 등) < yog "장례"

11. {+(X)rkA-}:

낱말 tokurkak ["자신을 배부르다고 여기는"]에 있는 *tokurka- "스스로를 배부르다고 여기다"(KT S 8; BK N 6) < tok "배부른"

12. {+sIrA-}. 무엇이 없다는 것을 뜻하는 동사를 파생시킨다:

elsirä- "나라가 없게 되다, 나라 없이 남다"(KT E 13) < el "나라"

kagansïra- "카간이 없게 되다, 카간 없이 남다"(KT E 13) < kagan "카간"

동사 urugsïra-t-에 있는 urugsïra- "근절되다"(KT E 10) < *urug "종자, 세대"

{+sIz}를 볼 것.

13. {+U-}:

동사 yagu-t- "가까이 오게 하다"에 있는 *yagu- "가까이 오다"(KT S 5; BK N 4) < *yag < *ya-g; MK yak "가까운" < *ya-k, 위구르어, MK yak- "가까이 오다" < *ya-k-와 비교할 것

yaru- "빛나다, 밝아지다"(ÏB 39) < *yar (yarïn "아침에"와 비교할 것)

1.1.3 동사에서 명사를 파생시키는 접미사

1. {-A}. 부동사 어미:

ara "사이에서"(KT E 1 등) < *ār- "사이로 지나다, 가로지르다"

tapa "~을 향하여"(KT E 35 등) < *tap- "찾아내다"

tägrä "빙 둘러"(T 8 등) < *tägir- "둘러싸다, 에워싸다"

yana "다시, 또"(KT E 10 등) < yan- "돌아가다, 돌아오다"

yämä "~도, 또한"(T 60 등) < *yäm- "덧붙이다, 더하다, 부가하다"

2. {-DAčI}. 미래 분사 어미:

kältäči "올 사람(들)"(T 14) < käl- "오다"

동명사를 볼 것.

3. {-DOk}. 과거 분사 어미:

bardok "간"(BK E 20) < bar- "가다"

tägdök "전투, 싸움"(KT E 36) < täg- "공격하다"

yañdok "참패한 이(들)"(T 16) < yañ- "(적을) 흩뜨리다, 참패시키다"

동명사를 볼 것.

4. {-(X)g}. 행위의 결과를 나타내는 명사들을 파생시킨다:

bilig "지식"(KT S 7 등) < bil- ["알다"]

bitig "글"(KČ S 3 등) < biti- "쓰다, 적다"

bolug "존재"(İB 19) < bol- ["~이 되다"]

erig "쉽게 도달되는"(KT S 13) < *ēr- "이르다, 도달하다"

isig "사랑하는, 친애하는"(İB 67) < *isi- "더워지다, 따뜻해지다"

kapïg "문"(BK E 15 등) < *kap- "닫다"(MK kapïl- "닫히다, 폐쇄되다", kapga "성문", kapgak "뚜껑"과 비교할 것)

kišlag "겨울을 보낼 곳"(İB 51) < kišla- ["겨울을 나다, 겨울을 보내다, 월동하다"]

küräg "탈주자"(T 8 등) < kürä- "달아나다"(KT E 23; BK E 19)

ölüg "죽은 (이)"(BK E 19) < öl- ["죽다"]

ötüg "요청, 청원"(İB 19) < *öt-; ötün- "요청하다, 청원하다"(T 12 등)와 비교할 것

süčig "단, 달콤한"(KT S 6 등) < *sūči- ["달다, 달콤하다"(MK süči- "같은 뜻"과 비교할 것)]

süŋüg "창"(KT E 35 등) < *süŋ- "창으로 찌르다"

tirig "살아 있는; 목숨"(KT N 9, SE) < *tīr- "살다"

tug "장애물, 방해물"(T 26) < tu- "막히다"(T 23)

yaylag "여름을 보낼 곳"(İB 51) < yayla- ["여름을 보내다"] < *yāyla-

5. {-gA}:

bilgä "현명한"(KT S 6 등) < bil- ["알다"]

kïsga "짧은"(KČ E 11) < *kïs- "줄이다, 좁히다"

낱말 tamgačï "옥새관"(KT N 13)에 있는 tamga < *tam- "(불)타다";
위구르어, MK tamtur- "(불)태우다", MK tamdu, tamduk "불길을 내기
시작한 불" 등과 비교할 것

6. {-gAn}:
kapgan (뵈귀(Bögü) 카간의 칭호) "잡아채는, 붙잡는"(T 51 등) <
*kap-; MK kap- "잡아채다, 치다, 공격하다"와 비교할 것
  kor(ï)gan "성, 요새, 성채"(KT N 8; BK E 31) < *korï- "지키다, 보호
하다"; 카자크어 등 korgan "같은 뜻"과 비교할 것

7. {-(X)gmA}. 행위자 명사들을 파생시키는 접미사:
bitigmä "쓰는 사람"(KT S 13 등) < biti- ["쓰다, 적다"]
동명사를 볼 것.

8. {-gU}. 동명사 및 행위자 명사들을 파생시키는 접미사:
kürägü "탈주자가 되기, 통제되지 못하기"(KT E 23; BK E 19) <
kürä- ["달아나다"]
  kor(ï)gu "수비자"(BK E 41) < *korï- "지키다, 보호하다"

9. {-gUčI}. 행위자 명사들을 파생시키는 접미사:
aygučï "카간의 고문 및 대변인"(T 10, 49) < ay- "말하다, 판결하다,
카간 대신에 결정하다"
  itgüči "만드는, 하는 (사람)"(KT N 13) < it- < *ēt- ["조직하다; 하다"]
  bidgüči "전쟁 춤을 추는 남자 (?)"(MČ S 3) < *bidi- "춤추다"; MK

büdi- "춤추다" < *bidi-

10. {-gUlUk}. 동명사들을 파생시키는 접미사:

topulguluk "뚫기"(T 13) < topul- ["뚫다"]

üzgülük "부러뜨리기, 자르기"(T 14) < üz- ["부러뜨리다, 자르다"]

11. {-I}:

ägri "굽은, 혹이 있는"(T 48) < ägir- "둘러싸다, 구부리다"

kalï "나머지, 잔여"(T 33 등) < *kāl- "남다"

takï "더, 더욱"(KT S 13), [t]akï "더, 더욱"(O 10) < tak- ["달다, 붙이다"]

yazï "평원, 초원"(BK N 5 등) < *yaz- ["펴다, 펼치다"]

12. {-(U)k}. 행위의 결과를 나타내는 명사들과 형용사들을 파생시
킨다:

artuk "과도한, 많은"(KČ E 13) < *art- "늘다, 남다"

bark "건물, 능묘"(BK N 14 등) < *barï- "건설하다, 만들다"

bädük "큰"(O 6) < bädü- "크다"

bulgak "반항하는, 자극적인, 이간질하는"(KT N 4; BK E 29) <
bulga- "자극하다, 이간질하다, 혼란시키다"

buyruk "지휘관"(KT S 1 등) < *buyur- ["명령하다"]

ägsük "부족한, 모자라는"(Kïzïl-Čïraa II130) 5) < *ägsü- "부족하다,

---

130) 6줄로 이루어진 이 비문은 러시아 연방 투바(Tuva) 공화국의 Ulug-Xem '예니세이
강'(글자 그대로는 '큰 강'; 예니세이 강의 상류) 오른쪽 기슭에서, 크즐(Kïzïl) 시에
서 서쪽으로 50km 떨어진 크즐-츠라아(Kïzïl-Čïraa)라는 곳에서 발견되어 투바 박물
관에서 보관되고 있다. 이 비문은 Sergej Jefimovič Malov(1880.1.28.-1957.9.6.)의 분류

모자라다”

ämgäk “괴로움, 고통, 어려움”(BK E 16) < *ämgä- “괴로움을 겪다, 고통을 겪다”

ïrak “먼, 멀리 떨어진”(KT S 7 등) < *ïra- “멀어지다”(MK yïra- “같은 뜻”과 비교할 것)

kazgak “쓸모, 소용”(Uyuk-Turan 5) < *kazga-; kazgan- [“얻다, 벌다, 획득하다”]와 비교할 것

kärgäk “필요한, 존재하지 않는, 없는”(KT E 4 등) < *kärgä- [“필요하다”]

köpük “거품”(ÏB 31) < *köp- “거품이 일다”

közünük “천막의 창문”(ÏB 27) < *közün- “보이다”

täglük “눈먼, 장님의”(ÏB 24) < *tägil- “눈이 멀다, 장님이 되다”

tok “배부른”(T 8) < *to- “배부르다”

tokurkak “자신을 배부르다고 여기는”(KT S 8; BK N 6) < *tokurka- “자신을 배부르다고 여기다”

toruk “야윈, 쇠약한”(KT E 9; T 5) < tor- “야위다, 기진맥진하다” < *tōr-

yaguk “가까운”(KT S 7) < *yagu- “가깝다”

yaruk “해, 태양”(MČ E 1; ÏB 39 등) < yaru- “빛을 내다, 밝아지다”

동사 yazukla- “잘못하다, 죄를 짓다”(BK E 36)에 있는 yazuk “잘못, 실수” < *yāz- “잘못하다, 실수하다”

yok “없는”(KT E 11 등) < *yō- “없다, 존재하지 않다”

yuluk “약탈된”131)(O 3) < yul-, yulï- [“약탈하다”]

에 따르면 E-44이다. 크즐-츠라아(Kïzïl-Čïraa) 제1 비문과 350m 떨어져 있다.
131) 이 낱말은 **원문 예** 부분에서는 나오지 않는다.

13. {-kun}:

buz[k]u[n+ča] "폭풍처럼"(O 9) < buz- "부수다, 파괴하다"

14. {-(X)l}:

inäl "믿을 수 있는, 신뢰 받는, 신임 받는"(고유 명사 또는 칭호) (T 31) < *inal < *ïnal < *ïna- "믿다"; inänču < inanču와 비교할 것.

kïsïl "좁은 고개, 깊은 협곡"(BK E 37) < kïs- "누르다, 압착하다"132) (O 1)

tükäl "완전한, 온전한"(ÏB 21 등) < tükä- "끝나다, 소진되다"(ÏB 4)

15. {-(X)m}:

barïm "재산, 재물"(KT N 1 등) < *barï- "잡다, 얻다"; 몽골어 bari- "얻다, 잡다, 붙잡다, 빼앗다"와 비교할 것.

batïm "빠짐, 빠지기"(KT E 35등) < bat- ["빠지다"]

kädim "옷, 복장"(KT E 33) < *käd- "입다"

ölüm "죽음"(ÏB 13 등) < öl- ["죽다"]

16. {-mA}:

yälmä "정찰대"(T 34; MČ E 6) < yäl- "(말이) 전속력으로 가다"

17. {-mAk}:

낱말 armakčïsin ["그들이 사기꾼이기 (때문에)"](KT E 6)에 있는 armak "속이기" < *ar- ["속이다"]

---

132) 이 낱말은 **원문 예** 부분에서는 kïsmïš가 아니라 etmïš로 나온다.

18. {-mAn}:

tuman "연기, 안개"(İB 20) < tu- "막히다"(T 23)

19. {-miš}. 과거 분사를 파생시키는 접미사:

igidmiš "키운"(BK N 6) < igid- "키우다"

kalmiš "(살아)남은 이들"(KT S 9)< *kāl- "남다"

tägmiš "다다름, 이름"(T 18) < täg- "다다르다, 이르다"

동명사를 볼 것.

20. {-(X)n}. 행위의 결과를 나타내는 명사들을 파생시키는 접미사:

bulun "포로"(KČ W 5) < bul- "얻다, 잡다"

kälin "며느리"(Uyuk-Turan 6) < käl- "오다"

kïyin "형벌, 벌"(T 32; MČ E 2) < *kïy- "처벌하다"

örgin "카간의 텐트, 궁전, 대저택"(MČ S 10 등) < örgi- "올리다, 세우다"(MČ S 10)

san "수(數)"(BK S 12) < *sā- "세다"

21. {-(X)nč}:

bulganč "혼란한, 반항하는, 무질서한"(T 22) < *bulga- "섞다, 혼란을 일으키다"

busanč "고통, 슬픔"(İB 52) < *busan- "슬퍼하다"

ärinč "틀림없이, 분명히"(KT E 3 등) < är- "~이다"

korkïnč "무서움, 두려움"(İB 36) < kork- ["무서워하다, 두려워하다"]

ötünč "요청, 청원"(T 15) < ötün- "요청하다, 청원하다"(T 15)

tarkïnč "반항하는, 불만인"(T 22) < *tarïk- "만족하지 않다"

unč "가능한, 될 수 있는"(T 24) < u- "할 수 있다, 가능하다"

22. {-(X)nčU}. 행위자 명사들을 파생시키는 접미사:

abïnču "계집종"(ÏB 38) < *abïn- "자위하다, 스스로를 위안하다"

äzänčü "전위대"(Altïnköl I 5) < *äzä- "정찰에 나서다, 망보다"; MK
yäzä- "같은 뜻", yäzäk "전위대, 정찰대"와 비교할 것

ïnanču (고유명사) "믿어지는, 신임되는"(KT W 2 등) < *ïnan- ["믿다"]

küzänčü "방어자, 수비자"(Altïnköl I 5) < *küzä- "지키다"

ögrünčü "기쁨, 즐거움"(ÏB 36) < ögür-, ögir- "기뻐하다"

23. {-p}. 부동사 어미 (?):

kop "모두, 완전히"(KT N 10 등) < *ko- "놓다, 두다"

24. {-sIk}. 미래 시제-당위 동명사들을 파생시키는 접미사:

āčsïk "반드시 배고플 것임"(KT S 8 등) < āč- "배고프다"

tosïk "반드시 배부를 것임"(KT S 8) < *to- "배부르다"

25. {-(X)š}:

busuš "고통, 아픔"(ÏB 52: busušlug ["슬퍼하는, 슬픈"]) < *busa- ["슬
퍼하다, 슬프다"]; busanč "고통, 슬픔"과 비교할 것

ilteriš (Kutlug의 카간 칭호) "부족들을 모은"(T 7 등) < *tēr- "모으다"

süŋüš "싸움"(BK E 34 등) < *süŋ- "창으로 찌르다"

tägiš "(적과의) 접촉, 충돌"(KT N 5) < täg- ["공격하다"]

tokïš "싸움"(Tuva I (Bay-Bulun II) 3) < tokï- "치다, 때리다"

uruš "싸움"(O 10) < ūr- "치다, 때리다"

26. {-(X)z}:

baz "종속된, 예속된"(KT E 15) < bā- "매다"

boguz "목구멍"(T 8) < *bog- "목을 조르다"

동사 sözläš- "합의하다"에 있는 söz ["말(言)"] (KT E 24) < *sö- ["말하다"](추바시어 šămax "말(言)" < *sömäk와 비교할 것)

uz "예술 작품, 장식, 장식물"(KT SW) < u- "할 수 있다, 능숙하다"

1.1.4 동사에서 동사를 파생시키는 접미사

1. {-d-}. 강화태 접미사:

ïd- "보내다"(KT E 6 등) < ī- "같은 뜻"(KT S 8; BK N 6)

kod- "놓다, 버리다"(T 2) < *ko- "같은 뜻"

tod- "배부르다"(KT S 8) < *to- ["같은 뜻"](tok "배부른"과 비교할 것)

küt- "기다리다"(MČ E 5) < *küd- < *kū- (위구르어 kü- "기다리다, 지키다, 보호하다"와 비교할 것)

2. {-gUr-}. 사동태 접미사:

kigür- "들이다, 넣다"(KČ E 8) < *kī- ["들어가다"](kir- "들어가다" < *kī-r-와 비교할 것)

odgur- "깨우다"(ÏB 20) < *od- ["깨다, 깨어나다"]; 위구르어 odug "깨어있는"과 비교할 것

tirgür- "되살리다, 소생시키다"(KT E 29) < *tīr- "살다"

3. {-(X)k-}:

kork- ["무서워하다, 두려워하다"](T 41 등) < *korï- "지키다, 보호하다"
basïk- "밀어 넣다, 빠뜨리다"(KT N 8) < bas- ["누르다, 밟다"]

4. {-(X)l-}. 수동태 접미사:

adrïl- "헤어지다, 갈라지다"(T 2 등) < adïr- ["분리하다, 구분하다"]
(Altïnköl I 8)

teril-, tiril- "모이다"(T 33 등) < ter-, tir- ["모으다"](BK E 11 등) <
*tēr-

tiril- "되살다, 소생하다"(BK E 31) < [ti]r- "살다, 살아있다"133)(KT
S 10) < *tīr-

yubul- "구르다"(T 26) < *yub- "굴리다"

5. {-lA-}. 반복태 접미사:

kunla- "계속 훔치다, 약탈하다"(O 9) < *kun- "훔치다"

6. {-(X)n-}. 재귀태와 수동태 접미사:

adrïn- "헤어지다, 갈라지다"(Uybat III 10, 11) < adïr- ["분리하다, 구
분하다"]

alkïn- "끝나다, 소멸되다, 없어지다"(KT S 9 등) < alk- "끝내다, 완
성하다"(KT NE)

---

133) 이 낱말은 tir-, 즉 ter- "모으다"임이 분명하다.

basïn- "빠지다"(ÏB 46) < bas- ["누르다, 밟다"]

boguzlan- "목 잘리다"(T 26) < boguzla- ["목 자르다"]

itin- "스스로를 조직하다, 편성하다"(KT E 10; BK E 9) < it- ["조직하다, 편성하다"] < *ēt-

kïlïn- "창조되다, 태어나다"(KT E 1 등) < kïl- "하다, 만들다"

kon- "자리 잡다"(BK E 40 등) < *ko- ["놓다, 두다"]

kubran- "모이다"(T 4) < *kubra- ["모으다"]

ötün- "요청하다, 청원하다"(T 15 등) < *öt-; ötüg "요청, 청원"(BK E 39 등)과 비교할 것

sakïn- "생각하다"(BK E 2 등) < *sāk- ["세다, 생각하다, 읽다"]

säbin- "기뻐하다"(BK E 2) < *säb- "사랑하다, 좋아하다"

tälin- "구멍이 뚫리다, 무너지다"(KT E 22; BK E 18) < *täl- "뚫다"

tutun- "매달리다"(T 25) < tut- ["잡다"]

yaratïn- "스스로를 조직하다, 편성하다"(BK E 9) < yarat- "하다, 만들다"

yazïn- "잘못하다, 잘못을 저지르다, 길에서 벗어나다"(BK E 16) < *yāz- ["잘못하다, 길에서 벗어나다"] 등

7. {-(X)r-}. 중간태 접미사:

kir- "들어가다"(BK E 38 등) < *kī-r- (kigür- "들이다, 넣다" < *kīgür-와 비교할 것)

olor- "앉다, (왕좌에) 앉다"(T 32 등) < *ol- ["앉다"](olgurt- "세우게 하다", 크르그즈어 olut "앉을 곳, 의자" 등과 비교할 것)

낱말 yagru "가까이"(KT S 5 등)에 있는 yagur- "가까이 오다, 접근

하다” < *yagu- [“가까이 오다, 접근하다”](yaguk “가까운”과 비교할 것)

8. {-(X)š-}. 상호태 접미사:

kiš- “함께 하다, 함께 만들다”(KT E 32, 34) < *ki- [“하다”]; kïl- “하다, 만들다” < kï-l- (반복태?)와 비교할 것; 또한 몽골어 ki- “하다, 만들다”와 비교할 것

동사 kikšür- “서로를 자극하게 하다, 서로를 선동하게 하다”(KT E 6; BK E 6)에 있는 kikiš- “서로를 자극하다, 서로를 선동하다” < *kik- “갈다, 날을 세우다”

ögläš- “서로 의논하다, 함께 생각하고 계획을 짜다”(T 20, 20) < *öglä- [“생각하다”](위구르어 öglän- “정신 차리다, 의식을 되찾다”와 비교할 것)

sözläš- “이야기하다, 이야기하여 합의하다”(KT E 24 등) < *sözlä- [“말하다”]

süŋüš- “(창으로) 싸우다”(BK E 25 등) < *süŋ- [“창으로 찌르다”]

동사 yoŋašur- [“서로를 선동하게 하다, 서로를 중상하게 하다”](KT E 6; BK E 7)에 있는 yoŋaš- “서로를 선동하다, 서로를 중상하다”(MK yoŋa- “누군가를 부당하게 나무라다, 중상하다”와 비교할 것)

9. {-(X)t-}. 사동태 접미사:

agït- “(산으로) 쫓아내다, 몰아내다”(BK E 31 등) < ag- “오르다, 올라가다”

akït- “습격하게 하다, 습격하다”(KT N 8) < ak- [“흐르다”]

artat- “파괴하다”(KT E 22; BK E 19) < *arta- [“부패하다, 썩다”]

ayït- "묻다, 질문하다"134)(BK E 41) < ay- "말하다"

basït- "습격당하다, 지다"(T 34) < bas- ["누르다, 밟다"]

bitit- "쓰게 하다, 적게 하다"(T 58) < biti- ["쓰다, 적다"]

olgurt- "세우게 하다, 건립하게 하다"(T 53) < *olgur- ["세우다, 건립하다"]

sämrit- "(스스로를) 살찌게 하다"(İB 23) < *sämri- ["살찌다"]

tärit- "땀 흘리다"(İB 50) < *täri- ["땀 흐르다"]

töküt- "흘리다, 쏟다"(T 52) < tök- ["쏟다"]

yügürt- "흘리다"(T 52) < yügür- "흐르다"(KT E 24; BK E 20)

yüzüt- "헤엄치게 하다, 헤엄쳐 건너게 하다"(BK E 30) < *yüz- ["헤엄치다"] 등

10. {-tUr-}. 사동태 접미사135):

agtur- "산에 오르게 하다, 높은 곳에 오르게 하다"(T 25) < ag- ["오르다, 올라가다"]

artur- "속다"(BK N 5) < ar- ["속이다"]

bintür- "태우다, 타게 하다"(T 25) < bin- ["(올라)타다"]

irtür- "이르게 하다, 도달하게 하다"(KT E 40) < ir- , er- ["이르다, 도달하다"]

kontur- "자리 잡게 하다, 거주하게 하다"(KT E 11; BK E 10) < kon- ["자리 잡다"]

---

134) 저자는 이 동사를 예전에는 añït- '두려워하게 하다, 으르다'로 읽었다.

135) taŋ üntürü '동틀 때에'(T 35)에서 동사 üntür- '(해가) 나오다, 동트다, 날이 새다'는 본래 ün- '오르다'의 사동형이다. 이와 비슷한 예로 kün tuguru '해가 뜰 때에'(MČ E 1)에서 확인되는 동사 tugur-는 본래 tug- '(해가) 뜨다'의 사동형이다.

urtur- "새기게 하다, 파게 하다"(KT S 12 등) < ur- ["새기다, 파다"]

yantur- "(되)돌리다"(KT N 11) < yan- "돌아가다, 돌아오다"

yügä(t)tür- "승진시키다"(KČ W 2) < *yügäd- ["승진하다"]

11. {-tXz-}. 사동태 접미사:

altïz- "붙잡게 하다, (사로)잡게 하다"(KT E 38) < *al- ["얻다, 받다"]

12. {-Ur-}. 사동태 접미사[136]:

kälür- "가져오다, 데려오다"(T 53 등) < käl- ["오다"]

ölür- "죽이다"(KT E 40 등) < öl- ["죽다"]

sökür- "(무릎) 꿇게 하다"(KT E 15 등) < *sök- "무릎 꿇다"

tägür- "이르게 하다, 도달하게 하다"(T 47 등) < täg- ["이르다, 도달
하다"]

tüšür- "내리게 하다"(T 27 등) < tüš- "내리다" 등

yütür- "잃다, 잃어버리다"(ÏB 24) < yitür- < yit- ["사라지다, 없어지
다"]

13. {-(X)z-}. 사동태 접미사:

tutuz- "잡게 하다, 붙잡게 하다"(KT E 38) < tut- ["잡다"]

uduz- "파견하다, 이끌다"(T 15 등) < ud- "추적하다, 따라가다"

utuz- "놀이에서 지다"(ÏB 29) < ut- "놀이에서 이기다"(ÏB 29)

---

136) kün tuguru '해가 뜰 때에'(MČ E 1)에서 확인되는 동사 tugur-는 본래 tug- '(해가)
　　뜨다'의 사동형이다. 이와 비슷한 예로 taŋ üntürü '동틀 때에'(T 35)가 있는데, 동사
　　üntür- '(해가) 나오다, 동트다, 날이 새다'는 본래 ün- '오르다'의 사동형이다.

1.2 합성

1.2.1 병렬 합성어

종류와 기능이 같은 두 낱말이 앞뒤로 나열되어 생기는 합성어들은
아주 적다:

yir-sub "나라, 지역"(KT E 20); **열거 구**를 볼 것.

1.2.2 종속 합성어

종속 합성어에는 다음과 같은 종류들이 있다: 1. 합성 명사, 2. 합성
부사, 3. 합성 동사.

1.2.2.1 합성 명사

합성 명사들은 두 종류다: 1. 수식 합성어, 2. 목적어가 있는 합성어.

1. 수식 합성어:

bäŋgü taš "묘비"(BK N 5 등)(글자 그대로는 "영원한 돌")

kara köl "카라 쾰(Kara Köl)"(KT N 2)(글자 그대로는 "검은 호수")

kara kum "카라 쿰(Kara Kum)"[137](T 7)(글자 그대로는 "검은 모래")

수식 구를 볼 것.

2. 목적어가 있는 합성어:

---

137) kara는 "검다(黑)", kum은 "모래(沙)"를 뜻한다. 카라 쿰(Kara Kum)은 중국 역사서
에는 黑沙城으로 나온다. 黑沙城은 오늘날 중국 內蒙古自治區의 중심 도시인 Hohhot
(呼和浩特; < 몽골어 köke qoto "푸른 도시(Blue City)")의 서북방에 있었다. 한편,
오늘날 중앙아시아의 튀르크메니스탄에는 Karakum "黑沙"로 불리는 사막이 있다.

ilteriš 쿠틀루그 카간의 칭호(T 7) < il teriš "부족들을 모으는"

eletmiš 야브구 칭호(O 4) < el etmiš "부족들을 조직한"

eltäbär 위구르족에서 높은 칭호(BK E 37) < el täbär "백성들을 정리하는"(MK täw- "순서에 넣다, 질서를 잡다, 정렬하다"와 비교할 것)

1.2.2.2 합성 부사

합성 부사들은 원래 후치사 구들이다:

antag "그렇게, 그러한"(T 9 등) ~ antäg (T 29) < *anï täg "그와 같은, 그처럼"

büntäg+i "(그들 중) 이러한 (이)"[138](T 57) < *bunï täg "이와 같은, 이처럼"

näčök "어떠한"(İB 45) < *näčä ök

nälök "왜"(İB 52, 52) < *nälä ök

nätäg "어떠한"(İB 18) < nä täg (İB 18, 18)

1.2.2.3 합성 동사

합성 동사들은 두 종류이다: 1. 명사나 형용사와 조동사 bol- ["되다"], kïl- ["하다"], kïš- ["함께 하다"]로 이루어지는 합성 동사, 2. 부동사 및 그것 다음에 오는 기술 동사로 이루어지는 합성 동사.

1.2.2.3.1 명사나 형용사 + 조동사

이것들도 두 종류이다: 1. 명사나 형용사 + bol-, 2. 명사나 형용사 + kïl- 또는 kïš-.

---

138) bintäg+i "(그들 중) 나와 같은 (이)"(< *bini täg "나와 같은, 나처럼")일 수 있다.

1. 명사나 형용사 + bol- "되다":

kagan bol- "카간이 되다"(KT E 5 등)

karï bol- "늙다"(T 56)

kärgäk bol- "죽다, 사망하다"(KT E 4 등) < "필요하게 되다, 없어지다, (이제는) 존재하지 않게 되다"

kul bol- "(사내)종이 되다"(BK E 36 등)

yagï bol- "적이 되다"(KT N 2 등)

yok bol- "없어지다"(BK E 36) 등

2. 명사나 형용사 + kïl- ["하다"], 또는 kïš- "함께 하다":

bay kïl- "부유하게 하다"(BK E 14 등)

baz kïl- "종속시키다"(KT E 15 등)

bulun kï[l]- "사로잡다, 포로로 하다"(KČ W 5)

kul kïl- "(사내)종을 만들다"(BK E 7 등)

küŋ kïl- "계집종을 만들다"(KT E 7 등)

uruš kïl- "싸우다"(O 10)

yok kïš- "함께 없애다"(KT E 32, 34; BK E 25; T 21)

1.2.2.3.2 부동사 + 기술 동사

이 종류의 합성 동사들은 대개 모음으로 된 부동사와 그것 다음에 오는 동사 bar- ["가다"], ber- ["주다"], elt- ["보내다"], ïd- ["보내다"], kal- ["남다"], käl- ["오다"], kör- ["보다"], u- ["할 수 있다"], yorï- ["걷다"]로 이루어진다:

1. 대개 모음으로 된 부동사 + bar- "가다". 이 합성어는 행위가 완성

되었음을 나타낸다:

adrïl-u bar- "헤어져 가다"(O 12)

äbir-ä bar- "돌아서 가다"(T 26)

uč-a bar- "죽다, 사망하다 (글자 그대로는 "날아서 가다")"(KT E 16 등)

yäl-ü bar- "전속력으로 가다"(T 27)

yok bol-u bar- "사라져 가다"(O 3)

어미 {-(X)p}이 있는 부동사와 함께:

täz-ip bar- "달아나 가다"(KT E 34; BK E 41) 등

2. 모음으로 된 부동사 + ber- ~ bir- "주다". 이 합성어는 행위가 다른 사람에게 쓸모 있게 행해졌음을 나타낸다:

al-ï bir- "받아버리다"(BK N 9, 10)

bas-a ber- "돕다, 지지해버리다"(T 38); 위구르어 basut "도움, 원조"와 비교할 것

it-i bir- "조직하여버리다"(KT E 1; BK E 3)

kazgan-u bir- "획득하여버리다"(BK S 10)

kïl-u ber- "만들어버리다"(BK S 7)

sülä-yü bir- "출정해버리다"(KT E 8, 8)

tik-ä bir- "세워버리다"(BK S 9, 11)

tut-a bir- "유지해버리다, 다스려버리다"(KT E 1; BK E 3)

3. 모음으로 된 부동사 + ïd- "보내다". 행위를 강화시킨다:

ïčgïn-u ïd- "잃어버리다"(KT E 6)

irtür-ü ïd- "이르게 해버리다, 도달하게 해버리다"(KT E 40)

sanč-a ïd- "찔러버리다"(KČ E 7)

yitür-ü ïd- "잃어버리다"(KT E 6)

4. 모음으로 된 부동사 + elt-/ilt- "보내다". 행위를 강화시킨다:

sür-ä elt- "몰아내버리다"(KT E 23)

yañ-a elt- "흩뜨려버리다, 참패시켜버리다"(KT E 23)

5. 모음으로 된 부동사 + kal- "남다". 행위가 계속되거나 계속되리라는 것을 나타낸다:

yat-u kal- "누워 남다, 오랫동안 눕다"(KT N 9; T 19)

6. 모음으로 된 부동사 + käl- "오다". 이것도 행위가 계속되거나 계속되리라는 것을 나타낸다:

ud-u käl- "바로 뒤이어 오다, 계속 뒤따르다"(MČ E 2)

yür-ä käl- "걸어오다"(MČ E 4)

7. 모음으로 된 부동사 + kör- "보다". 행위가 지체 없이, 아주 빠르게 행해지기를 원한다는 것을 나타낸다:

yäl-ü kör! "빨리 (말들을) 전속력으로 몰아라!"(T 26)

8. 모음으로 된 부동사 + u- "할 수 있다, 힘이 닿다". 이 합성어는 행위가 행해질 수 있으리라는 것을, 이것을 위해 충분한 힘이 있다는 것을 나타낸다:

artat-ï u- "부술 수 있다, 무너뜨릴 수 있다"(BK E 19)

itin-ü u-ma- "스스로를 조직할 수 없다"(KT E 10; BK E 9),

yarat(ï)n-u u-ma- "같은 뜻"(BK E 9), yaratun-u u-ma- "같은 뜻"(KT E 10)

9. 모음으로 된 부동사 + yorï- "걷다". 이 합성어는 행위가 꽤 오랫동안 계속되는 것을 나타낸다:

ud-u yorï- "오랫동안 따라가다"(MČ E 4)

부동사를 볼 것.

2. 어형 변화

2.1 명사 곡용

돌궐어에서 명사들은 주로 인칭(소유)과 명사격에 관하여 곡용한다. 명사들은 게다가 수(복수)와 연결(첨가)에 관하여도 곡용할 수 있다.

2.1.1 복수

돌궐어에서 명사들은 대개 수에 관하여 곡용하지 않는다. 절대격의 명사는 단수로도 복수로도 기능할 수 있다:

ol at "그 말(馬)"(KT E 33)

at yetä "말들을 밧줄로 끌며"(T 25)

külüg är "이름난 사내"(O 부속 6)

öŋräki är "전위대 군사들"(T 25) 등처럼.

이와 함께 돌궐어에서는 한정된 명사들에 붙어서 집합 명사들을 파생시키는 어미들과 복수 어미들이 없는 것은 아니다. 이 집합 및 복수 어미들은 다음과 같다: 1. {+lAr}, 2. {+gUn}, 3. {+An}, 4. {+(X)t} 및 5. {+s}.

1. {+lAr}: 이 어미는 돌궐어에서 더 많이는 제한된 수의 사람 이름과 친족 명칭들에, 그리고 낱말 bäg ["백"]에 붙는다(친족 명칭들에 붙는 몽골어 복수 어미 +nar/+ner와 비교할 것: aqa+nar "형들, 오빠들", egeči+ner "누나들, 언니들" 등처럼)

bäglär "백들, 백 계급, 귀족 계급"(KT S 10 등)

äkälär-im "나의 누나들"(KT N 9)

kadašla[r]-ïŋïz "너희의/당신의 친척들"(Ozn. I 6)

kälinlär-im "나의 며느리들"(Uyuk-Turan 6)

koñčilär-kä "목동들에게"(Miran C 5)

kunčuylar-ïm "나의 공주들, 나의 여자들"(KT N 9)

küdägülär-im "나의 사위들"(Uyuk-Turan 6)

öglär-im "나의 (의붓)어머니들"(KT N 9)

어미 {+lAr}는 다음의 예에서 낱말 tañ "망아지"에 붙었다:

tañlar-ïm "나의 망아지들"(Xem.-Čïr. a 2)

2. {+gUn}. 이 어미는 다음의 집합 명사들에서 보인다:

iniygün-üm "나의 남동생들"(KT S 1, N 11; BK N 1) < *iniy+gün <

ini "남동생" < *inī (야쿠트어 inī "남동생"과 비교할 것)

kälïŋün-üm "나의 며느리들"(KT N 9) < kälin+gün

taygun-uŋuz "당신의 망아지(같은 아들)들"(KT SE) < tay "망아지";

tañlarïm "나의 망아지들"(Xem.-Čïr. a 2)과 비교할 것

3. {+An} (몽골어 복수 어미 -n과 비교할 것):

ärän "사내들, 남자들"(KT N 9; BK S 1; O 5) < är ["사내, 남자"]

oglan-ïm "나의 아들들"(KT S 1, SE; BK N 1) < ogul, ogïl ["아들"]

4. {+(X)t} (몽골어 복수 어미 -d, -ud/-üd와 비교할 것):

kanat "날개"(ÏB 4, 53) < *kāna "날개 깃털"; 몽골어 qana "날개 깃
털"과 비교할 것

oglït "아들들"(KT E 5: BK E 5) < ogïl ["아들"]

yïlpagut "용사들"(BK E 31) < *yïlpagu ~ alpagu (KT N 7)

이 어미가 /n/으로 끝나는 칭호들에 붙으면 자음 /n/이 탈락한다:

säŋüt "장군들"(Tar. N 2, S 4) < säŋün

tarkat "타르칸들"(KT S 1) < tarkan

tigit "왕자들"(Tar. N 2) < tigin

5. {+s}. 어쩌면 문장 oglïti kagan bolmïš ärinč "그들의 아들들이 카
간이 되었다고 한다 분명히"에 대구(對句)로 사용된 문장 inisi kagan
bolmïš ärinč "그들의 남동생들이 카간이 되었다고 한다"에서만 나오
는 다음의 예에서:

in(i)s+i "그들의 남동생들"(KT E 4) < ini

2.1.2 소유

돌궐어에서 명사들은 인칭에 관해서도 곡용한다. 달리 말하면, 명사들은 소유자가 되는 인칭을 나타내는 소유 어미들을 받는다.
소유 어미들은 다음과 같다:

1인칭 단수: {+(X)m}, 1인칭 복수: {+(X)mXz}
2인칭 단수: {+(X)ŋ} ~ {+(X)g}, 2인칭 복수: {+(X)ŋXz}
3인칭 단수와 복수: {+(s)i}, 드물게는 {+(s)I}

1인칭과 2인칭 단수와 복수 소유 어미들과 자음으로 끝나는 낱말 사이에 있는 연결 모음의 모음은 모음조화의 규칙들을 따른다. 3인칭 소유 어미에는 절대격에서는 보이지 않지만 이 어미를 받은 낱말에 명사 격 어미들이 붙을 때에 나타나는 어말 자음 /n/이 있다.

1. 어미 {+(X)m}이 있는 소유 어간들의 예:
apa+m "나의 조상들"(KT E 1; BK E 3)
atač+ïm "나의 사랑스러운 아버지"(O 부속 3)
bäg+im "나의 백"(KT SW), bäglär+im "나의 백들"(KT N 11)
eči+m "나의 숙부"(KT E 16 등)
ini+m "나의 남동생"(KT E 26 등)
kaŋ+ïm "나의 아버지"(KT E 11 등)

kunčuy+um "나의 공주"(Uyuk-Turan 1)

olortok+um "내가 (왕좌에) 앉았기 (때문에)"(BK E 36)

siŋl+im "나의 여동생"(KT E 20 등) < siŋil

udïsïk+ïm "내가 잘 것"(T 12, 22)

uguš+um "나의 부족(部族)"(KT S 1 등) 등

2. 어미 {+(X)mXz}가 있는 소유 어간들의 예:

apa+mïz "우리의 조상들"(KT E 19 등)

eči+miz "우리의 숙부"(KT E 26 등)

äčü+müz "우리의 조상들"(KT E 19 등)

el+imiz "우리의 나라"(KT E 22)

kaŋ+ïmïz "우리의 아버지"(KT E 26)

kältäči+miz "우리의 올 사람들"(T 14)

sü+müz "우리의 군대"(T 14)

törö+müz "우리의 관습법들"(KT E 22)

yagï+mïz "우리의 적"(T 8) 등

3. 어미 {+(X)ŋ}과 {+(X)g}가 있는 소유 어간들의 예:

kan+ïŋ "너의 피"(KT E 24)

ogl+uŋ "너의 아들"(KT E 24 등) < ogul

siŋök[139]+üŋ "너의 뼈들"(KT E 24) ~ süŋök+üg "같은 뜻"(BK E 20)

yog+uŋ "너의 장례식"(O 12)

---

139) 이 낱말은 핀란드 발간 도해에서는 siŋök, Radloff 발간 도해에서는 süŋök로 나온다.
  I(i)와 W̆(O)는 서로 혼동될 수 있으므로 siŋök는 süŋök의 잘못일 수 있다.

ädgü+g "너의 소득"(KT E 24; BK E 20)

il+iŋ+in "너의 나라를"(BK E 19)

törö+g+in "너의 관습법들을"(BK E 19) 등

4. 어미 {+(X)ŋXz}가 있는 소유 어간들의 예:

iči+ŋiz+kä "당신의 형들에게"(Altïnköl I 3) 등

ini+ŋiz+kä "당신의 남동생들에게"(Altïnköl I 3)

kaŋ+ïŋïz "당신의 아버지"(Ozn. I 6)

kunčuy+uŋuz "당신의 공주"(Abakan 7)

oglan+ïŋïz+da "당신의 아들들보다"(KT SE)

taygun+uŋuz+da "당신의 망아지(같은 아들)들보다"(KT SE)

5. 어미 {+(s)I}가 있는 소유 어간들의 예:

agï+si "그들의 비단들"(KT S 5; BK N 4)

alp+i "그의 용사"(KČ E 5)

at+i "그들의 말들"(KT E 39)

āt+in "그의 이름을, 그의 칭호를"(KT E 7, 7)

atï+si "그의 조카"(KT S 3, SE: BK SW)

ayguči+si "그의 대변인, 그의 고문(顧問)"(T 10 등)

kalmiš+i "그들의 (살아)남은 사람들"(KT S 9)

oglït+i "그들의 아들들"(KT E 5; BK E 5)

yagï+si "그들의 적"(KT E 12; BK E 11)

altun+ïn "그의 금들을"(KT SW)

barïm+ïn "그의 재산을"(KT SW; MČ E 3)

kïz+ïn koduz+ïn "그들의 딸들을 그들의 여자들을"(MČ E 3)

yïlkï+sïn "그들의 말떼를"(MČ E 3 등)

2.1.3 연결(결합)

돌궐어에서 명사들은 연결(결합)에 관하여도 곡용할 수 있다. 구조와 기능이 같은 두 낱말은 어미 {+lI}로도 결합될 수 있다. 이 어미는 두 명사 모두에 붙는다. 격 어미들은 연결 어미를 받은 둘째 낱말에만 붙는다.

이 문법 범주가 돌궐어에서 그리 일반적이지 못했음을 알 수 있다; 왜냐하면 이 어미로 결합된 명사들이 꽤 적기 때문이다:

adïg+lï toŋuz+lï "곰과 돼지"(ÏB 6)

bäg+li bodun+lï+g "백들과 부족들을"(KT E 6)

ini+li eči+li "남동생들과 형들"(KT E 6)

toruk būka+lï sämiz būka+lï "야윈 황소들과 살찐 황소들"(T 5)

tün+li kün+li "밤과 낮"(BK SE)

2.1.4 명사격

돌궐어에는 명사격이 9개 있다. 이것들은 절대격, 속격, 대격, 여격-처격, 처격-탈격, 향격, 동등격, 기구격과 공동격이다.

2.1.4.1 절대격

절대격은 어미가 없고, 어간과 똑같다. 명사의 절대격에는 다음의

기능들이 있다:

1. 절이나 문장의 주어가 된다:

bäglär kopïn yanalïm tedi "백들이 모두 "돌아갑시다!"하고 말하였다"(T 36-37)

bir atlïg barmiš "말탄 이가 하나 갔다고 한다"(T 24)

katun yok bolmiš ärti "카툰이 죽었었다 (글자 그대로는 "없어졌었다")"(T 31)

ol at anta ölti "그 말이 거기에서 죽었다"(KT E 33)

ol törödä üzä ečim kagan olortï "그 관습법에 따라 나의 숙부가 카간으로 즉위하였다"(KT E 16; BK E 14)

toruk būkalï sämiz būkalï ïrakda bilsär… "(사람이) 야윈 황소들과 살찐 황소들을 멀리서 알려고 한다면…"(T 5-6)

2. 절이나 문장의 보어가 된다:

anta kisrä inisi kagan bolmiš ärinč "그 뒤에 그들의 남동생들이 카간이 되었다고 한다 분명히"(KT E 4-5)

bäglik urï ogluŋ kul boltï, ešilik kïz ogluŋ küŋ boltï "백이 될 만한 너의 사내아이들은 사내종이 되었다, 귀부인이 될 만한 너의 계집아이들은 계집종이 되었다"(KT E 24)

ečim kagan olortokda özüm tarduš bodun üzä šad ärtim "나의 숙부 카간이 즉위하였을 때에 나 자신은 타르두시[140) 백성 위에서 샤드였

---

140) 타르두시(Tarduš)는 제2 돌궐 제국(= 동돌궐 제국)의 서쪽을 이루는 사람들로서 그 우두머리는 샤드(šad, 殺, 設)였다. 한편 제국의 동쪽을 이루는 사람들은 튈리시(Töliš)라 불렸으며 그 우두머리는 야브구(yabgu, 葉護)였다. 저자는 Töliš를 예전에는 Tölis라 읽었다. 오늘날 남부 시베리아의 알타이 산맥에 살며 알타이 튀르크어를

다”(KT E 17)

to[kuz og]uz mäniŋ bodunum ärti “토[쿠즈 오구]즈족은 나의 백성이었다”(BK E 29)

3. 절이나 문장의 비한정 목적어가 된다:

[anč]a bodun kop itdim “나는 [그만큼]의 백성을 모두 조직하였다”(KT S 2-3)

bunča bitig bitidim “내가 이만큼의 글들을 썼다”(KČ S 3)

ïrak ärsär yablak agï birür, yaguk ärsär ädgü agï birür “(중국 사람들은 어떤 백성이) 멀리 (살고) 있으면 나쁜 선물들을 준다, 가까이 (살고) 있으면 좋은 선물들을 준다”(KT S 7)

üč otuz balïk sïdï “(카간이) 23 도시를 파괴하였다”(T 19)

4. 후치사와 함께 부사구를 이룬다:

ol sub kudï bardïmïz “우리는 그 강을 따라 아래로 갔다”(T 27)

türük bodun üčün tün udïmadïm… “나는 튀르크 백성을 위하여 밤에 자지 않았다…”(KT E 27)

yazïŋa oguz tapa sülädim “(그해) 봄에 나는 오구즈족을 향하여 출정하였다”(BK E 31-32)

5. 어떤 행위의 장소나 시간을 알리는 부사구가 된다:

ötükän yiš olorsar… “외튀캔 산악지역141)에 앉는다면…”(KT S 8)

문어로 사용하는 텔렝이트(Telengit)족과 텔레우트(Teleut)족의 구성 종족 중에 Tölös가 있다. 이것을 보면 Töliš가 아니라 Tölis로 읽는 것이 옳을 것이다.

türük bodun üčün tün udïmadïm… "나는 튀르크 백성을 위하여 밤에 자지 않았다…"(KT E 27)

6. 3인칭 소유 어미를 받은 명사의 소유 수식어가 된다:

bäglärim bodunum köz-i kaš-i "나의 백들(의 그리고) 나의 백성(의) 눈들(과) 눈썹들"(KT N 11)

biziŋ sü at-i "우리의 군대(의) 말들"(KT E 39)

türük āt-in ï(t)tï "(튀르크 백들은) 튀르크 칭호들을 버렸다"(KT E 7)

2.1.4.2 속격

속격 어미는 자음으로 끝나는 어간들에서는 {+Iŋ}, 모음으로 끝나는 어간들에서는 {+nIŋ} 형태이다. 이 어미는 전설-후설 모음조화 (구개 모음조화)의 적용을 받기는 하지만 원순-평순 (순음) 모음조화의 적용을 받지는 않는 듯하다. KT E 36에서 /u/로 끝나는 고유명사 다음에 어미의 첫소리가 전설 글자 /n/으로 표기된 것은 어미가 여기에서 {+nïŋ}, 게다가 {+nin} 형태로 있다는 것을 보여준다: /B'Y'R'ᵂKWNᴾN̲/, 즉 Bayïrku+nïŋ 또는 Bayïrku+nin. 게다가, 이 어미는 적어도 한 번 {+ig} 형태로 나온다. 두 예에서는 2인칭 단수 소유 어미 다음에 {+ïn}으로 있다.

명사의 속격은 3인칭 소유 어미를 받은 명사 앞에서 한정 소유 수

---

141) Ötükän yïš는 중국 문헌에서 鬱督軍山, 於都斤山, 烏德鞬山으로 나온다. 몽골 중서부의 자브항(Dzavkhan) 아이막에 있는, 항가이(Khangai) 산맥의 최고봉인 Otgon Tenger 산(4,008m)으로 추정된다(J. Schubert, "Zum Begriff und zur Lage des 'ÖTÜKÄN'", *UAJb*, 35/2 (1964), pp. 213-218을 볼 것). 몽골에서는 Otgon Tenger, Bogd Khan 및 Burkhan Khaldun의 세 산을 제일 신성하게 여긴다. 한편 오늘날 러시아 연방의 투바(Tuva) 공화국 동북쪽 토주구(Toǯu區, Todžinskij rajon)에는 Ödügen이라 불리는 산이 있다. 토파(Tofa, Karagas)어에는 ötüken "만년설에 덮인 산꼭대기에 있는, 사슴 방목에 알맞은 평평하고 넓은 곳"이라는 낱말이 있다.

식어로 기능한다.

1. {+(n)Iŋ}:

bayïrku+n[iŋ ak adgï]r[ïg] "바이르쿠족[의 흰 종마를]"(KT E 35)

bayïrku+n(i)ŋ ak adgïrïg "바이르쿠족의 흰 종마를"(KT E 36)

bilgä kagan+ïŋ boduni "빌개 카간의 백성"(O 11)

kül tigin+iŋ altunïn kümüšin… "퀼 왕자의 금들을 은들을…"(KT SW)

tabgač kagan+ïŋ ičräki bädizčig… "중국 황제의 궁중 화가와 조각사

들을…"(KT S 12)

türük bodun+ïŋ ilin törösin… "튀르크 백성의 나라를 관습법들을…"

(KT E 11; BK E 3)

yegän silig bäg+iŋ kädimlig torug at "예갠 실릭 백의 치장한 밤빛

말"(KT E 33)

2. {+ïg}. 다음의 예에서 낱말 bodun은 속격 어미를 이 형태로 받은

것이 틀림없다:

türük bodun+ïg ati küsi yok bolmazun tiyin "튀르크 백성의 명성이 없

어지지 말라고"(KT E 25); türük bodun ati küsi "튀르크 백성의 명

성"(KT E 25; BK E 20, 21)과 비교할 것

3. {+in}. 속격 어미는 다음의 예에서는 2인칭 단수 소유 어미 다음

에 {+in} 형태로 있다:

igidmiš kaganïŋ+in sabin almatin… "(너를) 배부르게 한 너의 카간들

의 말을 듣지 않고…"(KT S 9)

4. 아래에 있는 예에서는 속격 어미가 소유 어구의 주인을 나타내는 구의 두 구성요소 모두에 붙었다[142]:

tadïk+ïŋ čor+ïŋ boz [at] "타드크 초르의 잿빛 [말]"(KT E 32)

2.1.4.3 대격

돌궐어에서 대격 어미는 소유 어미가 없는 어간들에서는 {+(X)g}, 소유 어미가 있는 어간들에서는 {+(I)n} 형태로 있다.[143] 대격은 아주 드물게는 어미 {+nI}으로도 만들어진다.

대격에서 명사들은 한정된 목적어를 나타낸다.

2.1.4.3.1 {+(X)g}

agïr taš+ïg yogan ï+g türük bäglär bodun [··· käl]ürti "무거운 돌을 굵은 나무를 튀르크 백들(과) 백성이 [··· 가져]왔다"(BK S 15)

az totok+ug äligin tutdï "(퀼 왕자가) 아즈족의 도독을 자기 손으로 붙잡았다"(KT E 38)

bašlïg+ïg yüküntürmiš, tizlig+ig sökürmiš "그들은 오만한 자들을 머리 숙이게 하였다고 한다, 강력한 자들을 무릎 꿇게 하였다고 한다"(KT E 2)

bunča bädizči+g tuygun eltäbär kälü[r]ti "이 만큼의 장인(匠人)을 투

---

142) tadïkïŋ čorïŋ 부분은 핀란드 발간 도해에서는 셋째와 넷째 글자가 희미한 T¹D¹K¹S¹N¹WR¹Ŋ, Radloff 발간 도해에서는 T¹D¹K¹S¹ČWR¹Ŋ 형태로 있다. 단지 다섯째 글자만 서로 다른데, N¹(n)을 Č(C)의 잘못으로 본다면 앞의 네 글자는 tadakaš, tadak(ï)š, tad(ï)k(ï)š 등으로 읽힐 수 있다. 저자 등 여러 연구자의 독법은 S²(S)가 Ŋ(h)의 잘못(또는 혼동)이라고 볼 때에만 가능한데, 두 도해 모두 S¹로 되어 있기 때문에 이 글자를 Ŋ으로 읽는 것은 무리일 것이다.

143) 오늘날에도 야쿠트어와 돌간어에서는 대격 어미가 소유 어미가 있는 어간들에서는 {+(I)n} 형태로 있다.

이군 엘태배르가 데려왔다"(KT NE)

älig yïl iš+ig küč+üg birmiš "그들은 50년 봉사하였다고 한다"(KT E 8)

kagan at+ïg bunta biz birtimiz "카간 칭호를 (그에게) 여기에서 우리가 주었다"(BK E 17) = kagan at bunta biz birtimiz (KT E 20)

kïrkïz+ïg uka basdïmïz "우리는 크르그즈족을 잠에서 (있을 때에) 습격하였다"(T 27)

ol yïlkï+g alïp igi(t)tim "나는 그 말떼를 잡아 (튀르크 백성을) 먹였다"(BK E 38)

siŋar süsi äb+ig bark+ïg yulgalï bardï "그들의 군대의 절반은 (우리의) 집을 약탈하기 위하여 갔다"(BK E 32)

siŋlim kunčuy+ug birtimiz "(그에게) 나의 여동생 공주를 우리가 주었다"(KT E 20) 등

2.1.4.3.2. {+(I)n}

어미 {+(I)n}은 소유 어미가 있는 어간들에 붙는다. 어미와 어간 끝의 자음 사이에 들어가는 연결 모음은 대개 전설-후설 모음조화의 적용을 받지 않는다. 다음의 예들은 이 사실을 증명하기에 충분하다:

/WG¹L¹MN²/ oglum+in "나의 아들을"(Suji 6)

/T¹PL¹D¹ᵂ<u>K</u>MIN²/ tapladokum+in "내가 좋아하는 것을"(ÏB 4) 등

1. 1인칭 단수 소유 어미를 받은 낱말들에서:

bu sabïm+in ädgüti ešid "나의 이 말들을 잘 들어라!"(KT S 2)

mäniŋ sabïm+in sïmadï "(중국 황제는) 나의 말을 어기지 않았다"(KT S 11)

oglum+in kïzïm+in kalïŋsïz b[er]tim "나는 나의 아들들을 딸들을 지 참금 없이 주었다"(Suji 6-7)

sabïm+ïn tükäti ešidgil "나의 말들을 완전히 들어라!"(KT S 1)

tapladokum+in tutar män, säbdöküm+in yiyür män "나는 내가 좋아하 는 것을 잡는다, 내가 사랑하는 것을 먹는다"(ÏB 4)

yegänim+in atïm+in körtüm "나는 나의 조카들을 손자들을 보았 다"(Suji 8) 등

2. 2인칭 단수 소유 어미를 받은 낱말들에서:

antagïŋ+in üčün "네가 그러하기 때문에"(KT S 8; BK N 6)

bäglik urï ogluŋ-ïn kul kïltïg "너는 백이 될 만한 너의 아들들을 사내 종으로 만들었다"(BK E 20)

bilmädöküg+in üčün "네가 몰랐기 때문에"(BK E 20)

eliŋ+in töröŋ+in käm artatï [udačï ärti] "너의 나라를 너의 관습법을 누가 무너뜨[릴 수 있을 것이었더냐?]"(KT E 22) = iliŋ+in törög+in käm artatï udačï [ärt]i (BK E 19)

kanïŋ+in kodup ičikdiŋ "너는 너의 칸(汗)을 버리고 (다른 사람들에 게) 예속되었다"(T 3)

kürägüŋ+in üčün "너는 제어되지 못하기 때문에"(KT E 23; BK E 19)

türük [bodun ti]rip il tutsïkïŋ+ïn bunta urtum, yaŋïlïp ölsikiŋ+in yämä bunta urtum "튀르크 [백성아], 나는 네가 [살]아서[144) (어떻게) 나라의

---

144) 바로 앞의 문장에서 türük bäglär bodun bunï ešid(i)ŋ 하고 튀르크 백들과 백성에게 말한 빌개 카간이 이것 다음에 오는 문제의 türük [bodun ti]rip에서는 단지 튀르크 백들에게만 말하면서 "튀르크 백성을 모아서 …" 식으로 이야기하였다고 보아야 한 다. 왜냐하면 바로 다음에 "(어떻게) 나라의 주인이 될 것인가를"이라는 구절이 오는

주인이 될 것인가를 여기에 새겼다, 네가 잘못하여 죽으리라는 것도
여기에 새겼다"(KT S 10-11) 등

3. 대격 어미는 3인칭 소유 어미를 받은 낱말들에서는 물론 {+n}뿐이다:
äbi+n barïmi+n "그들의 집들을 재산을"(KT N 1)

kagani+n tutdumuz, yabgusi+n šadi+n anta ölürti "우리는 그들의 카간
을 잡았다, 그들은 그들의 야브구를 샤드를 거기에서 죽였다"(T 41-42)

kül tiginiŋ altunï+n kümüši+n "퀼 왕자의 금들을 은들을"(KT SW)

[o]gli+n yutuzi+n "그들의 아이들을 여자들을"(BK E 38)

ogli+n yutuzi+n yïlkïsi+n barïmi+n anta altïm "나는 그들의 아이들을
여자들을 말떼를 재산을 거기에서 빼앗았다"(BK E 24)

[sarïg altu]ni+n, ürüŋ kümüši+n, kïrgaklïg kotayi+n, kinlig ešgitisi+n,
özlük ati+n adgïri+n, kara kiši+n, kök täyäŋi+n türükümä bodunuma
kazganu birtim, iti birtim "그들의 누런 금들을, 그들의 흰 은들을, 그들
의 가장자리를 장식한 비단들을, 그들의 향기 나는 비단들을, 그들의
승용마들을145) 종마들을, 그들의 검은 담비들을, 그들의 푸른 다람쥐
들을 나의 튀르크족에게 나의 백성에게 나는 획득해 버렸다, 얻어 버
렸다"(BK N 11-12)

데 이것은 일반 백성이 아니라 백들에게 말한 것임이 분명하기 때문이다. 게다가 tir-
는 달리 확인되지 않고 그 파생어인 tirig "살아있는", tirgür- "되살리다, 소생시키다",
tiril- "되살다, 소생하다" 등만 확인되기 때문이다.

145) 터키어 원본에서는 özlük ati+n이 has atlarını, 즉 '그들의 사유의/고유한/특유한 말들
을'로 번역되어 있다. 그렇지만 이 책의 다른 곳들에서는 özlük가 '승용마'로 번역되
어 있으므로 여기에서도 '승용마'로 번역하기로 한다.

2.1.4.3.3. {+nI}

이 어미는 몇몇 예에서 보인다:

ku+nï säŋün+üg ïdmiš "(그는 중국에) 쿠 장군을 보냈다고 한다"(T 9)

yoguŋ koragïŋ+nï "너의 장례식을"(O 12)

2.1.4.3.4. 구에서의 대격 어미의 적용[146]

아래에 있는 예들에서는 대격 어미가 구의 둘째 (마지막) 요소에 붙었다:

arkuy kargu+g "요새들(을) 망루들을"(T 53)

bäg+li bodun+lï+g "백들과 백성을"(KT E 6); 위구르어 täŋri+li yir+li+dä "하늘(에서) 그리고 땅에서"(TT VI 02)와 비교할 것

yoguŋ koragïŋ+nï "너의 장례식을"(O 12)

이 원칙은 어미 {+lI}로 결합된 두 구를 포함하는 대구(對句)들에서도 적용된다:

ini+li eči+li kikšürtökin üčün, bäg+li bodun+lï+g yoŋašurtokin üčün "(중국인들이) 남동생들과 형들을 서로 자극하게 하였기 때문에, 백들과 백성을 서로 중상하게 하였기 때문에"(KT E 6)

아래에 있는 예들에서는 대격 어미가 구의 두 요소 모두에 붙었다:

ku+g säŋün+üg balbal tikä birtim "나는 쿠 장군을 (죽여서 그의) 석상을 세워버렸다"(BK S 9)

tabgačgaru ku+nï säŋün+üg ïdmiš "그는 중국으로 쿠 장군을 보냈다

고 한다”(T 9)

2.1.4.4 여격-처격

돌궐어에서 명사들의 여격-처격은 대개 어미 {+kA}로 표현된다. 단수 1인칭과 2인칭 소유 어미를 받은 낱말들은 어미 {+A}를 받는다. 3인칭 소유 어미를 지닌 명사들의 여격-처격은 어미 {+ŋA}로 표현된다.

1. {+kA}:

atïg ï+ka bayur ärtimiz “우리는 말들을 나무들에 매곤 하였다”(T 27)

bu taš+ka bu tām+ka kop yol(l)ug tigin bitidim “이 돌들에 (그리고) 이 벽들에 모두 (나) 욜룩 왕자가 썼다”(KT SE)

čorak+ka tägip “불모지에 이르러”(BK SE)

äb+kä tägdöküm “나는 본영에 이르렀다”(O 10)

ilgärü kadïrkan yïš+ka tägi “동쪽으로는 흥안령 산맥까지”(KT E 2)

kïrkïzig u+ka basdïmïz “우리는 크르그즈족을 잠에서 (있을 때에) 습격하였다”(T 27)

šantuŋ yazï+ka tägi sülädim “나는 산동 평원까지 출정하였다”(KT S 3)

tabgač bodun+ka “중국 백성에게”(KT E 7)

tämir kapïg+ka tägi sülädim “나는 태미르 카픅147)까지 출정하였다”(KT S 4)

---

147) 태미르 카픅(Tämir Kapïg)은 “鐵門”을 뜻한다. 돌궐 비문들에 나타나는 태미르 카픅은 사마르칸트(Samarkand)와 발흐(Balkh) 사이의 길의 가운데 지점에 있는 부즈갈라(Buzgala) 애로(隘路)를 말한다(Sir Gerard Clauson & Edward Tryjarski (1971), p. 17). 한편 이와는 별도로 다뉴브 강에는 세르비아와 루마니아 사이의 국경을 이루는 鐵門(영어로 Iron Gate, 루마니아어로 Porţile de Fier, 세르보-크로아티아어로 Đerdapska klisura/Ђердапска клисура, 헝가리어로 Vaskapu, 터키어로 Demirkapı, 도이치어로 Eisernes Tor, 불가리아어로 Железни врата)이라 불리는 협곡이 있다.

töpöt+kä kičig barmadïm "나는 티베트에 전혀 이르지 않았다"(KT S 3)

2. {+ŋA}. 3인칭 소유 어미 다음에 여격-처격은 {+ŋA} 형태이다. 이 형태는, 전혀 의심의 여지없이, 더 이전의 {+n+ga} 또는 {+n+ka} 형태에서 오는 것이 분명하다:

kurïgaru kün batsïkï+ŋa "서쪽으로는 해 지는 곳에"(KT S 2)

on ok oglï+ŋa tatï+ŋa tägi "온 오크148) 자손들에 (그리고 그들에게 예속된) 외국인149)들에까지"(BK N 15)

süčig sabï+ŋa yimšak agïsï+ŋa arturup "그들의 달콤한 말들에 (그리고) 부드러운 비단들에 속아서"(KT S 6)

yazï+ŋa oguzgaru sü tašïkdïmïz "(그해의) 봄에 우리는 오구즈족을 향하여 출정하였다"(KT N 8)

3. {+A}. 아주 오래된 여격-처격 어미 {+A}는 단수 1인칭과 2인칭 소유 어미를 받은 명사들에 붙는다.

a) 단수 1인칭 소유 어미를 지닌 낱말들에서:

olortokum+a "내가 (권좌에) 앉았을 때에"(BK E 2, N 9)

säkiz yegirmi yašïm+a "내가 18살일 때에"(BK E 24) ~ tört yegirmi

---

148) 온 오크(On Ok)는 서돌궐(西突厥)을 말한다. on이 "10"을 뜻함을 볼 때 On Ok는 10 개의 부족으로 이루어졌다고 볼 수 있다. 중국 문헌에서는 十姓으로 나타난다. 서돌 궐의 지배 부족이 튀르기시(Türgiš)족이므로 On Ok 카간은 서돌궐 카간이자 튀르기 시 카간인 것이다. 한편 ok가 "화살"을 뜻하므로 On Ok는 글자 그대로는 "10개의 화살"을 뜻한다고 볼 수 있다. 이와 관련하여 할하(Khalkha) 몽골어에서 sum은 "화 살"과 더불어 "aymag 바로 다음의 행정구역 단위"를 뜻한다는 점을 참조할 만하다.

149) 아주 다양하게 번역되는 낱말 tat의 기본적인 뜻은 '낯선 사람'이라기보다는 '외국인 체류자', 아마 '신민'이었던 것 같다. 어쨌든 하위의 사람이었던 것 같다 (EDPT 449a). 저자는 어휘집에서 이 낱말을 '이란 사람'으로 번역하였다.

yašïm+ka "내가 14살일 때에"(BK E 15)

türüküm+ä bodunum+a yegin anča kazganu birtim "나의 튀르크족에게 (그리고) 나의 백성에게 더 잘 그렇게 획득해버렸다"(BK S 10)

yeti yegirmi yašïm+a "내가 17살일 때에"(BK E 24)

오르콘 비문들에는 빌개 카간 비문 E 15에 있는 유일한 yašïm+ka라는 예 말고도 다음의 예도 있다: [atač]ïm+ka "나의 사랑스러운 아버지에게"(O 부속 1)

예니세이 비문들에서는 이러한 예들을 더 자주 볼 수 있다:

täŋri elim+kä elčisi ärtim "나는 나의 신성한 나라의 사신이었다"(Uyuk-Tarlak[150] 2)

täŋri elim+kä bökmädim "나는 나의 신성한 나라와 실컷 함께 있지 못했다"(Uyuk-Turan 2)

üč yetmiš yašïm+ka adrïltïm "나는 63살일 때에 헤어졌다"(Uyuk-Turan 4) 등

b) 단수 2인칭 소유 어미를 지닌 낱말들에서:

äbiŋ+ä kirtäči sän "너는 너의 집에 들어갈 것이다"(BK N 14)

ermiš barmiš ädgü eliŋ+ä "독립되고 부유한 너의 나라에"(BK E 19)

---

150) 2줄로 이루어진 이 비문은 러시아 연방 투바(Tuva) 공화국에서 비이-헴(Biy-Xem) 강의 오른쪽 지류인 우유크(Uyuk, 투바어로는 Öök) 강 골짜기에서, 우유크(Uyuk, 투바어로는 Öök) 강의 왼쪽 지류인 타를라크(Tarlak) 강의 왼쪽 기슭으로부터 2km 떨어진 곳에서 발견되어 20세기 초부터 미누신스크 박물관에서 보관되고 있다. 물품 목록 번호는 No. 20이다. 이 비문은 Sergej Jefimovič Malov(1880.1.28.-1957.9.6.)의 분류에 따르면 E-1이다.

igidmiš kaganïŋ+a "(너를) 키운 너의 카간에게"(BK E 19)

여격-처격의 명사는 다음의 기능들이 있다:

1. 행위가 그 자신을 향하여 행해지는 것을 보여주는 목적어가 된다:

äb+kä tägdöküm "나는 본영에 이르렀다"(O 10)

kagan+ka kïrkïz boduni ičikdi "카간에게 크르그즈 백성이 예속하였다"(T 28)

oguz täzip tabgač+ka kirti "오구즈족이 달아나서 중국에 들어갔다"(BK E 38) 등

2. 행위가 누구를 위하여 행해지는지를 보여주는 부사구가 된다:

nä kagan+ka išig küčüg birür män "나는 어느 카간에게 봉사하는가?"(KT E 9; BK E 9)

ülgän at+ka išig küčüg berti "그는 칭호가 높은 사람에게 봉사하였다"(O 11) 등

3. 후치사와 함께 부사구가 된다:

ilgärü yašïl ügüz šantuŋ yazï+ka tägi sülädimiz "우리는 동쪽으로 황하(와) 산동 평원까지 출정하였다"(BK E 15)

kurïgaru tämir kapïg+ka tägi sülädimiz "우리는 서쪽으로 태미르 카픅까지 출정하였다"(KT E 17) 등

4. 행위가 행해진 곳을 보여주는 부사구가 된다:

bu taš+ka bu tām+ka kop yol(l)ug tigin bitidim "이 돌들에 (그리고) 이 벽들에 (글들을) 모두 욜룩 왕자 내가 썼다"(KT SE) 등

nän yïlsïg bodun+ka olormadïm "나는 결코 부유하고 행복한 백성한테 즉위하지 않았다"(KT E 26)

tabgač ili+ŋä kïlïntïm "나는 중국에서 태어났다"151)(T 1)

5. 행위가 행해진 시간을 보여주는 부사구가 된다:

kïrkïzïg u+ka basdïmïz "우리는 크르그즈족을 잠에서 (있을 때에) 습격하였다"(T 27)

kül tigin koñ yïl+ka yiti yegirmi+kä učdï "퀼 왕자는 양해152)에 17(째

---

151) 저자는 뒤에서는 bän özüm tabgač iliŋä kïlïntïm "나 나 자신은 중국 지배 시에 태어났다"라고 하였다.

152) 돌궐 문자로 표기된 비문들에서 확인되는 12지(十二支)는 다음과 같다.
küsgü yïlka '쥐해에' (타리아트 비문 S 5)
bars yïlka '범해에' (시네 우수 비문 E 7; 타리아트 비문 W 1)
tabïšgan yïl '토끼해' (시네 우수 비문 E 8)
ulu yïlka '용해에' (타리아트 비문 W 2)
yïlan yïlka '뱀해에' (타리아트 비문 E 5, W 1)
koñ yïlka '양해에' (퀼 티긴 비문 NE; 시네 우수 비문 N 9, W 2; 타리아트 비문 E 9)
bičin yïlka '원숭이해에' (퀼 티긴 NE; 타리아트 비문 W 1)
takïgu yïlka '닭해에' (시네 우수 비문 N 10, W 4; 타리아트 비문 S 2)
[ï]t yïl '개해' (빌개 카간 비문 S 10), ït yïlka '개해에' (타리아트 비문 S 3)
lagzin yïl '돼지해' (빌개 카간 비문 S 10), lagzïn yïlka '돼지해에' (시네 우수 비문 N 11; 타리아트 비문 S 4)
돌궐 문자로 표기되지 않은 후대의 위구르어 문헌들을 다룬 Türkische Turfan-Texte VII (1936)에서는 ud yïl '소해'와 yunt yïl '말해'도 확인된다.
아주 이른 시기의 이란어 차용어인 bars는 정확하게는 "표범"을 뜻하지만 분명히 튀르크어에서는 다른 대형 고양잇과 동물들에 대해서도 사용되었다(EDPT: 368ab). 그러므로 bars는 '범'을 뜻한다고도 할 수 있을 것이다.
12지(十二支)는 오늘날 많은 튀르크어와 몽골어에서도 확인된다. 현대 튀르크어들에서는 거의 대부분 '쥐해', '소해' 식으로 해를 나타낼 때 사용된다. 터키어, 아제르바이잔어, 추바시어, 야쿠트어, 쇼르어 등에서는 사용되지 않거나 확인되지 않는다.
① 12지의 동물이 한국과 같은 경우: 알타이어(Altay), 투바어(Tuvan)
② 범 대신에 표범이 있는 경우: 바시키르어(Bashkir), 카라임어(Karaim), 카라칼파크어(Karakalpak), 카자크어(Kazakh), 크르그즈어(Kyrgyz, Kirghiz)
카자크어에서 중국어 차용어인 Ұлу[uluw]는 해 이름에서 사용되는데, 일상생활에서는 '달팽이'의 의미로 사용되는 탓에 옛 수도 알마트(Almaty) 분수의 12지 조각에서는 용 대신 달팽이가 조각되어 있다. 일반 카자크인들도 이렇게 알고 있다.
③ 범 대신에 표범, 용 대신에 물고기가 있는 경우: 노가이어(Nogay), 우즈베크어

날)에 서거하였다"(KT NE)

ol öd+kä kul kullug, küŋ künlüg bolmiš ärti "그 시기에 사내종들(조차) 사내종이 있었고 계집종들(조차) 계집종이 있었다"(KT E 21)

yazï+ŋa oguz tapa sülädim "나는 (그해의) 봄에 오구즈족을 향하여 출정하였다"(BK E 31-32) 등

6. 행위가 행해진 기간을 보여주는 부사구로서:

bir yïl+ka tört yolï süŋüšdüm "나는 한 해에 4번 싸웠다"(BK E 30)

on tün+kä yantakï tug äbirü bardïmïz "우리는 열흘 밤에 옆에 있는 (산기슭) 장애물을 돌면서 갔다"(T 26)

tünli künli yiti ödüš+kä subsïz käčdim "나는 밤낮으로 이레 만에 물 없는 (땅을) 지났다"(BK SE) 등

장소 부사 및 **시간 부사**를 볼 것.

2.1.4.5 처격-탈격

돌궐어에서 명사들의 처격-탈격은 어미 {+DA}로 표현된다. 모음으로 끝나는 어간들과 /r, l, n/외의 자음들 중 하나로 끝나는 어근과 어간들에서는 이 어미가 대개 {+dA}, /r, l, n/ 자음들 다음에서는 {+tA} 형태로 있다.

명사들의 탈격은 아주 드물게는 어미 /+tAn/으로도 표현된다.

(Uzbek), 현대 위구르어(Modern Uyghur), 타타르어(Tatar), 튀르크멘어(Turkmen) 튀르크멘어의 경우 사전에 12지와 관련하여 luw yïlï '물고기해'라고 제시되어 있는 낱말에서 luw는 원래 물고기가 아니라 용이다. 카자크에서 달팽이라고 하는 것과 같은 경우이다.
④ 시베리아 남부에서 사용되는 하카스어(Khakas)어는 다른 언어들과는 아주 다르다: 쥐, 소, 여우, 토끼, 도마뱀, 뱀, 말, 양, 사람, 닭/두루미, 개, 돼지

1. {+dA}:

altun yïš+da "알타이 산맥에서"(T 31, 32)

beš balïk+da "베시발르크에서"(KČ W 11)

bu kaganïŋ+da bu bäglärig+[dä bu yeriŋ+dä su]buŋ+da adrïlmasar "너의 이 카간에게서, 너의 이 백[들에게서, 너의 이 땅으로부터 물]로부터[153] 네가 갈라지지 않는다면"(BK N 13)

äb+dä "야영지에서"(BK E 32)

ï+da taš+da kalmiši "그들 중 산야에서 (살아)남은 이들"(T 4)

ïrak+da bilsär "멀리서 알려 한다면"(T 5)

köz+dä yaš kälsär "눈에서 눈물이 오면"(KT N 11)

küčlüg alp kaganïm+da "강력하고 용감한 나의 카간에게서"(O 12)

özüm säkiz yaš+da kaltïm "나 자신은 8살이었다"(BK E 14)

yurt+da yatu kalur ärti "그는 야영지에 누워 남아 있었다"(T 19)

2. {+tA}:

bodun+ta üzä "백성 위에"(KT E 26)

erig yer+tä "쉽게 이르는 곳에서"(KT S 13, 13), 그러나 대개는 yer+dä, yir+dä

il+tä "나라에서"(KT S 3)

kara köl+tä "카라 쾰에서"(KT N 2)

---

153) 글자 그대로는 "땅(과) 물"을 뜻하는 yer/yir sub는 초자연적이거나 종교적인 뜻을 함축하고 있다고 시사되어 왔지만, 돌궐어 및 다른 언어들에서 문맥을 보면 이 표현은 단지 "영토(territory)", 즉 땅과 하천, 호수 등을 포함하는 지역을 뜻한다(EDPT 783). EDPT에서는 yer/yir sub 대신에 yér suv로 표기되어 있다. yer/ yir sub라는 표현은 오늘날 튀르크계 언어들에 남아 있다. 대략 우리가 말하는 강산(江山)이나 산하(山河), 산천(山川)과 같은 뜻으로 보면 될 것이다.

könül+tä "마음에서"(KT N 11), könül+tä+ki "마음에 있는"(KT S 12)

tabgač kagan+ta "중국 황제에게서"(KT S 11)

toŋa tigin yogïn+ta "통아 왕자154)의 장례식에서"(KT N 7)

türk sir bodun yerin+tä "튀르크 시르 백성의 땅에서"(T 3, 60)

yarïkïn+ta yalmasïn+ta "그의 갑옷에서 그의 카프탄에서"(KT E 33)

yïrdïn+ta yan "북쪽으로부터"(T 11)

yurt+da yol+ta "야영지에서 길에서"(KT N 9)

3. {+tAn}. 몇몇 장소 부사에서 보인다:

oguzdun+tan "오구즈족 쪽으로부터"(T 8)

tašdïn+tan "밖으로부터"(MČ S 4)

처격-탈격의 낱말은 다음의 기능들이 있다:

1. 행위가 행해지는 곳을 나타내는 부사구로서:

azu bu sabïm+da igid bar gu "그렇지 않으면 나의 이 말들에 거짓이
있느냐?"(KT S 10)

[bi]ryä tabgač+da ati küsi yok boltï "남쪽에서 중국에서 그들의 명성
이 없어졌다"(BK E 36)

ekin sü äb+dä ärti "제2군은 야영지에 있었다"(BK E 32)

kara köl+tä süŋüšdümüz "우리는 카라 쾰에서 싸웠다"(KT N 2) 등

2. 행위 동안에 목적어가 처한 상황을 보여주는 부사구로서:

---

154) 여기에서 언급된 통아 왕자는 714년에 Bešbalïk(北庭) 성벽 앞에서 복병을 만나 죽임
을 당한 카프간의 아들 통아 왕자임이 분명하다. 통아 왕자는 중국 문헌에는 同俄特
勒으로 나오는데, 勒은 勤의 잘못임이 분명하다.

kïrkïz bodunug u+da basdïmïz "우리는 크르그즈 백성을 잠에서 (있을 때에) 습격하였다"(KT E 35)

3. 어떤 행위의 시발점을 보여주는 부사구로서:

köz+dä yaš kälsär tida, köŋül+tä sïgït kälsär yanturu sakïntïm "눈에서 눈물이 오면 막으며, 마음에서 울부짖음이 오면 되돌리며 나는 애도하였다"(KT N 11)

[tabgač] kagan+ta bädizči kälürtüm "나는 중국 황제에게서 장인들을 데려왔다"(KT S 11)

4. 후치사나 후치사 기능을 하는 명사와 함께 부사구로서:

bän yïrdïn+ta yan tägäyin "나는 북쪽으로부터 공격할게"(T 11)

yabïz yablak bodun+ta üzä olortum "나는 가난한 백성 위에 즉위하였다"(BK E 21)

5. 명사들의 처격-탈격은 비교를 위해서도 사용된다:

ïgar oglanïŋïz+da taygunuŋuz+da yegdi igidür ärtigiz "당신은 (당신의 백성을) 당신의 소중한 자식들보다, 당신의 망아지(같은 아들)들보다 더 잘 먹이고 계셨습니다"(KT SE)

ötükän yïš+da yig idi yok ärmiš "외튀캔 산악지역보다 더 좋은 (곳은) 전혀 없다고 한다"(KT S 4)

2.1.4.6 향격

돌궐어에서 명사들의 향격은 다음의 어미들로 표현된다: 1. {+gArU},

2. {+ŋArU}, 3. {+ArU}, 4. {+rA}. 향격의 명사는 행위가 그 자신을 향하여 행해지는 것을 보여주는 부사구로 사용된다.

1. {+gArU}. 이 어미는 아무런 어미가 붙지 않은 명사 어간들에 붙는다:

amga korgan kïšlap yazïŋa oguz+garu sü tašïkdïmïz "암가 코르간에서 겨울을 나고 (그해의) 봄에 우리는 오구즈족을 향하여 출정하였다"(KT N 8)

apa tarkan+garu ičrä sab ïdmiš "(카간은) 아파 타르칸에게로는 은밀한 전언을 보냈다고 한다"(T 34)

bän äb+gärü tüšäyin··· tedi "나는 본영으로 내려갈게··· 하고 그가 말하였다"(T 30)

ol yer+gärü barsar, türük bodun, öltäči sän "그 곳으로 간다면, 튀르크 백성(아) 너는 죽을 것이다"(KT S 8)

ötükän yïš+garu uduztum "나는 (군대를) 외튀캔 산악지역으로 보냈다"(T 15)

tabgač+garu kunï säŋünüg ïdmiš, kïtañ+garu toŋra äšimig ïdmiš "그는 중국으로는 쿠 장군을 보냈다고 한다, 거란족으로는 통라 애심을 보냈다고 한다"(T 9) 등

2. {+ŋArU}. 더 오래된 {+n+gArU} 형태에서 발전한 이 형태는 3인칭 소유 어미를 받은 명사들에 붙는다:

birgärü kün ortosï+ŋaru[155], yïrgaru tün ortosï+ŋaru "남으로는 낮의 한가

____

155) ortosïŋ(a)ru의 sïŋ(a)ru는 "~을 향하여"라는 뜻의 후치사로 보아야 한다. kün ortosï

운데를 향하여, 북으로는 밤의 한가운데를 향하여"(KT S 2; BK N 2)

yeri+ŋärü subï+ŋaru kontï "그들은 그들의 산천을 향하여 자리 잡았다"(BK E 40)

3. {+ArU}. 이 어미는 단수 1인칭 소유 어미를 받은 낱말들에 붙는다:

basmïl yagïdip äbim+ärü bardï "바스믈[156]족이 (우리에게) 적이 되어 나의 야영지를 향하여 갔다"(MČ S 4)

4. {+rA}. 이 어미는 다음의 예들에 있다:

tarduš šad+ra udï yañdïmïz "우리는 (적을) 타르두시 샤드를 향하여 몰며 흩뜨렸다"(T 41)

taš+ra yorïyur tiyin kü ešidip "그가 반란을 일으킨다 (글자 그대로는 "그가 밖으로 걷는다") 하고 소식을 듣고"(KT E 11-12)

2.1.4.7 동등격

명사들의 동등격은 어미 {+čA}로 표현된다. 어떤 명사의 동등격은 동등-비교 부사, 근사 부사, 상대 부사로서 기능을 한다 (**부사**를 볼 것):

1. 동등-비교 부사로서:

buzkun+ča kälir ärtimiz "우리는 폭풍처럼 오고 있었다"(O 9-10)

ekinti kün ört+čä küzïp kälti "(적은) 둘째 날에 불같이 화내어 (우리에게) 왔다"(T 39-40)

및 tün ortosï와 같이 3인칭 소유 어미를 지닌 형태는 훨씬 후대에 나타났고 예전에는 모두 kün orto, tün orto였으며 아직도 일부 튀르크어에서는 이 형태로 있기 때문이다.

156) 중국 문헌에 拔悉密로 나온다.

kanïŋ sub+ča yügürti süŋökün tag+ča yatdï "너의 피는 강처럼 흘렀다, 너의 뼈는 산처럼 쌓였다"(KT E 2)

kanïŋ ügüz+čä yügürti "너의 피는 강처럼 흘렀다"(BK E 20)

tirigdäki+čä "살아있을 때처럼"(KT SE)

türgiš kagan süsi ot+ča bor+ča kälti "튀르기시 카간의 군대가 불처럼 폭풍처럼[157](우리에게) 왔다"(BK E 27)

2. 대략의 수를 나타내는 부사로서:

älig+čä är tutdumuz "우리는 50 정도의 군사를 사로잡았다"(T 2)

uygur el[t]äbär yüz+čä ärin ilg[är]ü t[äzip bardï] "위구르족의 엘태배르가 100 정도의 남자와 함께 동쪽으로 달아나 갔다"(BK E 37)

3. 상대성의 부사로서:

··· bodunug äčüm apam törösin+čä yaratmiš bošgurmiš "··· 그는 백성을 나의 조상의 법에 따라 (다시) 창조했다고 한다 (그리고) 가르쳤다고 한다[158]"(KT E 13)

kïyïnïg köŋlüŋ+čä ay "(죄를 지은 자들의) 벌을 네 마음대로 주어

---

157) Milan Adamović는 bor[bōr]가 토하르어 *pōr "불"에서 차용된 것이라 주장하며 이 구절을 "wie ein Flächenbrand", 즉 "큰 화재(conflagration)처럼"이라고 번역하였다 (Milan Adamović, "Otča borča", *CAJ*, 40/2 (1996), pp. 168-172를 볼 것). 이렇게 볼 경우, otča borča라는 구절은 두 개의 동의어로 이루어지는 셈이다. 더구나 이 싸움이 투뉴쿠크 비문에도 언급되어 있는데 40행에는 otča borča 대신에 örtčä "불처럼, 불같이"라는 표현이 있다는 점도 그의 주장을 뒷받침한다.

158) 동사 yarat-는 '만들다, 창조하다; 조직하다, 편성하다', 동사 bošgur-는 '가르치다, 일깨우다; 만들다, 조직하다'를 뜻한다. 그러므로 이 두 동사는 이 문장에서는 '만들다' 또는 '조직하다'라는 같은 뜻으로 사용되었다고 보는 것이 맞을 것이다. 즉 이 문장을 "··· 그는 백성을 나의 조상의 법에 따라 (다시) 조직하였다고 한다"로 해석하는 것이 옳을 것이다.

라!”(T 32)

köŋlüŋ+čä uduz “네 마음대로 보내라!”(T 15)

oglanïm ärdä marïmin+čä bol “나의 아들들아! 남자들 사이에서 나의 스승처럼 되어라”(Suji 9)

2.1.4.8 기구격

명사들의 기구격은 어미 {+(X)n}으로 표현된다. 달리 말하면, 어간 과 어미 사이에 있는 연결모음은 순음조화의 적용을 받는다: okun “화살로”(KT E 36)

명사들의 기구격은 행위가 어떤 수단으로 행해졌는지, 누구와 행해 졌는지, 어떻게 또는 어떤 조건들 아래에서 행해졌는지 그리고 언제 행해졌는지를 보여준다.

1. 행위의 수단:

altun yïšïg yolsïz+ïn ašdïmïz ärtiš ügüzüg käčigsiz+in käčdimiz “우리 는 알타이 산맥을 길 없이 넘었다, 이르티시 강을 여울 없이 건넜 다”(T 35)

az totokug älig+in tutdï “(퀼 왕자는) 아즈족의 도독을 자기의 손으로 잡았다”(KT E 38)

bir ärig ok+un urdï “(퀼 왕자는) 군사 하나를 화살로 쳤다”(KT E 36)

bu yol+un yorïsar yaramačï “이 길로 걸어가면 (우리를 위하여) 좋지 않을 것이다”(T 23)

köz+ün körmädök kulkak+ïn ešidmädök bodunumïn ⋯ “눈으로 보지 못한, 귀로 듣지 못한 (만큼 수가 많은) 나의 백성을 ⋯”(BK N 11) süčig sab+ïn yimšak agï+n arïp … "(중국인들은) 달콤한 말들과 부드러운 선물들로 속여서 …"(KT S 5)

[usï]n süŋüg+ün ačdïmïz "우리는 그들의 잠을 창으로 열었다"(T 28)

2. 행위가 누구와 행해졌는지:

kaganïm+ïn sü eltdimiz "우리는 나의 카간과 함께 군대를 보냈다"(T 53)

kaŋïm kagan yiti yegirmi är+in tašïkmiš "나의 아버지 카간은 17 남자와 함께 (산에) 올랐다고 한다[159]"(KT E 11)

kugu kuš kanatïŋa urup an+ïn kalïyu barïpan öginä kaŋïŋa tägürmiš "고니가 (그를) 자기 날개에 두고[160] 그와 함께 날아올라 가서 (그를) 그의 어머니에게 그의 아버지에게 데려갔다고 한다"(ÏB 35)

ulug irkin azkïña är+in täzip bardï "울룩 이르킨이 아주 적은 남자와 함께 달아나 갔다"(KT E 34)

uygur el[t]äbär yüzčä är+in ilg[är]ü t[äzip bardï] "위구르족의 엘태배르가 100 정도의 남자와 함께 동쪽으로 달아나 갔다"(BK E 37)

3. 행위가 행해진 방식:

anta ötrü oguz kop+ïn kälti "그 뒤에 오구즈족이 모두 함께 왔다"(T 16)

bäglär kop[ïn] yanalïm… tedi "(그 소식을 듣고) 백들은 모두 함께

---

159) 동사 tašïk-는 '(밖으로) 나가다, 나오다'를 뜻하므로 이 문장은 "나의 아버지 카간은 17 남자와 함께 (성밖으로) 나갔다고/나왔다고 한다"로 해석되어야 한다. 동사 tašïk-는 현대 터키어에서는 çık-, 즉 čïk- '(밖으로) 나가다, 나오다; (위로) 오르다'가 되었다. 저자는 이 문장의 동사 부분을 "(dağa) çıkmış", 즉 "그는 (산에) 올랐다고 한다"로 번역하였지만, '산에 오르다'라는 동사는 tagïk-이므로 저자의 해석은 무리가 있다. 더구나 저자는 1.2.6 음절 부호 /ᵏK/에서는 이 낱말을 tagïk-로 읽었다.

160) 동사 vur-는 '치다, 때리다' 말고도 '두다, 놓다'를 뜻하므로 vurup는 '쳐서'가 아니라 '두고, 놓고'로 해석하는 것이 옳을 것이다.

"돌아갑시다!…" 하고 말하였다"(T 36-37)

oŋ[161] totok yurčin yaraklïg älig+in tutdï "(퀼 왕자는) 왕 도독의 (손 아래) 처남을 무기를 쥔 그의 손으로 (그의 손에 무기가 있는 상태로) 잡았다"(KT E 32)

tür[giš kagan] kïzïn ärtiŋü ulug törö+n ogluma alï birtim "나는 튀르[기시 카간의] 딸을 아주 성대한 의식으로 나의 아들에게 얻어주었다"(BK N 9-10)

yir sayu barmiš bodun ölü yitü yadag+ïn yalaŋ+ïn yana kälti "(나 자신이 즉위하였을 때에) 모든 곳에 갔던 백성이, 죽을 지경이 되어, 걸어서 맨발로 돌아 왔다"(KT E 27-28)

4. 접속사로서:

bilmäz bilig+in biltöküm+ün ödöküm+ün bunča bitig bitidim "나는 무지로, 내가 아는 것으로 그리고 내가 기억하는 것으로 이만큼의 글을 썼다"(KČ S 3)

igidmiš bilgä kaganïŋ+ïn ermiš barmiš ädgü eliŋä käntü yaŋïltïg "(너를) 배부르게 한 너의 카간과 발전하고 좋은 너의 나라를 너 자신이 배반하였다"(KT E 23)

ingäk köläk+in toglada oguz kälti "인개크 못과 톨라 강[162]으로부터

---

161) 역자는 돌궐 비문 연구(2008)의 p. 103, 93번 역주에서 왕 도독이 그 시기에 활약한 당의 장수인 王孝傑을 가리키는 듯하다고 지적한 바 있다. 그렇지만 王孝傑은 이미 697년에 거란의 孫萬榮과 싸우다가 전사했으므로 빌개 카간과 퀼 티긴이 활동할 때에는 이 세상에 없었다. 역자의 착오였으므로 돌궐 비문 연구(2008)의 p. 103, 93번 역주의 王孝傑 관련 내용은 정정되어야 한다.
한편 元朝秘史에서는 케레이트 추장인 토그릴 칸이 옹칸(Ong-qan, 汪꾸)으로 나타난다. 여기에서도 Ong(汪)은 중국어 王에서 차용된 것이다.

162) 중국 문헌에서는 독락하(獨洛河)로 나온다. togu balïk와도 관련이 있는 듯하다. 그러

오구즈족이 (우리에게) 왔다"(T 15)

5. 행위가 행해진 때:

kiš+in kïtañ tapa sülädim "나는 겨울에 거란족을 향하여 출정하였다"(BK S 2)

ol yïl küz+ün ilgärü yorïdïm tatarïg ayïttïm "나는 그해 가을에 동쪽으로 나아갔다, 타타르족에 대하여 물었다"(MČ E 8)

yalabači ädgü sabi ötügi kälmäz tiyin yay+ïn sülädim "나는 그들의 사신, 그들의 좋은 소식(과) 요청이 오지 않는다 하여 여름에 출정하였다"(BK E 39)

yaz+ïn tatabï tapa sülädim "나는 봄에 타타브족163)을 향하여 출정하였다"(BK S 2)

2.1.4.9 공동격

명사들의 공동격(comitative)은 어미 {+lIgU}로 표현된다. 돌궐어에서 드물게 사용된 이 명사격은 행위가 누구와 함께 행해졌는지를 보여준다:

korïgu eki üč kiši+ligü täzip bardï "(성의) 수비자가 두세 사람과 함께 달아나 갔다"(BK E 41)

män ini+ligü bunča bašlayu kazganmasar … "내가 남동생과 함께 (나

---

163) 타타브(Tatabï)는 중국 문헌에 해(奚)로 나오는 종족인 듯하다. 비문들에서는 거의 언제나 거란 다음에 언급되어 있다.

의 백성에게) 지휘하며 이만큼 일하지 않았으면 그리고 성공하지 않았으면164)…"(BK E 33)

tört ini+ligü ärtimiz bizni ärklig165) adïrtï "우리는 모두 4 형제였다. 우리를 (지하의 신) 애르클릭이 갈라놓았다"(Altïnköl I 8)

동등격 어미 {+lIgU}는 위구르어에서 {+lUgUn} 형태로 있다.166)

2.2 대명사

2.2.1 인칭대명사

돌궐어에 있는 진짜 인칭대명사들은 다음과 같다: bän ~ män "나", sän "너", biz (격변화에서는 bizin+) "우리", siz "너희". 3인칭 대명사는 없다.167) 이 기능을 지시 대명사 ol "그, 그들"이 한다.

인칭대명사들의 격변화는 명사들의 것과는 조금 다르다. 이 차이는 격변화 어미들에서 비롯되지 않고 대명사들의 격변화 어간들에서 그리고 그것들에서 생긴 변화들에서 비롯된다.

절대격	bän ~ män, sän, biz, siz
속격	bäniŋ ~ mäniŋ, biziŋ, siziŋ
대격	bini, sini, bizni
여격-처격	baŋa ~ maŋa, saŋa, biziŋä

---

164) "지휘하며 이만큼 일하지 않았으면 그리고 성공하지 않았으면"으로 번역된 부분은 돌궐어 원문대로 하면 "이만큼 지휘하며 획득하지 않았으면"이다.

165) ärklig은 '힘 있는, 강력한'을 뜻한다.

166) 공동격 어미는 오늘날 야쿠트어에서 -lIn, -dIn, -tIn, -nIn으로 남아 있다.

167) 원래의 3인칭 대명사 *in은 3인칭 소유 어미 -(s)I(n)에 남아 있다.

처격-탈격   bizintä, sizdä

향격   baŋaru

1. 절대격으로 있는 인칭대명사는 문장의 주어나 계사로 사용된다:

a) 문장의 주어로서:

ayïgmasi bän ärtim, bilgä tuñukuk "그의 대변인은 나였다, 빌개 투뉴쿠크"(T 5)

bän äbgärü tüšäyin "나는 본영으로 내려갈게"(T 30)

bän saŋa nä ayayin "내가 너에게 (더) 무엇을 말하겠나?"(T 32)

bän yïrdïnta yan tägäyin "나는 북쪽으로부터 공격할게"(T 11)

bilgäsi čabïši bän ök ärtim "그의 고문(과) 그의 지휘관은 바로 나였다"(T 7)

män tokuz yegirmi yïl šad olortum "나는 19년 샤드(로서) 앉았다"(BK S 9)

biz az biz "우리는 적다"(O 7)

biz az ärtimiz, yabïz ärtimiz "우리는 적었다 (그리고) 나쁜 상태에 있었다"(BK E 32)

biz eki bïŋ ärtimiz "우리는 2,000 (사람)이었다"(T 16)

kagan at bunta biz birtimiz "(그에게) 카간 칭호를 여기에서 우리가 주었다"(KT E 20)

b) 계사로서:

bän anča ter män "나는 그렇게 말한다"(T 37)

ol yerimin subumïn konar köčär bän "나는 나의 그 땅 위에서 물을 따라168) 자리 잡는다 이동한다"(Tar. W 4) sakïnur män "나는 애도한다"(BK W 6)

öltäči sän "너는 죽을 것이다"(KT S 8)

türük bodun tokurkak sän "튀르크 백성, 너는 자신을 언제나 배부르다고 여긴다"(KT S 8)

biz az biz "우리는 적다"(O 7)

tabgač oguz kïtañ bučägü kabïš(s)ar kaltačï biz "중국인, 오구즈족, 거란족 이 셋이 연합하면 우리는 속수무책이 될 것이다"(T 12-13)

bödkä körügmä bäglär gü yaŋïltačï siz "이 시기에 (나에게) 복종하는 백들, 너희가 잘못하겠느냐?"(KT S 11; BK N 8)

2. 속격 (형용사로서):

bäniŋ bodunum anta ärür "나의 백성이 거기에 있을 것이다"[169](T 21)

mäniŋ sabïmïn sïmadï "그들은 나의 말을 어기지 않았다"(KT S 11)

t[okuz ogu]z mäniŋ bodunum ärti "토[쿠즈 오구]즈족은 나의 백성이었다"(BK E 29)

biziŋ sü ati toruk azuki yōk ärti "우리의 군대는 말들이 야위고 식량이 없었다"(KT E 39)

---

168) 투뉴쿠크 비문 17행(= 제1 비문 남쪽 면 10행)에는 öt(ü)kän yer(i)g konm(ï)š tey(i)n eš(i)d(i)p b(i)ryäki bod(u)n kur(ï)yakï yïryakï öŋräki bod(u)n kälti "(튀르크 백성이) 외튀캔 땅에 자리 잡았다고 한다 하고 (소식을) 듣고는 남쪽에 있는 백성, 서쪽에 있는, 북쪽에 있는 (그리고) 동쪽에 있는 백성이 (우리에게) 왔다."라는 구절이 있다. öt(ü)kän yer(i)g의 -g이 대격 어미인 것을 보면 동사 kon-은 타동사이다. 그러므로 문장 ol yerimin subumïn konar köčär bän에서도 kon-은 타동사여서 yerimin subumïn에 있는 -in, -ïn을 1인칭 단수 소유 어미 다음에 붙는 대격 어미로 보아야 한다. 즉 yerimin subumïn은 "나의 땅을 나의 물을"로 직역된다.

169) ärür는 "(그가/그것이) ~이다"를 뜻한다. 즉 현재 시제로 사용된다. 그러므로 bäniŋ bodunum anta ärür는 "나의 백성이 거기에 있다"를 뜻한다. "나의 백성이 거기에 있을 것이다"를 뜻하는 돌궐어 문장으로는 bäniŋ bodunum anta ärtäči 또는 bäniŋ bodunum anta boltačï가 기대된다.

3. 대격:

bini oguzug ölürtäčik tir män "그는 나를, 오구즈를, 분명히 죽일 것
이라고 나는 말한다"(T 10-11)

sini tabgačïg ölürtäči tir män "그는 너를, 중국인을, 죽일 것이라고
나는 말한다"(T 10)

bizni ärklig adïrtï "우리를 (지하의 신) 애르클릭이 갈라놓았다"
(Altïnköl I 8)

kača(n) näŋ ärsär ol bizni ⋯ ölürtäčik ök "조만간 그는 우리를 ⋯ 반
드시 죽일 것이다"(T 20-21)

4. 여격-처격:

anta ičräki bodun [kop m]aŋa k[örür] "그 경계 안에 있는 백성들은
[모두] 나에게 예[속한다]"(KT S 2)

bilgä tuñukuk(k)a baŋa aydï "(카간은) 빌개 투뉴쿠크에게, 나에게,
(다음과 같이) 명령하였다"(T 31)

bu yerdä maŋa kul boltï "그들은 여기에서 나에게 종이 되었다"(BK
E 36)

kop maŋa körti "모두 나에게 예속하였다"(KT E 30)

bän saŋa nä ayayin "내가 너에게 (더) 무엇을 말하겠나?"(T 32)

alp är biziŋä tägmiš ärti "용감한 군사들이 우리를 공격했었다"(KT
E 40)

biziŋä yaŋïltokin yazïntokin üčün kagani ölti "그들이 우리에게 잘못
처신하였기 때문에 그들의 카간이 죽었다"(BK E 16)

5. 처격-탈격:

bizintä eki uči siŋarča artuk ärti "그들의 두 날개(翼)는 우리보다 절반 정도 더 많았다"(T 40)

ötükän eli sizdä "외튀캔 나라는 당신에게 있다"(Tar. S 5)

sin sizdä "(우리 조상의) 무덤들은 당신에게 있다"(Tar. S 5)

6. 향격:

bög[ü] kagan baŋaru anča yïdmiš "뵈귀 카간은 나에게로 그렇게 (소식을) 보냈다고 한다"(T 34)

2.2.2 지시대명사

돌궐어에는 지시대명사가 2개 있다: bu "이"와 ol "그". 끝에 있는 대명사는 3인칭 대명사로도 사용된다. 지시대명사들의 사격 어간들은 차례로 bun+과 an+ 형태로 있다.

절대격	bu, ol
속격	
대격	bunï, anï
여격-처격	aŋar[170] (< *an+gar[171])
처격-탈격	bunta, anta
향격	aŋaru (< *an+garu)

---

170) 예니세이 비문들 중 베그레(Begre) 비문 제 10행에서는 aŋa '그(들)에게'가 확인된다: Aŋa bökmädim ä! Yïta! "나는 그것들과 실컷 함께 하지 못했다 아! 슬프다!".

171) 오늘날 야쿠트어와 돌간어에서 1인칭 단수와 2인칭 단수를 제외한 나머지 인칭들의 소유 어미 다음에 여격 어미 -gar/-gär가 붙는다.

동등격   bunča, anča

기구격   anïn

지시대명사들에서 파생한 다른 낱말들은 다음과 같다:

antag "그러한, 그렇게"(T 9, 36) ~ antäg (T 29) < *anï täg

büntäg+i "그들의 이러한 이"172)(T 57) < *buntäg < *bunï täg.

1. 절대격

a) 지시대명사로서:

bardok yirdä ädgüg ol ärinč "간 곳에서 너의 소득은 그것(이었다) 분명"(KT E 24)

ilteriš kagan bilgä tuñukuk kazgantok üčün kapgan kagan türük sir bodun yorïdoki bu "일테리시 카간173)(과) 빌개 투뉴쿠크가 (노력하여) 획득하였기 때문에 카프간 카간의 튀르크 시르 백성이 발전한 것이 (바로) 이것(이다)"(T 61)

b) 지시형용사로서:

bu ïrk bitig "이 역서(易書)"(ÏB 66)

bu süg elt tidi "이 군대를 보내라 하고 그가 말하였다"(T 32)

bu türük bodun ara yarïklïg yagïg yältürmädim tügünlüg atïg yügürtmädim "나는 이 튀르크 백성 사이에서 갑옷 입은 적이 공격하

---

172) bintäg+i "그들의 나와 같은 이"(< *bini täg)일 수 있다.

173) 쿠틀룩(Kutlug)은 중국 문헌에는 骨咄祿이나 骨篤祿으로 기록되어 있는 인물로서 그 성씨는 阿史那이다. 중국의 지배에서 벗어나 돌궐 제국을 재건하였다. 투뉴쿠크의 도움으로 일테리시(Ilteriš) 카간이 되었으며, 자신의 아우들인 黙啜과 咄悉匐(또는 叱悉匐)을 각각 샤드(殺, 設)와 야브구(葉護)로 임명하였다. 빌개 카간과 퀼 티킨의 아버지이다. Kutlug은 kut "운, 행운"의 파생어로서 "운이 좋은, 행운의"라는 뜻이다.

지 못하게 하였다, (꼬리가) 매듭지어진 (적의) 말이 달리지 못하게 하였다"(T 54)

bu yolun yorïsar yaramačï "이 길로 가면 (우리를 위하여) 좋지 않을 것이다"(T 23)

ol at anta ölti "그 말은 거기에서 죽었다"(KT E 32-33)

ol yergärü barsar türük bodun öltäči sän "그곳으로 간다면 튀르크 백성아 너는 죽을 것이다"(KT S 8)

ol yerimin subumïn[174] konar köčär bän "나는 나의 그 땅에서 물에서 자리 잡는다, 이동한다"(Tar. W 4)

c) 대명사 ol은 계사로도 사용된다:

añïg ädgü ol "(이 점괘는) 아주 좋다"(ÏB 5 등)

añïg yablak ol "(이 점괘는) 아주 나쁘다"(ÏB 36)

bilgä tuñukuk añïg ol üz ol "빌개 투뉴쿠크는 나쁘다, 제멋대로다"(T 34)

[türük boduni yämä] bulganč ol [tem]iš oguzi yämä tarkïnč ol temiš "[튀르크 백성도] 혼란 상태에 있다 하고 그가 [말하]였다고 한다, 그들의 오구즈족도 불안하다 하고 그가 말하였다고 한다"(T 22)

yašïl kaya yaylagïm kïzïl kaya kïšlagïm ol "녹색 바위는 내가 여름을 보내는 곳, 붉은 바위는 내가 겨울을 보내는 곳이다"(ÏB 51)

2. 대격:

bunï körü biliŋ "너희는 이것을 보며 알아라"(KT S 12; BK N 15)

---

174) 돌궐어에서 동사 kon-은 타동사이다. 그러므로 yerimin subumïn에 있는 -in, -ïn을 1인칭 단수 소유 어미 다음에 붙는 대격 어미로 보아야 한다. 즉 yerimin subumïn은 "나의 땅을 나의 물을"로 직역된다.

türük bäglär bodun bunï ešidiŋ "튀르크 백들(과) 백성(아), 이것을 들어라"(KT S 10)

anï ayïtayin[175] tip sülädim "그를 묻겠어 하고 나는 출정하였다"(BK E 41)

anï yañïp türgi yargun költä buzdumuz "우리는 그를 흩뜨려서 튀르기 야르군 호수에서 참패시켰다"(KT E 34)

anï körüp anča biliŋ "너희는 그것을 보고 그렇게 알아라"(KT S 13)

anï üčün ilig anča tutmiš ärinč "그때문에 그들은 나라를 그렇게 다스렸다고 한다 분명히"(KT E 3)

katun yok bolmiš ärti anï yoglatayin tedi "카툰이 죽었었다; 그의 장례를 치르게 할게라고 그가 말하였다"(T 31)

3. 여격-처격:

aŋar adïnč(č)ïg bark yarat(t)urtum (KT S 12) = aŋar adïnč(č)ïg bark yaratï(d)dïm (BK N 14) "나는 그에게 놀라운 능을 만들게 하였다"

aŋar körü[176] biliŋ "너희는 그것을 보며 알아라"(KT S 11; BK N 8)

4. 처격-탈격: **장소 부사**를 볼 것.

---

175) 저자는 이 동사를 예전에는 añït- '두려워하게 하다, 으르다'로 읽었다.

176) 동사 kör-는 대격을 지배할 때에는 "보다", 여격을 지배할 때에는 "복종하다, 예속하다"를 뜻한다. "복종하며, 예속하며"를 뜻하는 부동사 körü는 나중에 "~에 따라서"를 뜻하는 후치사로 발전하였다. 터키어의 göre 등이 이러한 경우이다. 그런데 이 구절에서 körü 앞의 aŋar는 대명사 ol의 여격-처격 형태이다. 그러므로 körü를 단순히 "보면서"라는 뜻의 부동사가 아니라 "~에 따라서"라는 뜻의 후치사로 보아 aŋar körü를 "그것에 따라서"로 해석하는 것이 타당할 것이다. 이렇게 되면 후치사 körü의 제일 오래된 예가 확인되는 셈이다.

5. 향격:

aŋaru sülämäsär kačan (n)äŋ ärsär ol bizni ··· ölürtäči-k-ök "그를 향하여 출정하지 않으면 언제라도 그는 우리를 ··· 틀림없이 죽일 것이다"(T 20-21)

6. 동등격: **부사**를 볼 것.

7. 기구격:

anïn barmiš "그가 그 (길)로 갔다고 한다"(T 24)

kugu kuš kanatïŋa urup anïn kalïyu barïpan ögiŋä kaŋïŋa tägürmiš "고니가 (남자를) 자기 날개에 두고177) 그와 함께 날아올라 가서 (그를) 그의 어머니에게 그의 아버지에게 데려갔다고 한다"(İB 35)

2.2.3 강화-재귀대명사

강화-재귀대명사들은 다음과 같다: käntü "자기, 자신", özüm "나 자신", özi "그 자신, 그들 자신". 이것들은 명사나 다른 대명사를 강화하기 위하여 더 많이 사용된다.

1. käntü "자기, 자신":

ädgü eliŋä käntü yaŋïltïg "너의 나라를 너 자신이 배반하였다"(KT E 23; BK E 19)

---

177) 동사 vur-는 '치다, 때리다' 말고도 '두다, 놓다'를 뜻하므로 vurup는 '쳐서'가 아니라 '두고, 놓고'로 해석하는 것이 옳을 것이다.

2. özüm "나 자신", özi "그 자신, 그들 자신":

bän özüm tabgač iliŋä kïlïntïm "나 나 자신은 중국 지배 시에 태어났다"178)(T 1)

ilteriš kagan kazganmasar udu bän özüm kazganmasar … "일테리시 카간이 획득하지 않았으면 그리고 나 나 자신이 획득하지 않았으면…"(T 54-55)

män özüm kagan olortokum üčün … "나 나 자신이 카간으로 즉위하였기 때문에 …"(BK E 36)

türk bodunug ötükän yerkä bän özüm bilgä tuñukuk [kälürtüm] "튀르크 백성을 외튀캔 땅에 나 나 자신 빌개 투뉴쿠크가 [데려왔다]"(T 17)

eltäbär özi kälti "엘태배르 그 자신이 왔다"(KČ E 9)

inim kül tigin özi anča kärgäk boltï "나의 동생 퀼 왕자 그 자신이 그렇게 서거하였다"(KT E 30)

강화대명사로 강화된 명사나 인칭대명사는 자주 제거된다. 이 경우에 강화대명사들이 인칭대명사들의 기능을 떠맡는다.

1. özüm "나 자신, 나":

anta kisrä täŋri bilig bertök üčün özüm ök kagan kïšdïm "그 뒤에 신께서 (나에게) 지혜를 주셨기 때문에 (그를) 바로 내가 카간으로 삼았다"(T 6)

ečim kagan olortokda özüm tarduš bodun üzä šad ärtim "나의 숙부 카간이 즉위하였을 때에 나는 타르두시 백성 위에서 샤드였다"(KT E 17)

inim kül tigin kärgäk boltï özüm sakïntïm "나의 동생 퀼 왕자는 서거

---

178) 저자는 앞에서는 tabgač ili+ŋä kïlïntïm "나는 중국에서 태어났다"라고 하였다.

하였다; 나는 애도하였다"(KT N 10)

[kaŋïm] kagan učdokda özüm säkiz yašda kaltïm "[나의 아버지] 카간이 승하하였을 때에 나는 8살이었다"(BK E 14)

özüm karï boltum ulug boltum "나는 늙었다, 나이를 먹었다"(T 56)

2. özi "그 자신, 그, 그들"

ekisin özi altïzdï "그들 둘을 그 자신이 사로잡게 하였다"(KT E 38)

özi süsi ögirü säbinü ordusïŋaru[179) kälir "그(와) 그의 군대가 기뻐하며 본영을 향하여 온다"(ÏB 3)

3. 대명사 käntü와 대명사 öz는 수식어로도 사용된다:

ančip alku käntü ülügi ärklig ol "그렇게 해서 모든 사람이 자신의 운명의 주인이다"(ÏB 66)

käntü bodunum "나 자신의 백성"(MČ E 2)

tokuz oguz bodun käntü bodunum ärti "토쿠즈 오구즈 백성은 나 자신의 백성이었다"(KT N 4)

öz (i)či tašïn tutmiš täg biz "우리는 자기 내부(의 군대)로 외부를 잡고 있는 것과 같습니다"(T 13) 등

2.2.4 의문대명사

의문대명사들은 다음과 같다: 사람들을 위해서는 käm "누구?", 사물들을 위해서는 nä와 nägü "무엇". 룬 문자로 된 본문들에서 이 대명

---

179) 이 낱말을 ordo sïŋaru로 읽고 sïŋaru는 "~을 향하여"라는 뜻의 후치사로 보는 것이 옳을 수 있다.

사들의 다음과 같은 격변화 형태들과 파생어들이 확인되었다:

kämkä "누구에게?"	nätäg "어떻게?, 어떠한?"
näkä "왜?, 어째서?"	näčök "어떻게?"
nägüdä "어디에서?"	nälök "왜?, 어째서?".

1. käm "누구?"(몽골어 ken "같은 뜻"과 비교할 것):

käm özintä tutsar agulug kurt koŋuz adartu umaz "(이 돌을) 누가 자기 자신 위에 잡는다면 (그에게 어떠한) 독이 있는 벌레도 해를 끼칠 수 없다"(Toyok 27-30)

kämkä ilig kazganur män "나는 누구에게 나라를 정복하는가?"(KT E 9)

üzä täŋri basmasar, asra yer tälinmäsär türük bodun iliŋin törögin käm artatï udačï [ärt]i "위에서 하늘이 무너지지 않는다면, 아래에서 땅이 구멍 나지 않는다면 튀르크 백성(아) 너의 나라를 너의 관습법을 누가 무너뜨릴 수 있을 것이었더냐?"(BK E 18-19)

2. nä "무엇":

bän saŋa nä ayayin "내가 너에게 (더) 무엇을 말하겠나?"(T 32)

3. näkä "왜?, 어째서?":

näkä täzär biz "우리가 왜 달아납니까?"(T 38)

üküš teyin näkä korkur biz "(적이) 많다고 우리가 왜 두려워합니까?"(T 39)

4. nä täg, nätäg "어떻게?, 어떠한?"

ägni nätäg “(천막의) 지붕은 어떠한가?”(İB 18)

käräkü iči nätäg ol, tügünüki nätäg ol, közünüki nätäg “천막의 안은 어떠한가? 그것의 연통은 어떠한가?, 그것의 창은 어떠한가?”(İB 18)

5. nägü “무엇?”:

kün orto yütürüp tün orto kanta nägüdä bulgay ol “(종마에게서 젖꼭지를 찾는 눈먼 망아지가 젖꼭지를) 한낮에 잃고 한밤에 어디에서[180] 찾아낼 것인가?”(İB 24)

6. näčök “어떻게?” < *näčä ök:

otsuz subsuz kaltï uyïn, näčök yorïyïn “나는 풀 없이 물 없이 어떻게 살아남을 수 있겠습니까[181], 어떻게 돌아다닐 수 있겠습니까?”(İB 45)

7. nälök “왜?, 어째서?” < *nälä ök:

kanïgï nälök ölgäy ol “그의 연인이 왜 죽겠습니까?”(İB 57)

könäki nälök toŋgay “그의 물통이 왜 얼겠습니까?”(İB 57)

대명사 nä는 수식어로도 부사로도 사용된다.

1. 수식어로서:

nä kaganka išig küčüg birür män “나는 어느 카간에게 봉사하는가?”(KT E 9; BK E 9)

---

180) kanta nägüdä를 직역하면 ‘어디에서 무엇에서’이다.

181) kaltï uyïn은 “나는 어떻게 할 수 있겠습니까?”를 뜻하는데, 저자는 뒤에서 이렇게 번역하였다.

näŋ yerdäki kaganlïg bodunka büntägi[182]) bar ärsär nä buŋi bar ärtäči ärmiš "아무 나라에 있는 카간이 있는 백성에게 이러한 (위정)자가 있으면 (그 백성은) 무슨 걱정이 있겠는가?"(T 56-57)

2. 부사로서:

az teyin nä basïnalïm "(우리가) 적다고 우리가 왜 져야 합니까?"(T 39)

의문 첨사 다음에 사용될 때에 대명사 nä는 가능성을 알린다:

öŋrä kïtañda biryä tabgačda kurya kurdïnta[183]) yïrya oguzda eki üč biŋ sümüz kältäčimiz bar mu nä "동쪽에서는 거란으로부터, 남쪽에서는 중국으로부터, 서쪽에서는 서쪽으로부터, 북쪽에서는 오구즈로부터 올 2, 3천의 우리의 군대가 있습니까?"(T 14)

돌궐어에는 다음의 의문사들도 있다:

kanï "어디에서?"　　　　　　kačan "언제?"

kanta "어디에서?"　　　　　kanča "어디에?, 어디로?"

kantan "어디로부터?"　　　　kaltï "어떻게?"

이 의문사들은 예스러운 의문대명사 *ka(n)의 격변화 형태들이거나 파생어들이다.

---

182) bintägi "(그들의) 나와 같은 (이)"일 수 있다.

183) 이 구절은 kurïya Kurïdïnta(또는 Korïdïnta) "서쪽에서는 쿠르칸으로부터"로 읽고 해석하는 것이 정확할 수도 있다. 이 구절이 있는 부분에는 동돌궐의 사방에 있는 적대적인 종족 이름들이 언급되어 있는데, 유독 서쪽에 대해서만 종족 이름을 거론하지 않는 것은 논리에 맞지 않는다. 오늘날의 야쿠트족의 조상으로 여겨지는 쿠르칸족은 옛 문헌에 쿠르(Kurï)로도 나온다. 투뉴쿠크 비문에는 Kurïdïnta와 비슷한 구조로 되어 있는 og(u)zd(u)ntan도 있다. 더구나 고대 튀르크어에서 "서쪽에서"를 뜻하는 낱말로는 kurïya와 kedin이 있을 뿐 kurïdïn은 확인되지 않는다. 이 문제와 관련하여 Yong-sŏng Li, "Zu QWRDNTA in der Tuńuquq-Inschrift", *CAJ*, 47/2 (2003), pp. 229-241을 볼 것.

1. kanï "어디에서?":

illig bodun ärtim ilim amtï kanï "나는 나라가 있는 백성이었다. 나의 나라는 지금 어디에 있는가?"(KT E 9)

2. kanta "어디에서?" < *kan+ta:

kün orto yütürüp tün orto kanta nägüdä bulgay ol "그는 (그것을) 한낮에 잃고 한밤에 어디에서[184] 찾아낼 것인가?"(İB 24)

3. kantan "어디로부터?" < *kan+tan:

yaraklïg kantan kälip yaña eltdi, süŋüglüg kantan kälipän sürä eltdi "무기가 있는 (적이) 어디에서 와서 (너를) 참패시키며 휩쓸고 갔느냐? 창이 있는 (적이) 어디에서 와서 (너를 너의 땅에서) 몰아내며 휩쓸고 갔느냐?"(KT E 23)

4. kanča "어디에?, 어디로?":

idišimtä ayakïmta öŋi kanča barïr män "나는 나의 취사도구에서 떨어져 어디에 가는가?"(İB 42)

5. kačan "언제?". **부정대명사**를 볼 것.

6. kaltï "어떻게?":

otsuz subsuz kaltï uyïn, näčök yorïyïn "나는 풀 없이 물 없이 어떻게 할 수 있겠습니까, 어떻게 돌아다닐 수 있겠습니까?"(İB 45)

---

184) kanta nägüdä를 직역하면 '어디에서 무엇에서'이다.

2.2.5 부정(不定)대명사

부정대명사들 또는 이것들처럼 사용되는 낱말들은 다음과 같다:

büntägi "(그들의) 이러한 (이)" bari "그(것)들 모두"

kamag "모든 것, 모두" näŋ "전혀; 무슨 (~라도)"

kamagi "그(것)들 모두"

1. büntägi "(그들의) 이러한 (이)"[185] < *buntägi < *bunï täg+i

näŋ yerdäki kaganlïg bodunka büntägi bar ärsär nä buŋi bar ärtäči ärmiš "아무 나라에 있는 카간이 있는 백성에게 이러한 (위정)자가 있으면 (그 백성은) 무슨 걱정이 있겠는가?"(T 56-57)

2. kamag "모든 것, 모두":

kamag üzä yaruk boltï "모든 것의 위에 빛이 비쳤다"(ÏB 26)

kara bulït yorïdï kamag üzä yagdï "검은 구름이 지났다 (그리고) 모든 것의 위에 (비가) 내렸다"(ÏB 53)

부정대명사 kamag는 형용사로도 사용된다:

türük kara kamag bodun "모든 튀르크 일반 백성"(KT E 8-9; BK E 8)

3. kamagi "그(것)들 모두" < kamag+i[186]:

kamagi biš otuz sülädimiz "우리는 모두 25(번) 출정하였다"(KT E 18)

---

185) bintägi "(그들의) 나와 같은 (이)"(< *bini täg+i)일 수 있다.

186) 터키어 원본에는 kamagı "hepsi" < kamag+ï, 즉 kamagï "그(것)들 모두" < kamag+ï 로 되어 있지만, 3인칭 소유 어미가 -(s)i라는 저자의 주장을 근거로 하여 kamagi로 바꾸었다.

kamagi yeti yüz är bolmiš "그들 모두는 700명이 되었다고 한다"(KT
E 12-13; BK E 11)

4. barï "그(것)들 모두" < bār+ï:
[kar]luk tirigi barï türgiškä käl[ti] "카를루크족의 생존자들은 모두 튀
르기시족에게 왔다"(MČ W 1)

5. näŋ "전혀; 무슨 (~라도)":
näŋ yerdäki kaganlïg bodunka büntägi[187] bar ärsär … "아무 나라에 있
는 카간이 있는 백성에게 이러한 (위정)자가 있으면…"(T 56-57)
ötükän yir olorup arkïš tirkiš ïsar näŋ buŋug yok "외튀캔 땅에 앉아서
(그곳으로부터) 카라반을 보낸다면 너는 전혀 걱정이 없다"(KT S 8)

되풀이되어:
näŋ näŋ sabïm ärsär bäŋgü taška urtum "나는 (말할) 무슨 말이라도
있으면 (모두 이) 영원한 돌에 새겼다"(KT S 11; BK N 8)

바로 앞에 오는 kačan "언제?"와 바로 뒤에 오는 낱말 ärsär "~이면"
과 함께 "언제라도, 조만간"을 뜻한다:
kača(n) näŋ ärsär ol bizni … ölürtäčik-ök "조만간 그는 우리를 … 반
드시 죽일 것이다"(T 20-21)
kača(n) näŋ ärsär bizni ölürtäčik-ök "조만간 그는 우리를 반드시 죽일
것이다"(T 29-30)

---

187) bintägi "(그들의) 나와 같은 (이)"(< *bini täg+i)일 수 있다.

2.3 수사

2.3.1 기수

기수들(1-10 사이의 수들과 10단위 수들, 100단위 수들 등)은 다음
과 같다:

bir "1"	säkiz "8"	altmïš "60"
eki "2"	tokuz "9"	yetmiš "70"
üč "3"	on "10"	säkiz on "80"
tört "4"	yegirmi ~ yigirmi "20"	tokuz on "90"
beš ~ biš "5"	otuz "30"	yüz "100"
altï "6"	kïrk "40"	bïŋ ~ biŋ ~ miŋ "1,000"
yeti ~ yiti "7"	älig "50"	bir tümän "10,000"(BK S 1)

2.3.1.1 10단위 수 사이의 수

10단위 수 사이의 수들은 바로 다음의 10단위 수를 향하여 디딜 걸
음들로 여겨지고 이것에 따라 이름 붙여진다.

1. 10-20, 20-30 및 30-40 사이에 있는 수들:

bir yegirmi "11"(MČ S 8)	bir otuz "21"(KT E 32)
eki yegir[mi] "12"(KT E 28)	eki otuz "22"(BK E 25)
üč yegirmi "13"(KT E 28)	üč otuz "23"(T 19)
tört yegirmi "14"(BK E 15)	biš otuz "25"(KT E 18)
biš yigirmi "15"(MČ E 6)	altï otuz "26"(BK E 26)
altï yegirmi "16"(KT E 31)	yiti otuz "27"(KT N 1)

yeti yegirmi “17”(T 49)   tokuz otuz “29”(Miran A 1)

säkiz yegirmi “18”(KT E 32)   bir kïrk “31”(KT N 2) 등

tokuz yegirmi “19”(BK S 9)

2. 예니세이 비문들에서는 80까지의 사이 수들도 같은 형태로 이름 붙여진 것을 볼 수 있다:

eki älig “42”(Tuva I (Bay-Bulun II) 3)

üč yetm[iš] “63”(Uyuk-Turan b 1)

yeti yetmiš “67”(Begre 7)

säkiz yetmiš “68”(Xem.-Čir. 9)

tokuz säkiz on “79”(Elegest I 5) 등

3. 본래의 오르콘 비문들에서는 30 다음의 수들이 대개 더하기 구조들이다. 이 구조들에서는 낱말 artuki[188] “그것의 과잉, 더하기”가 연결어로 사용된다:

otuz artuki bir “31”(BK S 9), 그러나 bir kïrk “31”(KT N 2)

otuz artuki säkiz “38”(BK S 2)

kïrk artuki yeti “47”(KT E 15)

2.3.1.2 수식 구조

10단위 수인 “80”과 “90” 및 100단위 수들과 1,000단위 수들은 수식 구조 또는 구이다:

---

188) 터키어 원본에는 artukı, 즉 artukï로 되어 있지만 3인칭 소유 어미가 -(s)i라는 저자의 주장을 근거로 하여 artuki로 바꾸었다. 아마 artoki로 읽는 것이 더 정확할 것이다.

säkiz on "80"(KČ W 3;
       Elegest I 5)
tokuz on "90"(ÏB 29)
biš yüz "500"(BK S 11)
yeti yüz "700"(T 4)
eki bïŋ "2,000"(T 16, 18)
yeti bïŋ "7,000"(BK S 1)

bir tümän "10,000"(KT N 12)
üč tümän "30,000"(BK S 8)
tört tümän "40,000"(BK S 8)
beš tümän "50,000"(BK E 25)
säkiz tümän "80,000"(BK E 26)
on tümän "100,000"(T 36) 등

100단위 수들과 1,000단위 수들 사이에 있는 수들도 더하기 구조이다:

bir tümän artuki yeti bïŋ "17,000"(BK S 1)

기수들은 다음의 기능들로 사용된다:

1. 명사나 다른 수의 수식어로서:

bir atlïg barmiš "말탄 이가 하나 갔다고 한다"(T 24)

bir ärig sančdï "(퀼 왕자는) 한 군사를 찔렀다"(KT N 5)

eki ulug süŋüš "두 큰 싸움"(BK E 34)

eki ülügi atlïg ärti bir ülügi yadag ärti "그들의 ⅔(글자 그대로는 "두 부분")는 기병이었다, ⅓(글자 그대로는 "한 부분")은 보병이었다"(T 4)

üč otuz balïk "23 도시"(T 19)

yeti yüz "700"(T 4)

eki bïŋ "2,000"(T 16, 18)

아래에 있는 3개의 예에서는 기수들과 이것들이 수식하는 명사 사이에서 수의 일치가 있다[189]):

tokuz ärän "9 남자"(KT N 9)

yeti ärän "7 남자"(O 5)

biš yüz ärän "500 남자"(BK S 11)

2. 3인칭 소유 어미와 함께 명사로서:

ekisin özi altïzdï "그들 둘을 그 자신이 사로잡게 하였다"(KT E 38)

3. 행위의 기간이나 빈번 정도를 보여주는 부사구로서:

bir todsar āčsïk ömäz sän "한번 배부르면 너는 배고프리라는 것을
생각하지 않는다"(KT S 8)

ilteriš kagan ··· tabgačka yeti yegirmi süŋüšdi, kïtañka yeti süŋüšdi,
oguzka beš süŋüšdi "일테리시 카간은 ··· 중국인과 17(번) 싸웠다, 거란
족과 7(번) 싸웠다, 오구즈족과 5(번) 싸웠다"(T 48-49)

kamagi biš otuz sülädimiz, üč yegirmi süŋüšdümüz "우리는 모두 25
(번) 출정하였다, 13(번) 싸웠다"(KT E 18)

kül tigin bir kïrk yašayur ärti "퀼 왕자는 (그때에) 31살이었다"(KT N 2)

ulug küli čor säkiz on yašap yok boltï "위대한 퀼리 초르는 80(년)
살고 없어졌다"(KČ W 3)

yüz[inä] bašïŋa bir t[ägmädi] "(퀼 왕자의) 얼굴[에는] 머리에는 하나
(도) [맞지 않았다]"(KT E 33) 등

4. 문장의 보어로서:

biz eki bïŋ ärtimiz "우리는 2,000이었다"(T 16)

---

189) är는 '사내, 남자', ärän은 '사내들, 남자들'을 뜻한다.

kögmän yoli bir ärmiš, tumiš "쾨그맨[190] 길은 하나라고 한다, (눈으로) 막혔다고 한다"(T 23)

2.3.1.3 분수

룬 문자로 된 본문들에 나타나는 유일한 분수는 절반, 한 쌍의 한 쪽을 뜻하는 낱말 sïŋar이다 (크르그즈어 sïŋar "같은 뜻", 야쿠트어 aŋar, aŋār[191] "같은 뜻"과 비교할 것).

[sïŋ]ar süsi äbig barkïg yulgalï bardï, sïŋar süsi süŋüšgäli kälti "그들의 군대의 절반은 (우리의) 집을 약탈하기 위하여 갔다, 군대의 절반은 싸우기 위하여 (우리에게) 왔다"(BK E 32)

시네-우수 비문에서는 이 낱말이 3인칭 소유 어미와 함께 사용된다: sïŋarï bodun ičikdi, sïŋarï b[odun …] "백성의 절반은 (나에게) 복속하였다, 백성의 절반은 …"(MČ E 6-7)

2.3.1.4 대략의 수

대략의 수들은 어미 첨가의 방법이나 통사적인 방법으로 형성된다.
1. 대략의 수들은 동등격 어미 {+čA}로 표현된다:
äligčä är tutdumuz "우리는 50 정도의 남자를 붙잡았다"(T 42)
uygur eltäbär yüzčä ärin ilg[är]ü täzip bardï "위구르족의 엘태배르가 100 정도의 남자와 동쪽으로 달아나 갔다"(BK E 37)

---

190) 쾨그맨(Kögmän)은 오늘날의 사얀(Sayan) 산맥으로 추정되고 있다.
191) 야쿠트어에서는 고대 튀르크어의 s-가 탈락하였다.

2. 대략의 수들은 통사적인 방법으로도 표현된다:

korïgu eki üč kišiligü täzip bardï "성의 수비자(?)가 두세 사람과 함께 달아나 갔다"(BK E 41)

yarïkïnta yalmasïnta yüz artuk okun urtï "그들은 (퀼 왕자를) 그의 갑옷에 카프탄에 100 이상의 화살로 쳤다"(KT E 33)

2.3.2 서수

서수들은 다음과 같다:

ilki "첫째"(< il+ki)[192]	yetinč "일곱째"
äŋ ilk ~ äŋ ilki "맨 먼저"	säkizinč "여덟째"
ekin ~ ekinti "둘째"	tokuzunč "아홉째"
üčünč "셋째"	onunč "열째"
törtünč "넷째"	bir yegirminč "열한째" 등
bišinč "다섯째"	

서수들은 수식어와 부사구로 사용된다.

1. 수식어로서:

bir tümän artuki yeti biŋ sü ilki kün ölürtüm "나는 17,000 군사를 첫날 죽였다"(BK S 1)

bir yegirminč ay yegirmikä "열한째 달 스물(째 날)에"(MČ S 11)

---

192) 저자는 앞에서 명사에서 명사를 파생시키는 접미사의 하나로서 /+k/를 들고 그 예로서 ilk "처음, 첫 번째로"(KT N 4 등) < *il "앞"를 제시하며 ilgärü "앞으로"와 비교하라고 하였다. 그러므로 ilki "첫째"는 il+ki가 아니라 *il "앞" + -k + -i "3인칭 소유 어미"로 분석하는 것이 옳을 것이다. 이렇게 분석할 경우에 äŋ ilk ~ äŋ ilki "맨 먼저"도 자연스럽게 설명된다.

ekin (ekinti 대신에) sü "제2군"(BK E 32)

ekinti kün örtčä kizip kälti "(적은) 둘째 날 불같이 성내며 (우리에게) 왔다"(T 39-40)

[ï]t yïl onunč ay altï otuzka uča bardï "(나의 아버지 카간은) 개해 열째 달 스물여섯(째 날)에 승하하였다"(BK S 10)

ilki sü "제1군"(BK E 32)

koñ yïlka yetinč ay küčlüg alp kaganïmda adrïlu bardïŋïz "양해 일곱째 달에 당신은 강력하고 용감한 나의 카간에게서 떨어져서 갔습니다"(O 12)

lagzin yïl bišinč ay yiti otuzka yog ärtürtüm "돼지해 다섯째 달 스물일곱(째 날)에 나는 장례식을 치르게 하였다"(BK S 10)

yadag süsin ekinti kün kop [ölür]tüm "나는 그들의 보병대를 둘째 날 모두 죽였다"(BK S 1)

2. 부사구로서:

äŋ ilk togu balïkda süŋüšdümüz "우리는 맨 먼저 토구 발르크에서 싸웠다"(KT N 4)

äŋ ilki togu balïkda süŋüšdüm "나는 맨 먼저 토구 발르크에서 싸웠다"(BK E 30)

ekinti išbara yamtar boz atïg binip tägdi "그는 두 번째로 으시바라 얌타르의 잿빛 말을 타고 공격하였다"(KT E 33)

törtünč čuš bašinta süŋüšdümüz "우리는 네 번째로 추시 상류에서 싸웠다"(KT N 6) 등

2.3.3 집합 수

집합 수들은 접미사 {+AgU(n)}으로 형성된다: ikägü "두 부분"(<
*ekägü), üčägü "셋이 함께", üčägün "(우리) 셋이 함께".

1. 낱말 bučägü "이 셋이 함께"(< bu üčägü) 안에 있는 üčägü:
tabgač oguz kïtañ bučägü kabïš(s)ar kaltačï biz "중국인, 거란족, 오구
즈족 이 셋이 연합하면 우리는 속수무책이 될 것이다"(T 12-13)
üčägün kabïšïp sülälim "셋이서 연합하여 군대를 보냅시다"(T 21)

2. 다음의 예에서는 집합 수를 나타내는 낱말 ikägü가 "둘이 함께"
가 아니라 "두 부분"을 뜻한다:
ečim kagan eli kamšag boltokïnta, bodun ilig ikäg[ü] boltokïnta "나의
숙부 카간의 나라가 흔들렸을 때에, 백성(과) 군주가 두 패가 되었을
때에"(KT N 3)

2.3.4 배수

어떤 행위가 일정한 기간 안에 몇 번 행해졌는지를 밝히는 배수들
은 오르콘 비문들에서 통사적 방법으로, 즉 기수 + yolï 또는 기수 +
kata라는 구로 표현된다:
tört yolï "4번"(BK E 30)　　　　　üč kata "3번"(Uybat II[193]) 4)

---

193) 5줄로 이루어진 이 비문은 러시아 연방 하카시아(Khakassia) 공화국의 우이바트(Uybat)
강 중류의 오른쪽 기슭에서, 차르코프(Čarkov) 마을 가까이에 있는 고대의 묘지에서
발견되어 19세기 말부터 미누신스크 박물관에서 보관되고 있다. 물품 목록 번호는
No. 29이다. 이 비문은 Sergej Jefimovič Malov(1880.1.28.-1957.9.6.)의 분류에 따르면

biš yolï "5번"(KT N 4)   beš kata "5번"(Elegest III[194]) 2) 등

1. 기수 + yolï (< yōl "길, 여행" + 3인칭 소유 어미):

altï yolï süŋüšdüm "나는 6번 싸웠다"(BK E 28)

bir yïlka biš yolï süŋüšdümüz "우리는 한 해에 5번 싸웠다"(KT N 4)

bir yïlka tört yolï süŋüšdüm "나는 한 해에 4번 싸웠다"(BK E 30)

kaŋïm kagan ··· kïrk artuki yeti yolï sülämiš "나의 아버지 카간은 ···
(카간으로 있는 동안) 47번 출정하였다고 한다"(KT E 14-15)

2. 기수 + kata (< kat- "더하다, 추가하다"):

elimdä beš kata tägzindim "나는 나의 나라에서 5번 순회하였
다"(Elegest III 2)

üč kata tägzinti "그는 3번 순회하였다"(Uybat II 4)

3. "번, 회"를 뜻하는 낱말 kata는 서수와도 함께 사용될 수 있다:

ikinti kata "둘째 번"(Toyok IV[195] 2-3)

4. 기수들은 혼자서도 배수로 사용된다:

ilimdä tört tägzindim "나는 나의 나라에서 4(번) 순회하였다"

E-31이다.

194) 3줄로 이루어진 이 비문은 러시아 연방 투바(Tuva) 공화국의 엘레게스트(Elegest) 강 중
류의 오른쪽 기슭에서, 엘레게스트(Elegest) 제2 비문으로부터 남쪽으로 5km 떨어진 곳에서 발
견되어 투바 박물관에서 보관되고 있다. 이 비문은 Sergej Jefimovič Malov(1880.1.28.-1957.9.6.)
의 분류에 따르면 E-53이다.

195) 중국 신강 위구르 자치구의 투르판 인근에 있는 토요크(Toyok 또는 Toyuk) 불교 석
굴에서 발견된 고대 튀르크 룬 문자로 된 필사본 중 하나로 앞면에 7줄, 뒷면에 7줄
이 있다.

(Altïnköl II 2)

ilteriš kagan bilgäsin üčün, alpin üčün tabgačka yeti yegirmi süŋüšdi, kïtañka yeti süŋüšdi, oguzka beš süŋüšdi "일테리시 카간은 현명하기 때문에, 용감하기 때문에 중국인과 17(번) 싸웠다, 거란족과 7(번) 싸웠다, 오구즈족과 5(번) 싸웠다"(T 48-49)

2.3.5 부정(不定) 수

부정수들, 달리 말하면 부정의 양들을 표현하는 낱말들은 다음과 같다:

az "적은"   azča "조금"
azkiña "아주 적은, 극소수의"   üküš "많은".

부정수들은 수식어, 명사 또는 부사로 사용될 수 있다.

1. 수식어로서:

az bodunug üküš kïltïm "나는 적은 백성을 많게 하였다"(KT S 10)

kül tiginig az ärin irtürü ï(t)tïmïz "우리는 퀼 왕자를 적은 남자와 함께 앞으로 보냈다"(KT E 40)

azča bodun täzmiš ärti "약간의 백성이 달아났었다"(T 43)

azkiña türk [bodun] yorïyur ärmiš "아주 적은 튀르크 [백성이] 발전하고 있다고 한다"(T 9-10)

ulug irkin azkiña ärin täzip bardï "울룩 이르킨이 아주 적은 남자와 달아나서 갔다"(KT E 34)

üküš öltäči anta tirilti "많은 죽을 사람이 거기에서 살아났다"(BK E 31)

üküš türük bodun öltüg[196] "튀르크 백성(아) 너희는 많이 죽었
다"(KT S 6; BK N 5)

yagru barïp üküš kiši öltüg "(중국인에게) 가까이 가서 너희는 많이
죽었다"(KT S 7)

2. 명사로서:

azïg üküš kïltï "(나의 숙부 카간은) 적은 자를 많게 하였다"(BK E 14)

azïg üküšüg körtüg[197] "너희는 (우리가) 적음을 (적이) 많음을 보았
다"(O 7)

3. 부사로서:

biryä tabgačïg, öŋrä kïtañïg, yïrya oguzug üküš ök ölürti "(일테리시는
카간이 되어) 남쪽에서 중국인을, 동쪽에서 거란족을, 북쪽에서 오구
즈족을 아주 많이 죽였다"(T 7)

"1,000"과 "10,000"처럼 아주 큰 수들도 부정수들처럼 사용될 수 있다:
biŋ yïllïk tümän künlük bitigimin bälgümin anta yasï taška yaratïtdïm
"나는 천년(千年) 만일(萬日) (지속될) 나의 비문을 나의 인장을 거기
에서 넓적한 돌에 쓰게 하였다"(MČ E 9-10)

지시대명사 bu의 동등격인 낱말 bunča "이만큼, 이 정도"도 부정수
로 사용될 수 있다:

---

196) öltüg은 글자 그대로는 "너는 죽었다"를 뜻한다.
197) körtüg은 글자 그대로는 "너는 보았다"를 뜻한다.

bunča barkïg bädizig uzug … "이만큼의 건물을, 그림과 조각들을, 장식들을 …"(BK SW)

bunča bädizčig tuygun eltäbär käl<ür>ti "이만큼의 화가와 조각사를 투이군 엘태배르가 데려왔다"(KT NE)

bunča bitig bitigmä "이만큼의 글들을 쓰는 (사람)"(KT SE)

bunča bodun kälipän sïgtamiš yoglamiš "이만큼의 백성(의 대표자들)이 와서 울었다고 한다, 애도하였다고 한다"(KT E 4; BK E 5)

bunča matï bäglär "이만큼의 충성스러운 백들"(BK S 14) 등

2.4 부사

2.4.1 장소 부사

돌궐어에서 장소 부사들은 다음의 어미들로 만들어진다: {+A}, {+DXn}, {+gArU}, {+rA}, {+rU}, {+DA}.

옛 여격-처격 어미 {+A}로 파생된 장소 부사들은 다음과 같다: 1. üzä "위에서", 2. biryä "남쪽에서", 3. yïrya ~ yïryä "북쪽에서", 4. kurya "서쪽에서".

1. üzä "위에서" < *üz "위, 상부"(위구르어 üstün, üztün "위에서" < üz+tün과 비교할 것):

üzä kök täŋri asra yagïz yer kïlïntokda … "위에서 푸른 하늘이 아래에서 거무스름한 땅이 창조되었을 때에 …"(KT E 1) üzä täŋri as[ra] yer yarlï(k)kadok üč[ün] … "위에서 하늘이, 아래에서 땅이 (그렇게) 명하였기 때문에 …"(BK N 10)

üzä täŋri basmasar asra yer tälinmäsär "위에서 하늘이 무너지지 않는다면, 아래에서 땅이 구멍 나지 않는다면"(BK E 18)

üzä täŋri ïduk yer sub [ečim k]agan kuti taplamadï ärinč "(이 행동을) 위에 (있는) 신이, (아래에 있는) 신성한 땅(과) 물(의 정령들 및) [나의 숙부 카]간의 영혼이 옳게 여기지 않았다 분명"(BK E 35)

üzä türük täŋrisi <türük> ïduk yiri subi … "위에 (있는) 튀르크 신(과) <튀르크의> 신성한 땅(과) 물(의 정령들) …"(KT E 10-11)

2. biryä "남쪽에서" < *biriyä < *biri "이쪽, 남쪽":

biryä čogay yïš tögültün yazï konayin tisär … "남쪽에서 초가이[198] 산악지역에 (그리고) 퇴귈튄 평원에 나는 자리 잡겠어 하고 말한다면 …"(KT S 6-7)

biryä tabgač bodun yagï ärmiš "남쪽에서 중국 백성이 (우리에게) 적이었다고 한다"(KT E 14; BK E 12)

biryä tabgačïg öŋrä kïtañïg yïrya oguzug üküš ök ölürti "그는 남쪽에서 중국인을, 동쪽에서 거란족을, 북쪽에서 오구즈족을 아주 많이 죽였다"(T 7)

öŋrä kïtañda biryä tabgačda kurya kurdïnta[199] yïrya oguzda eki üč biŋ sümüz kältäčimiz bar mu nä "동쪽에서는 거란으로부터, 남쪽에서는 중

---

198) 중국 문헌에서는 總材로 나온다. 오늘날의 음산(陰山) 산맥을 가리킨다.

199) 이 구절은 kurïya Kurïdïnta(또는 Korïdïnta) "서쪽에서는 쿠르칸으로부터"로 읽고 해석하는 것이 정확할 수도 있다.

국으로부터, 서쪽에서는 서쪽으로부터, 북쪽에서는 오구즈로부터 올 2, 3천의 우리의 군대가 있습니까?"(T 14) 등

3. yïrya, yïryä "북쪽에서" < *yïrïya < *yïrï "그쪽, 북쪽":

b[asa] tabgačda yïryä "또한 중국의 북쪽에서"(O 5)

biryä tabgačka yïrya yiš[ka tägi] "남쪽에서 중국에, 북쪽에서 산악지역[에까지]"(O 2)

yïrya baz kagan tokuz oguz bodun yagï ärmiš "북쪽에서 바즈 카간, 토쿠즈 오구즈 백성이 (우리에게) 적이었다고 한다"(KT E 14)

yïrya tarkat buyruk bäglär "(너희), 북쪽에 (있는) 타르칸들(과) 지휘관 백들"(KT S 1)

4. kurya "뒤에서, 서쪽에서" < *kurïya < *kurï "뒤, 서쪽"

kurya kün batsïkdakï sog(u)d bärčik är bukarak uluš bodunta … "뒤에서, 해 지는 곳에 있는 소그드족200), 이란인 (및) 부하라 시 백성에게서 …"(KT N 12)

öŋrä kïtañda biryä tabgačda kurya kurďinta201) … "동쪽에서는 거란으로부터, 남쪽에서는 중국으로부터, 서쪽에서는 서쪽으로부터 …"(T 14)

üč karluk … kurya on ok(k)a kirti "위치 카를루크족이 … 서쪽에서

---

200) 소그드족은 동부 이란어를 사용하였다. 소그드족은 점차 다른 종족들과 섞여서 페르시아어나 튀르크어를 사용하게 되었다. 소그드족은 오늘날의 타지크족과 우즈베크족의 조상 중 하나를 이룬다. 타지키스탄의 Sughd주에 사는 소수 민족인 야그노비(Yaghnobi)족이 여전히 소그드어 방언을 사용한다. 소그드족의 거주지였던 Sogdiana는 중국 문헌에 粟特으로 나온다.

201) 이 구절은 kurïya Kurïďinta(또는 Korïďinta) "서쪽에서는 쿠르칸으로부터"로 읽고 해석하는 것이 정확할 수도 있다.

온 오크족에 예속되었다"(MČ N 11)

어미 {+A}가 있는 장소 부사들에 어미 {+kI}도 붙을 수 있다. 이 어미로 파생된 낱말들은 수식어로 사용된다:

biryäki bodun kuryakï yïryakï öŋräki bodun kälti "남쪽에 있는 백성, 서쪽에 있는, 북쪽에 있는 (그리고) 동쪽에 있는 백성이 (우리에게) 왔다"(T 17)

어미 {+DXn}으로 파생된 장소 부사들은 다음과 같다:
öŋdün "동쪽에서, 동쪽에"
kur(ï)dïn "서쪽에서, 서쪽으로부터"202)
kedin ~ kidin "서쪽에서. 서쪽으로부터"
birdin "남쪽에서, 남쪽으로부터"
yïrdïn "북쪽에서, 북쪽으로부터".
이 부사들은 명사와 수식어로도 사용된다.

1. 장소 부사로서:
kur(ï)dïn sog(u)d örti "서쪽에서 소그드족이 반란을 일으켰다"(KT W 1)
öŋdün kagangaru sü yorïlïm "동쪽에 카간을 향하여 군대와 나아갑시다"(T 29)

tabgač birdin yän täg kïtañ öŋdün yän täg bän yïrdïnta yan tägäyin "중국은 남쪽으로부터 공격하라, 거란은 동쪽으로부터 공격하라, 나는

---

202) 고대 튀르크어에서 "서쪽에서"를 뜻하는 낱말로는 kurïya와 kedin이 있을 뿐 kurïdïn은 확인되지 않는다. 이 낱말을 korïdïn으로 읽고 (흔히 Kurïkan으로 읽어 온) Korïkan[骨利幹] 족이라고 보는 것이 옳을지도 모른다.

북쪽으로부터 공격하겠어"(T 11)

2. 명사 및 수식어로서:

kan ïduk baš kedinin örgin bunta etitdim "나는 신성한 칸 꼭대기의 서쪽에서 여기에서 (나의) 본영을 세우게 하였다"(Tar. S 6)

kan ïduk baš kedinintä yayladïm "나는 신성한 칸 꼭대기의 서쪽에서 여름을 보냈다"(Tar. W 2)

kedin učï kögmän "그것의 서쪽 끄트머리는 쾨그맨 (산악지역이다)"(Tar. W 5)

kedin učï täz bašï öŋdüni kañuy künüy "그것의 서쪽 끄트머리는 태즈 (강) 상류(이고), 그것의 동쪽은 카뉴이(와) 퀴뉘이 (강들이다)"(Tar. W 5)

kurya kurdïnta "서쪽에서는 서쪽으로부터 …"203)(T 14)

ötükän kedin učïnta "외튀캔 (산악지역의) 서쪽 끄트머리에서"(Tar. W 1)

향격 어미 {+gArU}로 만들어진 장소 부사들은 다음과 같다: ilgärü, kurïgaru ~ kurgaru, birgärü, yïrgaru, yok(k)aru (< *yok+garu), yüg(g)ärü (< *yüg+gärü).

1. ilgärü "앞으로, 앞을 향하여, 동쪽을 향하여" < *il "앞":

ilgärü kadïrkan yïška tägi … konturmiš "그들은 (부족들을) 동쪽으로 흥안령 산맥까지 … 자리 잡게 하였다고 한다"(KT E 2)

---

203) 이 구절은 kurïya Kurïdïnta(또는 Korïdïnta) "서쪽에서는 쿠르칸으로부터"로 읽고 해석하는 것이 정확할 수도 있다.

ilgärü kur(ï)garu süläp ti[r]m[iš] kubrat[miš] "그들은 앞으로 뒤로 출정하여 (더 많은 전사를) 모았다고 한다"(KT E 12)

ilgärü šantuŋ yazïka tägi sülädim "나는 동쪽으로 산동 평원까지 출정하였다"(KT S 3)

ilgärü yašïl ügüz šantuŋ yazïka tägi sülädimiz "우리는 동쪽으로 황하 (와) 산동 평원까지 출정하였다"(KT E 17)

2. kurïgaru, kurgaru "뒤를 향하여, 서쪽을 향하여" < *kurï "뒤쪽, 서쪽":
ilgärü [barïgma] bardïg kurgaru barïgma bardïg "(너희 가운데) 동쪽으로 [가는 사람은] 갔다, 서쪽으로 가는 사람은 갔다"(BK E 19-20)

ilgärü kün tugsïk(k)a birgärü kün ortosïŋaru[204) kurïgaru kün batsïkïŋa yïrgaru tün ortosïŋaru ⋯ "동쪽으로는 해 뜨는 곳에, 남쪽으로는 낮의 한가운데를 향하여, 서쪽으로는 해 지는 곳에, 북쪽으로는 밤의 한가운데를 향하여 ⋯"(KT S 2)

kurgaru käŋü tarmanka tägi ⋯ "서쪽으로 캥위 타르만까지"(KT E 21)

kurgaru ⋯ tämir kapïgka tägi sülädim "나는 서쪽으로 ⋯ 태미르 카픅까지 출정하였다"(BK N 3)

3. birgärü "남쪽으로, 남쪽을 향하여" < *biri "이쪽, 남쪽":
birgärü kün ortosïŋaru[205) "남쪽으로 낮의 한가운데를 향하여"(KT S 2)

birgärü tabgač tapa "남쪽으로 중국을 향하여"(KT E 28; BK E 23)

---

204) ortosïŋaru의 sïŋaru는 "~을 향하여"라는 뜻의 후치사로 보아야 한다. kün ortosï 및 tün ortosï와 같이 3인칭 소유 어미를 지닌 형태는 훨씬 후대에 나타났고 예전에는 모두 kün orto, tün orto였으며 아직도 일부 튀르크어에서는 이 형태로 있기 때문이다.

205) ortosïŋaru의 sïŋaru는 "~을 향하여"라는 뜻의 후치사로 보아야 한다.

birgärü tokuz ärsinkä tägi sülädim "나는 남쪽으로 토쿠즈 애르신까지 출정하였다"(KT S 3) 등

4. yïrgaru "북쪽으로, 북쪽을 향하여" < *yïrï "북쪽":

yïrgaru oguz bodun tapa "북쪽으로 오구즈 백성을 향하여"(KT E 28; BK E 23)

yïrgaru tün ortosïŋaru[206) "북쪽으로 밤의 한가운데를 향하여"(KT S 2; BK N 2)

yïrgaru yir bayïrku yiriŋä tägi "북쪽으로 이르 바이르쿠 땅까지"(KT S 4) 등

5. yok(k)aru "위로, 위를 향하여" < *yokgaru < *yok "오르막, 언덕"(MK yok "같은 뜻"과 비교할 것):

yok(k)aru at yetä yadagïn ïgač tutunu agturtum "나는 (군사들을) 말을 밧줄로 끌며 걸어서 나무에 매달리며 위로 오르게 하였다"(T 25)

6. yüg(g)ärü "위로, 위를 향하여" < *yüg "위, 꼭대기, 위쪽"(MK yügsä- "올라가다, 위로 오르다"와 비교할 것):

kaŋïm ilteriš kaganïg ögüm ilbilgä katunug täŋri töpösintä tutup yüg(g)ärü kötürmiš ärinč "그들은 나의 아버지 일테리시 카간을, 나의 어머니 일빌개 카툰을 천정(天頂)으로부터 잡아서 (더) 위로 올렸다고 한다 분명히"(KT E 11)

türük bäglär bodun ögirip säbinip toŋïtmiš közi yüg(g)ärü körti "(내가

---

206) ortosïŋaru의 sïŋaru는 "~을 향하여"라는 뜻의 후치사로 보아야 한다.

권좌에 앉았을 때에, 죽을 것처럼 생각하는) 튀르크 백들(과) 백성이 기뻐하고 아래로 향한 그들의 눈이 위를 향하여 보았다"(BK E 2)

어미 {+gArU}가 있는 부사들은 수식어로도 사용된다:
birgärü učï "그것의 남쪽 끄트머리"(Tar. W 5)
ilgärü učï "그것의 동쪽 끄트머리"(Tar. W 5)

어미 {+rA}로 만들어진 장소 부사들은 다음과 같다: 1. asra "아래에서, 밑에서", 2. ičrä "안에서", 3. tašra "밖에서", 4. öŋrä "앞에서, 동쪽에서", 5. kisrä "뒤에서, 서쪽에서; 다음에". 이 부사들에는 수식어를 만드는 어미 {+KI}도 붙을 수 있다.

1. asra "아래에서, 밑에서" < *as "아래, 밑":
üzä kök täŋri asra yagïz yer kïlïntokda "위에서 푸른 하늘이 아래에서 거무스름한 땅이 창조되었을 때에"(KT E 1)
üzä täŋri as[ra] yer yarlï(k)kadok üč[ün] "위에서 하늘이, 아래에서 땅이 은혜를 베풀었기 때문에"(BK N 10)
üzä täŋri basmasar asra yir tälinmäsär "위에서 하늘이 무너지지 않는다면, 아래에서 땅이 구멍 나지 않는다면"(KT E 22)

2. ičrä "안에서; 은밀한" < ič "안, 속":
ičrä aššïz tašra tonsuz yabïz yablak bodun "배고프고 헐벗고 가난한 백성"(KT E 26)
sagïr ičrä älik207) kiyik kirmiš "(이때에) 사냥터 안에 야생 사슴이 들

어갔다고 한다"(ÏB 63) 등

부사 ičrä는 수식어로도 사용된다:

apa tarkangaru ičrä sab ïdmiš "그는 아파 타르칸에게로 은밀한 전언
을 보냈다고 한다"(T 34)

이 부사에 어미 {+kI}도 붙을 수 있다:

anta ičräki bodun kop maŋa körür "그 경계 안에 있는 백성들은 모두
나에게 예속한다"(BK N 2)
ičräki bädizčig ï(t)tï "(중국 황제는) 궁중 장인들을 보냈다"(BK N 14)

3. tašra "밖에서, 밖으로" < taš "밖":
ičrä aššïz tašra tonsuz "배고프고 헐벗은"(KT E 26)
tašra yorïyur teyin kü ešidip ""그가 반란을 일으킨다"(글자 그대로는
"그가 밖으로 걷는다") 하고 소식을 듣고"(KT E 11-12)

4. öŋrä "앞에서, 동쪽에서" < *öŋ "앞":
öŋrä kün tugsïkda "동쪽에서는 해 뜨는 곳으로부터"(KT E 4; BK E 5)
öŋrä töliš[208] bäglär "동쪽에 (있는) 퇼리시 백들"(BK S 13)

---

207) älik는 '수노루'를 뜻한다.
208) 제2 돌궐 제국(= 동돌궐 제국)의 동쪽을 이루는 종족들은 퇼리시(Töliš)라 불렸으며
     그 우두머리는 야브구(yabgu, 葉護)였다. 한편 제국의 서쪽을 이루는 종족들은 타르
     두시(Tarduš)라 불렸으며 그 우두머리는 샤드(šad, 殺, 設)였다. 저자는 Töliš를 예전
     에는 Tölis라 읽었다. 오늘날 남부 시베리아의 알타이 산맥에 살며 알타이 튀르크어
     를 문어로 사용하는 텔렝이트(Telengit)족과 텔레우트(Teleut)족의 구성 종족 중에
     Tölös가 있다. 이것을 보면 Töliš가 아니라 Tölis로 읽는 것이 옳을 것이다.

öŋrä türk kagangaru sülälim "동쪽에 (있는) 튀르크 카간을 향하여 출
정합시다"(T 20)

이 낱말에 수식 어미 {+kI}도 붙을 수 있다:
kuryakï yïryakï öŋräki bodun "서쪽에 있는, 북쪽에 있는 (그리고) 동
쪽에 있는 부족들"(T 17)
öŋräki är "전위대 군사들"(T 25)

5. kisrä ~ kesrä "뒤에서, 서쪽에서; 다음에" < *kē+s "뒤"(kedin ~
kidin "뒤에서" < *kē+din, kirü "뒤로, 뒤를 향하여" < *kē+rü와 비교할
것):
kisrä ay tugsïkdakï bodun "뒤쪽으로는 달 뜨는 쪽에 있는 부족
들"(Tar. W 3)
kisrä kün batsïkïŋa tägi "뒤쪽으로는 해 지는 곳까지"(O 2)
kisrä tarduš bäglär "서쪽에 (있는) 타르두시 백들"(BK S 13)

이 낱말은 바로 앞에 있는 낱말 anta "그것으로부터"와 함께 문장
연결어 역할도 한다:
anta kisrä bašï kälti "그 뒤에 그들의 우두머리가 왔다"(Tar. S 2)
anta kisrä täŋri bilig bertök üčün "그 뒤에, 신께서 (나에게) 지혜를
주셨으므로"(T 6)
küli čor anta kesrä karkukka yäm[ä] süŋüš[dök]dä "퀼리 초르는, 그 뒤
에, 카를루크족과 다시 싸웠을 때에"(KČ 18) 등

어미 {+rU}로 만들어진 장소 부사들은 다음과 같다:

kirü ~ kerü "뒤로, 뒤쪽을 향하여, 서쪽을 향하여"

bärü "이쪽으로, 이쪽을 향하여".

1. kirü ~ kerü "뒤로, 뒤쪽을 향하여, 서쪽을 향하여" < *kē+rü

anta kerü barïp "그곳으로부터 서쪽으로 가서"(KČ 16)

ilgärü kaḍïrkan yïška tägi kirü tämir kapïgka tägi "동쪽으로는 흥안령 산맥까지, 서쪽으로는 태미르 카프까지"(KT E 2)

kerü barïgma[209] bardï "(그들 중) 뒤로 가고 싶은 사람들은 갔다"(O 11)

2. bärü "이쪽으로, 이쪽을 향하여" < *bā̈+rü (튀르크멘어 bā̈ri "같은 뜻"과 비교할 것):

mančud saka täzik tokar ··· anta bärüki ašok bašlïg sogdak bodun "만추드 족, 사카 족, 타지크 족[210], 토하르 족 ··· 그들보다 더 이 쪽에 있는 아쇼크가 우두머리로 있는 소그드 백성"(T 46)

어미 {+DA}로 만들어진 장소 부사들은 다음과 같다:

bunta "여기에서"(< bun+ta)

anta "거기에서"(< an+ta).

1. bunta "여기에서, 이곳에서"(**지시대명사**를 볼 것):

---

209) barïgma를 직역하면 '가는 (사람)'이다.

210) 압바스 왕조(王朝) 때의 이슬람 교도들을 당(唐)에서 大食이라고 부른 것을 보면, Täzik 는 아랍인을 가리키는 것인 듯하다. 더구나 저자는 1968년에 발간된 자신의 저서인 A Grammar of Orkhon Turkic의 어휘집에서 täzik, täzīk에 대하여 'ethnic n. (Arab)' (p. 380a)이라 하였다.

kagan at bunta biz birtimiz "(그에게) 카간 칭호를 여기에서 우리가 주었다"(KT E 20)

örgin bunta et(it)dim "나는 (나의) 큰 천막을 여기에서 세우게 하였다"(Tar. S 6)

örgin bunta yarat(ït)dïm čït bunta tokïtdïm "나는 (나의) 큰 천막을 여기에서 세우게 하였다, 야영지 울타리를 여기에서 치게 하였다"(Tar. W 2)

türük [bodun ti]rip il tutsïkïŋïn bunta urtum yaŋïlïp ölsikiŋin yämä bunta urtum "튀르크 백성(아), 네가 (어떻게) 살아남아[211] 나라의 주인이 될 것인가를 나는 여기에서 (돌 위에) 새겼다; 네가 잘못하여 (어떻게) 죽을 것인가도 나는 여기에서 (돌 위에) 새겼다"(KT S 10-11)

2. anta "거기에서, 그곳에서"(**지시대명사**를 볼 것):

alpi ärdämi anta kükdi "그의 용맹(과) 그의 미덕은 거기에서 (그에게) 명성을 얻게 하였다"[212](KČ W 4)

anta añïg kiši anča bošgurur ärmiš "거기에서는 나쁜 (의도를 지닌) 사람들이 그렇게 충고한다고 한다"(KT S 7)

bäniŋ bodunum anta ärür "나의 백성이 거기에 있을 것이다"[213](T 21)

---

211) 바로 앞의 문장에서 türük bäglär bodun bunï ešidiŋ 하고 튀르크 백들과 백성에게 말한 빌개 카간이 이것 다음에 오는 문제의 türük [bodun ti]rip에서는 단지 튀르크 백들에게만 말하면서 "튀르크 백성을 모아서 …" 식으로 이야기하였다고 보아야 한다. 왜냐하면 바로 다음에 "(어떻게) 나라의 주인이 될 것인가를"이라는 구절이 오는데 이것은 일반 백성이 아니라 백들에게 말한 것임이 분명하기 때문이다. 게다가 tir-는 달리 확인되지 않고 그 파생어인 tirig "살아있는", tirgür- "되살리다, 소생시키다", tiril- "되살다, 소생하다" 등만 확인되기 때문이다.

212) alpi ärdämi anta kükdi를 직역하면 "그의 용맹(과) 그의 미덕은 거기에서 명성을 얻었다"이다.

213) ärür는 "(그가/그것이) ~이다"를 뜻한다. 즉 현재 시제로 사용된다. 그러므로 bäniŋ

ol süg anta yok kišđimïz "우리는 그 군대를 거기에서 없앴다"(KT E 32)

üküš öltäči anta tirilti "(그렇지 않으면) 죽을 많은 사람이 거기에서 살아났다"(BK E 31)

다른 장소 부사는 동사에서 파생된 낱말 tägrä이다. tägrä "사방에서, 주위에서" < *tägir- "둘러싸다, 에워싸다":

yagïmïz tägrä očok täg ärti "우리의 적들은 사방에서 화덕 같았다"(T 8)

그 밖의 장소 부사들인 kanï "어디에서?", kanta "어디에서?", kantan "어디로부터?"와 nägüdä "어디에서?"를 위해서는 **의문대명사**를 볼 것.

2.4.2 시간 부사

시간 부사들은 다음의 어미/접미사들로 만들어진다: {+A}, {+tüz}, {+(X)n}, {+tï}. 본래는 명사인 낱말 kün "날(日)"과 낱말 tün "밤"은 혼자서 부사로도 사용된다.

1. 어미 {+A}로 만들어진 유일한 시간 부사는 낱말 kičä (< *kēč+ä) "저녁에"이다:

kičä yar(u)k batar ärkli süŋüšdüm "나는 저녁에 해가 질 때에 싸웠다"(MČ E 1)

yarïn kičä altun örgin üzä olorupan mäŋiläyür män "나는 아침에 저녁

---

bodunum anta ärür는 "나의 백성이 거기에 있다"를 뜻한다. "나의 백성이 거기에 있을 것이다"를 뜻하는 돌궐어 문장으로는 bäniŋ bodunum anta ärtäči 또는 bäniŋ bodunum anta boltačï가 기대된다.

에 황금 용상 위에 앉으며 즐거워한다”(İB 1)

yarïn yaŋrayur kičä käŋränür “그는 아침에 중얼거린다, 저녁에 신음한다”(İB 22)

2. {+tüz}. 이 접미사는 단지 낱말 küntüz “낮, 낮에”에서만 보인다:

ol sabïg ešidip tün udïsïkïm kälmädi küntüz olorsïkïm kälmädi “그 소식을 듣고 나는 밤에 잠잘 생각이 나지 않았다, 낮에 앉을 생각이 나지 않았다”(T 12)

tün udïmatï küntüz olormatï “밤에 자지 않고, 낮에 앉지 않고”(T 51-52)

türük bodun üčün tün udïmadïm küntüz olormadïm “튀르크 백성을 위하여 나는 밤에 자지 않았다, 낮에 앉지 않았다”(BK E 22)

3. 기구격 어미 {+(X)n}으로 만들어진 시간 부사들인 kïšïn “겨울에”, yazïn “봄에”, yayïn “여름에”와 küzün “가을에”를 위해서는 **기구격**을 볼 것.

4. {+tï}. 이 접미사는 단지 부사 amtï “지금, 이제”에서만 보인다 (투바어 am “지금, 현재”와 비교할 것):

illig bodun ärtim ilim amtï kanï “나는 나라가 있는 백성이었다; 나의 나라는 지금 어디에 있는가?”(KT E 9)

ol amtï añïg yok “그들은 지금 나쁜 (상태에 있지) 않다”[214](KT S

---

214) Gerhard Doerfer(1920.3.8.-2003.12.27.)는 “Bemerkungen zu Talât Tekins “Orhon Yazıtları””, *TDA* 1992 (1992), pp. 5-17 중 pp. 7~8에서 낱말 yok가 고대 튀르크어에서 “~이 아니다”라는 뜻으로 사용된 적이 없다는 것, KT E 29~30을 보면 카간은

3; BK N 2)

5. 접미사 {+kAn}은 어미 {-mAz}로 된 부정의 분사들에 붙는다. 그 예들은 Ïrk Bitig에 있다.

karï üpgük yïl yarumazkan ätdi "늙은 후투티가 (새)해 (아침이) 밝지 않았을 때에 지저귀었다"(ÏB 21)

tanïm tüsi takï tükämäzkän "나의 몸의 털들이 아직 완전히 나지215) 않았을 때에"(ÏB 3)

6. 시간 부사처럼 사용될 수 있는 다른 두 낱말은 다음과 같다: bäŋgü "영원한, 끝없는", takï "더, 아직"(< tak- "더하다, 첨가하다"):

ötükän yiš olorsar bäŋgü il tuta olortačï sän "외튀캔 산악지역에서 앉는다면 너는 영원히 나라를 유지하며 살 것이다"(KT S 8)

tanïm tüsi takï tükämäzkän "나의 몸의 털들이 아직 완전히 나지216) 않았을 때에"(ÏB 3)

2.4.3 방식 부사

방식 부사들은 다음의 어미/접미사들로 파생된다: {+čA}, {+DI}, {+(X)n}.

오직 자신의 백성만 옷 입히고, 부유하고 수가 많게 만들었다는 것, 낱말 añïg이 "매우, 무척"도 뜻한다는 것을 밝히면서 이 문장을 "그들은 지금 매우 가난하다", "그들은 지금 굉장히 처참하다"(대략 걸프전 이후의 이라크 사람들처럼 그렇게)로 번역하는 것이 더 낫지 않을지 묻는다.

215) tükä-는 '끝나다'를 뜻한다.

216) tükä-는 '끝나다'를 뜻한다.

어미 {+čA}로 파생된 방식 부사들.

1. anča "그렇게" < *an+ča:

anča biliŋlär ädgü ol "너희는 그렇게 알아라: (이 점괘는) 좋다"(ÏB 1)

bän anča ter män "나는 그렇게 말한다"(T 37)

ïrak bodunug anča yagutïr ärmiš "그들은 먼 (곳에 사는) 백성들을 그렇게 가까이 오게 한다고 한다"(KT S 5)

kaŋïm šad anča ötünmiš "나의 아버지 샤드는 그렇게 탄원하였다고 한다"(O 8)

özi anča kärgäk bolmiš "그들 자신은 그렇게 서거하였다고 한다"(KT E 3-4)

ülügi anča ärmiš ärinč: yagïka yalŋus … tägip … özi kïsga kärgäk boltï "그의 운은 그러하였다고 한다 분명히: 그는 적에게 혼자서 … 공격하여 … 그 자신이 젊을 때에 서거하였다"(KČ E 11) 등

2. yičä "한 번 더, 다시, 또" < *yi "2"(yigirmi "20"과 비교할 것)

türük bodunug yičä itdi yičä igi(t)ti "그는 튀르크 백성을 다시 정리하였다, 다시 키웠다"(KT E 16-17; BK E 14)

yičä irtim "나는 (그들에게) 한 번 더 이르렀다"(MČ E 2-3)

yičä išig küčüg birgil "다시 나에게 봉사하여라!"(MČ E 5)

접미사 {+DI}로 파생된 방식 부사들은 다음과 같다: ädgüti, katïgdï, yegdi, yaraklïgdï.

1. ädgüti "잘" < ädgü "좋은"

bu sabïmin ädgüti ešid katïgdï tiŋla "나의 이 말들을 잘 들어라 (그리

고) 단단히 경청하여라!"(KT S 2)

yälmä kargug ädgüti urgïl "기마 정찰대와 망대들을 잘 두어라!"(T 34)

2. katïgdï, katïgtï "단단히, 잘, 아주" < katïg "견고한, 단단한":

katïgdï bā "단단히 매어라!"(ÏB 33)

katïgtï bā "단단히 매어라!"(ÏB 14)

katïgdï tiŋla "(나의 이 말들을) 단단히 경청하여라!"(KT S 2)

3. yegdi "더 잘" < yeg "더 좋은":

ïgar oglanïŋïzda taygunuŋuzda yegdi igidür ärtigiz "당신은 (당신의 백성을) 소중한 당신의 아이들보다, 당신의 망아지(같은 아들)들보다 더 잘 키우고 계셨습니다"(KT SE)

[ilig] törög yegdi kazgantïm "나는 [나라를] (그리고) 관습법을 (다른 카간들보다) 더 잘 획득하였다"(BK E 36)

4. yaraklïgdï "무기가 있는 상태로" < yaraklïg "무기가 있는":

oŋ totok yurčin yaraklïg äligin tutdï, yaraklïgdï kaganka ančoladï "(퀼 왕자는) 왕도독의 (손아래) 처남을 그의 손에 무기가 있는 상태로 잡았다, 무기가 있는 상태로 카간에게 바쳤다"(KT E 32)

기구격 어미 {+(X)n}으로 만들어진 방식 부사들은 다음과 같다: yadagïn, yalaŋïn, yegin.

türükümä bodunuma [y]egin anča kazganu birtim "나는 나의 튀르크족에게 (그리고) 나의 백성에게 더 잘 그렇게 (승리들을) 획득해버렸

다"(BK S 10)

[yir] sayu barmiš bodun ölü yitü yadagïn yalaŋïn yana kälti "(내가 즉위하였을 때에) 모든 곳에 간 백성이 죽을 지경이 되어, 걸어서 맨발로 돌아 왔다"(KT E 28) 등

기구격을 볼 것.

2.4.4 수량 부사

수량 부사들은 다음과 같다:

kop "모두, 완전히"

kopïn "모두 함께, 완전히, 한꺼번에"

tükäti "완전히"

bunča "이만큼, 이 정도"

anča "그만큼, 그 정도"

nänčä "얼마나, 아주 많이"

buŋsïz "잔뜩, 너무 많이"

kalïsïz "남김없이, 아주 많이"

kärgäksiz "필요 이상으로 많이, 대단히 많이"

sansïz "수없이, 아주 많이"

üküš "많이"

antag "그만큼, 그 정도"

ärtiŋü "매우, 매우 많이"

takï "더, 더 많이"

idi/edi "전혀"

kičig "아주 조금"

näŋ "전혀"

1. kop "모두, 완전히" < ? ko- "두다, 놓다":

ärin kop ölürmiš "그는 그들의 남자들을 모두 죽였다고 한다"(KT N 1)

kara türgiš bodun kop ičikdi "튀르기시 일반 백성이 모두 (우리에게) 예속하였다"(KT E 38)

kiši ogli kop ölgäli törümiš "인간은 모두 죽게끔 창조되었다고 한

다”(KT N 10)

kül tigin yok ärsär kop öltäči ärtigiz “퀼 왕자가 없(었)으면 너희는 모두 죽을 것이었다”(KT N 10)

sü süläpän tört buluŋdakï bodunug kop almiš, kop baz kïlmiš “그들은 군대를 보내어 사방에 있는 (적대적인) 백성들을 모두 얻었다고 한다, 모두 예속시켰다고 한다”(KT E 2)

tört buluŋ kop yagï ärmiš “사방은 모두 (우리에게) 적이었다고 한다”(KT E 2) 등

2. kopïn “모두 함께, 완전히, 모두” < kop + 기구격 어미:
anta ötrü oguz kopïn kälti “그 뒤에 오구즈족이 모두 왔다”(T 16)
bäglär kopïn yanalïm tedi “백들이 모두 함께 “돌아갑시다!”하고 말하였다”(T 36)

3. tükäti “완전히” < tükät-i:
sabïmïn tükäti ešid “나의 말들을 완전히 들어라!”(BK N 1)
sabïmïn tükäti ešidgil “나의 말들을 완전히 들어라!”(KT S 1)

4. bunča “이만큼, 이 정도” < bun+ča:
bunča kazganïp [kaŋïm kagan ï]t yïl onunč ay altï otuzka uča bardï “이만큼 (많이) 획득하고 [나의 아버지 카간은] 개해 열째 달 스물여섯(째 날)에 승하하였다”(BK S 10)

5. anča “그만큼, 그 정도” < an+ča:

anča erig yertä bäŋgü taš tokïtdïm "그렇게 쉽게 이르는 곳에 나는 영원한 돌을 쓰게 하였다"(KT S 13)

anča kazganmiš <anča> etmiš elimiz törömüz ärti "그만큼 부유한 (그리고) 그만큼 발전한 우리의 나라(와) 우리의 관습법이 있었다"[217](KT E 22)

6. nänčä "얼마나, 아주 많이" < *nän+čä (대명사 nä의 동등격):

[kaŋïm] kagan ečim kagan olortokïnta tört buluŋdakï bodunug nänčä itm[iš nänčä yaratmiš] "[나의 아버지] 카간(과) 나의 숙부 카간이 권좌에 앉았을 때에 사방에 있는 백성들을 아주 많이 조직하였다고 한다"(BK N 8-9)

7. buŋsïz "부족함 없이, 잔뜩, 아주 많이" < buŋ "부족, 없음"+sïz:
altun kümüš išgiti kotay buŋsïz anča birür "(중국인들은 우리에게) 금은(과) 비단을 잔뜩 준다"(KT S 5)

sarïg altun ürüŋ kümüš kïz koduz ägri täbi agï buŋsïz kälürti "그들은 (우리에게) 누런 금, 흰 은, 부녀자, 혹이 있는 낙타 (및) 비단을 잔뜩 가져왔다"(T 48) 등

8. kalïsïz "남김없이, 아주 많이" < *kālï "나머지" +sïz:
äbin barïmin kalïsïz kop kälürti "그들은 그들의 천막을 (그리고) 그들의 재산을 남김없이 가져왔다"(KT N 1)

---

217) 동사 är-는 '~이다'를 뜻하므로 elimiz törömüz ärti는 "우리의 나라(와) 우리의 관습법이 있었다"가 아니라 "우리의 나라(와) 우리의 관습법이었다"로 해석하는 것이 더 옳을 것이다. "(그것이) 있었다"는 bar ärti로 표현되었을 것이다.

on ok boduni kalïsïz tašïkmiš "온 오크 백성이 남김없이 출정하였다
고 한다"(T 30)

on ok süsi kalïsïz tašïkdï "온 오크 군대가 남김없이 출정하였다"
(T 33) 등

9. kärgäksiz "필요 이상으로 많이, 대단히 많이" < kärgäk+siz:

altun kümüš kärgäksiz kälürti "그들은 금은을 잔뜩 가져왔다"(BK S 11)

bir tümän agï altun kümüš kärgäksiz kälürti "그들은 1 만의 비단, 금
은을 잔뜩 가져왔다"(KT N 12) 등

10. sansïz "수없이" < sān "수(數)" +sïz:

ädgü özlük atin kara kišin kök täyäŋin sansïz kälürüp kop kot(t)ï "그들
은 그들의 좋은 승용마들을, 그들의 검은 담비들을 (그리고) 그들의
푸른 다람쥐들을 수없이 가져와서 모두 놓았다"(BK S 12) 등

11. üküš "많이"(**부정(不定) 수**를 볼 것)

12. antag "그만큼, 그 정도" < anï täg "그처럼":

antag külüg kagan ärmiš "그들은 그만큼 유명한 카간이었다고 한
다"(KT E 4)

후치사를 볼 것.

13. ärtiŋü "매우, 매우 많이" < ärtin- "지나다, 앞으로 가다" + -gü

[kaŋïm kagan t]ürük bäglärin bodunin ärtiŋü ti mag itdi ögd[i] "[나의

아버지 카간은] 튀르크 백들을 백성을 매우 많이, 오랫동안 칭송하였다"(BK S 15)

bunča matï bäglär kanjïm kaganka ärtiŋü ti mag kïltï "이만큼의 충성스러운 백들이 나의 아버지 카간을 매우 많이, 오랫동안 칭송하였다"(BK S 14-15)

tür[giš kagan] kïzïn ärtiŋü ulug törön ogluma alï birtim "나는 튀르[기시 카간의] 딸을 아주 성대한 의식으로 나의 아들에게 얻어주었다"(BK N 9-10)

14. takï "더" < *tak- "달다, 붙이다":

täŋri bilgä kaganka [t]akï išig küčüg bersigim bar ärmiš "신성한 빌개 카간에게 내가 더 봉사할 것이 있다고 한다"(O 10)

15. idi/edi "전혀":

ekin ara idi oksuz kök türük iti anča olorur ärmiš "그들은 (이) 두 (경계) 사이에서 전혀 부족 조직이 없는 동(東) 튀르크족을 정리하며 그렇게 다스리고 있었다고 한다"(BK E 4)

kapgan kagan türük sir bodun yerintä bod yämä bodun yämä kiši yämä idi yok ärtäči ärti "카프간 카간의 튀르크 시르 백성의 땅에는 부족도 백성도 사람도 전혀 없었을 것이었다"(T 60)

ötükän yïšda yig idi yok ärmiš "외튀캔 산악지역보다 더 좋은 곳은 전혀 없는 것 같다"(KT S 4)

türk sir bodun yerintä idi yorïmazun "튀르크 시르 백성이 자기 땅에서 전혀 발전하게 하지 마라"(T 11)

türük bodun tämir kapïgka tinsi ogli aytïgma tagka tägmiš idi yok ärmiš
"튀르크 백성이 태미르 카푹에 (그리고) "하늘의 아들"이라 하는 산에 이른 적이 전혀 없다고 한다"(T 46-47)

usar idi yok kïšalïm "가능하면 (그들을) 완전히 없앱시다"(T 11)

üčägün kabïšïp sülälim edi yok kïšalïm "셋이서 연합하여 군대를 보냅시다, (그들을) 완전히 없앱시다"(T 21)

16. kičig "조금, 아주 조금, 전혀":

birgärü tokuz ärsinkä tägi sülädim, töpötkä kičig tägmädim "나는 남쪽으로 토쿠즈 애르신까지 출정하였다. 나는 티베트에 전혀 이르지 않았다 (티베트에 조금 남아 멈추었다)"(KT S 3)

ilgärü šantuŋ yazïka tägi sülädim, taloyka kičig tägmädim "나는 산동 평원까지 출정하였다. 나는 바다에 전혀 이르지 않았다 (바다에 조금 남아 멈추었다)"(KT S 3)

17. näŋ "전혀":

näŋ yïlsïg bodunka olormadïm "나는 결코 부유한 백성한테 즉위하지 않았다"(KT E 26)

ötükän yir olorup arkïš tirkiš ïsar näŋ buŋug yok "외튀캔 땅에 앉아서 (그곳으로부터) 카라반을 보낸다면 너는 전혀 걱정이 없다"(KT S 8)

낱말 näŋ은 수식어로도 사용된다:

näŋ yerdäki kaganlïg bodunka … "아무 나라에 있는 카간이 있는 백성에게 …"(T 56)

되풀이되어:

näŋ näŋ sabïm ärsär bäŋgü taška urtum "나는 (말할) 무슨 말이라도 있으면 (그것들을 이) 영원한 돌에 썼다"(KT S 11)

의문 부사를 볼 것.

2.4.5 비교 부사

돌궐어에서 사용된 유일한 비교 부사는 최상급을 만드는 부사 äŋ이다:

äŋ ilk togu balïkda süŋüšdümüz "우리는 맨 처음에 토구 발르크에서 싸웠다"(KT N 4)

äŋ ilki tadïkïŋ čoriŋ boz [atïg binip tägdi] "그는 맨 처음에 타드크 초르의 잿빛 [말을 타고 공격하였다]"(KT E 32)

2.4.6 수(數) 부사

수 부사들 또는 그렇게 사용된 낱말과 구들은 다음과 같다:

bašlayu "먼저, 우선"	yana "다시, 또, 둘째 번"
ulayu "먼저, 우선"	äŋ ilk, äŋ ilki "맨 처음에, 맨 먼저"
ekinti "두 번째로"	

1. bašlayu < *bašla- "이끌다, 우두머리로 있다":

bašlayu kïrkïz kaganïg balbal tikdim "나는 먼저 크르그즈 카간의 석상을 세웠다"[218](KT E 25)

kaŋïm kaganka bašlayu baz kaganïg balbal tikmiš[219] "(나의 숙부 카간

---

218) 이 문장은 "나는 먼저 크르그즈 카간을 발발(살해된 적의 석상)로 세웠다"로 직역된다.

은) 나의 아버지 카간을 위하여 먼저 바즈 카간의 석상을 세웠다고 한다"(KT E 16)

2. ulayu < *ula- "결합하다" < *ul "기초, 토대, 시작":

sabïmïn tükäti ešidgil ulayu iniygünüm oglanïm birki ugušum bodunum
… "나의 말들을 완전히 들어라! 먼저 (너희) 나의 남동생들, 나의 아들들, (그 다음에) 뭉쳐진 나의 부족(과) 나의 백성 …"(KT S 1)

3. yana < yan- "돌아가다, 돌아오다":

kanin kodup tabgačka yana ičikdi "(튀르크 백성은) 자기 칸을 버리고 중국에 다시 예속되었다"(T 2)

kara türgiš bodunug anta ölürmiš almiš yana yorïp … "그는 튀르기시 일반 백성을 거기에서 죽였다고 한다, 가졌다고 한다. 다시 나아가서 … " (KT E 40)

yagï bolup itinü yaratunu umadok yana ičikmiš "그들은 적이 되었으나 스스로를 (잘) 조직하지 못하였다고 한다, 다시 (중국인에게) 예속되었다고 한다"(KT E 10) 등

다른 수 부사들인 ekinti "두 번째로", üčünč "세 번째로" 등에 대해서는 **서수**를 볼 것.

---

219) baz kaganïg balbal tikmiš는 "그는 바즈 카간을 발발(살해된 적의 석상)로 세웠다고 한다"로 직역된다.

2.4.7 의문 부사

아주 오래된 의문대명사 *ka로부터 파생된 의문 부사 kačan "언제"
는 단지 kačan näŋ ärsär "언제라도, 조만간" 구(句)에서만 나타난다:

kača(n) näŋ ärsär bizni ölürtäčik ök "조만간 그는 우리를 반드시 죽일
것이다"(T 29-30)

kača(n) näŋ ärsär ol bizni … ölürtäčik ök "조만간 그는 우리를 … 반
드시 죽일 것이다"(T 20-21)

kačan (n)äŋ ärsär ölürtäčik ök "조만간 그는 (우리를) 반드시 죽일 것
이다"(T 21)

2.5 후치사

돌궐어에서 사용된 후치사들은 다음과 같다: ara, birlä, ïngaru, kisrä,
kuďï, ötrü, sayu, tapa, täg, üčün, üzä, eyin, tägi, aďin, öŋi. 이 후치사들은
절대격, 여격-처격, 처격-탈격 같은 갖가지 명사격을 지배한다.

2.5.1 절대격을 지배하는 후치사

명사들의 절대격을 지배하는 후치사들은 다음과 같다: āra/ara, birlä,
kuďï, sayu, tapa, täg, üčün, üzä, eyin.

1. āra, ara "사이에서"(< *ār- "사이를 지나다, 속을 지나다"; MK
argula- "사이를 지나다"와 비교할 것):

bu türük bodun ara yarïklïg yagïg yältürmädim "나는 이 튀르크 백성

사이에서 갑옷 입은 적이 공격하지 못하게 하였다”(T 54)

busanč āra mäŋi kälmiš “슬픔 사이에서 행복이 왔다고 한다”(ÏB 52)

ekin ara ïlgam tarïglagïm “(이) 두 (경계) 사이에서 나의 골짜기들(과) 나의 경작지들(이 있다)”(Tar. W 4)

ekin ara idi oksuz kök türük iti anča olorur ärmiš “그들은 (이) 두 (경계) 사이에서 전혀 부족 조직이 없는 동(東) 튀르크족을 정리하며 그렇게 다스렸다고 한다”(BK E 4)

kamïš āra kalmiš “(계집종이) 갈대 사이에서 남았다고 한다”(ÏB 38)

üzä kök täŋri asra yagïz yer kïlïntokda ekin ara kiši ogli kïlïnmiš “위에서 푸른 하늘이 아래에서 거무스름한 땅이 창조되었을 때에, 둘 사이에서 사람이 창조되었다고 한다”(KT E 1) 등

2. birlä “~와, ~와 함께” < *bīr+lä:

altï otuz yašïma čik bodun kïrkïz birlä yagï boltï “내가 26살 때에 치크 백성이 크르그즈족과 함께 (우리에게) 적이 되었다”(BK E 26)

bilgä tuñukuk buyla baga tarkan birlä ilteriš kagan boluyïn … “빌개 투뉴쿠크 부일라 바가 타르칸과 함께 일테리시는 카간이 되어”(T 6-7)

ečim kagan birlä ilgärü yašïl ügüz šantuŋ yazïka tägi sülädimiz “우리는 나의 숙부 카간과 함께 동쪽으로 황하(와) 산동 평원까지 출정하였다”(KT E 17)

inim kül tigin birlä sözläšdimiz “나는 나의 남동생 퀼 왕자와 (상황을) 이야기하였다”(KT E 26)

oguz bodun tokuz tatar birlä tirilip kälti “오구즈 백성이 토쿠즈 타타르족과 함께 모여서 (우리에게) 왔다”(BK E 34)

이 후치사는 3인칭 소유 어미를 지닌 명사들의 대격을 지배한다:

kaganin birlä soŋa yïšda süŋüšdüm “나는 그들의 카간과 송아 산에서 싸웠다”(BK E 27)

kaganin birlä soŋa yïšda süŋüšdümüz “우리는 그들의 카간과 송아 산에서 싸웠다”(KT E 35)

[yï]ta äsiz är iki oglïn birlä ölti “아! 슬프다! 남자가 자기의 두 아들과 함께 죽었다”(Uybat II 5)

3. kudï “아래로, (강의) 하류를 따라” < *kud- “쏟다, 붓다”:

ol sub kudï bardïmïz “우리는 그 강(을 따라) 아래로 갔다”(T 27)

säläŋä kudï yorïpan … “셀렝가220) (강을 따라) 아래로 나아가서 …”(BK E 37)

üküši säläŋä kudï bardï “그들 중 많은 사람이 셀렝가를 따라 아래로 갔다”(MČ E 4)

4. sayu “매(每)~, ~마다” < *sā- “세다, 헤아리다”:

anta kalmiši yir sayu kop toru ölü yorïyur ärtig221) “(너희 중) 그곳에서 (어떻게든 살아) 남은 사람들은 모든 곳으로 모두 기진맥진하여 걸어가고 있었다”(KT S 9)

yir sayu bardïg222) “너희는 모든 곳으로 갔다”(KT S 9)

---

220) 중국 문헌에 娑陵水로 나온다. 셀렝가(Selenga 또는 Selenge) 강은 몽골의 항가이(Khangai) 산맥에서 발원하여 바이칼(Baikal)호로 흘러든다. 길이가 1,024km이고 이더르(Ider) 강, 오르콘(Orkhon) 강과 같은 지류가 있다. 이더르 강까지 생각하면 그 길이는 1,480km에 이른다.

221) yorïyur ärtig은 글자 그대로는 “너는 걸어가고 있었다”이다.

222) bardïg은 글자 그대로는 “너는 갔다”이다.

yir sayu barmiš bo[dun yadagïn yalaŋïn] ölü yitü [yana] kälti "모든 곳으로 갔던 백성이, 걸어서 맨발로 (그리고) 죽을 지경이 되어 돌아 왔다"(BK E 22-23)

이 후치사는 3인칭 소유 어미를 지닌 낱말들의 대격을 지배한다: äligčä är tutdumuz ol ok tün bodunin sayu ï(t)timïz "우리는 50 정도의 군사를 붙잡았다. 우리는 바로 그날 밤에 그들 모두의 백성에게 (그들과 함께 소식을) 보냈다"(T 42)

5. tapa "~을 향하여" < tap- "발견하다, 찾아내다":
ančïp bars yïlka čik tapa yorïdïm "그렇게 해서, 나는 표범해에 치크족을 향하여 나아갔다"(MČ E 7)
eki otuz yašïma tabgač tapa sülädim "나는 22살 때에 중국을 향하여 출정하였다"(BK E 25-26)
yazïŋa oguz tapa sülädim "(그해) 봄에 나는 오구즈 족을 향하여 출정하였다"(BK E 31-32)
yïrgaru oguz bodun tapa, ilgärü kïtañ tatabï bodun tapa, birgärü tabgač tapa ulug sü eki yegirmi sülädim "나는 북쪽으로 오구즈 백성을 향하여, 동쪽으로 거란(과) 타타브 백성을 향하여, 남쪽으로 중국을 향하여 큰 군대로 12(번) 출정하였다"(KT E 28)

이 후치사는 3인칭 소유 어미를 지닌 낱말들의 대격을 지배한다:
yerin tapa bardï "그들은 그들의 땅을 향하여 갔다"(MČ S 6)

6. täg "~처럼, ~ 같은, ~ 같이":

kaŋïm kagan süsi böri täg ärmiš, yagïsi koñ täg ärmiš "(신이 힘을 주었으므로) 나의 아버지 카간의 군대는 이리 같았다고 한다, 그들의 적은 양 같았다고 한다"(KT E 12)

körür közüm körmäz täg, bilir biligim bilmäz täg boltï "보는 나의 눈이 보지 못하는 것처럼 (되었다), 아는 나의 지혜가 알지 못하는 것처럼 되었다"(KT N 10)

öz (i)či tašïn tutmïš täg biz "우리는 자기 내부(의 군대로) 외부 (영토)를 잡고 있는 것과 같습니다"(T 13)

umay täg ögüm katun "우마이223) (여신) 같은 나의 어머니 카툰"(KT E 31)

yagïmïz tägrä očok täg ärti, biz aš <t>äg ärtimiz "우리의 적들은 사방에서 화덕 같았다, 우리는 (이 화덕의 가운데에 있는) 음식 (솥) 같았다"(T 8)

이 후치사도 3인칭 소유 어미를 지닌 낱말들의 대격을 지배한다:
anta kisrä inisi ečisin täg kïlïnmadok ärinč, ogli kaŋin täg kïlïnmadok ärinč "그 뒤에 그들의 남동생들은 형들처럼 창조되지 못하였다고 한

---

223) 본래 "태반(胎盤), 후산(後産)"을 뜻하는 이 낱말은, 그 직책이 부녀자와 아이를 돌보는 것인 튀르크 여신의 이름으로도 사용되었는데, 이는 아마도 태반이 마술적인 특징을 지닌다고 생각하였기 때문인 것 같다(EDPT: 164-165). 우마이(Umay)라는 낱말은 돌궐 비문에서 여신의 이름으로 사용되었으며, 고대 위구르어(Türkische Turfan-Texte VII)와 MK에서는 "태반, 후산"의 뜻으로 확인된다. 이 낱말은 현대 튀르크 언어들 중에서 크르그즈(Kyrgyz)어 Umay "어린이를 보호하는 신화 속의 여성", 쇼르(Shor)어 Umay "어린이의 수호령; 죽은 사람의 혼을 데려가는 정령", 하카스(Khakas)어 Ïmay "신생아와 어린 아이를 보호하는 여신"에 남아 있으며, 이와 관련하여 현대 몽골 언어들 중에서 할하(Khalkha)어, 부리야트(Buryat)어 umay "자궁"과 칼미크(Kalmyk)어 omä "자궁; 조상 (여자); 출산의 여신"이 있다.

다 분명히, 그들의 아들들은 아버지들처럼 창조되지 못하였다고 한다
분명히”(KT E 5)

bakïrï buŋsïz ärti kara sačïn täg “그의 구리는 무수했다 그의 검은 머
리털처럼”(Ačura 7)

이 후치사로 만들어진 부사 antag/antäg “그처럼, 그렇게”는 더 오래
된 *anï täg 구(句)에서 발전하였다:

küräg sabi antag “탈주자의 말은 그러하(였)다”(T 9)

tïlïg kälürti, sabi antag “그들은 (적진에서 한) 정보원을 데려왔다. 그
의 말은 그러하다”(T 36)

türgiš kaganta küräg kälti, sabi antäg “튀르기시 카간에게서 탈주자가
왔다. (탈주자의) 말은 그러하(였)다”(T 29)

antagïŋïn üčün “네가 그러하기 때문에”(KT S 8-9; BK N 6) 등

투뉴쿠크 비문에 나오는 “(그들의) 이러한 (이)”를 뜻하는 낱말
büntägi도 이 후치사로 만들어졌다: büntägi[224] < *buntägi < *bunï täg+i

7. üčün “~ 때문에, ~이므로, ~을 위하여”:

bägläri boduni tüzsüz üčün, tabgač bodun täbligin kürlüg<in> üčün,
armakčïsin üčün, inili ečili kikšürtökin üčün, bägli bodunlïg yoŋašurtokin
üčün … “그들의 백들과 백성이 조화롭지 않(았)기 때문에, 중국 백성
이 잘 속이기 때문에 사기꾼이기 때문에, 남동생들과 형들을 서로 부
추겼기 때문에, 백과 백성을 서로 중상하게 하였기 때문에 …”(KT E

---

224) bintägi “(그들의) 나와 같은 (이)”(< *bini täg+i)일 수 있다.

6; BK E 6-7)

ičimiz isig saŋun itačuk üčün bitidim "나는 친애하는 우리의 형 장군 이타추크를 위하여 썼다"(ÏB 67)

män özüm kagan olortokum üčün "나 자신이 카간으로 권좌에 앉았기 때문에"(BK E 36)

türük bodun üčün tün udïmadïm küntüz olormad<ïm> "튀르크 백성을 위하여 나는 밤에 자지 않았다, 낮에 앉지 않았다"(KT E 27)

üzä kök täŋri yarlï(k)kadok üčün asra yagïz yer igi(t)tök üčün "위에서 푸른 하늘이 명하였기 때문에, 아래에서 거무스름한 땅이 키웠기 때문에"(Tar. W 3)

üzä täŋri as[ra] yer yarlï(k)kadok üč[ün] "위에서 하늘이, 아래[에서] 땅이 (그렇게) 명하였기 때[문에]"(BK N 10)

이 후치사는 인칭대명사들과 소유 어미를 지닌 어간들의 대격을 지배한다:

anï üčün ilig anča tutmiš ärinč "그때문에 그들은 나라를 그렇게 (손에) 쥐었다고 한다 분명히"(KT E 3)

beš balïk anï üčün ozdï "베시발르크는 그때문에 (파괴에서) 벗어났다"(BK E 28)

antagïŋïn üčün "네가 그러하기 때문에"(KT S 8-9)

kürägüŋin üčün "네가 순종하지 않기 때문에"(KT E 23; BK E 19)

alpin ärdämin üčün kü bunča tutdï "(퀼리 초르는) 용감하고 미덕이 있기 때문에 명성을 이만큼 얻었다"(KČ W 12)

ol bilmädökügin üčün, yablakïŋïn üčün ečim kagan uča bardï "너의 그

무지함 때문에, 너의 나쁜 (행동) 때문에 나의 숙부 카간이 날아갔다
(승하하였다)"(BK E 20)

ilteriš kagan bilgäsin üčün, alpin üčün tabgačka yeti yegirmi süŋüšdi
"일테리시 카간은 현명하기 때문에, 용감하기 때문에 중국인과 17(번)
싸웠다"(T 48-49)

tay bilgä totok yablakïn üčün, bir eki atlïg yablakïn üčün kara bodunum
öldüŋ yitdiŋ "타이 빌개 도독이 나쁘기 때문에, 한두 말탄 이가 나쁘기
때문에, 나의 일반 백성(아), 너는 죽었다 사라졌다"(MČ E 5)

täŋri yir bulgakin üčün, ödiŋä küni tägdök üčün yagï boltï "하늘과 땅
이 뒤섞였기 때문에, 그들의 쓸개에225) 질투가 들어갔기 때문에 그들
은 적이 되었다"(BK E 29-30)

후치사 üčün은 접속사로도 사용된다 (**접속사**를 볼 것).

8. üzä "~ 위에, ~ 위에서" < *üz "위, 위쪽" +ä (**장소 부사**를 볼 것):
altun yïš üzä kabïšalïm "알타이 산맥 위에서 만납시다"(T 20)
at üzä bintürä karïg sökdüm "나는 (군사들을) 말 위에 태우면서 눈을
헤쳤다"(T 25)

---

225) Gerhard Doerfer(1920.3.8.-2003.12.27.)는 "Bemerkungen zu Talât Tekins "Orhon
Yazıtları"", *TDA* 1992 (1992), pp. 5-17 중 p. 16에서 t가 장모음 다음에서 d로 바뀐
것은 11세기에 오구즈어에서나 일어났기 때문에 8세기에 öt "쓸개(즙)" > öd의 변화
가 있었다는 것은 있을 법하지 않고, 이것이 필사자의 잘못일리도 없다고 밝혔다. 그
는 üdiŋ(ä) küni tgdük üčn ygï boÍdï로 자역한 문제의 구절을 "da zu ihrer Zeit ihr
Tag angebrochen war, wurden sie Feinde"(das heißt: die Oghusen glaubten, ihre
Zeit sei gekommen, um zu rebellieren) "그들의 시간에 그들의 날이 밝기 시작하였
으므로 그들은 적이 되었다"(즉: 오구즈족은 그들이 모반을 일으킬 시간이 왔다고 믿
었다)로 번역할 수 있지 않는지를 물었다. Doerfer의 독법을 따르면 ödiŋä küni tägdök
üčün은 "그들의 때(時)에 그들의 날(日)이 닿았기 때문에"로 직역된다.

tokuz oguz bodun üzä kagan olortï "토쿠즈 오구즈 백성 위에 (한) 카간이 즉위하였다"(T 9)

tört yegirmi yašïmka tarduš bodun üzä šad olortum "나는 14살에 타르두시 백성 위에 샤드로 앉았다"(BK E 15) 등

후치사 üzä는 처격-탈격도 지배한다 (아래를 볼 것).

9. eyin "따르며, 뒤따라" < *ey- "따르다, 추적하다":
kaŋïm … täŋrikän eyin anta yorïmiš "나의 아버지는 … 카간을 뒤따라 거기에서 나아갔다고 한다"(O 5)

2.5.2 여격–처격을 지배하는 후치사

명사들의 여격-처격을 지배하는 유일한 후치사는 tägi "~까지"이다 (< täg- "닿다, 이르다, 도달하다, 다다르다"):
bunča yirkä tägi yorïtdïm "나는 이만큼의 땅까지 (군대를) 나아가게 하였다"(KT S 4)
ilgärü kadïrkan yïška tägi, kirü tämir kapïgka tägi konturmiš "그들은 동쪽으로 홍안령 산맥까지, 서쪽으로 태미르 카푹까지 자리 잡게 하였다고 한다"(KT E 2)
ilgärü šantuŋ yazïka tägi sülädim "나는 동쪽으로 산동 평원까지 출정하였다"(KT S 3)
ilgärü yašïl ügüz šantuŋ yazïka tägi sülädimiz, kurgaru tämir kapïgka tägi sülädimiz "우리는 동쪽으로 황하(와) 산동 평원까지 출정하였다, 서쪽으로 태미르 카푹까지 출정하였다"(KT E 17)

ulug äb örtänmiš, katïŋa tägi kalmadok bükiŋä tägi kodm<ad>ok "커다
란 집이 탔다고 한다; 그것의 층까지 (아무것도) 남지 않았다고 한다,
그것의 구석까지 (아무것도) 남기지 않았다고 한다"(İB 9)

yiliŋä kudursugïŋa tägi yagrïpan "그의 갈기와 그의 꼬리까지 상처가
나서"(İB 16)

2.5.3 처격-탈격을 지배하는 후치사

명사들의 처격-탈격을 지배하는 후치사들은 다음과 같다: ötrü,
kisrä, üzä, adïn, öŋi, ïngaru.

1. ötrü "~ 뒤에" < *ötür- "지나게 하다":
anta ötrü kaganïma ötüntüm "그 뒤에 나는 나의 카간에게 요청하였
다"(T 12)
anta ötrü oguz kopïn kälti "그 뒤에 오구즈족이 모두 왔다"(T 16)

2. kisrä "~ 뒤에"(**장소 부사**를 볼 것):
anta kisrä kaŋïm kagan učdï "그 뒤에 나의 아버지 카간이 승하하였
다"(MČ N 12)
anta kisrä täŋri bilig bertök üčün özüm ök kagan kïšdïm "그 뒤에 신께
서 (나에게) 지혜를 주셨기 때문에 (그를) 바로 내가 카간으로 삼았
다"(T 6)
ol kan yōk boltokda k(i)srä [el] yitmiš ičginmiš[226] "그 칸이 죽은 뒤

---

226) 동사 yit-는 자동사이지만, 동사 ičgïn-은 타동사이다.

에 나라가 사라졌다고 한다”(O 1)

yagru kontokda kisrä añïg bilig anta öyür ärmiš “(이 백성들이 중국에)
가까이 자리 잡은 뒤에 (중국인들은) 나쁜 의도를 그때에 생각한다고
한다”(KT S 5)

3. üzä “~ 위에, ~ 위에서; ~에 따라서”:

ičrä aššïz tašra tonsuz yabïz yablak bodunta üzä olortum “나는 배고프
고 헐벗고 가난한 백성 위에 즉위하였다”(KT E 26; BK E 21)

kiši oglïnta üzä äčüm apam bumïn kagan ištämi kagan olormiš “사람의
위에는 나의 조상 부믄 카간, 이시태미 카간이 (군주로서) 권좌에 앉
았다고 한다”(KT E 1)

[näŋ y]ïlsïg bodunta üzä olormadïm “나는 [결코] 부유한 백성 위에
즉위하지 않았다”(BK E 21)

ol törödä üzä ečim kagan olortï “그 관습법에 따라 나의 숙부가 카간
으로 즉위하였다”(KT E 16; BK E 14)

4. adïn “~ 밖에는, ~ 외에는” < *ad- “다르다”:

kagan eki ärmiš; anta adïn ödkünč kagan ärmiš “카간은 둘이라고 한
다; 그 외에는 (하나는) 가짜 카간이라고 한다”(Tes 13)

5. öŋi “~와는 따로, ~ 밖에는” < *öŋ- “다르다”:

idišimtä ayakïmta öŋi kanča barïr män “나는 나의 취사도구에서 떨어
져 어디에 가는가?”(İB 42)

6. ïngaru "~부터, ~ 뒤에, ~ 너머로" < *ïn+garu:

anta [ïn]garu basmïl karluk yok boltï "그 뒤에 바스믈족(과) 카를루크 족이 없어졌다"(MČ W 2)

türük bodun anta ïngaru yok boltï "튀르크 백성은 그 뒤에 없어졌 다"(MČ N 10)

2.5.4 명사에서 비롯된 후치사

낱말 yan은 투뉴쿠크 비문에서 아무 어미도 붙지 않은 상태에서 처 격-탈격의 명사들 다음에 모음조화의 적용을 받는 어미-후치사로도 사용되었다:

kanta yan sabïg yana käl<ür>ti "그들은 칸에게서 대답을 가져왔 다"(T 33-34)

tabgač birdin-yän täg, kïtañ öŋdün-yän täg, bän yïrdïnta-yan tägäyin "중 국은 남쪽으로부터 공격하라, 거란은 동쪽으로부터 공격하라, 나는 북쪽으로부터 공격하겠어"(T 11)

2.6 접속사

2.6.1 병렬 접속사

돌궐어에서 병렬 접속사들 또는 접속사로 사용된 낱말들은 다음과 같다: azu, artuki, takï, udu, ulayu, yämä.

1. azu "또는, 아니면, 혹은"(= 투바어 azï "같은 뜻" < *āz- "길을 잃

다, 길에서 벗어나다"):

azu bu sabïmda igid bar gu "(나는 가난한 백성을 부유하게 하였다, 적은 백성을 많게 하였다); 아니면, 나의 이 말에 거짓이 있느냐?"(KT S 10)

되풀이되어:

azu turuk sub ärsär opayïn, azu itmiš yaratmïš tatïglïg aš ärsär ašayïn "맑은 물이면 내가 삼킬게, 만든 달콤한 음식이면 내가 먹을게"(Toyok I[227) F 1-8)

2. artuki "그것의 과도함, 더하기"(< artuk+i < *art- "늘다, 많아지다")

ay artuki tört kün [ol]orup… "34 일 앉아서"(BK SW)
otuz artuki bir "31"(BK S 9) 등.
기수를 볼 것.

3. takï "그리고, 또한"(< *tak- "달다"):
y[ag]uk el ärsär, anča takï erig yertä irsär, anča erig yertä bäŋgü taš toqïtdïm "(여기는) 가까운 곳이어서, 그리고 (쉽게) 이르는 곳이어서, 그렇게 (쉽게) 이르는 곳에서 나는 영원한 돌을 새기게 하였다"(KT S 13)

4. udu "그리고"(< ud- "따라가다, 추적하다"):

___

227) 중국 신강 위구르 자치구의 투르판 인근에 있는 토요크(Toyok 또는 Toyuk) 불교 석굴에서 발견된 고대 튀르크 룬 문자로 된 필사본 중 하나로 앞면에 11줄, 뒷면에 11줄이 있다.

ilteriš kagan kazganmasar udu bän özüm kazganmasar "일테리시 카간이 획득하지 않(았)으면 그리고 나 나 자신이 획득하지 않(았)으면"(T 54-55)

kazgantokin üčün udu özüm kazgantokum üčün "(일테리시 카간이) 획득하였기 때문에 그리고 (나) 나 자신이 획득하였기 때문에"(T 55)

taŋ taŋlardï udu yir yarudï udu kün tugdï "동이 텄다 그리고 땅이 밝아졌다 그리고 해가 떴다"(İB 26) 등.

5. ulayu "그리고"(< *ula- "결합하다"):

ataman tarkan … tunyukuk buyla baga tarkan ulayu buyruk … "아타만 타르칸 … 툰유쿠크 부일라 바가 타르칸 그리고 지휘관들 …"(BK S 14)

eki šad ulayu iniygünüm oglanïm bäglärim bodunum közi kaši "두 샤드의 그리고 나의 남동생들의, 나의 아들들의, 나의 백들의, 나의 백성의 눈과 눈썹이"(KT N 11)

ögüm katun ulayu öglärim äkälärim käliŋünüm kunčuylarïm "나의 어머니 카툰 그리고 나의 (의붓) 어머니들, 나의 누나들, 나의 며느리들, 나의 공주들"228)(KT N 9)

---

228) 튀르크어에서는 대개 화자와 화자의 아버지 사이 또는 화자와 화자의 아들 사이의 연령에 속하는 사람들을 같은 용어로 나타낸다. 즉 세대보다는 연령이 중요하다. 따라서 돌궐어에서 eči는 화자보다는 나이가 많고 화자의 아버지보다는 어린 근친 남자(이를테면, 삼촌/숙부, 형/오빠), äkä는 화자보다는 나이가 많고 화자의 아버지보다는 어린 근친 여자(이를테면, 고모, 누나/언니, 사촌 누나/언니), ini는 화자보다는 어리고 화자의 아들보다는 나이 많은 근친 남자(이를테면, 남동생, 사촌 남동생, 화자의 아들보다 나이 많은 조카), kälin은 화자보다는 어린 근친 남자의 아내(이를테면, 남동생의 아내, 사촌 동생의 아내, 아들의 아내)를 뜻하였다고 보는 것이 정확할 것이다. 과거부터 현재까지 튀르크어 전체에서 사용된 친족 용어에 대해서는 역자의 저작을 참조할 수 있다: Yong-Sŏng Li, *Türk Dillerinde Akrabalık Adları*[튀르크 언어들에서 친족 용어들], İstanbul 1999(415 p. 본래는 1993년 2월에 통과된 석사학위 논문을 수정 · 보완한 것임).

bašlayu로 끝나는 부동사구 다음에:

[…] ič buyruk, säbig kül irkin bašlayu, ulayu buyruk … "[…] 궁정 지휘관들, 새빅 퀼 이르킨 지휘하에, 그리고 (다른) 지휘관들 …"(BK S 14)

kisrä tarduš bäglär, kül čor bašlayu, ulayu šadapït bäglär … "서쪽에서 타르두시 백들, 퀼 초르 지휘하에, 그리고 샤다프트 백들 …"(BK S 13)

öŋrä töliš bäglär, apa tarkan bašlayu, ulayu šad[apït] bäglär … "동쪽에서 퇼리시 백들, 아파 타르칸 지휘하에, 그리고 샤다프트 백들 …"(BK S 13)

6. yämä "그리고, 또한, ~도"(< *yäm- "덧붙이다, 첨가하다"; 몽골어 neme- "같은 뜻"과 비교할 것; Poppe[229] 1960, p. 38을 볼 것):

bilgä kagan ärmiš, alp kagan ärmiš; buyruki yämä bilgä ärmiš ärinč, alp ärmiš ärinč "그들은 현명한 카간이었다고 한다, 용감한 카간이었다고 한다; 그들의 지휘관들도 현명했다고 한다 분명히, 용감했다고 한다 분명히"(KT E 3)

kagani ölti, buyruki bägläri yämä ölti "그들의 카간이 죽었다, 그들의 지휘관들과 백들도 죽었다"(KT E 19; BK E 16)

kïzïl kanïm töküti kara tärim yügürti išig küčüg bertim ök, uzun yälmäg yämä ï(t)tïm ok "나는 나의 붉은 피를 쏟으며 나의 검은 땀을 흘리

---

229) Nikolaj Nikolajevič Poppe (또는 Nicholas/Nikolaus Poppe) (1897.8.8.-1991.6.8.). 도이치계 러시아인 언어학자/알타이학자. 아버지가 외교관으로 근무하였던 중국에서 출생하였다. 몽골학자 Boris Jakovlevič Vladimircov(1884.7.20.-1931.8.17.)의 제자로서 1921년에 페트로그라드(Petrograd) 대학교를 졸업하였다. 1920-1930년에는 레닌그라드(Leningrad) 대학교, 아시아 박물관, 소련학술원 동양학 연구소 등에서 근무하였다. 1926년에 교수가 되었고 1944년에 도이칠란트로 이주하였다. 1949년-1968년에는 미국 시애틀(Seattle)에 있는 워싱턴 대학교에서 교수로 근무하였다.

며230) (나의 카간과 백성에게) 봉사하였다, 멀리 정찰대들도 보냈
다"(T 52)

türük [bodun ti]rip il tutsïkïŋïn bunta urtum, yaŋïlïp ölsikiŋin yämä
bunta urtum "튀르크 백성(아), 네가 (어떻게) 살아남아231) 나라의 주
인이 될 것인가를 나는 여기에서 (돌 위에) 새겼다; 네가 잘못하여 (어
떻게) 죽을 것인가도 나는 여기에서 (돌 위에) 새겼다"(KT S 10-11)

ügüzkä tüšdi, yañdok yolta yämä öltik-ök "그들은 강에 떨어졌다; 참
패하여 (사방으로) 흩어진 자들은 길에서도 죽었다"(T 16)

되풀이되어:

anta ayguči[si] yämä bän ök ärtim, yagïčï[si] yämä bän ök ärtim "그때
에 [그의] 대변인도 나였다, 적과 싸우는 [그의] 지휘관도 나였다"(T
49-50)

bägläri yämä boduni yämä tüz ärmiš "그들의 백들도 백성도 조화로
웠다고 한다"(KT E 3)

---

230) 동사 tök-는 타동사이고 동사 yügür-는 자동사이다. 더구나 동사 tök-의 사동형으로
    동사 tökür-가 아니라 동사 töktür-가 처음으로 카라한 튀르크어에서 확인된다.
    yügür-의 사동형인 yügürt-의 부동사형은 yügürti가 아니라 yügürtü일 것이다. 그러므
    로 저자의 독법은 그리 설득력이 있는 것이 아니다. Clauson (1972)은 이 구절을 kï-
    zïl kanïm töktï karā tärim yügürü "with my red blood streaming and my black
    sweat flowing"으로 읽고 번역한 뒤 töktï에서 k 다음에 t가 오는 것은 옳을 수 없고,
    tökülü ["쏟아지며"]가 의미에 가장 적합하고 yügürü에 대구를 이루겠지만, 자신 있
    게 읽힐 수는 없다고 밝혔다(EDPT: 477a).

231) 바로 앞의 문장에서 türük bäglär bodun bunï ešidiŋ 하고 튀르크 백들과 백성에게 말
    한 빌개 카간이 이것 다음에 오는 문제의 türük [bodun ti]rip에서는 단지 튀르크 백
    들에게만 말하면서 "튀르크 백성을 모아서 …" 식으로 이야기하였다고 보아야 한다.
    왜냐하면 바로 다음에 "(어떻게) 나라의 주인이 될 것인가를"이라는 구절이 오는데
    이것은 일반 백성이 아니라 백들에게 말한 것임이 분명하기 때문이다. 게다가 tir-는
    달리 확인되지 않고 그 파생어인 tirig "살아있는", tirgür- "되살리다, 소생시키다",
    tiril- "되살다, 소생하다" 등만 확인되기 때문이다.

il yämä bodun yämä yok ärtäči ärti "(일테리시 카간이 획득하지 않았으면 그리고 내가 획득하지 않았으면) 나라도 백성도 없을 것이었다"(T 55)

kazgantokin üčün udu özüm kazgantokum üčün il yämä il boltï, bodun yämä bodun boltï "(일테리시 카간이) 획득하였기 때문에 그리고 나 자신이 획득하였기 때문에, 나라도 나라가 되었다, 백성도 백성이 되었다"(T 55-56)

kün yämä tün yämä yälü bardïmïz "우리는 밤낮으로 전속력으로 갔다"(T 27)

ol sabïn ešidip tün yämä udïsïkïm kälmäz ärti <kün yämä> olorsïkïm kälmäz ärti "(튀르기시 카간의) 그 말을 듣고 나는 밤에는 잠잘 생각이 나지 않았다 <낮에는> 앉을 생각이 나지 않았다"(T 22) 등.

접속사 yämä는 세 번도 되풀이될 수 있다:

kapgan kagan türk sir bodun yerintä bod yämä bodun yämä kiši yämä yok ärtäči ärti "(일테리시 카간이 획득하지 않았으면 또는 전혀 없었으면, 나 나 자신 빌개 투뉴쿠크가 획득하지 않았으면 또는 전혀 없었으면), 카프간 카간의 튀르크 시르 백성의 땅에는 부족도 백성도 사람도 (전혀) 없을 것이었다"(T 60)

2.6.2 종속절 접속사

돌궐어에서 종속절 접속사들 또는 이 기능으로 사용된 낱말들은 다음과 같다: üčün, tiyin 및 tip.

1. üčün "때문에"(**후치사**를 볼 것):

bägläri boduni tüzsüz üčün … türük bodun illädök ilin ičginu ïdmiš kaganladok kaganin yitürü ïdmiš "그들의 백들과 백성도 조화롭지 못하기 때문에 … 튀르크 백성은 자기가 세운 자기의 나라를 잃어버렸다고 한다, 자기가 즉위시킨 자기의 카간을 잃어버렸다고 한다"(BK E 6-7)

kutum bar üčün, ülügüm bar üčün öltäči bodunug tirgürü igi(t)tim "나에게 신의 은총이 있기 때문에, 운이 있기 때문에, 나는 죽을 백성을 되살리고 배불리 먹였다"(KT E 29)

män özüm kagan olortokum üčün türük bodunug … kïlmadïm "나 나 자신이 카간으로 즉위하였기 때문에 나는 튀르크 백성을 … 만들지 않았다"(BK E 36)

täŋri yarlï(k)kadok üčün, män kazgantok üčün türük bodun kazg[anmiš äri]nč "신께서 (그렇게) 명령하셨기 때문에, 내가 (일하여) 획득하였기 때문에 튀르크 백성이 (또한 그렇게) 획득하[였다] 분명히"(BK E 33)

2. tiyin "~라고, ~하려고, ~ 목적으로"(< *tē-yin):

arkïš ïdmaz tiyin sülädim "나는 그들이 카라반을 보내지 않는다고 출정하였다"(BK E 25)

bodunug igidäyin tiyin … ulug sü eki yegir[mi sülädim] "나는 백성을 배불리 먹이려고 … 큰 군대(로) 12 [번 출정하였다]"(KT E 28)

sogdak bodun itäyin tiyin yinčü ügüzüg käčä tämir kapïgka tägi sülädimiz "우리는 소그드 백성을 조직할 목적으로 진주(眞珠) 강232)

---

232) 진주(眞珠) 강은 오늘날의 시르다리야(Syr-Darya) 강을 말한다. 고대 그리스인은 이

을 건너 태미르 카픅233)까지 출정하였다”(KT E 39)

3. tip “~라고, ~하려고, ~ 목적으로”(< *tē-p):

anï ayïtayin234) tip süladim “(그들이 대상이 오지 않았다); 나는 그것을 묻겠다고 출정하였다”(BK E 41)

2.7 불변화사

2.7.1 강화 불변화사 ok/ök

강화 불변화사 ok/ök는 대명사, 부사나 동사를 강화한다.

1. 강화되는 낱말이 대명사:

anta ayguči[si] yämä bän ök ärtim, yagïči[si] yämä bän ök ärtim “그때에 [그의] 대변인도 나였다, 적과 싸우는 [그의] 지휘관도 나였다”(T 49-50)

bilgäsi čabïši bän ök ärtim “그의 총고문과 총사령관은 나였다”(T 7)

ol ok tün bodunin sayu ï(t)timïz “(우리는 50 가량의 남자를 사로잡았다), 바로 그날 밤에 그들 모두의 백성에게 (그들과 함께 소식을) 보냈다”(T 42)

것을 약사르테스(Jaxartes, Yaxartes) 강이라 불렀는데, 이것은 고대 페르시아어 이름인 야흐샤 아르타(Yakhsha Arta “큰 진주색의”)에서 온 것이다. 중국 문헌에는 약살수(藥殺水)로도 진주하(眞珠河)로도 나타난다. 돌궐 비문들의 Yenčü/Yinčü ügüz도 “眞珠河”를 뜻한다.

233) 태미르 카픅(Tämir Kapïg)은 “鐵門”을 뜻한다. 돌궐 비문들에 나타나는 태미르 카픅은 사마르칸트(Samarkand)와 발흐(Balkh) 사이의 길의 가운데 지점에 있는 부즈갈라(Buzgala) 애로(隘路)를 말한다(Sir Gerard Clauson & Edward Tryjarski (1971), p. 17).

234) 저자는 이 동사를 예전에는 añït- ‘두려워하게 하다, 으르다’로 읽었다.

özüm ök kagan kïšdïm "(그를) 나 자신이 카간으로 만들었다"(T 6) 등.

2. 강화되는 낱말이 부사:

biryä tabgačïg öŋrä kïtañïg yïrya oguzug üküš ök ölürti "그는 남쪽에서 중국인을, 동쪽에서 거란족을, 북쪽에서 오구즈족을 아주 많이 죽였다"(T 7)

3. 강화되는 낱말이 정형 동사:

kïzïl kanïm töküti kara tärim yügürti išig küčüg bertim ök "나는 나의 붉은 피를 쏟으며 나의 검은 땀을 흘리며[235] (나의 카간과 백성에게) 봉사하였다"(T 52)

otuz yašïmda, äsizim ä, kit(t)im ök "30살에, 애석하다, 나는 갔다!"(Čaa-Xöl III 1-2)

uzun yälmäg yämä ï(t)tïm ok, arkuy kargug olgurtdum ok "나는 멀리 정찰대들도 보냈다, 요새들(과) 망루들을 (적절하게) 설치하였다"(T 52-53)

강화 불변화사 ok/ök는 모음으로 끝나는 낱말에 붙을 때에 자기의 모음을 잃는다:

bini oguzug ölürtäči-k tir män "그는 나를, 오구즈를, 틀림없이 죽일 것이라고 나는 말한다"(T 10-11)

---

235) 동사 tök-는 타동사이고 동사 yügür-는 자동사이다. 더구나 동사 tök-의 사동형으로 동사 tököt-가 아니라 동사 töktür-가 처음으로 카라한 튀르크어에서 확인된다. yügür-의 사동형인 yügürt-의 부동사형은 yügürti가 아니라 yügürtü일 것이다. 그러므로 저자의 독법은 그리 설득력이 있는 것이 아니다.

이러한 강화 불변화사가 있는 정형 형태들은 불변화사 ok/ök를 다시 한 번 더 받을 수 있다.

kača(n) näŋ ärsär bizni ölürtäči-k ök "머잖아 그는 우리를 틀림없이 죽일 것이다"(T 20)

ol bizni ··· kačan (n)äŋ ärsär ölürtäči-k ök "그는 우리를 ··· 머잖아 틀림없이 죽일 것이다"(T 20-21)

yañdok yolta yämä ölti-k ök "참패하여 흩어진 자들은 길에서도 죽었다"(T 16)

2.7.2 불변화사 ärinč

큰 가능성을 나타내는 이 불변화사는 "십중팔구는, 아마, 확실히, 분명히"라고 번역될 수 있다. 대개는 어미 {-mIš}로 된 목격되지 않은 과거시제236)와, 드물게는 어미 {-DI}와 {-DOk}로 된 과거시제와 함께 사용된다. 불변화사 ärinč가 지시대명사237)와 사용되는 경우도 있다.

1. 어미 {-mIš}로 된 과거시제와 함께:

anta kisrä inisi kagan bolmiš ärinč oglïti kagan bolmiš ärinč "그 뒤에 그들의 남동생들이 카간이 되었다고 한다 분명히, 그들의 아들들이 카간이 되었다고 한다 분명히"(KT E 4-5)

biligsiz kagan olormiš ärinč yablak kagan olormiš ärinč "어리석은 카간들이 즉위하였다고 한다 분명히, 나쁜 카간들이 즉위하였다고 한다

---

236) 터키어를 비롯한 튀르크계 언어들에서는 말하는 이가 직접 행위를 하거나 목격한 것을 나타내는 '한정 과거시제'와 말하는 이가 나중에 알게 되었거나 누군가를 통해 들은 것을 나타내는 '목격되지 않은 과거시제'로 과거 시제가 크게 나뉜다.

237) 터키어 원본에는 ad yüklemleri '명사(로 된) 서술어들'로 나오지만 앞의 지시대명사 부분에서는 이을 지시대명사로 보았으므로 역자가 이렇게 고쳤다.

분명히"(KT E 5)

　buyruki yämä bilgä ärmiš ärinč alp ärmiš ärinč "그들의 지휘관들도 현명했다고 한다 분명히, 용감했다고 한다 분명히"(KT E 3)

　buyruki yämä biligsiz [ärmiš] ärinč yablak ärmiš ärinč "그들의 지휘관들도 어리석[었다고 한다] 분명히, 나빴다고 한다 분명히"(KT E 5) 등.

　2. 어미 {-DI}로 된 한정 과거시제와 함께:

　kaŋïm ilteriš kaganïg ögüm ilbilgä katunug täŋri töpösintä tutup yüg(g)ärü kötürti ärinč "(위에 있는 튀르크의 신과 튀르크의 신성한 땅-물의 정령들이) 나의 아버지 일테리시 카간을 그리고 나의 어머니 일빌개 카툰을 하늘의 꼭대기에서 붙잡아 위로 올렸다 분명히"(BK E 10)

　[özümin ol täŋri] kagan olortdï ärinč "[나 자신을 그 신께서] 카간으로 즉위시키셨다 분명히"(KT E 26)

　täŋri umay ïduk yer sub basa berti ärinč "신(神) 우마이, 신성한 땅-물(의 정령들)이 (우리를) 도와주었다 분명히"(T 38)

　üzä täŋri ïduk yer sub [ečim] kagan kuti taplamadï ärinč "(이 행동을) 위에서 신께서, (아래에서는) 신성한 땅-물(의 정령들)과 [나의 숙부] 카간의 넋이 좋아하지 않았다 분명히"(BK E 35)

　3. 어미 {-DOk}로 된 과거시제와 함께:

　anta kisrä inisi ečisin täg kïlïnmadok ärinč ogli kaŋin täg kïlïnmadok ärinč "그 뒤에 그들의 남동생들은 형들처럼 창조되지 않았다고 한다 분명히, 그들의 아들들은 아버지들처럼 창조되지 않았다고 한다 분명히"(KT E 5)

4. 지시대명사238)와 함께:

bardok yirdä ädgüg ol ärinč "간 곳들에서 너의 소득은 그것이(었)다 분명히"(KT E 24)

2.8 감탄사

2.8.1 호출 감탄사

본래의 오르콘 비문들에서 사용된 유일한 감탄사는 끝에 놓이는 호출 감탄사 a/ä이다:

bäglärim ä ter ärmiš biz az biz teyin kork[malïm]239) "그는 "나의 백들아 우리가 적다고 두려워하[지 말자!]"하고 말하곤 했다 한다"(O 7).

감탄사 /a/는 다음의 예에서는 서술어를 강화하는 기능을 한다:
anta sakïntïm a "나는 그때에 생각하였다 아!"(T 22)

이 감탄사는 예니세이 비문들에서 자주 사용된다:
kadašïma kenimä adrïltïm a yïta "나는 나의 일가친척과 헤어졌다, 아슬프다!"(Elegest I 12) 등.

호출 감탄사 a/ä는 예니세이 비문들에서는 더 많이는 연민 감탄사 äsiz 및 äsizim 및 감탄사로 사용되는 낱말 ačïg과 buŋ에 붙는다 (äsiz,

---

238) 터키어 원본에는 ad yüklemi '명사(로 된) 서술어'로 나오지만 앞의 지시대명사 부분에서는 ol을 지시대명사로 보았으므로 역자가 이렇게 고쳤다.

239) 터키어 원본에는 kork[malïm]이 kork[maŋ "(너희는) 두려워하[지 마라!]"로 나오지만 **원문 예**에서는 kork[malïm]으로 나온다.

äsizim, ačïg, buŋ을 볼 것).

2.8.2 연민 감탄사

예니세이 비문들에서 널리 사용된 연민 감탄사들은 다음의 것들이다: äsiz, äsiz ä, äsizim, äsizim ä, yata/yïta.

1. äsiz (MK äsiz, ässiz "슬프다!": ässiz anïŋ yigitliki "슬프다 그의 청춘!"과 비교할 것):

äsiz elim ä kunčuyum a oglanïm a bodunum a "슬프다! 나의 나라야, 나의 공주야, 나의 아들들아, 나의 백성아!"(Uyuk-Tarlak 1)

kara bodunum katïglanïŋ el törö sü ïdmaŋ yïta äsiz elim kanïm "나의 일반 백성(아!) (어려움들을) 참아라! 나라, 관습법, 군대를 버리지 마라! 슬프다! 애석하다! 나의 나라, 나의 칸(汗)(아)!"(Elegest I 7) 등.

2. äsiz ä:

alp kolum ärdäm yüräkim äsiz ä yïta "나의 용감한 팔(아!), 나의 씩씩한 심장(아!), 슬프다! 애석하다!"(Kïzïl-Čiraa II 1)

är atïm öz tugdï oglanïm äsiz ä äbčim adrïltïmïz "나의 사나이 이름은 외즈 툭드(Öz Tugdï). 나의 아들들(아!) 슬프다! 나의 아내(야!) 우리는 헤어졌다!"(Minusinsk d 2)

elim kanïm äsiz ä bökmädim "나의 나라, 나의 칸(汗)(아!) 슬프다! 나는 (너희와) 실컷 함께하지 못했다"(Kïzïl-Čiraa II 3)

öz yerim ïduk yerim äsiz ä "나 자신의 땅, 나의 신성한 땅, 슬프

다!"(Minusinsk a 1) 등.

3. äsizim (Qutaðγ u Bilig[240]): esizim "아아! 슬프다!"와 비교할 것):

är ärdämim okuz äsizim elgün kagadašïm äsizim "나의 사나이 미덕(아), 운이 없구나! 슬프다! 나의 백성과 친척(아), 슬프다!"(Xem.-Čïr. 3)

yabïz ïg kümülümin bädük kïltïm äsizim bökmädim "얼마나 나쁜가!, 아아! 나는 나의 퀴뮐(Kümül)을 높였다. 슬프다! 나는 실컷 함께하지 못했다"(K.-Xovu 10)

4. äsizim ä:

bir yetmiš yašïmda kök täŋridä kün ay azdïm äsizim ä "나는 61살에 푸른 하늘에 (있는) 해(와) 달(과) 헤어졌다. 슬프다!"(K.-Xovu 5)

kara bodun külüg kadašïm äsizim ä "나의 일반 백성(아), 나의 이름난 친척들(아) 슬프다!"(Uyuk-Turan 6)

kuyda[241] kunčuyum özdä oglum yata äsizim ä bökmädim "규방에 (있는) 나의 공주(야), 골짜기에 (있는) 나의 아들들(아), 아아! 슬프다! 나는 (너희와) 실컷 함께하지 못했다"(Uyuk-Turan 1)

täŋri elimkä bökmädim äsizim ä yata "나는 신성한 나의 나라와 실컷 함께하지 못했다. 슬프다! 아아!"(Uyuk-Turan 2) 등.

---

240) Qutaðγu Bilig [쿠타드구 빌릭 "(사람들을 두 세상 모두에서) 행복하게 하는 지식"]: 11세기 후반에 Balasagun 사람 Yūsuf Ḫāṣṣ Ḥājib가 집필하였다. 모두 6,645 beyit (二行連句, couplet)가 확인되는 이 책의 원본은 전해지지 않고 후대에 필사된 Herat (또는 Wien) 사본, Fergana 사본, Cairo 사본의 세 필사본만 전한다. 원래는 6,645 beyit 이상이었을 것이다.

241) kuy < 閨.

5. yata, yïta "아아! 슬프다!"(야쿠트어 sata "실망, 상처 입기" < *yata 와 비교할 것):

kara bodunuma adrïltïm yïta "나의 일반 백성과 헤어졌다. 아아!" (Elegest I 12)

kuyda kunčuyum a äsizim ä yïta özdä oglum äsizim ä adrïltïm a yïta "규방에 (있는) 나의 공주(야), 아아! 슬프다! 골짜기에 (있는) 나의 아들들(아), 슬프다! 나는 (너희와) 헤어졌다. 아아!"(Elegest I 1)

kuyda kunčuyum özdä oglum yata äsizim ä yata bökmädim adrïltïm kinim kadašïm yata adrïltïm "규방에 (있는) 나의 공주(야), 골짜기에 (있는) 나의 아들들(아), 아아! 슬프다! 나는 (너희와) 실컷 함께하지 못했다, 나는 (너희와) 헤어졌다. 나의 일가친척(아), 아아! 나는 (너희 와) 헤어졌다"(Uyuk-Turan 1) 등.

비문들에서 드물게 사용된 연민 감탄사들은 다음의 것들이다: ïg, ïyu, kï, yïtu.

1. ïg (위구르어 ïgla- "울다" < ïg+la-와 비교할 것):
yabïz ïg kümülümin bädük kïltïm äsizim bökmädim "얼마나 나쁜가!, 아아! 나는 나의 퀴뮐(Kümül)을 높였다. 슬프다! 나는 실컷 함께하지 못했다"(K.-Xovu 10)

2. ïyu "슬프다!":
kadašïm adrïldïm ïyu kuyda kunčuyum adrïldïm säkiz oglum adrïldïm ïyu "나는 나의 친척들과 헤어졌다, 슬프다! 나는 규방에 (있는) 나의 공

주와 헤어졌다. 나는 나의 여덟 아들과 헤어졌다, 슬프다!"(Čaa-Xöl I[242]) 1)

3. kï "아아!"(MK kï "같은 뜻", kïkïr- "소리 지르다, 고함치다"와 비교할 것):

äsizim kï katlan bodunum ädgü kan "슬프다! 아아! 노력해라 나의 백성(아), 좋은 칸(汗)(아)"(Minusinsk a 2)

4. yïtu "슬프다!"(yïta와 비교할 것):

inilig bört oča bars adrïlma yïtu "남동생이 있는 새끼 이리(야), 어린 범(아) (우리와) 헤어지지 마라!, 슬프다!"(Altïnköl I 4)

2.8.3 감탄사 기능을 하는 명사

예니세이 비문들에서 감탄사 기능으로 사용된 낱말들은 다음과 같다: ačïg, bagïr, buŋ, köñig, okuz, yabïz.

1. ačïg, ačïg a "애통하다!":

kunčuyum kadašim adrïltïm buŋ a ačïg a "나는 나의 공주와 나의 친척들과 헤어졌다. 애석하다! 애통하다!"(Ozn. I 1)

… yigit ärkän äsiz yïta ačïg … "젊을 때에 (그가 죽었다). 슬프다! 애석하다! 애통하다! …"(Abakan 8)

---

242) 5줄로 이루어진 이 비문은 러시아 연방 투바(Tuva) 공화국의 Ulug-Xem '예니세이 강'(글자 그대로는 '큰 강'; 예니세이 강의 상류)에서, 차아-휠(Čaa-Xöl) 강 합류점 가까운 곳에서 발견되어 미누신스크 박물관에 보관되고 있다. 물품 목록 번호는 No. 33 이다. 이 비문은 Sergej Jefimovič Malov(1880.1.28.-1957.9.6.)의 분류에 따르면 E-13이다.

2. bagïr "애통하다! 슬프다!":

äsiz bagïr közüŋin[243) ··· körmäz irtiŋiz "슬프다! 애통하다! 너희는 너
희의 눈으로 보지 않고 있었다"(Ačura 11)

3. buŋ a "애통하다! 애석하다!":

beš yegirmi yašda alïnmïšïm kunčuyuma buŋ a adrïldïm a "15살에 나는
(아내로) 받아들여진 나의 공주와, 애통하다!, 헤어졌다, 아아!"(Begre 1)

bodunuma ogluma yutuzuma adrïltïm säčlintim yïta buŋ a "나는 나의
백성과, 나의 아들들과, 나의 아내들과 헤어졌다. 슬프다! 애통하
다!"(Kïzïl-Čiraa I 1-2)

kunčuyum kadašïm adrïltïm buŋ a "나는 나의 공주와 나의 친척들과
헤어졌다. 애통하다!"(Ozn. I 1)

yerimä yïta subuma adrïldïm buŋ a äsizim ä yïta "나는 나의 땅과, 아
아!, 나의 물과 헤어졌다. 애통하다! 슬프다! 아아!"(Begre 5)

이 감탄사는 äsiz처럼 단수 1인칭 소유 어미가 붙을 수 있다:

äsizim ä buŋum a kuyda kunčuyuma böküšmädim "슬프다! 애통하다! 나
는 규방에 (있는) 나의 공주와 실컷 함께하지 못했다"(Xerbis-Baarï[244) 2)

4. köñig "애통하다!"(< *köñ- "불타다"):

---

243) közüŋin '너의 눈으로'는 közüŋüzün '너희의 눈으로'의 잘못임이 분명하다.

244) 9줄로 이루어진 이 비문은 러시아 연방 투바(Tuva) 공화국에서 예니세이 강의 상류
    의 오른쪽 기슭에서 이 강과 엘레게스트(Elegest) 강의 합류점보다 대략 15km 아래
    에 있는 헤르비스-바아르(Xerbis-Baarï)라는 곳에서 발견되어 투바 박물관에서 보관
    되고 있다. 이 비문은 Sergej Jefimovič Malov(1880.1.28.-1957.9.6.)의 분류에 따르면
    E-59이다.

··· äsiz ä köñig ärdämim yašï üčün ··· "··· 슬프다! 애통하다! 나의 사나이 나이를 위하여 ···"(Minusinsk d 1)

5. okuz "불운, 사고, 운명"(크르그즈어 okus "같은 뜻"과 비교할 것):

är ärdämim äbim okuz "나의 사나이 미덕(아), 나의 야영지(야) 불운하구나!"(Uyuk-Aržan 3)

är ärdämim okuz äsizim elgün kagadašïm äsizim "나의 사나이 미덕(아), 불운하구나! 슬프다! 나의 백성과 친척(아), 슬프다!"(Xem.-Čir. 3)

6. yabïz "나쁘구나!":

yabïz ïg kümülümin bädük kïltïm "얼마나 나쁜가!, 아아! 나는 나의 퀴뮐(Kümül)을 높였다."(K.-Xovu 10)

2.9 동사 활용

동사 형태들은 대충 3종류가 있다: 동명사, 부동사 및 정형(定形) 형태.

2.9.1 동명사

동명사들은 명사들의 모든 특징들을 지닌다. 달리 말하면, 그것들도 명사들처럼 격변화를 한다. 한편, 그것들은, 그 이름이 뜻하듯이, 동사 형태들이다; 달리 말하면, 그것들은 행위의 과정(즉, 동명사들)이나 행위자(즉, 행위자 명사들)를 나타낸다. 동명사들의 대부분은 수식어(즉, 분사)로도 사용된다. 어떤 동명사들은 서술어 기능도 한다.

동명사들은 접미사 {-gUlUk}, {-gUčI}, {-mAkčI}, {-sIk} 등으로 만들어진다.

2.9.1.1 접미사 {-gUlUk}로 된 동명사

이 동명사는, 그 이름이 뜻하듯이, 일, 형성 및 행위를 나타낸다(화레즘 튀르크어[245]) -maklïk/-mäklik, Eckmann[246]), *Fund.* p. 126과 비교할 것).

yuyka kalïn bolsar topul-guluk alp ärmiš, yinčgä yogan bolsar üz-gülük alp ärmiš "얇은 것이 두꺼워지면 (그것을) 뚫기 어렵다 한다, 가는 것이 굵어지면 (그것을) 부러뜨리기 어렵다 한다"(T 13-14)

2.9.1.2 접미사 {-gUčI}로 된 동명사

접미사 {-gU}로 된 동명사에서 접미사 {+čI}로 파생된 이 동명사는 행위자 명사로서 기능한다, 이를테면 ay-gučï "카간의 이름으로 명령하는, 하칸의 대변인 또는 수석 고문":

anta ay-gučï[si] yämä bän ök ärtim yagïčï[si] yämä bän ök ärtim "그때에 [그의] 대변인도 바로 나였고, 적과의 싸움을 지휘하는 [그의] 사람

---

245) 화레즘 튀르크어(Khorezmian Turkic)는 13~14세기에 큽차크 한국(Kypchak 汗國 = Golden Horde, 金帳汗國)에서 사용된 이슬람 튀르크어이자 차가타이어의 예비 단계이다. 오구즈(Oghuz) 및 큽차크(Kypchak) 요소들이 여기저기에 섞여 있지만, 더 오래된 문어들에 바탕을 두고 있다.

246) János Eckmann(1905.8.21.-1971.11.21.). 헝가리의 Balaton 호수 근처에 있는 Keszthely에서 태어났다. 1925-1929년에 Budapest 대학교와 Wien 대학교에서 헝가리어학, 도이치어학, 튀르크어학 및 셈어학을 공부하였다. 1937년에 Budapest 대학교에서 셈학, 튀르크학 및 헝가리어학 박사학위를 받았다. 1945-1948년에 앙카라 대학교 헝가리어 강사, 1952-1961년에 이스탄불 대학교 튀르크학 조교수로 근무하였다. 1961년에 UCLA의 근동어학과(Department of Near Eastern Languages)에 방문교수로 와서 1966년에 튀르크학 정교수가 되었다. 현대 터키어 방언학 및 언어학에 관한 논저들이 있다. 특히 튀르크 역사 언어학, 문헌학 및 문학사 연구에 업적을 많이 남겼다. 중세 튀르크어의 중요한 텍스트들을 편집하여 출판하였다.

도 바로 나였다"(T 49-50)

bark it-güči "건물 만드는 사람, 건축가"(KT N 13)

bitig taš it-güči "비문 만드는 사람"(KT N 13)

kagani alp ärmiš ay-guči+si bilgä ärmiš "그들의 카간은 용감하다고 한다, 그의 대변인은 현명하다고 한다"(T 29)

2.9.1.3 접미사 {-mAkčï}로 된 동명사

접미사 {-mAk}로 된 동명사에서 접미사 {+čI}로 파생된 이 동명사도 행위자 명사로서 사용된다: ar-makčï "속이는 (이)".

tabgač bodun täbligin kürlüg<in> üčün, ar-makčï+sin üčün … "중국 백성이 사기꾼이고 협잡꾼이기 때문에, 속이기 때문에 …"(KT S 6; BK N 7)

2.9.1.4 어미 {-sIk}로 된 동명사

어미 {-sIk}로 된 동명사에는 미래시제-당위의 의미가 있다. 이 어미는 옹기(Ongi) 비문에서 {-sIg}로 나타난다.

어미 {-sIk}로 된 동명사들은 명사 및 수식어로 사용된다.

1. 명사로서:

kün bat-sïk "서쪽, 해 지는 쪽"(KT N 12), kün bat-sïk+i "같은 뜻"(KT S 2 등)

kün tug-sïk "동쪽, 해 뜨는 쪽"(KT S 2 등), kün tug-sïk+i "같은 뜻"(O 2)

ol sabïg ešidip tün udï-sïk+ïm kälmädi küntüz olor-sïk+ïm kälmädi "그 말을 듣고는 나는 밤에 잠잘 생각이 나지 않았고, 낮에 앉을 (즉, 쉴) 생각이 나지 않았다"(T 12)

türük [bodun ti]rip il tut-sïk+ïŋïn bunta urtum yaŋïlïp öl-sïk+ïŋïn yämä bunta urtum "튀르크 백성(아) 네가 살아남아247) (어떻게) 나라의 주인

이 될 것인가를 나는 여기에 새겼다, 네가 잘못하여 (어떻게) 죽을 것
인가도 나는 여기에 새겼다"(KT S 10-11)

türük bodun tokurkak sän, āčsar to-sïk ömäz sän bir todsar āč-sïk ömäz
sän "튀르크 백성(아) 너는 늘 자신을 배부르다고 여긴다; 너는 배고프
면 네가 배부르리라는 것을 생각하지 않는다; 너는 한 번 배부르면 네
가 배고프리라는 것을 생각하지 않는다"(BK N 6)

türük bodun tokurkak sän, āč-sïk[248] to-sïk ömäz sän "튀르크 백성(아)
너는 늘 자신을 배부르다고 여긴다; 너는 배고픔을 (네가 배고프리라는
것을) 배부름을 (네가 배부르리라는 것을) 생각하지 않는다"(KT S 8)

2. 수식어로서:

il tut-sïk yir ötükän yïš ärmiš "나라를 세울 (나라의 주인이 될) 곳은
외튀캔 산악지역인 것 같다"(KT S 4)

어미 {-sIk}가 있는 동명사는 서술어로도 사용된다 (**동사의 정형(定
形) 형태**를 볼 것).

---

247) 바로 앞의 문장에서 türük bäglär bodun bunï ešidiŋ 하고 튀르크 백들과 백성에게 말
   한 빌개 카간이 이것 다음에 오는 문제의 türük [bodun ti]rip에서는 단지 튀르크 백
   들에게만 말하면서 "튀르크 백성을 모아서 …" 식으로 이야기하였다고 보아야 한다.
   왜냐하면 바로 다음에 "(어떻게) 나라의 주인이 될 것인가를"이라는 구절이 오는데
   이것은 일반 백성이 아니라 백들에게 말한 것임이 분명하기 때문이다. 게다가 tir-는
   달리 확인되지 않고 그 파생어인 tirig "살아있는", tirgür- "되살리다, 소생시키다",
   tiril- "되살다, 소생하다" 등만 확인되기 때문이다.
248) 핀란드 발간 도해에 따르면 이러하지만, Radloff 발간 도해에 따르면 āčsar "배고프
   면"으로 읽힌다.

2.9.1.5 어미 {-(I)gmA}로 된 분사

어미 {-(I)gmA}로 된 분사는 행위자 명사로 사용된다. 즉 "어떤 행위
나 일을 하는"을 뜻한다. 이 분사는 수식어로도 명사로도 사용된다.

1. 수식어로서:

bödkä kör-ügmä bäglär gü yaŋïltačï siz "이 시기에 (나에게) 충실한
백들, (너희가) 잘못하겠느냐?"(KT S 11)

il ber-igmä täŋri "(그들에게) 나라를 주는 신(神)"(KT E 25; BK E 21)

kaŋïm kaganïg ögüm katunug kötür-ügmä täŋri "나의 아버지 카간을,
나의 어머니 카툰을 높이는 신(神)" (BK E 20-21)

öltäčičä sakïn-ïgma türük bäglär bodun "죽을 것처럼 생각하는 튀르
크 백들(과) 백성"(BK E 2)

tensi ogli ayt-ïgma tag "Tensi ogli라 부르는 산"(T 47)

yeti yüz kišig uduz-ugma ulugi šad ärti "700 사람을 이끄는 그들의
우두머리는 샤드였다"(T 4-5)

2. 명사로서:

bädiz yarat-ïgma "장식 장인들 (화공과 조각사들)"(KT N 13)

bu bitig biti-gmä atïsi yol(l)ug tigin "이 글을 쓰는 사람은 (퀼 왕자의)
조카 욜룩 왕자이다"(KT S 13)

ičik-igmä ičikdi bodun boltï "예속하는 자들은 예속하였다, 백성이
되었다"(BK E 37)

ilgärü [bar-ïgma] bardïg kurgaru bar-ïgma bardïg "동쪽으로 가는 사람
들 (너희는 동쪽으로) 갔다, 서쪽으로 가는 사람들 (너희는 서쪽으로)
갔다"(BK E 19-20)

udï-gma+g odguru "자는 이들을 깨우며"(ÏB 20) 등.

2.9.1.6 어미 {-(X)r}와 {-Ar}로 된 분사

"하는"을 뜻하는 이 분사는 드물게는 수식어 기능으로, 대개는 서술어 기능으로 사용된다.

1. 수식어 기능으로:

kör-ür közüm körmäz täg bil-ir biligim bilmäz täg boltï "보는 나의 눈들이 보지 않는 것처럼 (되었고), 아는 나의 지식이 알지 못하는 것처럼 되었다"(KT N 10)

2. 동사 er- "이르다, 오다"와 동사 bar- "가다, 도달하다"의 어미 {-Ur}로 된 형용사들은 반대 의미를 지닌 구를 이룬다: er-ür bar-ur (< er-ür bar-ïr). 이 구의 끝에 "~인"을 뜻하는 형용사 ärkli(< *är-igli)도 오면 "(자유롭게) 오가는, (자유롭게) 행동하는"을 뜻하는 정형화된 구가 만들어진다:

kül tigin yiti otuz yašïŋa karluk bodun er-ür bar-ur ärkli yagï boltï "퀼 왕자가 27[249]살(일 때)에 카를루크 백성이 (자유롭게) 오가는 (행동하

---

[249] KT E 30을 보면 아버지 카간이 승하하였을 때 퀼 왕자가 7 살, 이에 상응하는 BK E 13~14를 보면 빌개 카간이 8 살이다. KT E 31을 보면 퀼 왕자가 16 살, 이에 상응하는 BK E 24~25를 보면 빌개 카간이 18 살이다. KT E 32를 보면 차차 장군과 싸울 때 퀼 왕자가 21 살, 이에 상응하는 BK E 25~26을 보면 빌개 카간이 22 살이다. KT N 1을 보면 카를루크 백성이 (제멋대로) 행동하는 적이 되었을 때 퀼 왕자가 27 살, 이에 상응하는 BK E 28~29를 보면 빌개 카간이 31 살이다. 그렇지만 그들과 타막 으두크 바시(Tamag Ïduk Baš)에서 싸웠을 때 KT N 1~2를 보면 퀼 왕자가 30 살, 이에 상응하는 BK E 28~29를 보면 빌개 카간이 31 살이다. 그 당시에는 음력을 썼으므로, 빌개 카간은 양력으로 11이나 12월, 퀼 왕자는 그 다음 다음해 1월이나 2월 사이에 태어났다고 추정할 수 있다. 즉 빌개 카간과 퀼 왕자는 12~14 개월 정도

는) 적이 되었다"(KT N 1)

otuz artuki bir yašïma karluk bodun buŋsïz [er]-ür bar-ur ärkli yagï boltï "내가 31살(일 때)에 카를루크 백성이 자유롭게 오가는 (행동하는) 적이 되었다"(BK E 29)

3. 이 분사에 어미 {+čA}도 붙을 수 있다:

öŋräki är yugurča (< *yugur-ur+ča) ïďïp "전위대 군사들을 (눈을) 반죽하듯이 걷게 하여"(T 25-26)

üzä täŋri köbürg(ä)si ät-är+čä "위에서 하늘 북이 울리듯이"(BK W 3-4)

서술어 명사 bar

"있다"를 뜻하는 서술어 명사 bar도 십중팔구는 어미 -r로 된 현재시제 분사이다: bar < *bā-r (몽골어 bayi- "있다, 존재하다" < *ba-yi-와 비교할 것):

ï bar baš "숲이 있는 꼭대기, 숲이 있는 정상"(T 26)

2.9.1.7 어미 {-mAz}로 된 분사

어미 {-mAz}로 된 분사는 어미 {-(X)r} 및 {-Ar}로 된 분사의 부정형이다. 수식어와 서술어로 사용된다.

나이 차이가 난다고 할 수 있다. KT N 1~2의 내용대로라면 카를루크 백성이 (제멋대로) 행동하는 적이 된 지 3년 정도 지나서 싸움이 벌어졌다는 것인데 이것은 이치에 맞지도 않고 상응하는 빌개 카간 비문의 내용과도 어긋난다. 따라서 퀼 왕자가 27살이라는 것은 30 살을 잘못 쓴 것임이 분명하다.

1. 수식어로서:

bilig bil-mäz kiši "무지한 사람들"(KT S 7)

bil-mäz biligin "무지로"(KČ S 3)

körür közüm kör-mäz täg bilir biligim bil-mäz täg boltï "보는 나의 눈들이 보지 않는 것처럼 (되었고), 아는 나의 지식이 알지 못하는 것처럼 되었다"(KT N 10)

2. 서술어로 사용되는 것에 대해서는 **동사의 정형(定形) 형태**를 볼 것.

2.9.1.8 어미 {–DOk}로 된 동명사

어미 {-DOk}는 /l/, /n/, /r/ 다음에서 -tok/-tök 형태가 된다. 유일한 예외는 동사 bar- "가다"이다 (**이화**를 볼 것).

어미 {-DOk}로 된 동명사는 대개 명사 및 과거시제 분사로 사용된다. 서술어 기능으로 사용되었음을 증명하는 예들도 있다.

1. 동명사로서:

biltökümün ödökümün bunča bitig bitidim "나는 내가 아는 것들과 기억하는 것들로 이만큼 글을 썼다"(KČ S 3)

bunča išig küčüg birtökgärü sakïnmatï "(그들 자신에게) 이만큼 봉사한 사실을 (전혀) 생각하지 않고"(KT E 10)

[kaŋïm] kagan učdokda "나의 아버지 카간이 승하하였을 때에"(BK E 13-14)

kazgantokin üčün udu özüm kazgantokum üčün "(일테리시 카간이) 획득하였기 때문에 그리고 내가 획득하였기 때문에"(T 55) ol bilmädökügin üčün "너의 그 무지함 때문에"(BK E 20)

olortokuma "내가 즉위하였을 때에"(BK E 2)

täŋri yarlï(k)kadokin üčün "신께서 은혜를 베풀었기 때문에"(KT S 9)

2. 과거시제 분사로서:

bardok yirdä ädgüg ol ärinč "간 곳들에서 너의 (유일한) 소득은 그것이(었)다 분명히"(KT E 24; BK E 20)

közün körmädök kulkakïn ešidmädök bodunumïn … "눈으로 보지 못하고 귀로 듣지 못한 (정도로 많은) 나의 백성을 …"(BK N 11)

sančdok yer "(우리가 적을) 찌른 곳"(MČ W 7)

türük bodun illädök ilin ïčgïnu ïdmiš kaganladok kaganin yitürü ïdmiš "튀르크 백성은 자기가 세운 자기의 나라를 잃어버렸다고 한다, 자기가 즉위시킨 자기의 카간을 잃어버렸다고 한다"(KT E 6-7)

3. 서술어로서 **(동사의 정형(定形) 형태**를 볼 것).

2.9.1.9 어미 {-mĬš}로 된 동명사

어미 {-mĬš}로 된 과거시제 동명사는 다음의 기능들로 사용된다: 명사, 분사 및 서술어.

1. 명사로서:

anta kalmiši yir sayu kop toru ölü yorïyur ärtig[250] "(너희들 중) 그곳에서 (어떻게든 살아)남은 사람들은 모든 곳에서 모두 기진맥진하여

---

250) yorïyur ärtig은 글자 그대로는 "너는 걸어가고 있었다"이다.

걷고 있었다"(KT S 9)

ïda tašda kalmiši kubranïp yeti yüz boltï "(그들 중) 산야에서 (살아)남은 사람들은 모여서 700(사람)이 되었다"(T 4)

türk bodun ki[ling]alï türk kagan olorgalï šantuŋ balïk(k)a taloy ügüzkä tägmiš yok ärmiš "튀르크 백성이 창조된 이래, 튀르크 카간이 즉위한 이래 산동 (평원의) 도시들에 (그리고) 대양에(까지) 이른 적이 (전혀) 없다고 한다"(T 18)

türük bodun tämir kapïgka tinsi ogli aytïgma tagka tägmiš idi yok ärmiš "튀르크 백성이 (예전에) 태미르 카푹에 (그리고) Tinsi ogli라 부르는 산에(까지) 이른 적이 전혀 없다고 한다"(T 46-47)

2. 분사로서:

äčümüz apamïz tutmiš yir sub "우리의 조상들이 획득한 땅"(KT E 19)

elsirämiš kagansïramiš bodun "나라가 없어지고 카간이 없어진 백성"(KT E 13)

ermiš barmiš ädgü eliŋä käntü yaŋïltïg "너의 발달된, 좋은 나라에 너 자신이 잘못을 저질렀다"(KT E 23)

igidmiš kaganïŋïn sabin almatin "(너를) 배부르게 한 너의 카간의 말을 듣지 않고"(KT S 9)

yir sayu barmiš bo[dun] "모든 곳으로 간 백성"(BK E 22)

3. 서술어로서 사용되는 것에 대해서는 **동사의 정형(定形) 형태**를 볼 것.

2.9.1.10 어미 {-DAči}로 된 분사

어미 {-DAči}로 된 미래시제 분사는 서술어 외에도 행위자 명사 및 수식어로도 사용된다.

1. 수식어로서:

öltäči bodunug tirgürü igi(t)tim "(그렇지 않으면) 죽을 백성을 나는 되살려 배부르게 하였다"(KT E 29)

2. 행위자 명사로서:

eki üč biŋ sümüz kältäčimiz bar mu nä "2~3천 (정도) 우리의 올 군사들이 있습니까?"(T 14)

öltäčičä sakïnïgma türük bäglär bodun "죽을 것처럼 생각하는 튀르크 백들(과) 백성"(BK E 2)

üküš öltäči anta tirilti "(그렇지 않으면) 죽을 많은 사람이 거기에서 살아남았다"(BK E 31)

2.9.1.11 어미 {-gAn}으로 된 분사

어미 {-gAn}으로 된 분사는 현재시제 및 과거시제의 의미가 있다:

äsnägän bars män "나는 하품하는 표범이다"(ÏB 10)

뵈귀 카간의 왕명인 낱말 kapgan도 십중팔구는 동사 kap- "잡아채다, 붙잡다"에 어미 {-gAn}이 붙어 만들어진 분사이다, kap-gan, 즉 "(적을) 잡아채는, 붙잡는":

kapgan kagan "카프간 카간"(T 51, 60; O 4)

2.9.1.12 어미 {-(X)glI}로 된 분사

어미 {-(X)glI}로 된 분사는 이 형태로 비문들에서는 나타나지 않지만, Ïrk Bitig에서는 발견된다: yatïglï "눕는, 누워 있는".

udïgma+g odguru yatïglï+g turguru yorïyur män "나는 자는 자들을 깨우고 누워 있는 자들을 일으키며 걷는다"(ÏB 20)

ärkli

어미 {-(X)glI}는 비문들에서 분사 ärkli에서만 발견된다: ärkli < *är-igli. 이 낱말은 분사로도 부사로도 사용된다:

1. 분사로서 "~인":

yuyka ärkli topulgalï učuz ärmiš yinčgä ärkli+g üzgäli učuz "얇은 것을 뚫기는 쉽다고 한다, 가는 것을 부러뜨리기는 쉽다"(T 13)

2. 부사로서 "~일 때에":

kičä yaruk batar ärkli süŋüšdüm "저녁에 해가 질 때에 나는 싸웠다"(MČ E 1)

tug[251) tašïkar ärkli yälmä äri kälti "군기(軍旗)가 나올 때에 전위대 군사가 (하나) 왔다"(MČ E 5-6) 등

부동사를 볼 것.

---

251) < 纛.

2.9.2 부동사

부동사들은 단지 부사와 부사구로만 사용되는 동사 형태들이다. 돌
궐어에서 부동사들은 3종류가 있다: 1. 모음으로 되어 있는 부동사들,
2. 어미 {-yU}로 되어 있는 부동사들, 3. 어미 {-(X)p}, {-(X)pAn},
{-(X)yIn}, {-mAtI(n)}, {-gAlI}, {-sAr}, {-čA}, {-gInčA}, {-kAn}으로 되
어 있는 부동사들.

2.9.2.1 모음으로 되어 있는 부동사

모음으로 되어 있는 부동사들은 어미 {-A}, {-I}, {-U}로 만들어진
다. 이 부동사들은 본동사와 동시에 일어나는 행위를 나타낸다.

1. {-A}. 이 어미를 받는 동사들은 다음의 것들이다:

ač- "열다"	sïk- "압박하다"
aš- "넘다"	sür- "몰다"
bas- "누르다, 습격하다"	tïd- "막다"
bïč- ~ bič- "베다, 자르다"	tik- "세우다"
bintür- "(탈 것에) 태우다"	tog- "넘다, 넘어 지나다"
ägir- "둘러싸다, 에워싸다"	tut- "잡다"
käč- "지나다"	uč- "날다"
oz- "앞으로 가다, 지나다, 달아	yan- "돌아가다, 돌아오다"
나다; 획득하다, 벗어나다"	yañ- "참패시키다, 흩뜨리다, 분
sanč- "찌르다"	산시키다" 등

2. {-I}. 이 어미를 받는 동사들은 다음의 것들이다:

artat- "부수다"   yapït- "만들게 하다"

ičgin- "잃다"(~ ičgin-u)   yügürt-[252) "흘리다"

it- "정리하다, 정돈하다"   yüzüt- "헤엄치게 하다" 등

töküt-[253) "쏟게 하다"

3. {-U}. 이 어미를 받는 동사들은 다음의 것들이다:

adrïl- "헤어지다"   kïl- "하다"

ay- "말하다"   kör- "보다"

bašad- "우두머리가 되다, 이끌다"   küzäd- "보호하다"

bol- "되다"   opul- "갑자기 돌진하다"

äbir- "둘러싸다"   tor- "야위다"

ärt- "지나다"   ud- "추적하다, 뒤따르다"

ešid- "듣다"   yantur- "돌리다"

ičgin- "잃다"(ičgin-ï)   yaratïn- "스스로를 정돈하다"

itin- "스스로를 정돈하다"   yat- "눕다"

kazgan- "획득하다, 성취하다"   yäl- "(말을) 전속력으로 몰다"

käz- "돌아다니다"   yügür- "달리다" 등

예:

altun yïšïg aš-a, [är]tiš ügüzüg käč-ä yorïdïm "나는 알타이 산맥을 넘

---

252) 카라한 튀르크어 자료를 보면 동사 yügür-의 사동형인 yügürt-의 부동사형은 yügürti 가 아니라 yügürtü일 것이다.

253) 동사 tök-의 사동형으로 töküt-가 아니라 töktür-가 처음으로 카라한 튀르크어에서 확 인된다. 그리고, 저자는 이 책의 다른 부분들에서는 töküt-를 '쏟다'로 번역하였다.

으며, 이르티시 강을 지나며 나아갔다"(BK E 27)

anta kalmiši yir sayu kop tor-u öl-ü yorïyur ärtig[254] "(너희들 중) 그곳
에서 (어떻게든 살아)남은 사람들은 모든 곳에서 모두 기진맥진하여
걷고 있었다"(KT S 9)

inim kül tigin birlä eki šad birlä öl-ü yit-ü kazgantïm "나는 내 남동생
퀼 왕자와, 두 샤드와 함께 죽어라 하고 성취하였다"(KT E 27)

kïzïl kanïm tökül-i kara tärim yügürt-i išig küčüg bertim ök "나는 나의
붉은 피를 쏟게 하며, 나의 검은 땀을 흘리며[255] 봉사하였다"(T 52)

közdä yaš kälsär tid-a köŋültä sïgït kälsär yantur-u sakïntïm "나는 눈에
서 눈물이 오면 (그것들이 흐르는 것을) 막으며, 마음에서 고함이 오
면 (그것을) 되돌리며 애도하였다"(KT N 11)

kuš oglï uč-a āztï kiyik oglï yügür-ü āztï "새 새끼는 날면서 길을 잃
었고, 사슴 새끼는 달리면서 길을 잃었다"(ÏB 15)

yok(k)aru at yet-ä yadagïn ïgač tutun-u agturtum "나는 (군사들을) 위
쪽으로 말을 밧줄로 끌며, 걸으며 나무에 매달리며 오르게 하였다"[256]
(T 25)

많은 조동사의 보어들은 어미 {-A}, {-I}, {-U}로 만들어진 부동사
들이다:

---

254) yorïyur ärtig은 글자 그대로는 "너는 걸어가고 있었다"이다.

255) 동사 tök-는 타동사이고 동사 yügür-는 자동사이다. 더구나 동사 tök-의 사동형으로
동사 tökül-가 아니라 동사 töktür-가 처음으로 카라한 튀르크어에서 확인된다. yügür-
의 사동형인 yügürt-의 부동사형은 yügürti가 아니라 yügürtü일 것이다. 그러므로 저
자의 독법은 그리 설득력이 있는 것이 아니다.

256) 터키어 원본에서는 agturtum이 yukarı tırmandırttım "나는 위로 기어오르게 하도록
하였다"로 번역되어 있다. 그렇지만 저자는 앞에서는 이 낱말을 yukarı ağdırdım "나
는 위로 오르게 하였다"로 번역하였다.

al-ï bir- "얼어버리다"

uč-a bar- "날아가다" 등 (**합성 동사**를 볼 것)

후치사들과 접속사들의 대부분은 본래 모음으로 된 부동사들이다:

tap-a "~을 향하여" < tap- "찾아내다"

tägi "~까지" < täg- "이르다, 도달하다"

azu "또는, 아니면" < āz- "길에서 벗어나다" 등 (**후치사**와 **접속사**를 볼 것).

2.9.2.2 어미 {–yU}로 되어 있는 부동사

어미 {-yU}는 모음으로 끝나는 동사 어근과 어간에 붙는다. 이 부동사도 본동사와 동시에 일어나는 행위를 나타낸다.

keyik yi-yü tabïšgan ye-yü olorur ärtimiz "우리는 산짐승들을 먹으며, 토끼를 먹으며 앉아 있었다"(T 8)

kugu kuš … anïn kalï-yu barïpan öginä kaŋïŋa tägürmiš "고니가 … 그와 함께 (날아)오르며 (그를) 그의 어머니에게 그의 아버지에게 데려 갔다고 한다"(ÏB 35)

kül tigin az yagïzïn binip opla-yu tägip bir ärig sančdï "퀼 왕자는 아즈 족의 거무스름한 말을 타고 몸을 날려 공격하여 군사 하나를 찔렀다"(KT E 32)

kül tigin yadagïn opla-yu tägdi "퀼 왕자는 걸어서 몸을 날려 공격하였다"(KT E 32)

ol tägdökdä bayïrkunïŋ ak adgïrïg udlukin sï-yu urtï "그 공격에서 (적군은) 바이르쿠족의 흰 종마를 엉덩이를 부수며 쳤다"(BK E 36)

2.9.2.3 어미 {-(X)p}로 되어 있는 부동사

이 부동사는 본동사보다 먼저 이루어진 행위를 나타낸다.

bilig bilmäz kiši ol sabïg al-ïp yagru bar-ïp üküš kiši öltüg "무지한 사람들이 (중국 사람들의) 그 말을 듣고 (중국에) 가까이 가서 너희는 많이 죽었다"[257](KT S 7)

kaŋ yorï-p elteriš kaganka adrïlmadok yaŋïlmadok "(나의) 아버지는 (그의 뒤에서) 걷고 엘테리시 카간과 헤어지지 않았다 한다, (그에게) 잘못하지 않았다 한다"(O 11)

süčig sabïn yimšak agïn ar-ïp ïrak bodunug anča yagutïr ärmiš "(중국 사람들은) 달콤한 말로 부드러운 비단으로 먼 (곳에 있는) 백성들을 그렇게 (중국에) 가까이 오게 한다고 한다"(KT S 5)

tokuz oguz bodun yerin subin ïd-ïp tabgačgaru bardï "토쿠즈 오구즈 백성은 자기의 땅을 물을 버리고 중국을 향하여 갔다"(BK E 35)

ulug oglum agrï-p yok bolča kug säŋünüg balbal tikä birtim "나는 나의 큰 아들이 병들어 죽자 쿠 장군을 (죽여서 그의 무덤에) 석상으로 세워버렸다"(BK S 9)

2.9.2.4 어미 {-(X)pAn}으로 되어 있는 부동사

이 부동사는 부동사 {-(X)p}의 확대된 형태이다.

bunča bodun käl-ipän sïgtamïš yoglamïš "이만큼의 백성이 와서 울었다 한다, 애도하였다 한다"(BK E 5)

kara kanka bar-ïpan yalabač bar-ïpan kälmädiŋiz bägimiz "카라 칸에게 가서, 사절(로) 가서 당신은 오지 않았다 우리의 백(이여)"(Uybat I 4-5)

---

257) öltüg은 "너는 죽었다"를 뜻한다.

sälänä kudï yorï-pan ⋯ "셀렝가 강을 따라 아래로 나아가 ⋯"(BK E 37)

sü sülä-pän tört buluŋdakï bodunug kop almiš kop baz kïlmiš "그들은 군대를 보내어 사방에 있는 백성들을 모두 얻었다 한다, 모두 (자신들 에게) 예속시켰다 한다"(KT E 2)

süŋüg batïmi karïg sök-üpän ⋯ "창 빠지는 깊이의 눈을 헤치고 ⋯"(BK E 26)

süŋüglüg kantan käl-ipän sürä eltdi "창이 있는 (적)이 어디에서 와서 (너를 너의 땅에서) 몰아냈느냐?"(KT E 23)

tabgačgï bäglär tabgač ātin tut-upan tabgač kaganka körmiš "중국의 (봉사에 들어간 튀르크) 백들은 중국 칭호들을 받고 중국 황제에게 복 종하였다 한다"(KT E 7-8)

toruk at ⋯ yiliŋä kudursugïŋa tägi yagrï-pan ⋯ "야윈 말이 ⋯ 갈기와 꼬리까지 상처를 입고 ⋯"(ÏB 16)

utru talïm kara kuš kop-upan barmiš "맞은편에서 독수리가 날아올라 갔다 한다"(ÏB 43) 등

2.9.2.5 어미 {-(X)yIn}으로 되어 있는 부동사

모음으로 되어 있는 부동사와 기능이 같은 이 부동사는 예가 아주 적다 (큽차크어[258]) 부동사 어미 {-y} 및 차가타이어의 어미 {-mAy}와

---

258) 여기에서 큽차크어라 하는 것은 13~16세기에 남 러시아 초원과 근동에서 살았던 쿠 만(Kuman, Cuman) 또는 큽차크(Kypchak)라 불리는 튀르크족 및 15~18세기에 튀르크 화한 아르메니아인들이 사용한 중세 큽차크어(Middle Kypchak)를 가리킨다. 중세 큽 차크어 자료는 라틴 문자, 아랍 문자, 키릴 문자 및 아르메니아 문자 등으로 기록되 어 전해진다. 3세기 이상에 걸쳐 서로 다른 언어 환경에서 작성된 문헌 자료들로 이 루어진다. 중세 큽차크어의 주요한 자료들은 다음과 같다.
1. 코덱스 쿠마니쿠스(Codex Cumanicus)
남 러시아 초원에 사는 쿠만족의 언어와 관련하여 라틴 문자로 기록된 언어 교본이다.

{-mAyIn}으로 되어 있는 부정 부동사들과 비교할 것).

bilgä tuñukuk buyla baga tarkan birlä ilteriš kagan bol-uyïn … "빌개 투뉴쿠크 부일라 바가 타르칸과 함께 (그의 덕분에) 일테리시는 카간이 되어 …"(T 6-7)

ötükän yerig konmiš te-yin ešidip … "(튀르크 카간이) 외튀캔 땅에 자리 잡았다더라 하고 듣고는 …"(T 17)

türk bodun kanin bulma-yin tabgačda adrïltï kanlantï "튀르크 백성은 자기의 칸(汗)을 찾지 못하고 중국과 헤어졌다, 자기 칸이 생겼다"(T 2) 등 **직접 화법**을 볼 것.

2.9.2.6 어미 {-mAtI(n)}으로 되어 있는 부동사

이 부동사는 모음으로 되어 있는 부동사들 및 어미 {-yU}, {-(X)p}, {-(X)pAn}으로 되어 있는 부동사들의 부정형으로 사용된다.

1304년에 만들어진 사본 하나만 전해지는 Codex Cumanicus는 두 부분으로 이루어져 있다. 앞부분은 라틴어-페르시아어-쿠만어 사전인데, 이탈리아 상인들을 위하여 편집되었다. 뒷부분은 여러 가지 종교 텍스트들과 수수께끼들이 쿠만어로 기록되고 라틴어와 동부 중세 고지 도이치어(Eastern Middle High German)로 번역되었는데, 도이칠란트 선교사들을 위하여 만들어졌다. 덴마크의 Kaare Grønbech가 1942년에 Komanisches Wörterbuch[코만어 사전]이라는 이름으로 Codex Cumanicus에 있는 튀르크어 낱말 색인을 만들어 발간하였다.

2. 맘루크 큽차크어(Mamluk Kypchak)

근동의 큽차크족은 남부 러시아에서 아랍 지역에 노예 용병(mamluk)으로 팔려간 사람들이었는데 나중에 이집트에서 맘루크(Mamluk) 왕조(1250-1517)를 세워 이집트와 시리아 일대를 지배하였다. 맘루크 왕조는 주로 큽차크족으로 이루어진 바흐리(Bahri) 왕조(1250-1382)와 주로 코카서스 출신의 체르케스(Cherkess, Circassian)족으로 이루어진 부르지(Burji) 왕조(1382-1517)로 나뉜다. 이들의 언어와 관련하여 아랍어로 저술된 여러 문헌이 남아 있다.

3. 아르메니아 큽차크어(Armeno-Kypchak)

크림 반도의 아르메니아인 공동체는 14세기에 큽차크 튀르크족과 접촉하여 큽차크어를 받아들인 뒤 우크라이나와 폴란드로 이주하였다. 이렇게 튀르크화한 아르메니아인들은 15~18세기에 큽차크어를 사용하고 아르메니아 문자로 기록하였는데, 대부분의 현존 자료는 16~17세기의 것이다.

antagïŋïn üčün igidmiš kaganïŋïn sabin al-matin ··· "네가 그러하기 때문에 (너를) 배부르게 한 너의 카간의 말을 듣지 않고 ···"(KT E 8-9)

bunča išig küčüg birtökgärü sakïn-matï ··· "(튀르크 백성이 자신들에게) 이만큼 봉사한 것을 (전혀) 생각하지 않고 ···"(KT E 10)

kalïn yagïka kay-matïn tägipän ··· "수가 많은 적에게 돌아오지 않고 공격하여 ···"(Altïnköl I 2)

kamšayu u-matïn turur "그는 움직이지 못하고 있다"(ÏB 16)

säkiz oguz tokuz tatar kal-matï kälti "새키즈 오구즈족과 토쿠즈 타타르족이 남김없이 왔다"(MČ E 3)

tün udï-matï küntüz olor-matï ··· "밤에 자지 않고, 낮에 앉지 않고 (즉, 쉬지 않고) ···"(T 51-52)

yämä yïra-matïn yagïd[ur är]miš "그는 또한 오래 지나지 않아 적이 된다고 한다"(MČ E 10) 등

2.9.2.7 어미 {–gAlI}로 되어 있는 부동사

이 부동사는 두 개의 다른 기능이 있다: 1. 본래의 행위의 목적을 나타내기; 2. 본래의 행위의 시작점인 어떤 행위를 나타내기.

1. 본래의 행위의 목적:

asïn-galï tüšürtümüz "우리는 (산에) 기어오르려고 (군사들을 말에서) 내리게 하였다"(T 27)

[sïŋ]ar süsi äbig barkïg yul-galï bardï, sïŋar süsi süŋüš-gäli kälti "(그들의) 절반의 군대는 (우리의) 집을 약탈하러 갔고, 절반의 군대는 (우리와) 싸우러 왔다"(BK E 32) yadag yabïz boltï tip al-galï kälti "(오구즈족은 튀르크족의) 보병이 무너졌다 하고 (우리를 사로)잡으러 왔다"(BK E 32)

yuyka ärkli topul-galï učuz ärmiš, yinčgä ärklig üz-gäli učuz "얇은 것을 뚫기는 쉽다고 한다, 가는 것을 부러뜨리기는 쉽다"(T 13)

2. 본래의 행위의 시작점:

türk bodun ki[lïn-g]alï türk kagan olor-galï šantuŋ balïk(k)a taloy ügüzkä tägmiš yok ärmiš "튀르크 백성이 창조된 이래, 튀르크 카간이 즉위한 이래 산동 (평원의) 도시들에 (그리고) 대양에(까지) 이른 적이 (전혀) 없다고 한다"(T 18)

2.9.2.8 어미 {-sAr}로 되어 있는 부동사

어미 {-sAr}로 되어 있는 부동사는 조건 부동사이다. 이것은 두 개의 기능이 있다: 1. 본래의 행위가 어느 조건 아래에서 행해졌는지를 나타내기; 2. 본래의 행위가 어느 상황에서 언제 행해졌는지를 나타내기.

1. 본래의 행위가 어느 조건 아래에서 행해졌는지를 나타내기:

āč-sar tosïk ömäz sän, bir tod-sar āčsïk ömäz sän "(튀르크 백성아 …) 너는 배고프면 네가 배부르리라는 것을 생각하지 않는다; 너는 한 번 배부르면 네가 (다시) 배고프리라는 것을 생각하지 않는다"(BK N 6)

ïrak är-sär yablak agï birür, yaguk är-sär ädgü agï birür "(어떤 백성이 그들에게) 멀리 있으면 (중국 사람들은 그들에게) 나쁜 선물을 주고, 가까이 있으면 좋은 선물을 준다"(KT S 7)

ol yirgärü bar-sar, türük bodun öltäči sän "그곳으로 가면, 튀르크 백

성(아) 너는 죽을 것이다"(KT S 8)

ötükän yïš olor-sar bäŋgü il tuta olortačï sän "외퇴캔 산악지역에 앉으면, 너는 영원히 나라를 유지하며 앉을 것이다"(KT S 8)

ötükän yir olorup arkïš tirkiš ï-sar näŋ buŋug yok "외퇴캔 땅에 앉아 (거기에서) 카라반을 보낸다면 (전혀) 너는 괴로움이 없다"(KT S 8)

tabgač oguz kïtañ bučägü kabïš-(s)ar kaltačï biz "중국인, 오구즈족, 거란족 이 셋이 연합하면 우리는 속수무책이 될 것이다"(T 12-13)

2. 본래의 행위가 어느 상황에서 언제 행해졌는지를 나타내기:

at-sar alp ärtiŋiz i, tut-sar küč ärtiŋiz ä "(활을) 쏠 때에 당신은 (얼마나) 용감하였습니까 어이, (적을) 잡을 때에 당신은 (얼마나) 힘이 셌습니까 어이!"(Altïnköl I 4)

kolï ās tut-sar küč üč ečim ä "그 손이 담비를 잡을 정도로 힘센 나의 세 형아!"(Uybat III 6)

közdä yaš käl-sär tida, köŋültä sïgït käl-sär yanturu sakïntïm "눈에서 눈물이 오면 막으며, 마음에서 울부짖음이 오면 되돌리며 나는 애도하였다"(KT N 11)

öd täŋri ay-sar kiši ogli kop ölgäli törümiš "시간의 신이 명하면 인간은 모두 죽도록 창조되었다 한다"(KT N 10)

süŋüš bol-sar čärig itär ärti, ab abla-sar ärmäli täg ärti "그는 싸움이 있으면 군대를 정돈하였고, 사냥을 하면 경주마(?) 같았다"(KČ W 9)

yay bol-sar üzä täŋri köbürg(ä)si ätärčä ⋯ tagda sïgun ät-sär [anča] sakïnur män "여름이 되면 위에서 하늘 북이 울리듯이 ⋯ 산에서 사슴들이 울면 (바로) [그렇게] 나는 애도한다"(BK W 3-6)

2.9.2.9 어미 {–čA}로 되어 있는 부동사

이 부동사는 본래의 행위보다 먼저 행해지거나 이루어진 행위를 나타낸다:

ulug oglum agrïp yok bol-ča kug säŋünüg balbal tikä birtim "나는 나의 큰 아들이 병들어 죽자, 쿠 장군을 (그의 무덤에) 석상으로 세워버렸다"(BK S 9)

2.9.2.10 어미 {–gInčA}로 되어 있는 부동사

이 부동사는 본래의 행위가 행해지기 위해 필요한 시간의 한계를 나타낸다.

tokuz kat üčürgüŋ topul-ginča täritzün "너의 아홉 겹 펠트 언치가 뚫릴 때까지[259]) 그것이 (= 말이) 땀을 흘리게 하라"(ÏB 50)

2.9.2.11 어미 {–kAn}으로 되어 있는 부동사

이 부동사는 본래의 행위가 행해지는 시간을 나타낸다.

··· yigit är-kän äsiz yïta ačïg a "젊을 때에, 슬프다! 아아! 애통하다! (그가 죽었다)"(Abakan 8)

부동사 ärkän에 있는 어미 {-kAn}은, 유추에 의하여, 어미 {-mAz}로 되어 있는 부정의 현재시제 형태들에도 붙는다:

karï üpgük yïl yarumaz+kan ätdi "늙은 후투티가 (새)해가 아직 밝지 않을 때에 지저귀었다"(ÏB 21)

tanïm tüsi takï tükämäz+kän "내 몸의 털이 아직 완전히 나지 않았을

---

259) 동사 topul-이 '뚫다'를 뜻하는 타동사이므로 이 문장은 "너의 아홉 겹 펠트 언치를 뚫을 때까지 그것이 (= 말이) 땀을 흘리게 하라"로 번역되는 것이 옳다.

때에"260)(ĬB 3)

2.9.2.12 ärkli

굳어진 분사 ärkli "~일 때에"는 어미 {-(X)r}, {-Ar}로 되어 있는 동명사들과 함께 부사구를 이룬다. 이러한 구는 본래의 동사가 행해질 때에 이루어지고 있는 행위를 나타낸다.

anča olor-ur ärkli oguzduntan küräg kälti "그렇게 앉아 있을 때에 오구즈족에게서 탈주자가 왔다"(T 8)

kiča yaruk bat-ar ärkli süŋüšdüm "저녁에 해가 질 때에 나는 싸웠다"(MČ E 1)

tug tašïk-ar ärkli yälmä äri kälti "군기(軍旗)가 나올 때에 전위대 군사가 (하나) 왔다"(MČ E 5-6)

2.9.3 동사의 정형(定形) 형태

동사의 정형 형태는 두 종류가 있다: 1. 일차 정형 형태, 2. 이차 정형 형태.

본래의 정형 형태들은 단지 서술어가 될 수 있는 동사 형태들이다. 이것들은 명령형, 희망형 및 과거시제형이다.

2.9.3.1 일차 정형 형태

2.9.3.1.1 명령법

명령법은 한 사람이나 더 많은 사람에게 주어진 분명한 명령을 나

---

260) tükä-는 '끝나다'를 뜻한다.

타낸다. 명령법은 두 종류가 있다: 1. 보통의 명령, 2. 강화 명령. 보통의 명령법은 특별한 어미가 없고, 동사의 어근 및 어간과 같다. 강화 명령은 어미 {-gIl}로 만들어진다.

1. 보통의 명령:

bu süg elt "이 군대를 보내어라!"(T 32)

korkma ädgüti ökün ayïnma ädgüti yalbar "두려워하지 마라!, 잘 참회하여라!, 움찔하지 마라! 잘 애원하여라!"(ÏB 19)

sabïmïn tükäti ešid "내 말을 끝까지 들어라!"(BK N 1)

tabgač birdin-yän täg, kïtañ öŋdün-yän täg "(너희) 중국 사람들은 남쪽으로부터 공격하여라!, (너희) 거란 사람들은 동쪽으로부터 공격하여라!"(T 11)

täŋri öl temiš ärinč "신께서 "죽어라!"라고 말하셨다 한다 분명히"(T 2)

tïlïg sabïg alï olor "전령들과 전갈들을 받으며 앉아라!"(T 32) 등

2. 강화 명령:

sabïmïn tükäti ešid-gil "내 말을 끝까지 들어라!"(KT S 1)

yälmä kargug ädgüti ur-gïl "기마 정찰대와 망루를 잘 배치하여라!"(T 34)

yičä išig küčüg bir-gil "다시 (나에게) 봉사하여라!"(MČ E 5) 등

명령법의 복수 2인칭 형태는 어미 {-(X)ŋ}으로 만들어진다:

anï körüp anča bil-iŋ "그것을 보고 그렇게 알아라"(BK E 33)

bunï körü bil-iŋ "이것을 보며 알아라"(KT S 12)

karï üpgük yïl yarumazkan ätdi ödmä-ŋ körmä-ŋ ürküt<m>ä-ŋ "늙은 후

투티가 (새)해가 아직 밝지 않을 때에 지저귀었다; (너희는) 흥분하지 마라! 보지 마라! (그것을) 움찔하게 하지 마라!"(İB 21)

käntü bodunum tidim udu käl-iŋ tidim ""나 자신의 백성(아)!"하고 나는 말했다, "따라 오너라!"하고 나는 말했다"(MČ E 2)

siz tašïk-ïŋ čikig tašgar-ïŋ timiš ""너희는 (원정에) 나가라! 치크족을 나가게 해라!"하고 그가 말했다 한다"(MČ E 10)

sü bar-ïŋ ··· altun yïšda olor-uŋ "(너희) 군대는 가라! ··· 알타이 산맥에서 앉아라!"(T 31)

sü yorïlïm tedäči, unama-ŋ "그는 "군대를 보냅시다!"하고 말할 것이다, (너희는) 승인하지 마라!"(T 35)

türük oguz bägläri ešid-iŋ "(너희) 튀르크 (및) 오구즈 백들은 들어라!"(KT E 22)

명령법의 복수 2인칭은 İrk Bitig에서 대개 어미 {-(X)ŋlAr}로 만들어진다261):

anča bil-iŋlär añïg ädgü ol "그렇게 알아라: (이 점괘는) 아주 좋다"(İB 18)

anča bil-iŋlär añïg yablak ol "그렇게 알아라: (이 점괘는) 아주 나쁘다"(İB 36)

anča bil-iŋlär ädgü ol "그렇게 알아라: (이 점괘는) 좋다"(İB 1)

anča bil-iŋlär yablak ol "그렇게 알아라: (이 점괘는) 나쁘다"(İB 8) 등

---

261) 오늘날 카자크어, 카라칼파크어, 현대 위구르어, 크르그즈어, 하카스어, 투바어에서 이 어미가 사용된다.

명령법의 3인칭은 어미 {-zUn}으로 만들어진다. 한 예에서 이것은
/-čun/으로 나타난다:

1. {-zU(n)}:

abïnču katun bol-zun "계집종이 카툰이 되기를!"(ÏB 38)

agïlïŋta yïlkïŋ bol-zun özüŋ uzun bol-zun "너의 우리에 너의 말들이
있기를!, 너의 수명이 길기를!"(ÏB 47)

sü baši inäl kagan[262] tarduš šad[263] bar-zun "군대 지휘관으로 태자
카간과 타르두시 샤드가 가도록 해라!"(T 31)

täŋri yarlï(k)ka-zu "신께서 호의를 베푸시길!"(T 53)

türk sir bodun yerintä idi yorïma-zun "튀르크 시르 백성이 자기 땅에
서 전혀 발전하지 못하도록 하라!"(T 11)

2. /-čun/:

türük bodun yok bolma-zun bodun bol-čun tiyin … ""튀르크 백성이
없어지지 않기를!, (다시) 백성이 되기를!" 하고 …"(KT E 11; BK E 10)

2.9.3.1.2 희망법

희망법은 1인칭의 사람과 사람들이 어떤 행위를 하고 싶어 한다는
것을 나타낸다. 단수 1인칭 어미는 {-(A)yIn}, 복수 1인칭 어미는
{-(A)lIm}이다. 이 어미들은 모음으로 끝나는 어근이나 어간에 붙을

---

262) Inäl은 "태자"를 뜻한다. 이낼 카간은 카프간 카간(Kapgan Kagan)의 아들로서 빌개
　　카간과 퀼 티긴의 사촌이다. 카프간 카간의 사후, 빌개 카간 및 퀼 티긴과의 카간위
　　쟁탈전에서 져서 죽었으며 그 일가친척도 몰살당하였다. 중국 문헌에는 移涅可汗으
　　로 나온다.
263) 이 튀르기시 원정은 KT E 36-38, BK E 27-28에도 언급되어 있으므로 여기의 타르
　　두시 샤드가 바로 후일의 빌개 카간임을 알 수 있다.

때에는 어두의 모음들이 떨어진다.

1. 단수 1인칭:

anï yoglat-ayin "나는 그의 장례식을 치르게 할게!"(T 31)

bän äbgärü tüš-äyin "나는 본영으로 내려갈게!"(T 30)

män tašïk-ayïn "나는 (나의 군대와 함께) 떠날게!"(MČ E 10)

sü yorï-yïn "나는 군대(와) 나아갈게!"(MČ E 5)

türük bodun ölür-äyin urugsïrat-ayin "나는 튀르크 백성을 죽이겠어! 씨를 말리겠어!"(KT E 10)

2. 복수 1인칭:

altun yïš üzä kabïš-alïm "알타이 산맥 위에서 만납시다!"(T 20)

bäglär kop[ïn] yan-alïm tedi "백들은 모두 "돌아갑시다!" 하고 말했다"(T 36-37)

öŋdün kagangaru sü yorï-lïm "동쪽에서 (튀르크) 카간을 향하여 출정합시다!"(T 29)

täŋri bilgä kaganta adrïlma-lïm azma-lïm "신성한 빌개 카간과 헤어지지 맙시다!"(O 11)

usar idi yok kïš-alïm "가능하면 완전히 없앱시다!"(T 11)

2.9.3.1.3 한정 과거시제

한정 과거시제는 과거에 시작되어 끝난 어떤 행위를 나타내기 위하여 사용된다. 한정 과거시제는 행위를 주어가 행했거나 목격했음을 설명한다.

한정 과거시제는 소유 어미가 붙은 어미 {-D}이다. 달리 말하면, 어미들은 단수 1인칭이 {-DXm}, 복수 1인칭이 {-DXmXz}, 단수 2인칭이 {-DXŋ}이나 {-DXg}, 복수 2인칭이 {-DXŋXz}나 {-DXgXz}, 단수와 복수 3인칭이 {-DI}이다.

이 어미들의 첫 소리인 유성 치음 /d/는 자음 /l/, /n/, /r/ 다음에서 무성음화하여 /t/가 된다. 주요한 예외들은 본래의 오르콘 비문들에서는 동사 bar- "가다", 일부 예니세이 비문들에서는 동사 adrïl-과 adrïn- "헤어지다"이다.

이 어미들에 있는 인칭 어미들(즉 소유 어미들)을 보면 알 수 있듯이, 한정 과거시제 형태는 본래 동사의 어근과 어간에서 접미사 {-d}나 {-ð}로 파생된 동명사이다:

bardïm "나는 갔다" < *barïd+ïm

bardïŋ "너는 갔다" < *barïd+ïŋ

bardï "그(들)은 갔다" < *barïd+i 등.

1. 단수 1인칭 어미 {-DXm}:

anta ötrü kaganïma ötün-tüm "그 뒤에 나는 나의 카간에게 (나의 바라는 바를) 요청하였다"(T 12)

otuz yašïma biš balïk tapa sülä-dim "나는 30살에 베시발르크(시)를 향하여 출정하였다"(BK E 28)

süsin sanč-dïm yabrït-dïm "나는 (거기에서) 그들의 군대를 찔렀다, 참패시켰다"(BK E 31)

türük bodun üčün tün udïma-dïm küntüz olorma-dïm "나는 튀르크 백성을 위하여 밤에 자지 않았다, 낮에 앉지 않았다 (즉, 쉬지 않았

다)"(BK E 22)

yerči tilä-dim čölgi az äri bul-tum "나는 안내자를 원하였다, 초원의 아즈족 사나이를 찾아냈다"(T 23)

강화 불변화사 ok/ök와:

kïzïl kanïm töküti kara tärim yügürti išig küčüg ber-tim ök "나는 나의 붉은 피를 쏟게 하며 나의 검은 땀을 흘리며264) 봉사하였다"(T 52)

otuz yašïmda, äsizim ä, kit(t)im ök "나는 30살에, 슬프다!, 갔다 자!"(Čaa-Xöl III 1-2)

2. 복수 1인칭 어미 {-DXmXz}:

bir yïlka beš yolï süŋüš-dümüz "우리는 한 해에 5번 싸웠다"(KT N 4)

kagan at bunta biz bir-timiz "카간 칭호를 여기에서 (그에게) 우리가 주었다"(KT E 20)

kïrkïz bodunug uda bas-dïmïz "우리는 크르그즈 백성을 잠에서 (있을 때에) 습격하였다"(KT E 35)

kïrkïz kaganin ölür-tümüz ilin al-tïmïz "우리는 크르그즈 카간을 죽였 다, 그의 나라를 빼앗았다"(KT E 36)

kïrkïzïg uka bas-dïmïz [usï]n süŋügün ač-dïmïz "우리는 크르그즈 백 성을 잠에서 (있을 때에) 습격하였다, 그들의 잠을 창으로 열었다"(T 27-28)

---

264) 동사 tök-는 타동사이고 동사 yügür-는 자동사이다. 더구나 동사 tök-의 사동형으로 동사 töküt-가 아니라 동사 töktür-가 처음으로 카라한 튀르크어에서 확인된다. yügür- 의 사동형인 yügürt-의 부동사형은 yügürti가 아니라 yügürtü일 것이다. 그러므로 저 자의 독법은 그리 설득력이 있는 것이 아니다.

siŋlim kunčuyug bir-timiz "우리는 나의 여동생 공주를 주었다"(KT E 20)

tizligig sökür-tümüz bašlïgïg yüküntür-tümüz "우리는 무릎이 있는 자를 (힘센 자를) 무릎 꿇게 하였다, 머리가 있는 자를 (오만한 자를) 머리 숙이게 하였다"(KT E 18; BK E 15-16)

üküš teyin korkma-dïmïz süŋüš-dümüz "우리는 (적이) 많다고 두려워 하지 않았다, 싸웠다"(T 40-41)

3. 단수 2인칭 어미는 퀼 티긴 비문과 빌개 카간 비문에서는 {-DXg} 형태, 다른 비문들과 텍스트들에서는 {-DXŋ} 형태로 있다:

bäglik urï ogluŋin kul kïl-tïg ešilik [kïz oglsuŋin küŋ] kïl-tïg "너는 백이 될 만한 너의 아들을 사내종으로 만들었다, 너는 귀부인이 될 만한 [너의 딸을 계집종으로] 만들었다"(BK E 20)

ädgü eliŋä käntü yaŋïl-tïg yablak kigür-tüg "너의 좋은 나라에 너 자신이 잘못을 저질렀다, 불화를 일으켰다"(KT E 23; BK E 19)

ilgärü barïgma bar-dïg kurïgaru barïgma bar-dïg "(너희 가운데) 동쪽으로 가는 사람들은 (동쪽으로) 갔다, 서쪽으로 가는 사람들 (서쪽으로) 갔다"(KT E 23-24)

kanïŋin kodup ičik-diŋ "너는 너의 카간을 버리고 (중국에) 예속되었다"(T 2)

kop anta alkïn-tïg arïl-tïg "너는 모두 그곳에서 궤멸되었다, 소멸되었다"(KT S 9)

üküš türük bodun öl-tüg "튀르크 백성(아) 너는 많이 죽었다!"(KT S 6; BK N 5)

4. 복수 2인칭 어미는 퀼 티긴 비문과 빌개 카간 비문에서는 {-DXgXz}[265], 다른 텍스트들에서는 {-DXŋXz} 형태로 있다:

kül tigin yok ärsär kop öltäči är-tigiz "퀼 왕자가 없(었)으면 너희는 모두 죽을 것이었다"(K N 10)

ogullarï turgul yälgäk lakzïn yïl bar-dïŋïz "그의 아들들 투르굴(과) 앨개크 너희는 돼지해(에 죽어서) 갔다"(Ikhe-Askhete b 2-3)

ölügi yurtda yolta yatu kaltačï är-tigiz "(그들 중) 죽은 사람들 너희는 숙영지에서 길에서 누워 남아있을 것이었다"(K N 9)

복수 2인칭 어미는 정중한 표현으로서 단수의 사람들에게도 사용된다:

ïgar oglanïŋïzda taygunuŋuzda yegdi igidür är-tigiz uča bar-dïgïz "당신은 (당신의 백성을) 사랑스러운 당신의 아들들보다, 당신의 망아지(같은 아들)들보다 더 잘 먹이고 계셨습니다, (이제) 당신은 날아가셨습니다"(KT SE)

koñ yïlka yetinč ay küčlüg alp kaganïmda adrïlu bar-dïŋïz "양해에 일곱째 달에 당신은 나의 강력하고 용감한 카간과 헤어져 갔습니다"(O 12)

5. 단수와 복수 3인칭 어미 {-DI}:

altï ärig sanč-dï, sü tägišintä yitinč ärig kïličla-dï "(퀼 왕자는) 여섯 군사를 찔렀다, 군대의 접전에서 일곱째 군사를 칼로 죽였다"(KT N 5)

bilgä tuñukuk(k)a baŋa ay-dï "그는 빌개 투뉴쿠크에게, 나에게, (이

렇게) 말하였다"(T 31)

kül tigin ⋯ tokuz ärän sanč-dï ordug birmä-di "퀼 왕자는 ⋯ 아홉 군사를 찔렀다, 본영을 주지 않았다"(KT N 8-9)

oguz yagï ordug bas-dï "오구즈 적군이 본영을 습격하였다"(KT N 8)

ol sabïg ešidip on ok bägläri boduni kop käl-ti yükün-ti "그 소식을 듣고 온 오크 백들(과) 백성이 모두 왔다, 머리 숙였다"(T 42-43)

türk bodun öl-ti alkïn-tï yok bol-tï "튀르크 백성은 죽었다, 사라졌다, 없어졌다"(T 3)

yerči yer yaŋïlïp boguzlan-tï "안내자가 길을 잘못 들어서 목 잘렸다"(T 26)

강화 불변화사 ok/ök와:

yaňdok yolta yämä ölti-k ök "참패하여 흩어진 이들은 길에서도 죽었다"(T 16)

2.9.3.2 이차 정형 형태

이차 정형 형태들은 본래 동명사들과 분사들이다. 그러므로 이차 형태는 두 종류가 있다: 1. 동명사 + 소유 어미, 2. 분사 + 인칭대명사.

2.9.3.2.1 동명사 + 소유 어미

2.9.3.2.1.1 어미 {-DOk}로 되어 있는 과거시제

어미 {-DOk}로 되어 있는 동명사들은 단수와 복수 3인칭을 위하여 서술어로도 기능한다. 어미 {-DOk}로 되어 있는 과거시제는 단지 한

예에서만 단수 1인칭을 위하여 사용되었다:

äbkä täg-dök+üm "나는 본영에 이르렀다"(O 10)

어미 {-DOk}는 대개 부정의 동사 어간에 붙는다. 이렇게 하여 이루어지는 어미 {-mAdOk}는 어미 {-mIš}로 되어 있는 과거시제의 부정형에 상응하는 기능을 한다:

anta kisrä inisi ečisin täg kïlïn-madok ärinč ogli kaŋin täg kïlïn-madok ärinč "그 뒤에 그들의 남동생들은 형들처럼 창조되지 못하였다고 한다 분명히, 그들의 아들들은 아버지들처럼 창조되지 못하였다고 한다 분명히"(KT E 5)

[bükäg]ükdä säkiz oguz tokuz tatar kal-madok "뷔캐귀크에서 새키즈 오구즈(와) 토쿠즈 타타르(족 중 아무도) 남지 않았다 한다"(MČ E 1)

kamïš ara kalmïš, täŋri una-madok "(계집종 하나가) 갈대 사이에 남았다 한다: (그러나) 신은 (이것을) 옳게 여기지 않았다 한다"(ÏB 38)

kaŋ[266] yorïp ilteriš kaganka adrïl-madok "(나의) 아버지는 (카간의 뒤에서) 나아가서 일테리시 카간과 헤어지지 않았다 한다"(O 11)

karluk išiŋä käl-mädök "카를루크족은 자기의 동맹자들에게 (즉, 만나기로 한 곳에) 오지 않았다 한다"(MČ S 1)

yagï bolup itinü yaratunu u-madok yana ičikmiš "(튀르크 부족들은 중국 황제에게) 적이 되어 스스로를 (잘) 조직하지 못하였다고 한다, 다시 (중국에) 예속되었다고 한다"(KT E 10; BK E 9)

2.9.3.2.1.2 어미 {-sIk}로 되어 있는 미래시제

---

266) 터키어 원본에서는 이 낱말이 kan 'han', 즉 '칸(汗)'으로 잘못 나온다.

어미 {-sIk}로 되어 있는 미래시제 동명사는 서술어로도 사용된다. 이 서술어는 미래에 반드시 행해질 행위를 나타낸다. 단지 2인칭 형태의 예들만 있다:

biryä čogay yïš tögültün yazï konayin tisär türük bodun öl-sik+ig ""나는 남쪽에서 초가이 산맥(과) 퇴궐튄 평원에 자리 잡겠어!"라고 말한다면, 튀르크 백성(아) 너는 반드시 죽을 것이다!"(KT S 6-7)

türük bodun öl-sik+ig "튀르크 백성(아) 너는 반드시 죽을 것이다!"(KT S 6)

türük bodun öl-sik+iŋ "튀르크 백성(아) 너는 반드시 죽을 것이다!"(BK N 5)

2.9.3.2.2 분사 + 인칭대명사

2.9.3.2.2.1 초월시제-현재시제

어미 {-r}, {-Ir}, {-Ur}, {-Ar}, {-yUr}로 되어 있는 초월시제-현재시제 분사는 뒤에 놓인 인칭대명사들과 함께 초월시제-현재시제를 만든다.

초월시제-현재시제의 부정형은 어미 {-mAz}로 되어 있는 분사와 이것 다음에 있는 인칭대명사로 이루어진다. 3인칭은 대명사가 놓이지 않는다.

1. 단수 1인칭:

bän anča te-r män "나는 그렇게 말한다"(T 37)

idišimtä ayakïmta öŋi kanča bar-ïr män "나는 나의 취사도구와 떨어져 어디에 가는가?"(ÏB 42) kämkä ilig kazgan-ur män "나는 누구에게 나라를 정복하는가?"(KT E 9)

nä kaganka išig küčüg bir-ür män "나는 어느 카간에게 봉사하는가?"(KT E 9; BK E 9)

ol yerimin subumïn kon-ar köč-är bän "나는 나의 그 땅(과) 물을 따라 자리 잡는다, 이동한다"(Tar. W 4)

sini tabgačïg ölürtäči ti-r män "나는 "그가 너를, 중국인을, 죽일 것이다"하고 말한다"(T 10)

2. 복수 1인칭:
näkä täz-är biz "우리가 왜 달아납니까?"(T 38)

üküš teyin näkä kork-ur biz "(그들이) 많다고 우리가 왜 두려워합니까?"(T 39)

3. 복수 2인칭:
··· tägdökin türük bäglär kop bil-ir siz "(퀼 왕자의 ···에 화살이) 닿은 것을 튀르크 백들 너희 모두는 안다"267)(KT E 34)

4. 3인칭:
bäniŋ bodunum anta är-ür "나의 백성이 거기에 있을 것이다"268)(T 21)

---

267) 저자는 예전에 이 문장을 "그가 공격한 것을 튀르크 백들 너희 모두는 안다"로 번역하기도 하였다.

268) ärür는 "(그가/그것이) ~이다"를 뜻한다. 즉 현재 시제로 사용된다. 그러므로 bäniŋ bodunum anta ärür는 "나의 백성이 거기에 있다"를 뜻한다. "나의 백성이 거기에 있을 것이다"를 뜻하는 돌궐어 문장으로는 bäniŋ bodunum anta ärtäči 또는 bäniŋ bodunum anta boltačï가 기대된다.

är tärkläyü käl-ir, ädgü söz sab elti käl-ir "사내가 재빠르게 온다, 좋은 말과 소식을 가지고 온다"(İB 7)

kop ögir-är säbin-ür "모두 만족한다, 기뻐한다"(İB 15)

türük bilgä kagan türük sir bodunug oguz bodunug igidü olor-ur "튀르크 빌개 카간은 튀르크 시르 백성을, 오구즈 백성을 배부르게 하며 권좌에 앉아 있다"(T 62)

uča umatïn olor-ur "그것은 날지 못하고 앉아 있다"(İB 61)

주: 3인칭 현재시제 서술어에 대명사 ol도 붙을 수 있다:

könäki nälök toŋgay, künäškä olor-ur ol "그의 양동이가 왜 얼 것인가? 그것은 햇볕에 놓여 있다"(İB 57)

서술어 bar

"있다"를 뜻하는 낱말 bar는 어미 /-r/로 되어 있는 아주 오래된 분사임이 분명하다. 대개 서술어로 사용된다.

anča biliŋlär asïgï bar ädgü ol "그렇게 아시오: 그것은 쓸모가 있다, (이 점괘는) 좋다"(İB 32)

azu bu sabïmda igid bar gu "아니면 나의 이 말에 거짓이 있는가?"(KT S 8; BK N 8)

bu ïrk bašïnta az ämgäki bar "이 점괘의 첫머리에 조금 괴로움이 있다"(İB 57)

eki üč biŋ sümüz kältäčimiz bar mu nä "2, 3천의 우리의 군대, 우리의 올 사람들이 있습니까?"(T 14)

주: 서술어 bar에도 대명사 ol이 붙을 수 있다:

bagïšï nä täg bar ol tir "그것의 끈들은 어떤가? "있다"하고 그가 말한다"(ÏB 18)

2.9.3.2.2.2 어미 {-mAz}로 되어 있는 부정형

현재시제의 부정형은 어미 {-mAz}로 만들어진다.

1. 단수 2인칭:

āčsar tosïk ö-mäz sän bir todsar āčsïk ö-mäz sän "너는 배고프면 네가 배부르리라는 것을 생각하지 않는다; 너는 한 번 배부르면 네가 배고프리라는 것을 생각하지 않는다"(BK N 6)

2. 3인칭:

bir kiši yaŋïlsar uguši boduni bišükiŋä tägi kïd-maz[269] ärmiš "(한편) 그들은 한 사람이 잘못하여도 그의 일족, 백성, 친척까지 (모두를) 죽이지는 않는다고 한다"(KT S 6)

ädgü bilgä kišig ädgü alp kišig yorït-maz ärmiš "(중국인들은) 좋고 현명한 사람들을, 좋고 용감한 사람들을 발전하지 못하게 한다고 한

---

269) 이 낱말의 독법은 확실한 것이 아니다. 아마도 몽골어 동사 kidu- "자르다; 대학살하다, 학살하다, 죽이다; 전멸시키다, 없애버리다"와 현대 튀르크어의 kïy-를 보고 kïd-로 읽은 듯하다. 그렇지만, 이 낱말이 동사 kïd였다면 MK에서 kïð-, 오늘날 투바어에서 kït-/kïdar, 하카스어에서 xïs-/xïzar로 있어야 할 텐데, 이들 언어에서도 kïy- 또는 xïy-로 확인된다: MK kïy- "약속을 어기다; 비스듬히 잘게 자르다", 투바어 kïy- "비스듬히 잘라내다", 하카스어 xïy- "자르다; 잘라내다; 베다; 잘게 자르다". 그러므로 이 동사는 kïd-가 아니라 다른 형태로(이를테면 kïdï-나 akïd-로) 읽고 해석하는 것이 정확할지도 모른다.
   한편 Németh(1941)는 kïd-가 현대 튀르크어의 kïy-와 자신 있게 결합될 수 있는데, 여기에서는 틀림없이 낯선 방언의 영향, 즉 "차용된 형태들"과 관계가 있다고 하였다.

다"(KT S 6)

2.9.3.2.2.3 어미 {-DAčI}로 되어 있는 미래시제

어미 {-DAčI}로 되어 있는 분사는 끝에 놓인 인칭대명사들과 함께
미래시제를 이룬다. 3인칭 형태에서는 대명사가 없다.

1. 복수 1인칭:

tabgač oguz kïtañ bučägü kabïš(s)ar kal-tačï biz "중국인, 오구즈족, 거
란족 이 셋이 연합하면 우리는 속수무책이 될 것이다"(T 12-13)

2. 단수 2인칭:

ol yergärü barsar türük bodun öl-täči sän "그곳으로 간다면 튀르크 백
성(아) 너는 죽을 것이다!"(KT S 8)

ötükän yïš olorsar bäŋü il tuta olor-tačï sän "외튀캔 산악지역에서 앉
는다면 너는 영원히 나라를 유지하며 살 것이다"(KT S 8)

tü[rük bodun özüŋ] ädgü kör-täči sän äbiŋä kir-täči sän[270] buŋsïz
bol-tačï sän "튀[르크 백성(아)] 너 자신은 (늘) 좋은 것을 볼 것이다,

---

270) [özüŋ] ädgü kör-täči sän äbiŋä kir-täči sän 부분은 핀란드 발간 도해에서는 …
WI:.IR²ẄR²T²ČIS²N²B²ŊI:…ČIS²N², Radloff 발간 도해에서는 MN²I:D²G²Ẅ:K²ẄR²
T²ČIS²N²:B²ŊA:K²IR²T²ČIS²N²으로 되어 있어 저자가 주로 Radloff 발간 도해를 이
용했음을 알 수 있다. Radloff 발간 도해에 따르면 MN²I:D²G²Ẅ:K²ẄR²T²ČIS²N²는
m(i)ni : ädgü : körtäči sän "너는 나를 좋게 볼 것이다" 형태로 읽고 해석할 수 있다.
그런데 ädgü : körtäči sän은 글자 그대로는 "너는 좋게 볼 것이다"이지만 같은 구조
로 되어 있는 현대 위구르어 yaxši kör-, 크르그즈어 jakšï kör- "사랑하다" 등을 보면
"너는 좋아할 것이다, 너는 사랑할 것이다"를 뜻할지도 모른다. 이와 관련하여 역자
의 다음 논문을 참조할 수 있다:
Yong-Sŏng Li, "On the Expression of *(ä)dgü kört(ä)či s(ä)n* on the Bilgä Kagan
Inscription", *Studies on the Turkic World. Festschrift in Honour of Stanisław
Stachowski*, 61-66, Kraków 2010.

너의 집에 들어갈 것이다, 걱정이 없게 될 것이다!"(BK N 13-14)

3. 복수 2인칭:

bödkä körügmä bäglär gü yaŋïl-tačï siz "이 시기에 (권좌에) 충실한 백들, 너희가 잘못하겠느냐?"(KT S 11)

4. 3인칭:

öŋrä kïtañïg ölür-täči tir män "그가 동쪽에서 거란족을 죽일 것이라고 나는 말한다"(T 10)

sini tabgačïg ölür-täči tir män "그가 너를, 중국인을, 죽일 것이라고 나는 말한다"(T 10)

sü yorïlïm te-däči "그가 "출정합시다!"하고 말할 것이다"(T 35)

주: 어미 {-DAčï}로 되어 있는 미래시제 서술어에 강화 불변화사 ok/ök가 한 번이나 두 번 붙을 수 있다:

bini oguzug ölür-täči-k "그가 나를, 오구즈족을, 죽일 것이다"(T 10-11)

kača(n) näŋ ärsär bizni ölür-täči-k ök "언제라도 그는 우리를 반드시 죽일 것이다"(T 29-30)

2.9.3.2.2.4 어미 {-mIš}로 되어 있는 과거시제

어미 {-mIš}로 되어 있는 과거시제 분사는 대개 서술어로 사용된다. 이 과거시제는 주어가 목격하지 않은 행위를 나타낸다. 주어는 거의 언제나 3인칭이다.

1. 주어가 대명사 없는 3인칭:

bunča bodun kälipän yogla-miš sïgta-miš "이만큼의 (외국) 백성(의 대표자들)이 와서 애도하였다 한다, 울었다 한다"(KT E 4; BK E 5)

kani süsi teril-miš "그들의 칸(과) 군대가 모였다 한다"(T 28)

kaŋïm kagan yeti yegirmi ärin tašïk-miš "나의 아버지 카간은 17 남자와 함께 반란을 일으켰다 한다 (산에 올랐다 한다)"[271](KT E 11)

kiši ogli kop ölgäli törü-miš "사람은 모두 죽게끔 창조되었다 한다"(KT N 10)

terilip yetmiš är bol-miš "그들은 모여서 70 남자가 되었다 한다"(KT E 12; BK E 11)

üzä kök täŋri asra yagïz yer kïlïntokda ekin ara kiši ogli kïlïn-miš "위에서 푸른 하늘, 아래에서 거무스름한 땅이 창조되었을 때에 그 둘 사이에서 사람이 창조되었다 한다"(KT E 1)

2. 다음의 예에서는 주어가 십중팔구는 단수 1인칭이다:

beš yegirmi är ölür-miš m[än] "나는 15 (적군) 군사를 죽였다 한다"(Uyuk-Oorzak I[272] 2)

---

271) 동사 tašïk-는 '(밖으로) 나가다, 나오다'를 뜻하므로 이 문장은 "나의 아버지 카간은 17 남자와 함께 (성밖으로) 나갔다고/나왔다고 한다"로 해석되어야 한다. 동사 tašïk-는 현대 터키어에서는 çık-, 즉 čïk- '(밖으로) 나가다, 나오다; (위로) 오르다'가 되었다. 저자는 이 문장의 동사 부분 다음에 "(dağa çıkmış)", 즉 "(산에 올랐다고 한다)"로 덧붙였지만, '산에 오르다'라는 동사는 tagïk-이므로 저자의 해석은 무리가 있다.

272) 각각 4줄로 이루어진 우육-오오르자크(Uyuk-Oorzak) 제1, 제2, 제3 비문은 러시아 연방 투바(Tuva) 공화국에서 비이-헴(Biy-Xem) 강의 오른쪽 지류인 우유크(Uyuk, 투바어로는 Öök) 강 가까이에 있는 오오르자크(Oorzak)라는 곳에서 1974년에 고고학자들에게 발견되어 투바 박물관에서 보관되고 있다. Sergej Jefimovič Malov (1880.1.28.-1957.9.6.)의 분류에 따르면 제1 비문은 E-108, 제2 비문은 E-109, 제3 비문은 E-110이다.

2.9.3.2.2.5 어미 {-čI}로 되어 있는 미래시제

룬 문자로 되어 있는 텍스트들에서 아주 드물게 나타나는 어미 {-čI}로 되어 있는 정형 동사는 행위가 미래에 있을 것임을 나타낸다. 이 어미는 대개 부정의 동사 어간에 붙는다.

bu yolun yorïsar yarama-čï "이 길로 가면 (우리를 위하여) 좋지 않을 것이다"(T 23)

tägmä-či män "나는 공격하지 않을 것이다"(O 10)

ürüŋ äsri ingäk buzagula-čï bolmiš "흰 반점이 있는 암소가 막 새끼를 낳으려 했다 한다"(ÏB 41)

yana ičik ölmä-či yitmä-či sän "다시 (나에게) 예속되어라, (그러면) 너는 죽지 않을 것이다, 사라지지 않을 것이다"(MČ E 5)

2.9.3.2.2.6 어미 {-gAy}로 되어 있는 미래시제

어미 {-gAy}로 되어 있는 미래시제는 단지 Ïrk Bitig 및 다른 돈황 필사본들에서만 나타난다.

kanïgï nälök öl-gäy ol "그의 총애하는 연인이 왜 죽을 것인가?"(ÏB 57)

könäki nälök toŋ-gay "그의 양동이가 왜 얼 것인가?"(ÏB 57)

kün orto yütürüp tün orto kanta nägüdä bul-gay ol "그는 한낮에 잃고 한밤에 어디에서 찾을 것인가?"(ÏB 24)

ol tašïg özi üzä tutsar kopka ut-gay "그 (귀중한) 돌을 그 자신의 위에서 잡는다면 그는 모든 것에서 이익을 얻을 것이다"[273](Toyok 16-18)

---

273) 동사 ut-는 '(도박이나 내기에서) 이기다'를 뜻하므로 kopka utgay는 글자 그대로는 "(그는) 모두에게 이길 것이다"를 뜻한다.

2.9.4 합성 동사 형태

합성 동사 형태들은 서술어 기능을 하는 분사와 그것 다음에 오는 활용하는 조동사 är- "~이다"로 이루어진다.

2.9.4.1 과거진행시제 I

과거진행시제는 현재시제 분사들과 조동사 är-의 어미 {-DI}로 되어 있는 과거시제 형태로 이루어진다. 이것의 부정형은 어미 {-mAz}로 되어 있는 분사로 만들어진다.

이 형태는 대개 과거에 한 시점에 이루어지고 있던 어떤 행위를 나타내기 위하여 사용된다. 이 형태는 과거에 꽤 긴 기간 있던 어떤 상황이나 행위를 나타내기 위해서도 사용된다.

1. 긍정:

anta kalmiši yir sayu kop toru ölü yorï-yur är-tig[274] "(너희 중) 그곳에서 (어떻게든 살아) 남은 사람들은 모든 곳으로 모두 기진맥진하여 걸어가고 있었다"(KT S 9)

atïg ïka ba-yur är-timiz "우리는 말들을 숲에서 (나무들에)[275] 매고 있었다"(T 27)

buzkunča käl-ir är-timiz "우리는 폭풍처럼 오고 있었다"(O 9-10)

čogay kuzin kara kumug olor-ur är-timiz "우리는 초가이 (산맥의) 북

---

274) yorïyur ärtig은 글자 그대로는 "너는 걸어가고 있었다"이다.

275) 낱말 ï는 '숲; 나무'를 뜻한다. -ka가 여격-처격 어미이므로 ïka는 '숲에; 나무에' 또는 '숲에서; 나무에서'를 뜻한다. 그렇지만 바로 뒤의 동사 ba- '매다'를 보면 atïg ïka ba-는 '말을 나무에 매다'로 번역하는 것이 옳을 것이다. 즉, ïka는 동사 ba-의 간접목적어이므로 '숲에서'라고 번역할 이유가 없다.

쪽에서 카라 쿰(이라는 곳)에서 앉아 있었다"276)(T 7)

ïgar oglanïŋïzda taygunuŋuzda yegdi igid-ür är-tigiz "당신은 (당신의 백성을) 당신의 소중한 아들들보다, 당신의 망아지(같은 아들)들보다 더 잘 배부르게 하고 계셨습니다"(KT SE)

kül tigin bir kïrk yaša-yur är-ti "퀼 왕자는 (그때에) 31살이었다"(KT N 3)

[y]anïgma yagïg [kälür-ür] är-tim "나는 돌아가는 (즉, 달아나는) 적을 (싸우기 위하여 우리에게) 데려오곤 하였다"(T 53)

2. 부정:

inisi ečisin bil-mäz är-ti, ogli kaŋin bil-mäz är-ti "그들의 남동생들은 자기 형들을 모르는 것이었다, 그들의 아들들은 자기 아버지들을 모르는 것이었다"(BK E 18)

tün yämä udïsïkïm käl-mäz är-ti, [kün yämä] olorsïkïm käl-mäz är-ti "나는 밤에 잠잘 생각이 나지 않는 것이었다, 낮에 앉을(즉, 쉴) 생각이 나지 않는 것이었다"(T 22)

2.9.4.2 과거진행시제 II

이 시제는 현재시제 분사에 조동사 är-의 어미 {-mIš}로 되어 있는 과거시제 형태가 붙어서 만들어진다. 이 시제는 과거에 목격되지 않은 지속적인 행위들 및 습관적인 상태에 이른 행위들을 설명하기 위하여 사용된다.

---

276) čogay kuzin(< čogay kuz-i-n)과 kara kumug(< kara kum-u-g)의 -n과 -g이 대격 어미이므로 이 문장에서 동사 olor-는 타동사이다.

1. 긍정:

anta añïg kiši anča bošgur-ur är-miš "그때에 나쁜 (의도를 지닌) 사람
들이 그렇게 충고한다고 한다"(KT S 7)

añïg bilig anta ö-yür är-miš "(중국 사람들은) 나쁜 의도를 그때에 생
각한다고 한다"(KT S 5)

azkïña türük bodun yorï-yur är-miš "극소수의 튀르크 백성이 발전하
고 있다고 한다"(T 9-10)

ekin ara idi oksïz kök türük iti anča olor-ur är-miš "(이 카간들은) 두
(경계) 사이에서 전혀 부족 조직이 없는 동(東) 튀르크족을 조직하며
그렇게 군림하였다 한다"(BK E 14)

ïrak bodunug anča yagut-ïr är-miš "(중국인들은) 먼 (곳에 사는) 백성
들을 그렇게 (그 자신들에게) 가까이 오게 한다고 한다"(KT S 5; BK
N 4)

nä kaganka išig küčüg birür män ti-r är-miš "그들은 "나는 어느 카간
에게 봉사하는가?"하고 말하고 있었다 한다"(KT E 9; BK E 9)

türük bodun ölüräyin urugsïratayin ti-r är-miš "(중국인들은) "나는 튀
르크 백성을 죽이겠어! 씨를 말리겠어!"하고 말하고 있었다 한다"(KT
E 10)

2. 부정:

bir kiši yaŋïlsar uguši boduni bišükiŋä tägi kïd-maz[277] är-miš "(중국

---

277) 이 낱말의 독법은 확실한 것이 아니다. 아마도 몽골어 동사 kidu- "자르다; 대학살하
　　다, 학살하다, 죽이다; 전멸시키다, 없애버리다"와 현대 튀르크어의 kïy-를 보고 kïd-
　　로 읽은 듯하다. 그렇지만, 이 낱말은 과거의 문헌에서도 현대 튀르크계 언어들에서
　　도 kïy-로 확인된다. 그러므로 이 동사는 kïd-가 아니라 다른 형태로(이를테면 kïdï-나

사람들은) 한 사람이 잘못하여도 그의 일족, 백성, 친척까지 (모두를)
죽이지는 않는다고 한다"(KT S 6)

ädgü bilgä kišig ädgü alp kišig yorït-maz är-miš "(중국인들은) 좋고
현명한 사람들을, 좋고 용감한 사람들을 발전하지 못하게 한다고 한
다"(KT S 6)

2.9.4.3 대과거

대과거는 어미 {-miš}로 되어 있는 과거시제 형태에 조동사 är-의
과거시제 형태들이 붙어서 만들어진다.

이 시제는 과거에 어떤 행위보다 먼저 일어난 행위를 설명하기 위
하여 사용된다.

1. -miš + ärti 등:

alp är biziŋä täg-miš är-ti "용감한 군사들이 우리를 공격했었다"(KT
E 40)

azča bodun täz-miš är-ti on ok süsin sülätdim "약간의 백성이 달아났
었다; 나는 온 오크 군대를 출정시켰다"(T 43)

katun yok bol-miš är-ti anï yoglatayin tedi "카툰이 (지난해에) 죽었었
다. 그는 "그의 장례식을 치르게 할게"하고 말하였다"(T 31)

ol ödkä kul kullug küŋ küŋlüg bol-miš är-ti "그 시기에 사내종들은
사내종들을, 계집종들은 계집종들을 거느리게 되었었다"(BK E 18)

türk bodun ati yok bolu bar-miš är-ti "튀르크 백성의 이름이 없어져
갔었다"(O 3)

---

akïd-로) 읽고 해석하는 것이 정확할지도 모른다.

2. -miš + ärmiš:

adïglï toŋuzlï ārt üzä sokuš-miš ärmiš "곰과 (멧)돼지가 고개에서 마주쳤다 한다"(ÏB 6)

이 정형(定形) 형태가 문장에서 분사구로 될 때에, 조동사 är- "~이다"의 자리를 동사 bol- "되다"가 차지한다:

šad atïg anta ber-miš bol-tokda tokuz oguz atïg yagï ärmiš bädük ärmiš "(카간이) 샤드 칭호를 (그에게) 거기에서 주었을 때에 토쿠즈 오구즈족과 아틱족이 (우리에게) 적이었다 한다, (위험이) 컸다고 한다"(O 6)

2.9.4.4 실현되지 않은 미래시제

실현되지 않은 미래시제는 어미 {-DAčï}로 되어 있는 분사에 조동사 är-의 과거시제 형태가 붙어서 이루어진다. 이 시제는 미래에 실현될 것이 기대되었지만 실현되지 않은 어떤 행위를 설명한다.

anta ičräki nä kiši […‥…] yok [bol-t]ačï är-[ti] "거기에서 안에 얼마나 사람이 있든지 … (모두) 사라질 것이었다"(BK E 28)

türük bodun adak kamšat(t)ï yablak bol-tačï är-ti "튀르크 백성의 발은 비틀거렸다, 나쁘게 될 것이었다"(BK E 30-31)

2.9.4.5 사실과 어긋나는 조건

사실과 어긋나는 조건들은 본래 옳지 않거나 사실이 아니거나 또는 실현되지 않을 가상의 행위들과 상황들이다. 가상의 또는 사실과 어긋나는 조건을 포함하는 절은 어미 {-sAr}로 만들어진다. 가상의 조건의 본 절의 서술어는 어미 {-DAčï}로 되어 있는 미래시제 분사에 조동사 är-의 과거시제 형태들이 붙어서 만들어진다.

ilteriš kagan kazganma-sar udu bän özüm kazganma-sar il yämä bodun yämä yok är-täči är-ti "일테리시 카간이 획득하지 않(았)으면 그리고 나 나 자신이 획득하지 않(았)으면, 나라도 백성도 없을 것이었다"(T 54-55)

ilteriš kagan kazganma-sar, yok ärti är-sär, bän özüm bilgä tuñukuk kazganma-sar, bän yok ärtim är-sär, kapgan kagan türk sir bodun yerintä bod yämä bodun yämä kiši yämä idi yok är-täči är-ti "일테리시 카간이 획득하지 않(았)으면 (또는 전혀) 없었으면, 나 나 자신 빌개 투뉴쿠크 가 획득하지 않(았)으면 (또는 전혀) 없었으면, 카프간 카간의 튀르크 시르 백성의 땅에는 부족도 백성도 사람도 전혀 없을 것이었다"(T 59-60)

kül tigin yok är-sär kop öl-täči är-tigiz "퀼 왕자가 없(었)으면, 너희는 모두 죽을 것이었다"(KT N 10)

män iniligü bunča bašlayu kazganm[a-sar] türük bodun öl-täči är-ti "내 가 나의 남동생과 함께 이만큼 (튀르크 백성을) 이끌며 획득하지 않 (았)으면, 튀르크 백성은 죽을 것이었다"(BK E 33)

näŋ yerdäki kaganlïg bodunka büntägi[278] bar är-sär nä buŋi bar är-täči är-miš "아무 곳의 카간이 있는 백성에게 이러한 (최고 고문이) 있으면 그 백성은 무슨 걱정이 있겠는가?"(T 56-57)

üzä täŋri basma-sar, asra yer tälinmä-sär, türük bodun, iliŋin törögin käm artatï u-dačï [ärt]i "위에서 하늘이 무너지지 않는다면, 아래에서 땅이 구멍 나지 않는다면, 튀르크 백성(아), 너의 나라를 너의 법을 누 가 무너뜨릴 수 있을 것이었더냐?"(BK E 18-19)

---

278) bintägi "(그들의) 나와 같은 (이)"일 수 있다.

아래에 있는 문장에서는 kül tigin yok ärsär나 kül tigin yok ärti ärsär 라는 종속절이 어쨌든 잊혀졌다:

ögüm katun ulayu öglärim äkälärim käliŋünüm kunčuylarïm bunča yämä tirigi küŋ bol-tačï ärti, ölügi yurtda yolta yatu kal-tačï är-tigiz "(퀼 왕자가 없(었)으면), 나의 어머니 카툰을 비롯하여 나의 (모든 의붓)어 머니들, 나의 누나들, 나의 며느리들, 나의 공주들 (그들 중) 산 사람들 너희는 계집종이 될 것이었다, (그들 중) 죽은 사람들 너희는 숙영지 에서 길에서 누워 남아있을 것이었다"(KT N 9)

VI. 통사론

1. 구(句)

구는 주어와 서술어가 없는 낱말 무리이다. 구는 3 종류가 있다: 1. 열거 구, 2. 수식 구, 3. 후치사 구.

1.1 열거 구

열거 구도 3 종류가 있다: 1. 부가 구, 2. 근사치 구, 3. 설명 구.

1.1.1 부가 구

부가 구는 2 종류가 있다: 1. 접속사가 없는 구, 2. 접속사가 있는 구.

1.1.1.1 접속사가 없는 부가 구

접속사가 없는 부가 구도 2 종류가 있다: 1. 명사구, 2. 동사구.

1.1.1.1.1 명사구 (짝말)

접속사가 없는 명사구는 둘 또는 더 많은 명사와 형용사로 이루어진다:

altun kümüš "금과 은"(KT N 11; BK N 12)

arkïš tirkiš "카라반들"(KT S 8)

at kü "이름과 명성"(KT E 25)

bag bodun "부족들과 부족 연맹"(Uyuk-Tarlak 2)

bäglär bodun "백들과 백성"(KT S 10; BK N 8)

äb bark "집"(BK E 32)

kïz koduz "소녀들과 여자들"(T 48)

kurt koŋuz "벌레들"(Toyok 28-29)

küŋ kul "계집종과 사내종"(KT E 20)

yabïz yablak "가련하고 불쌍한"(KT E 26)

yok čïgañ "가난하고 궁핍한"(KT S 10) 등.

둘 또는 더 많은 명사로 이루어진 명사구들에서는 소유 어미와 격 어미가 대개 구를 이루는 명사 모두에 붙는다:

bilgä-si čabïš-i bän ök ärtim "그의 고문(과) 그의 지휘관은 바로 나였다"(T 7)

bunča bark-ïg bädiz-ig uz-ug "이만큼의 건물을, 장식을"(BK SW)

äb-ig bark-ïg yulgalï bardï "(그들의 군대의 절반은) 집을 약탈하기 위하여 갔다"(BK E 32)

ot-ča bor-ča kälti "(튀르기시 카간의 군대가) 불처럼 폭풍처럼[279] 왔다"(KT E 37)

아래에 있는 예들에서는 단지 둘째 낱말이 격변화를 하였다:

arkuy kargu-g olgurtdum ok "나는 요새들(과) 망루들을 설치하였다"(T 53)

---

[279] Milan Adamović는 bor[bōr]가 토하르어 *pōr "불"에서 차용된 것이라 주장하며 이 구절을 "wie ein Flächenbrand", 즉 "큰 화재(conflagration)처럼"이라고 번역하였다 (Milan Adamović, "Otča borča", *CAJ*, 40/2 (1996), pp. 168-172를 볼 것). 이렇게 볼 경우, otča borča라는 구절은 두 개의 동의어로 이루어지는 셈이다. 더구나 이 싸움이 투뉴쿠크 비문에도 언급되어 있는데 40행에는 otča borča 대신에 örtčä "불처럼, 불같이"라는 표현이 있다는 점도 그의 주장을 뒷받침한다.

yoguŋ koragïŋ-nï "너의 장례식을"(O 12)

1.1.1.1.2 동사구 (짝말)

정형화된 동사구 또는 동사 짝말은 뜻이 같거나 비슷한 두 동사로 이루어진다:

adrïl- az- "헤어지다 옳은 길에서 벗어나다"(O 11)

adrïl- säčlin- "헤어지다 뽑히다 (죽다)"(Kïzïl-Čïraa I 2)

adrïl- yaŋïl- "헤어지다 배신하다"(O 11)

alkïn- arïl- "소멸되다 궤멸되다"(KT S 9)

biti- bädzät- "쓰다 꾸미다"(BK SW)

ämgät- tolgat- "괴롭히다 고통을 주다"(BK N 13)

ičik- yükün- "예속되다 머리 숙이다"(T 28)

it- yarat- "조직하다 창조하다"(BK N 9)

küŋäd- kulad- "계집종이 되다 사내종이 되다"(KT E 13)

ögir- säbin- "즐거워하다 기뻐하다"(BK N 13)

öl- alkïn- "죽다 소멸되다"(T 3)

öl- yit- "죽다 사라지다"(KT E 27)

tir- kubrat- "모으다 소집하다"(KT E 12)

tor- öl- "쇠약해지다 죽다"(KT S 9)

yaŋïl- yazïn- "잘못하다 길에서 벗어나다"(BK E 16) 등.

1.1.1.2 접속사가 있는 부가 구

접속사가 있는 부가 구는 3 종류가 있다: 1. ulayu로 만들어지는 접속사가 하나인 구, 2. bašlayu ulayu로 만들어지는 구, 3. 접속사가 2번이나 3번 되풀이되는 구.

1. 접속사 ulayu (< *ula- "결합하다")로 만들어지는 접속사가 하나인 구:
ögüm katun ulayu öglärim äkälärim käliŋünüm kunčuylarïm "나의 어머니 카툰과 나의 (의붓) 어머니들, 나의 누나들, 나의 며느리들, 나의 공주들"(KT N 9)

tunyukuk buyla baga tarkan ulayu buyruk … "툰유쿠크 부일라 바가 타르칸과 지휘관들 …"(BK S 14)

2. bašlayu (< bašla- "우두머리로 있다") 및 ulayu로 만들어진 구:
… ič buyruk, säbig kül irkin bašlayu, ulayu buyruk … "… 궁정 지휘관들, 새빅 퀼 이르킨을 비롯하여 (모든) 지휘관들 …"(BK S 14)

kisrä tarduš bäglär, kül čor bašlayu, ulayu šadapït bäglär … "서쪽에서 타르두시 백들, 퀼 초르를 비롯하여 (모든) 샤다프트 백들 …"(BK S 13)

öŋrä töliš bäglär, apa tark[an] bašlayu, ulayu šadapït bäglär … "동쪽에서 튈리시 백들, 아파 타르칸을 비롯하여 (모든) 샤다프트 백들 …"(BK S 13-14)

3. 접속사가 2번이나 3번 되풀이되어 만들어지는 구:
bägläri yämä boduni yämä "그들의 백들도 백성도"(KT E 3)
bod yämä bodun yämä kiši yämä "부족도 백성도 사람도"(T 60)

접속사를 볼 것.

1.1.2 근사치 구

근사치 구는 잇달아 오는 그리고 명사나 수사 하나를 수식하는 두 수사로 이루어진다. 이를테면 eki üč "두세, 둘이나 셋":

eki üč biŋ "2, 3천"(T 14)

eki üč kišiligü "두세 사람과 함께"(BK E 41)

1.1.3 설명 구

설명 구에서는 두 구성 요소 모두 중심 낱말이자 수식어이다.

bän anča ter män, bän, bilgä tuñukuk "나는 그렇게 말한다, 나는, 빌개 투뉴쿠크는"(T 37)

bilgä tuñukuk(k)a, baŋa, aydï "그는 빌개 투뉴쿠크에게, 나에게, (다음과 같이) 명령하였다"(T 31)

bini, oguzug, ölürtäči-k "그는 나를, 오구즈를, 분명히 죽일 것이다"(T 10-11)

eki üč biŋ sümüz, kältäčimiz, bar mu nä "2, 3천의 우리의 군대가, 우리의 올 사람이, 있습니까?"(T 14)

inim kül tigin, özi, anča kärgäk boltï "내 남동생 퀼 왕자는, 그 자신은, 그렇게 서거하였다"(KT E 30)

ol yerkä bän, bilgä tuñukuk, tägürdök üčün "그 땅에 내가, 빌개 투뉴쿠크가, 이르게 하였기 때문에"(T 47)

tadïkïŋ, čorïŋ[280], boz [atïg binip tägdi] "(퀼 왕자는) 타드크의, 초르

---

280) tadïkïŋ čorïŋ 부분은 핀란드 발간 도해에서는 셋째와 넷째 글자가 희미한 T¹D¹K¹S² N¹WR¹Ṇ, Radloff 발간 도해에서는 T¹D¹K¹S²ČWR¹Ṇ 형태로 있다. 단지 다섯째 글자만 서로 다른데, N¹(n)을 Č(C)의 잘못으로 본다면 앞의 네 글자는 tadakaš, tadak(ï)š,

의, 잿빛 [말을 타고 공격하였다]"(KT E 32)

… udu bän, özüm, kazganmasar "… 그리고 내가, 나 자신이, 획득하지 않(았)으면"(T 55)

yol(l)ug tigin, män, bitidim "욜룩 왕자가, 내가, 썼다"(KT SE)

대명사로 이루어지는 설명 구가 다른 설명 구의 구성 요소가 될 수 있다:

bän özüm, bilgä tuñukuk, kazganmasar "나 나 자신이, 빌개 투뉴쿠크가, 획득하지 않(았)으면"(T 59)

bilgä tuñukuk, bän özüm, tabgač ilinä kïlïntïm "빌개 투뉴쿠크는, 나 나 자신은, 중국이 지배하는 시기에 태어났다"(T 1)

türk bodunug ötükän yerkä, bän özüm, bilgä tuñukuk, <kälürtüm> "튀르크 백성을 외튀캔 땅에 나 나 자신이, 빌개 투뉴쿠크가, <데려왔다>"(T 17)

1.2 수식 구

수식 구는 명사 하나와 하나 또는 더 많은 수식어로 이루어진다. 수식 구는 네 종류가 있다: 1. 명사 구, 2. 숫자 구, 3. 형용사 구, 4. 부사 구.

---

tad(ï)k(ï)š 등으로 읽힐 수 있다. 저자 등 여러 연구자의 독법은 S²(S)가 N̩(h)의 잘못 (또는 혼동)이라고 볼 때에만 가능한데, 두 도해 모두 S²로 되어 있기 때문에 이 글자를 N̩으로 읽는 것은 무리일 것이다.

1.2.1 명사 구

명사 구의 본래의 구성 요소는 명사 또는 명사 기능을 하는 낱말이다.
명사 구는 두 종류가 있다: 1. 서술-정의 구, 2. 소유 구.

1.2.1.1 서술-정의 구

서술-정의 구의 수식어가 특성을 나타내는 형용사, 대명사, 수사, 부사, 분사, 후치사 구, 고유 명사 등일 수 있듯이 중심 낱말도 수식 구일 수 있다.

1. 수식어가 형용사:

adïnč(č)ïg bark "놀라운 영묘"(KT S 12; BK N 14)

azïglïg toŋuz "엄니가 있는 (멧)돼지"(Uybat VI 3)

bäŋgü taš "비문 (글자 그대로는 "영원한 돌")"(BK N 15)

ägri täbi "혹이 있는 낙타 (글자 그대로는 "굽은 낙타")"(T 48)

kara tär "검은 땀"(T 52)

kïz ogul "계집자식"(KT E 7)

kïzïl kan "붉은 피"(T 52)

sarïg altun "누런 금"(T 48)

süčig sab "달콤한 말"(KT S 5)

tämir kapïg "철문(鐵門)"(KT E 2 등)

urï ogul "사내자식"(KT E 7)

ürüŋ kümüš "흰 은"(T 48)

yašïl ügüz "녹색 강"281) (KT E 17)

yimšak agï "부드러운 비단"(KT S 5) 등

2. 수식어가 대명사:

bu tām+ka "이 벽에"(KT SE)

bu taš+ka "이 돌에"(KT SE)

ol ok tün "바로 그날 밤"(T 42)

ol tägdök+dä "그 공격에서"(KT E 36) 등

3. 수식어가 수사:

altï yolï "6번"(BK E 28)

bišinč ay "다섯째 달"(BK S 10)

eki bïŋ "2천"(T 18)

eki šad "두 샤드"(BK E 21)

ekinti kün "둘째 날"(BK S 1)

säkiz on "80", 즉 "8번 10"(KČ W 3)

tokuz oguz "토쿠즈 오구즈", 즉 "9부족으로 이루어진 오구즈 백
성"(BK E 1) 등

4. 수식어가 부사:

ičrä sab "은밀한 전갈"(T 34) 등.

장소 부사를 볼 것.

---

281) 황하(黃河)를 가리킨다.

5. 수식어가 동명사:

bardok yer+dä "간 곳에서"(KT E 24; BK E 20)

6. 수식어가 분사 또는 분사 구:

bilir bilig+im "아는 나의 지혜"(KT N 10)

bödkä körügmä | bäglär "이 시기에 (권좌에) 충실한 백들"(KT S 11)

igidmiš kagan "배부르게 한 카간"(KT S 9)

käligmä bäglär+in bodun+in "오는 그들의 백들을 (그리고) 백성을"(T 43)

körür köz+üm "보는 나의 눈"(KT N 10)

öltäči bodun "죽을 백성"(KT E 29)

täŋridä bolmiš | türük bilgä kagan "신에게서 된 튀르크 빌개 카간"(KT S 1)

uyur kadaš+ïm "유능한 나의 친척"(Čaa-Xöl V[282] 3)

uyur kadïn+ïm "유능한 나의 사돈"(Čaa-Xöl V 2) 등

7. 수식어가 후치사 구:

täŋri täg … türük bilgä kagan "신성한 (글자 그대로는 "신 같은") … 튀르크 빌개 카간"(KT S 1)

umay täg | ögüm katun "우마이 같은 나의 어머니 카툰"(KT E 31) 등

8. 구의 중심 낱말이 수식 구:

---

282) 3줄로 이루어진 이 비문은 러시아 연방 투바(Tuva) 공화국의 Ulug-Xem '예니세이 강'(글자 그대로는 '큰 강'; 예니세이 강의 상류)에서, 차아-횔(Čaa-Xöl) 강 합류점 가까운 곳에서 발견되어 투바 박물관에서 보관되고 있다. 이 비문은 Sergej Jefimovič Malov(1880.1.28.-1957.9.6.)의 분류에 따르면 E-17이다.

bäglik | urï ogul "백이 될 만한 사내자식"(KT E 7)

bu | türük bodun "이 튀르크 백성"(T 54)

ešilik | kïz ogul "귀부인이 될 만한 계집자식"(KT E 7)

kädimlig | torug at "옷 입은 밤색 말"(T E 33)

ol | eki kiši "그 두 사람"(T 10) 등

9. 수식어가 고유 명사:

bukarak uluš "부하라 시"(KT N 12)

bükli[283] kagan "뷔클리 (초원) 카간"(KT E 8; BK E 8)

ärtiš ügüz "이르티시 강"(T 35, 37)

kïrkïz bodun "크르그즈 백성"(KT E 20)

kögmän | yir sub "쾨그맨 땅"(KT E 20)

ku säŋün "쿠 장군"(BK S 9)

kül tigin "퀼 왕자"(KT N 1 등)

oguz yagï "적군 오구즈"(글자 그대로는 "오구즈 적군") (KT N 8)

oŋ totok "왕 도독"(KT E 32)

ozmiš[284] tigin "오즈미시 왕자"(MČ N 9)

šantuŋ yazï "산동(山東) 평원"(BK E 15)

türük bodun "튀르크 백성"(KT E 6)

---

283) 이 낱말은 bök(kü)li (< *bäkküli < *mäkküli 貊句麗) 또는 bök(kö)li (< *bäkköli < *mäkkoli 貊高麗)로 읽을 수도 있다(Yong-Sŏng Li, "Zu QWRDNTA in der Tuńuquq-Inschrift", *CAJ*, 47/2 (2003), pp. 229-241 중 p. 236을 볼 것). 이미 일본의 역사학자 Iwasa Seiichiro(巖佐精一郎)가 이 낱말을 bökli 貊句麗 "貊족의 句麗"로 읽었다(Masao Mori, "How should *bökli* or *bükli* be transcribed and interpreted?", *The Memoirs of the Toyo Bunko* 42 (1984), pp. 139-144 중 p. 139를 볼 것).

284) 중국 문헌에는 烏蘇米施로 나온다.

아래에 있는 예들에서는 수식어도 수식 구이다:

bukarak uluš | bodun "부하라 시 백성"(KT N 12)

bükli čöl(l)üg | el "뷔클리 초원 백성"(KT E 4; BK E 5) 등

10. 수식어가 소유 어미가 있는 명사 또는 소유 구:

kaŋim kagan "나의 아버지 카간"(KT E 11)

ögüm katun "나의 어머니 카툰"(KT N 9)

siŋlim kunčuy "나의 여동생 공주"(KT E 20)

inim | kül tigin "나의 남동생 퀼 왕자"(KT N 10)

kül tigin atï+si | yol(l)ug tigin "퀼 왕자의 조카 욜룩 왕자"(KT SE)

sir irkin ogli | yigän čor "시르 이르킨의 아들 예갠 초르"(KČ E 9)

tabgač čïkani | čaŋ säŋün "중국 황제의 이종사촌 창[285] 장군"(KT N 13)

11. 수식어가 서술어 명사 bar "있는"으로 이루어진 절:

ï bar | baš "숲이 있는 꼭대기"(T 26)

1.2.1.2 소유 구

소유 구는 3 종류이다: 1. 수식어는 속격 어미가 없는 명사이고, 중심 낱말은 3인칭 소유 어미가 있는 명사이다; 2. 수식어는 속격 어미가 있는 명사이고, 중심 낱말은 3인칭 소유 어미가 있거나 없는 명사이다; 3. 수식어는 속격 어미를 받은 1인칭 대명사이고, 중심 낱말은 1인칭 소유 어미를 받은 명사이다.

---

285) 중국 문헌에 張去逸로 나오는 사람이다.

1. 수식어는 속격 어미가 없는 명사:

bïŋ baš+ï "천인장(千人長)"(Tar. W 7)

kïrkïz bodun+i "크르그즈 백성"(T 28)

kögmän ir+in+tä "쾨그맨 (산맥의) 북쪽에서"(MČ E 11)

kül tigin atï+si "퀼 왕자의 조카"(KT SE)

oŋ totok yurč+i+n "왕 도독의 (손아래) 처남을"(KT E 32)

ötükän ir+i+n "외튀캔 북쪽을"(MČ E 7)

sir irkin ogl+i "시르 이르킨의 아들"(KČ E 9)

täŋri köbürgä+si "하늘 북"(BK W 3-4)

türgiš kagan+i "튀르기시 카간"(T 30)

türük bodun at+i kü+si "튀르크 백성의 이름(과) 명성"(KT E 25)

yagïn baš+ï "적의 우두머리"(MČ E 6)

yüz baš+ï "백인장(百人長)"(Tar. W 7)

2. 수식어는 속격 어미가 있는 명사. 이 구는 2 종류가 있다: a) 중심 낱말이 3인칭 소유 어미가 있는 것, b) 중심 낱말이 3인칭 소유 어미가 없는 것.

a) 중심 낱말이 3인칭 소유 어미가 있는 것:

adïgïŋ karn+ï "곰의 배(腹)"(ÏB 6)

bilgä kagan+ïŋ bodun+i "빌개 카간의 백성"(O 11)

kül tigin+iŋ altun+ï+n kümüš+i+n agïš+ï+n barïm+ï+n "퀼 왕자의 금을, 은을, 재산을"(KT SW)

türük bodun+ïŋ il+i+n törö+si+n "튀르크 백성의 나라를 (그리고) 관습법을"(KT E 1; BK E 3) toŋuz+uŋ azïg+ï "(멧)돼지의 엄니"(ÏB 6)

b) 중심 낱말이 3인칭 소유 어미가 없는 것:

bayïrku+niŋ ak adgïr "바이르쿠 족의 흰 종마"(KT E 36)

siz+iŋ är at "당신의 사나이 이름"(Ačura 13)

tabgač kagan+ïŋ ičräki bädizči "중국 황제의 궁정 장식가"(KT S 12)

yigän silig bäg+iŋ kädimlig torug at "예갠 실릭 백의 옷 입은 밤색 말"(KT E 33)

수식어가 설명 구이면 구의 두 구성 요소도 모두 격변화한다:

tadïk+ïŋ[286] čor+ïŋ, boz [at] "타드크의, 초르의, 잿빛 [말]"(KT E 32) 등

3. 수식어는 속격의 1인칭 대명사, 중심 낱말은 1인칭 소유 어미가 있는 낱말:

bän+iŋ bodun+um "나의 백성"(T 21)

män+iŋ bodun+um "나의 백성"(BK E 29)

män+iŋ sab+ïm+ïn "나의 말을"(KT S 11) 등

수식어가 본래 두 번째 종류의 소유 구이면 전혀 바뀌지 않고 (그대로) 남는다:

---

286) tadïkïŋ은 핀란드 발간 도해에서는 셋째와 넷째 글자가 희미한 T¹D¹K¹S², Radloff 발
간 도해에서는 T¹D¹K¹S² 형태로 있다. 이 네 글자는 tadakaš, tadak(ï)š, tad(ï)k(ï)š 등
으로 읽힐 수 있다. 저자 등 여러 연구자의 독법은 S²(S)가 Ŋ(ñ)의 잘못(또는 혼동)이
라고 볼 때에만 가능한데, 두 도해 모두 S²로 되어 있기 때문에 이 글자를 Ŋ으로 읽
는 것은 무리일 것이다.

biz+iŋ sü | at+i "우리의 군대의 말들"(KT E 39)

biz+iŋ sü... azuk+i "우리의 군대의 식량"(KT E 39) 등

1.2.2 숫자 구

아주 특별한 숫자 구의 구조가 본래의 오르콘 비문들에서 11-19 사이의 수들과 21-39 사이의 수들에서 보인다. 이 수들은 다음의 10단위 수들로 가는 걸음들로 이해되고 그렇게 이름 붙여진다.[287] 이를테면 "11"을 위하여 "20(에) 1" 등처럼. 일부 예니세이 비문들에서는 39보다 큰 중간 수들도 같은 형태로 이름 붙여진다.

üč yegirmi "13"(KT E 18)

bir otuz "21"(BK E 25)

üč otuz "23"(T 19)

bir kïrk "31"(KT N 2)

eki älig "42"(Tuva I (Bay-Bulun II) 3) 등

수사를 볼 것.

1.2.3 형용사 구

형용사 구의 중심 낱말은 형용사 또는 형용사 기능을 하는 낱말이다.

1. 수식어가 부사 또는 부사 기능을 하는 낱말:

---

287) 이러한 방식은 오늘날 중국 감숙성의 서부 유구르(West Yugur, 西部 裕固, Yellow Uyghur)어에서만 잔존하고 있다. 다른 현대 튀르크 언어들이 모두 21과 같은 수는 '20 1'로 읽는 데 비해 서부 유구르어는 11~29의 수를 아직도 고대 튀르크어에서처럼 '1 30' 형태로 읽는다.

antag külüg "그렇게 이름난"(KT E 4)

ärtiŋü ulug "아주 큰"(BK N 10)

öltäčičä sakïnïgma "죽을 것처럼 생각하는"(BK E 2) 등

2. 수식어가 장소 부사:

ičrä ašsïz "배고픈"(글자 그대로는 "안에서는 음식이 없는") (KT E 26)

tašra tonsuz "헐벗은"(글자 그대로는 "밖에서는 옷이 없는") (KT E 26) 등

3. 중심 낱말이 yeg "더 좋은"이고 수식어는 처격-탈격으로 있는 명사 (형용사들의 비교급):

ïgar elligdä [ï]gar kaganlïgda yeg "강력한 (?) 나라가 있는 이보다, 강력한 카간이 있는 이보다 더 좋은"(BK E 24)

1.2.4 부사 구

부사 구는 수식어 기능을 하는 부사와 그것이 수식하는 형용사로 이루어진다. 수식어 기능을 하는 부사들은 añïg "매우", äŋ "가장, 제일", ärtiŋü "매우, 극도로" 같은 정도 부사들이다.

añïg ädgü "아주 좋은"(ÏB 5 등)

añïg yablak "아주 나쁜"(ÏB 36 등)

äŋ ilk "제일 먼저"(KT N 4)

äŋ ilki "제일 먼저"(KT E 32; BK E 30)

ärtiŋü ti "너무 많이, 아주 오랫동안"(BK S 15) 등

1.3 후치사 구

후치사 구들에서 구를 지배하는 것은 후치사이다. 후치사의 목적어
는 명사, 대명사 또는 숫자 구일 수 있다.

후치사 구들은 대개 부사 보어로 기능한다.

inim kül tigin birlä "나의 남동생 퀼 왕자와"(KT E 26)

šantuŋ yazïka tägi "산동 평원까지"(KT S 3)

tabgač tapa "중국을 향하여"(KT E 28)

türük bodun üčün "튀르크 백성을 위하여"(KT E 27)

후치사를 볼 것.

2. 동사 보어

동사 보어들은 3 종류가 있다: 1. 동등화 보어, 2. 한정 목적 보어,
3. 부사 보어.

2.1 동등화 보어

동등화 보어들은 주어 기능을 하는 명사, 대명사, 수사 또는 동등화
구와 계사로 이루어진다. 계사는 인칭에 관해서 주어와 일치한다. 계
사가 없는 동등화 보어들도 있다.

1. 계사가 있는 서술어:

a. 계사가 조동사:

özüm | ⋯ šad ärtim "나 자신은 ⋯ (타르두시 백성 위에서) 샤드였다"(KT E 17)

biz | eki biŋ ärtimiz "우리는 2,000이었다"(T 16)

bodun boguzi | tok ärti "백성은 배가 불렀다"(T 8)

türük bodun | āč ärti "튀르크 백성은 배고팠다"(BK E 38)

ulugi | šad ärti "그들의 지휘자는 샤드였다"(T 5)

b. 계사가 끝에 놓인 대명사:

bilgä tuñukuk | añïg ol "빌개 투뉴쿠크는 나쁘다"(T 34)

biz | az biz "우리는 적다"(O 7)

oguzi yämä | tarkïnč ol "그들의 오구즈 족도 불안하다"(T 22)

türük bodun | tokurkak sän "튀르크 백성, 너는 만족하고 있다"(KT S 8; BK N 6)

2. 계사가 없는 서술어:

iltä buŋ | yok "(튀르크 카간이 외튀캔 산악지역에 앉는다면) 나라에 걱정이 없다"(KT S 3)

ol amtï | añïg yok "그들은 지금 나쁘지 않다"[288](KT S 3; BK N 2)

---

288) Gerhard Doerfer(1920.3.8.-2003.12.27.)는 "Bemerkungen zu Talât Tekins "Orhon Yazıtları"", *TDA* 1992 (1992), pp. 5-17 중 pp. 7~8에서 낱말 yok가 고대 튀르크어에서 "~이 아니다"라는 뜻으로 사용된 적이 없다는 것, KT E 29~30을 보면 카간은 오직 자신의 백성만 옷 입히고, 부유하고 수가 많게 만들었다는 것, 낱말 añïg이 "매우, 무척"도 뜻한다는 것을 밝히면서 이 문장을 "그들은 지금 매우 가난하다", "그들은 지금 굉장히 처참하다"(대략 걸프전 이후의 이라크 사람들처럼 그렇게)로 번역하

kapgan kagan türük sir bodun yorïdoki | bu "카프간 카간 튀르크 시르 백성이 발전한 것이 (바로) 이것(이다)"(T 61)

2.2 한정 목적 보어

절대격, 대격을 볼 것

2.3 부사 보어

부사 보어는 부사나 부사구, 격어미가 있는 명사, 시간 단위의 뜻이 있는 명사, 기수, 서수, 기간을 나타내는 수식 구, 부동사나 부동사 구 일 수 있다.

1. 부사나 부사구:
bu sabïmin ädgüti ešid "나의 이 말을 잘 들어라!"(KT S 2)
[kanjïm kagan t]ürük bäglärin bodunin ärtiŋü ti mag itdi ögd[i] "[나의 아버지 카간은] 튀르크 백들을 (그리고) 백성을 아주 오래 환호하였다, 칭찬하였다"(BK S 15)
kanjïm kaganka ärtiŋü ti mag kïltï "(이만큼의 충실한 백들이) 나의 아버지를 아주 오래 환호하였다"(BK S 14-15)
kičä yaruk batar ärkli süŋüšdüm "나는 저녁에 해가 질 때에 싸웠다"(MČ E 1)

는 것이 더 낫지 않을지 묻는다.

2. 격어미가 있는 명사:

kara költä süŋüšdümüz "우리는 카라 쾰(黑湖)에서 싸웠다"(KT N 2)

oguz täzip tabgačka kirti "오구즈 족이 달아나서 중국에 들어갔다"(BK E 38)

여격-처격, 처격-탈격, 향격, 동등격, 기구격, 공동격을 볼 것

3. 시간 단위를 나타내는 명사:

bir tümän artuki yeti biŋ süg ilki kün ölürtüm "17,000(명의) 군대를 나는 첫날에 죽였다"(BK S 1)

kün yämä tün yämä yälü bardïmïz "우리는 밤낮으로 전속력으로 갔다"(T 27)

tün akïtdïmïz "우리는 밤에 습격하게 하였다"289)(T 35)

türük bodun üčün tün udïmadïm "나는 튀르크 백성을 위하여 밤에 자지 않았다"(BK E 22) 등

4. 기수나 숫자 구:

kïtañka yeti süŋüšdi "그는 거란족과 7(번) 싸웠다"(T 49)

oguzka beš süŋüšdi "그는 오구즈 족과 5(번) 싸웠다"(T 45)

tabgačka yeti yegirmi süŋüšdi "그는 중국 사람들과 17(번) 싸웠다"(T 49)

5. 서수:

ekinti ïšbara yamtar boz atïg binip … "두 번째로 으시바라 얌타르의

---

289) 터키어 원본에는 tün akïtdïmïz가 "Gece akın ettik", 즉 "우리는 밤에 습격하였다"로 되어 있지만, 어휘집에는 동사 akït-의 뜻이 'akın ettirmek', 즉 '습격하게 하다'로 나온다.

잿빛 말을 타고 …"(KT E 33)

üčünč yegän silig bägiŋ kädimlig torug at binip … "세 번째로 예갠 실릭 백의 밤색 말을 타고 …"(KT E 33)

törtünč äzginti kadïzda süŋüšdüm "네 번째로 나는 애즈긴티 카드즈에서 싸웠다"(BK E 31) 등

6. 기간을 나타내는 수식 구:

yigirmi kün olorup … "20일 앉아서 …"(KT SE)

ay artuki tört kün olorup … "한 달하고 나흘 앉아서 …"(BK SW) 등

7. 후치사 구:

후치사를 볼 것.

8. 부동사나 부동사 구:

sïŋar süsi süŋüšgäli kälti "그들의 군대의 절반은 싸우기 위하여 (우리에게) 왔다"(BK E 32)

ulug oglum agrïp yok bolča … "나의 큰 아들이 병들어 죽자 …"(BK S 9) 등

부동사를 볼 것.

3. 문장 구조

문장의 본래의 구성 요소는 주어와 서술어이다. 주어가 대명사이고 서술어로부터 알 수 있으면 언급되지 않을 수 있다. 서술어는 문장의 필수적인 기본 구성 요소이다.

3.1 서술어

서술어는 동사이거나 동사 기원이다. 명사 기원의 서술어는 명사나 대명사로 이루어진다.

3.1.1 동사 기원의 서술어

동사 기원의 서술어는 활용하는 동사, 동사 구 또는 동사를 바탕으로 하는 구이다.

ečim kagan uča bardï "나의 숙부 카간은 (이 세상에서) 날아갔다"(BK E 20)

kül tigin yok ärsär kop öltäči ärtigiz "퀼 왕자가 없(었)으면 너희는 모두 죽을 것이었다"(KT N 10)

oguz yagï ordug basdï "오구즈 적군이 본영을 습격하였다"(KT N 8)

özüm sakïntïm "나 자신은 애도하였다"(KT N 10)

türük bäglär türük ātin ï(t)tï "튀르크 백들은 튀르크 칭호들을 버렸다"(KT E 7)

türük bodun āti yok bolu barmiš ärti "튀르크 백성의 이름은 없어져

갔었다"(O 3)

ulug küli čor säkiz on yašap yok bolt[ï] "위대한 퀼리 초르는 80(년)
살고 죽었다"(KČ W 3) 등

3.1.2 명사 기원의 서술어

명사 기원의 서술어의 바탕에는 절대격의 명사, 형용사, 대명사, 동
명사, 분사 또는 이와 유사한 낱말이 있다. 계사는 조동사 또는 끝에
놓인 대명사이다. 이 마지막 것은 언급되지 않을 수 있다.

1. 계사가 동사:

ayïgmasi bän ärtim "그의 대변인은 나였다"(T 5)

bäglik urï ogluŋ kul boltï "백이 될 만한 너의 사내자식은 사내종이
되었다"(KT E 24)

ešilik kïz ogluŋ küŋ boltï "귀부인이 될 만한 너의 계집자식은 계집종
이 되었다"(KT E 24)

kagani alp ärmiš "그들의 카간은 용감하다고 한다"(T 10)

kaŋïm kagan süsi böri täg ärmiš "나의 아버지 카간의 군대는 이리
같았다고 한다"(KT E 12)

özüm karï boltum "나는 늙었다"(T 56)

türük bodun āč ärti "튀르크 백성은 배고팠다"(BK E 38)

2. 계사가 끝에 놓인 대명사:

tör apa ičräki bän "나는 궁정 소속의 퇴르 아파이다"(Begre 1)

yaš bän "나는 젊다"(Uyuk-Oorzak I 3)

biz az biz "우리는 적다"(O 7)

türük bodun tokurkak sän "튀르크 백성, 너는 만족하고 있다"(KT S 8)

añïg ädgü ol "(이 점괘는) 아주 좋다"(İB 5)

añïg yablak ol "(이 점괘는) 아주 나쁘다"(İB 36)

bilgä tuñukuk añïg ol, üz ol "빌개 투뉴쿠크는 나쁘다, 제멋대로 다"(T 34)

ädgü ol "(이 점괘는) 좋다"(İB 15)

yablak ol "(이 점괘는) 나쁘다"(İB 6)

3. 계사가 없는 서술어:

kamuš āra bašim "갈대 사이에서 나의 머리가 (있다)"(İB 10)

küräg sabi antag "탈주자의 말은 그러하(였)다"(T 9)

ötükän eli sizdä "외튀캔 나라는 당신한테 있다"(Tar. S 5)

tïlïg kälürti, sabi antag "그들은 포로 정보원을 데려왔다. 그의 말은 그러하다"(T 36)

üč küräg ki[ši] kälti, sabi bir "세 명의 탈주자가 왔다.[290] 그들의 말은 하나(였)다"(T 33)

yaylagïm ötükän kuzi "나의 하영지(夏營地)는 외튀캔 산악지역의 북쪽이다"(Tar. W 5) 등

---

290) 1997, 1998, 1999년에 터키-몽골 학술 조사단의 일원으로 몽골 현지에서 돌궐 비문들을 조사한 터키의 Cengiz Alyılmaz(젱기즈 알이을마즈)는 "Bilge Tonyukuk Yazıtları Üzerine Birkaç Düzeltme"[빌개 톤유쿠크 비문들에 관한 몇몇 정정], *TDA* 10 (2000), pp. 103-112에서 이 문장을 üč küräg yiyi kälti "세 피난민이 잇따라 왔다"로 읽고 해석해야 한다고 주장하였다. 그의 주장에 따르면 세 번째 낱말은 Y^2IY^2I (iJiJ)인데 그동안 K^2IS^2I(iSiK)로 읽혀 왔다.

3.1.3 서술어 명사 bar와 yok

서술어 명사 bar "있다"와 yok "없다"는 대개 계사 없이 사용된다:

asïgï bar "그것은 쓸모가 있다"(İB 32)

bu ïrk bašïnta az ämgäki bar "이 점괘의 첫머리에는 조금 괴로움이 있다"(İB 57)

äčü apa atï bar "(나의) 조상들의 (좋은) 이름이 있다"(Tar. S 4-5)

kobï atlïg korkïnčïŋ yok "너에게는 말(馬)이 없는 사람의 두려움이 없다"(İB 36)

üküš atlïg ögrünčüŋ yok "너에게는 말(馬)이 많은 사람의 기쁨이 없다"(İB 36) 등

아래에 있는 예에서는 서술어 명사 bar가 계사 ol을 받았다:

bagïšï nä täg bar ol "그것의 끈들은 어떠한가? 있다"(İB 18)

3.2 주어

한 절의 주어는 명사, 대명사, 동명사, 분사, 구 또는 서술어가 있는 구문 (문장)일 수 있다.

1. 주어가 명사:

ečim | kagan olortï "(법에 따라) 나의 숙부가 카간으로 즉위하였다"(KT E 16)

katun | yok bolmiš ärti "카툰이 죽었었다 (글자 그대로는 "없어졌었

다’)”(T 31)

ozmiš tigin | kan bolmiš “오즈미시 왕자가 칸(汗)이 되었다고 한다”(MČ N 9)

tür[ük kï]bčak | älig yïl olormiš “튀르크 큽차크족이 50년 군림하였다고 한다”(MČ N 4) 등

2. 주어가 대명사:

bän | anča ter män “나는 그렇게 말한다”(T 37)

bän | äbgärü tüšäyin “나는 본영으로 내려갈게”(T 30)

bän | saŋa nä ayayin “내가 너에게 (더) 무엇을 말하겠나?”(T 32)

bän | yïrđïnta yan tägäyin “나는 북쪽으로부터 공격할게”(T 11)

biz | az biz “우리는 적다”(O 7)

biz | eki biŋ ärtimiz “우리는 2,000(사람)이었다”(T 16)

ol | bizni ··· ölürtäči-k ök “그는 우리를 ··· 반드시 죽일 것이다”(T 20-21) 등

주어인 대명사는 자주 잊어버리는데, 어쨌든 뒤에 놓인 대명사나 동사 기원의 서술어로 알 수 있기 때문이다[291]:

kan bertim “나는 (너에게) 칸(汗)을 주었다”(T 2)

kanïŋin kodup ičikdiŋ “너는 너의 칸(汗)을 버리고 (다시 중국에) 예

---

291) 뒤에 놓인 대명사의 예를 몇 개 들면 다음과 같다:
　　kämkä ilig kazganur män “나는 누구에게 나라를 정복하는가?”(KT E 9)
　　näkä täzär biz “우리가 왜 달아납니까?”(T 38)
　　äbiŋä kirtäči sän “너는 너의 집에 들어갈 것이다”(BK N 14)
　　bödkä körügmä bäglär gü yaŋïltačï siz “이 시기에 (권좌에) 충실한 백들, 너희가 잘 못하겠느냐?”(KT S 11)

속되었다"(T 3)

karlukug ölürtümüz, altïmïz "우리는 카를루크 족을 죽였다, 정복하였다"(KT N 2)

uča bardïgïz "당신은 서거하였습니다"(글자 그대로는 "당신은 날아가셨습니다") (KT SE) 등

3. 주어가 동명사:

küntüz olorsïkïm kälmädi "나는 낮에 앉을(즉, 쉴) 생각이 나지 않았다"(T 12)

tün udïsïkïm kälmädi "나는 밤에 잠잘 생각이 나지 않았다"(T 12)

tün yämä udïsïkïm kälmäz ärti <kün yämä> olorsïkïm kälmäz ärti "나는 밤에는 잠잘 생각이 나지 않는 것이었다 <낮에는> 앉을(즉, 쉴) 생각이 나지 않는 것이었다"(T 22)

yañdok yolta yämä ölti-k ök "참패하여 흩어진 자들은 길에서도 죽었다"(T 16)

4. 주어가 분사:

anta kalmïši yir sayu kop toru ölü yorïyur ärtig "(너희 중) 그곳에서 (살아) 남은 사람들은 모든 곳으로 모두 기진맥진하여 걸어가고 있었다"292)(KT S 9)

ičikigmä ičikdi "예속하(고자 하)는 자들은 예속하였다"(BK E 37)

ilgärü barïgma bardïg "(너희 중) 동쪽으로 가(고자 하)는 사람들은 (동쪽으로) 갔다"293)(KT E 23-24)

---

292) yorïyur ärtig은 글자 그대로는 "너는 걸어가고 있었다"이다.

kurïgaru barïgma bardïg "(너희 중) 서쪽으로 가(고자 하)는 사람들은 (서쪽으로) 갔다"(KT E 24)

üküš öltäči anta tirilti "(그렇지 않으면) 죽을 많은 사람이 거기에서 살아남았다"(BK E 31) 등

5. 주어가 명사 구:

bodun boguzi | tok ärti "백성은 배가 불렀다"294)(T 8)

türük kara kamag bodun | anča timiš "튀르크 일반 백성이 그렇게 말하였다고 한다"(KT E 8-9)

6. 주어가 서술어가 있는 구문 (문장):

türük bodun tämir kapïgka tinsi ogli aytïgma tagka tägmiš | idi yok ärmiš "튀르크 백성이 태미르 카폭에 (그리고) 텐시 오글리("하늘의 아들")라 하는 산에 이른 적이 전혀 없다고 한다"(T 46-47) 등

어미 {-mIš}로 된 동명사를 볼 것.

3.2.1 주어-서술어 일치

3.2.1.1 인칭의 일치
주어와 서술어 사이에서 인칭이 일치하는 것은 필수적이다:
bän anča ter män "나는 그렇게 말한다"(T 37)

---

293) bardïg은 글자 그대로는 "너는 갔다"이다.
294) 이 문장은 글자 그대로는 "백성의 목구멍은 불렀다"이다.

biz az biz "우리는 적다"(O 7)

ol at anta ölti "그 말은 거기에서 죽었다"(KT E 33 등)

özi anča kärgäk bolmiš "그들 자신은 그렇게 서거하였다고 한다"(KT E 3-4) 등

3.2.1.2 수의 일치

주어가 단수와 복수 1인칭과 2인칭 그리고 단수 3인칭이면, 주어와 서술어 사이에서 수의 일치가 있다. 주어가 복수 3인칭이면, 주어와 서술어 사이에서 형태상 이러한 일치가 없다.

anta kisrä ⋯ oglïti kagan bolmiš ärinč "그 뒤에 ⋯ 그들의 아들들이 카간이 되었다고 한다 분명히"(KT E 4-5)

bäglär kop[ïn] yanalïm⋯ tedi "백들은 모두 함께 "돌아갑시다!"⋯ 하고 말하였다"(T 36-37)

tabgačgï bäglär tabgač ātin tutupan tabgač kaganka körmiš "중국의 (봉사에 들어간 튀르크) 백들은 중국 칭호들을 받고 중국 황제에게 복종하였다 한다"(KT E 7-8)

türük bäglär türük ātin ï(t)tï "튀르크 백들은 튀르크 칭호들을 버렸다"(KT E 7)

üzä türük täŋrisi <türük> ïduk yiri subi anča etmiš "위에 (있는) 튀르크 신(과) <튀르크의> 신성한 땅(과) 물(의 정령들)이 그렇게 하였다고 한다"(KT E 10-11) 등

4. 문장에서 낱말의 배열

문장에서 정상적인 낱말의 배열은 다음과 같다: 주어 + 서술어.

boduni | küŋ kul boltï "그의 백성은 계집종과 사내종이 되었다"(KT E 20)

kagani | ölti "그들의 카간이 죽었다"(KT E 20)

katun | yok bolmiš ärti "카툰이 죽었었다 (글자 그대로는 "없어졌었다")"(T 31)

özi | yaŋïltï "그 자신이 잘못하였다"(KT E 20) 등

보어(목적어 등)는 보통 서술어보다 먼저 그리고 주어보다 뒤에 온다:

oguz yagï | ordug | basdï "오구즈 적군이 본영을 습격하였다"(KT N 8)

어떤 경우들에는, 특히 주어를 강조하고자 할 때에는, 문장이 도치될 수 있다. 즉, 주어가 보어보다 뒤에 놓일 수 있다:

kagan at bunta biz birtimiz "카간 칭호를 (그에게) 여기에서 우리가 주었다"(KT E 20)

4.1 도치문

아래에 있는 문장에서 주어가 서술어 다음에 놓였다:

kamuš āra | bašïm "갈대 사이에서 나의 머리가 (있다)"(ÏB 10)

다음의 예들에서도 문장의 보어(후치사 구)가 서술어 다음에 놓였다:

elimdä beš kata tägzintim | är ärdämim üčün "나는 나의 나라에서 5번 돌아다녔다 나의 사나이 미덕을 위하여"(Elegest III 2)

ilimdä tört tägzindim | ärdämim üčün "나는 나의 나라에서 4(번) 돌아다녔다 나의 (사나이) 미덕을 위하여"(Altïnköl II 2)

5. 부정(否定)

부정문들에서는 서술어가 부정 요소를 지닌다. 이것은 부정 동사형이거나 부정을 포함하는 낱말이다.

1. 서술어가 부정 동사형:
mäniŋ sabïmïn sïmadï "그는 나의 말을 어기지 않았다"(KT S 11) 등

2. 서술어가 낱말 yok "없다, 아니다"가 뒤따르는 명사 (형용사):
ol amtï añïg yok "그들은 지금 (전혀) 나쁘지 않다"295)(KT S 3)

3. 서술어가 부정어 yok "없다":
biziŋ sü ati toruk, azuki yōk ärti "우리의 군대는 말들이 야위고, 식량이 없었다"(KT E 39)

---

295) Gerhard Doerfer(1920.3.8.-2003.12.27.)는 "Bemerkungen zu Talât Tekins "Orhon Yazıtları"", *TDA 1992* (1992), pp. 5-17 중 pp. 7-8에서 낱말 yok가 고대 튀르크어에서 "~이 아니다"라는 뜻으로 사용된 적이 없다는 것, KT E 29~30을 보면 카간은 오직 자신의 백성만 옷 입히고, 부유하고 수가 많게 만들었다는 것, 낱말 añïg이 "매우, 무척"도 뜻한다는 것을 밝히면서 이 문장을 "그들은 지금 매우 가난하다", "그들은 지금 굉장히 처참하다"(대략 걸프전 이후의 이라크 사람들처럼 그렇게)로 번역하는 것이 더 낫지 않을지 묻는다.

är ärdämim ägsüki yok "나의 사나이 미덕은 부족한 것이 없다" (Uyuk-Oorzak I 1)

kobï atlïg korkïnčïŋ yok "너에게는 말(馬)이 없는 사람의 두려움이 없다"(ÏB 36)

ötükän yir olorup arkïš tirkiš ïsar, näŋ buŋug yok "(튀르크 백성아) 외튀캔 땅에 앉아서 (그곳으로부터) 카라반을 보낸다면, 너는 전혀 걱정이 없다"(KT S 8)

türük kagan ötükän yir olorsar, iltä buŋ yok "튀르크 카간이 외튀캔 땅에 앉는다면 나라에 (전혀) 걱정이 없다"(KT S 3)

učruglug kutuŋ yok "너에게는 (휘날리는) 깃발들로 축하할 행운이 없다"(ÏB 36)

üküš atlïg ögrünčüŋ yok "너에게는 말(馬)이 많은 사람의 기쁨이 없다"(ÏB 36)

6. 문장들의 결합

돌궐어에서 문장들은 병렬이나 종속의 방법으로 결합된다.

6.1 병렬

병렬의 방법으로 이루어지는 복합문들은 두 종류이다: 1. 접속사가 없는 복합문, 2. 접속사가 있는 복합문.

6.1.1 접속사가 없는 복합문

돌궐어에서 가장 널리 사용된 복합문의 종류는 이것이다:

anta kisrä inisi kagan bolmiš ärinč, oglïti kagan bolmiš ärinč "그 뒤에 그들의 남동생들이 카간이 되었다고 한다 분명히, 그들의 아들들이 카간이 되었다고 한다 분명히"(KT E 4-5)

bilgä kagan ärmiš, alp kagan ärmiš "그들은 현명한 카간이었다고 한다, 용감한 카간이었다고 한다"(KT E 3)

čïgañ bodunug bay kïltïm, az bodunug üküš kïltïm "나는 가난한 백성을 부유하게 하였다, 적은 백성을 많게 하였다"(KT S 9)

özi yaŋïltï, kagani ölti, boduni küŋ kul boltï "그 자신이 (우리에게) 잘못하였다, 그들의 카간이 죽었다, 그의 백성은 계집종, 사내종이 되었다"(KT E 20)

yuyka kalïn bolsar topulguluk alp ärmiš, yinčgä yogan bolsar üzgülük alp ärmiš "얇은 것이 두꺼워지면 뚫기 어렵다 한다, 가는 것이 굵어지면 부러뜨리기 어렵다 한다"(T 13-14) 등

주어가 대명사인 이 종류의 복합문들에서는 둘째 문장의 주어가 생략된다:

biz az ärtimiz, yabïz ärtimiz "우리는 소수였다, 나쁜 (상태)였다"(BK E 32) 등

이 종류의 복합문들에서는 계사도 첫 문장이나 둘째 문장에서 생략될 수 있다:

1. 계사가 첫 문장에서 생략된 복합문:

biziŋ sü ati toruk, azuki yōk ärti "우리의 군대는 말들이 야위고, 식량이 없었다"(KT E 39)

tabgač bodun sabi süčig, agïsi yimšak ärmiš "중국 백성의 말은 달콤하고 비단은 부드럽다고 한다"(KT S 5)

2. 계사가 둘째 문장에서 생략된 복합문:

yuyka ärkli topulgalï učuz ärmiš, yinčgä ärklig üzgäli učuz "얇은 것을 뚫기는 쉽다고 한다, 가는 것을 부러뜨리기는 쉽다(고 한다)"(T 13) 등

6.1.2 접속사가 있는 복합문

병렬 복합문들에서 문장들은 다음과 같은 접속사들로 연결된다: udu와 yämä.

1. 절들이 udu로 연결된 복합문들:

taŋ taŋlardï, udu yir yarudï, udu kün tugdï "동이 텄다 그리고 땅이 밝아졌다 그리고 해가 떴다"(İB 26)

투뉴쿠크 비문에서는 본 문장에 종속된 절들이 접속사 udu로 연결된 예들도 있다:

ilteriš kagan kazganmasar, udu bän özüm kazganmasar, … "일테리시 카간이 획득하지 않(았)으면 그리고 나 나 자신이 획득하지 않(았)으면 …"(T 54-55)

kazgantokin üčün, udu özüm kazgantokum üčün … "(일테리시 카간이)

획득하였기 때문에 그리고 (나) 나 자신이 획득하였기 때문에 …"(T 55)

2. 절들이 yämä "그리고, ~도"로 연결된 복합문들:
on ok süsin sülätdim, biz yämä sülädimiz "나는 온 오크 군대를 출정시켰다, 우리도 출정하였다"(T 43-44)

되풀이되어:
다음의 예에서는 접속사 yämä가 서술어들이 아니라 주어들을 뒤따르고 있다:
… il yämä il boltï, bodun yämä bodun boltï "… 나라도 나라가 되었다, 백성도 백성이 되었다"(T 56)

다음의 예에서는 접속사 yämä가 첫 문장의 목적어를 뒤따르고 있다:
uzun yälmäg yämä ï(t)tïm ok, arkuy kargug olgurtdum ok "나는 멀리 정찰대들도 보냈다, 요새들(과) 망루들을 (적절하게) 설치하였다"(T 52-53)

6.2 종속절이 있는 복합문

일정한 계사가 있는 구문들은 본 문장의 앞에 놓이고 teyin/tiyin, tip 및 üčün 같은 종속절 접속사로 본 문장에 붙는다:

6.2.1 인용문과 tip, teyin/tiyin

1. 인용문은 본 문장의 앞에 놓이고 접속사 tip "~하고"와 teyin/tiyin "~하고"로 본 문장에 연결된다:

biryä karluk bodun tapa sülä tip tudun yamtarïg ï(t)tïm "나는 "남쪽에서 카를루크 백성을 향하여 출정하여라!"하고 투둔 얌타르를 보냈다"(BK E 40)

täŋri bilgä kaganta adrïlmalïm azmalïm teyin anča ötlädim "나는 "신성한 빌개 카간과 헤어지지 맙시다!"하고 그렇게 충고하였다"(O 11) 등

2. 인용문은 본 문장의 안에도 자리 잡을 수 있다:

kara bodun kaganïm kälti tip ög[irip säbinti] "일반 백성은 "나의 카간이 왔다!"하고 기뻐하였다"(BK E 41) 등

3. 생각하기, 듣기 등과 같은 행위들은 이 행위들의 결과를 나타내는 종속절에 teyin/tiyin으로 연결된다:

kögmän yoli bir ärmiš, tumiš teyin ešidip … "쾨그맨 길은 하나라고 한다, (그것도) 막혔다고 듣고는 …"(T 23)

igidäyin tiyin sakïntïm "나는 배부르게 하겠어 하고 생각하였다"(BK E 35)

tägmäči män teyin sakïntïm "나는 공격하지 않겠어 하고 생각하였다"(O 10) 등

4. 접속사 teyin/tiyin과 tip는 본 문장의 동사의 목적을 나타내기 위

해서도 사용된다:

anï ayïtayin[296] tip sülädim "(그들의 카라반이 오지 않았다). "나는 그것을 묻겠어"하고 나는 출정하였다"(BK E 41)

arkïš ïdmaz teyin sülädim ""그들이 카라반을 보내지 않는다"하고 나는 출정하였다"(BK E 25)

sogdak bodun itäyin tiyin ··· tämir kapïgka tägi sülädimiz ""나는 소그드 백성을 조직하겠어"하고 ··· 우리는 태미르 카픅(鐵門)까지 출정하였다"(KT E 39) 등

6.2.2 종속절 접속사로서 üčün

후치사 üčün도 하나 또는 하나 이상의 종속절을, 그 서술어가 bar이거나 어미 {-DOk}로 되어 있는 분사인 종속절들을 본 문장에 연결하기 위하여 사용된다:

1. 그 서술어가 bar인 하나 또는 더 많은 종속절을 연결한다:

kutum bar üčün, ülügüm bar üčün, öltäči bodunug tirgürü igi(t)tim "나에게 신의 은총이 있기 때문에, 운이 있기 때문에, 나는 죽을 백성을 되살리고 배불리 먹였다"(KT E 29)

on inisi tokuz oglï bar üčün, čabïš tun tarkan bäŋüsi tikä bertim "그에게는 남동생 열과 아들 아홉이 있기 때문에 나는 차브시 툰 타르칸의 비문을 세워버렸다"(Uybat I 1-2)

özüm kutum bar üčün, kagan olortum "나는 운이 있기 때문에 카간으

---

296) 저자는 이 동사를 예전에는 añïṭ- '두려워하게 하다, 으르다'로 읽었다.

로 즉위하였다"(KT S 9)

tört oglum bar üčün, bäŋkümin t[ikdi] "나에게 아들이 넷 있기 때문에 그들은 나의 비문을 세웠다"(Čaa-Xöl VIII[297]) 1)

2. 그 서술어가 어미 {-DOk}로 되어 있는 분사인 종속절을 연결한다:

täŋri yarlï(k)kadok üčün, illigig ilsirätmiš, kaganlïgïg kagansïratmiš "(나의 아버지 카간은) 신께서 (그렇게) 명하셨기 때문에, 나라가 있는 자를 나라가 없게 하였다고 한다, 카간이 있는 자를 카간이 없게 하였다고 한다"(KT E 15; BK E 13)

täŋri yarlï(k)kadok üčün, män kazgantok üčün, öltäči bodunug tirgürü igi(t)tim "신께서 (그렇게) 명하셨기 때문에, 내가 획득하였기 때문에, 나는 죽을 백성을 나는 되살려 배부르게 하였다"(BK E 33)

üzä täŋri as[ra] yer yarlï(k)kadok üč[ün] ⋯ bodunumïn ⋯ konturtum "위에서 하늘이, 아래에서 땅이 (그렇게) 명하였기 때문에 ⋯ 나의 백성을 ⋯ 나는 자리 잡게 하였다"(BK N 10-11) 등

6.3 삽입문

복합문의 종속절 또는 본 문장 속에 - 복합문의 구조를 망가뜨리지 않고 - 추가 정보를 주기 위하여 한 개나 두 개의 삽입문이나 삽입구를 넣을 수 있다:

---

297) 2줄로 이루어진 이 비문은 러시아 연방 투바(Tuva) 공화국의 Ulug-Xem '예니세이 강'(글자 그대로는 '큰 강'; 예니세이 강의 상류) 왼쪽 기슭에서, 차아-횔(Čaa-Xöl) 강 합류점에서 발견되어 투바 박물관에서 보관되고 있다. 이 비문은 Sergej Jefimovič Malov(1880.1.28.-1957.9.6.)의 분류에 따르면 E-20이다.

[anta] kisrä - täŋri yarlï(k)kazu - kutum bar üčün, ülügüm bar üčün, öltäči bodunug tirgürü igi(t)tim "그 뒤에 - 신이여 용서하소서 - 나에게 신의 은총이 있기 때문에, 운이 있기 때문에, 나는 죽을 백성을 되살리고 배불리 먹였다"(KT E 28-29)

yorïmasar bizni - kagani alp ärmiš, aygučïsi bilgä ärmiš - kača(n) näŋ ärsär bizni ölürtäči-k ök temiš ""우리가 출정하지 않으면 우리를 - 그들의 카간은 용감하다고 한다, 그의 대변인은 현명하다고 한다 - 언제라도 그는 우리를 반드시 죽일 것이다"하고 그가 말하였다고 한다"(T 29-30)

아래에 있는 예에서 본 문장의 부사구 kačan näŋ ärsär "언제라도. 조만간"이, 이 시간 부사구를 주목시키기 위하여, 삽입문 다음에 한 번 더 되풀이되었다:

aŋaru sülämäsär, kača(n) näŋ ärsär ol bizni - [kagani alp ärmiš], aygučïsi bilgä ärmiš - kača(n) näŋ ärsär ölürtäči-k ök "그를 향하여 출정하지 않으면, 언제라도 그는 우리를 - [그들의 카간은 용감하다고 한다], 그의 대변인은 현명하다고 한다 - 언제라도 (우리를) 반드시 죽일 것이다"(T 20-21)

6.4 삽입 감탄사

대개 문장의 첫머리나 끝에 놓이는 감탄사들과 감탄사로 사용되는 낱말들은 문장 속에도 놓일 수 있다:

beš yegirmi yašda alïnmïšïm kunčuyuma, buŋ a, adrïldïm a "15살에 나는 (아내로) 받아들여진 나의 공주와, 애통하다!, 헤어졌다, 아아!"(Begre 1) bir otuz yašïmda, äsizim ä, kit(t)im "나는 21살에, 슬프다!, (저 세상으로) 갔다!"(Čaa-Xöl III 1-2)

kuyda kunčuyumka, äsizim ä, oglumka bökmädim "나는 규방에 (있는) 나의 공주와, 슬프다! 나의 아들들과 실컷 함께하지 못했다"(Čaa-Xöl II[298] 2)

yerimä, yïta, subuma adrïldïm "나는 나의 땅과, 아아!, 나의 물과 헤어졌다."(Begre 5)

---

298) 3줄로 이루어진 이 비문은 러시아 연방 투바(Tuva) 공화국의 Ulug-Xem '예니세이 강'(글자 그대로는 '큰 강'; 예니세이 강의 상류) 왼쪽 기슭에서, 차아-횔(Čaa-Xöl) 강 합류점에서 발견되어 투바 박물관에서 보관되고 있다. 이 비문은 Sergej Jefimovič Malov(1880.1.28.-1957.9.6.)의 분류에 따르면 E-14이다.

원문 예

퀼 티긴(Kül Tigin) 비문 (732년)

남쪽 면

(1) Täŋri täg, täŋridä bolmiš Türük Bilgä Kagan bu ödkä olortum. Sabïmïn tükäti ešidgil, ulayu iniygünüm oglanïm, birki ugušum bodunum, biryä šadapït bäglär, yïrya tarkat buyruk bäglär, otuz ··············

(2) Tokuz Oguz bägläri boduni, bu sabïmin ädgüti ešid, katïgdï tiŋla! Ilgärü kün tugsïkka, birgärü kün ortosïŋaru, kurïgaru kün batsïkïŋa, yïrgaru tün ortosïŋaru, anta ičräki bodun ko[p] m[aŋa] körür. Anča bodun (3) kop itdim. Ol amtï añïg yok. Türük kagan Ötükän yïš olorsar iltä buŋ yok.

Ilgärü Šantuŋ yazïka tägi sülädim, taloyka kičig tägmädim; birgärü Tokuz Ärsinkä tägi sülädim, Töpötkä kičig tägmädim; kurïgaru Yenčü üg[üz] (4) käčä Tämir Kapïgka tägi sülädim; yïrgaru Yir Bayïrku yiriŋä tägi sülädim, bunča yirkä tägi yorïtdïm: Ötükän yïšda yig idi yok ärmiš! Il tutsïk yir Ötükän yïš ärmiš. Bu yirdä olorup Tabgač bodun birlä (5) tüzültüm. Altun kümüš, išgiti kotay buŋsïz anča birür.

Tabgač bodun sabi süčig, agïsi yimšak ärmiš. Süčig sabïn, yimšak agïn arïp ïrak bodunug anča yagutir ärmiš. Yagru kontokda kisrä añïg bilig anta öyür ärmiš: (6) Ädgü bilgä kišig, ädgü alp kišig yorïtmaz ärmiš. Bir kiši yaŋïlsar, uguši boduni bišükiŋä tägi kïdmaz ärmiš. Süčig sabïŋa, yimšak agïsïŋa arturup üküš Türük bodun öltüg! Türk bodun, ölsikig! Biryä

Čogay yïš, Tögültün (7) yazï konayin tisär, Türük bodun, ölsikig!

Anta añïg kiši anča bošgurur ärmiš: "Ïrak ärsär yablak agï birür, yaguk ärsär ädgü agï birür" tip anča bošgurur ärmiš. Bilig bilmäz kiši ol sabïg alïp, yagru barïp, üküš kiši öltüg. (8) Ol yirgärü barsar, Türük bodun, öltäči sän! Ötükän yir olorup arkïš tirkiš ïsar, näŋ buŋug yok. Ötükän yïš olorsar, bäŋgü il tuta olortačï sän.

Türk bodun, tokurkak sän. Āčsar tosïk ömäz sän; bir todsar, āčsïk ömäz sän. Antagïŋïn (9) üčün, igidmiš kaganïŋïn sabin almatin yir sayu bardïg; kop anta alkïntïg arïltïg. Anta kalmiši yir sayu kop toru ölü yorïyur ärtig. Täŋri yarlï(k)kadokin üčün, [ö]züm kutum bar üčün, kagan olortum. Kagan olorup (10) yok čïgañ bodunug kop kubratdïm. Čïgañ bodunug bay kïltïm, az bodunug üküš kïltïm. Azu bu sabïmda igid bar gu?

Türük bäglär, bodun, bunï ešidiŋ! Türük [bodun ti]rip il tutsïkïŋïn bunta urtum; yaŋïlïp ölsikiŋin yämä (11) bunta urtum. Näŋ näŋ sabïm ärsär bäŋgü taška urtum. Aŋar körü biliŋ! Türük matï bodun, bäglär, bödkä körügmä bäglär gü yaŋïltačï siz?

Män b[äŋgü taš tikdim. Tabg]ač kaganta bädizči kälürtüm, bädzät(t)im. Mäniŋ sabïmïn sïmadï, (12) Tabgač kaganïŋ ičräki bädizčig ï(t)tï. Aŋar adïnč(č)ïg bark yarat(t)urtum; ičin tašin adïnč(č)ïg bädiz urturtum; taš tokïtdïm; köŋültäki sabïmïn urturtum⋯ On Ok oglïŋa Tatïŋa tägi bunï körü biliŋ!

Bäŋgü taš (13) tokïtdïm. Y[ag]uk el ärsär, anča takï erig yertä ärsär, anča erig yertä bäŋgü taš tokïtdïm, biti(t)dim. Anï körüp anča biliŋ! Ol [⋯tokït]dïm.

Bu bitig bitigmä atïsi Yol(l)ug Tigin b[itidim].

빌개 카간(Bilgä Kagan) 비문 (735년)

동쪽 면

(2) ⋯ Üzä kök täŋri, as[ra yagïz yer kïlïntokda ekin ara kiši ogli kïlïnmiš]. (3) Kiši oglïnta üzä äčüm apam Bumïn Kagan, Ištämi Kagan olormiš. Olorupan Türük [b]odunïŋ ilin törösin tuta birmiš, iti birmiš.

Tört buluŋ kop yagï ärmiš. Sü süläpän tört buluŋdakï bodunug kop almiš, kop baz kïlmiš. Bašlïgïg yüküntürmiš, tizligig sökürmiš. Ilgärü Kaďirkan yïška tägi, kirü (4) Tämir Kapïgka tägi konturmiš. Ekin ara idi oksuz Kök Türük iti anča olorur ärmiš. Bilgä kagan ärmiš, alp kagan ärmiš. Buyruki <yämä> bilgä ärmiš ärinč, alp ärmiš ärinč. Bägläri yämä boduni yämä tüz ärmiš. Anï üčün ilig anča tutmiš ärinč. Ilig tutup törög itmiš.

Özi anča kärgäk bolmiš. (5) Yogčï sïgïtčï öŋrä kün tugsïkdakï Bükli čöl(l)üg il, Tabgač, Töpöt, Apar, Purum, Kïrkïz, Üč Kurïkan, Otuz Tatar, Kïtañ, Tatabï⋯ bunča bodun kälipän sïgtamiš, yoglamiš. Antag külüg kagan ärmiš!

Anta kisrä inisi kagan [bolmiš är]inč, oglïti kagan bolmiš ärinč. Anta [kisrä inisi ečisin täg] (6) kïlïnmadok ärinč, ogli kaŋin täg kïlïnmadok ärinč. Biligsiz kagan olormiš ärinč, yablak kagan olormiš ärinč. Buyruki yämä biligsiz ärmiš ärinč, yablak ärmiš ärinč. Bägläri boduni tüzsüz üčün, Tabgač bodun täb[ligin] kürlügin üčün, armakčïsin üčün, inili ečili kikšürtökin üčün, bägli bodunlïg (7) yoŋašurtokin üčün, Türük bodun illädök ilin ïčgïnu [ï]dmiš, kaganladok kaganin yitürü ïdmiš. Tabgač bodunka bäglik urï oglin kul kïltï, ešilik kïz oglin küŋ kïltï. Türük bäglär Türük ātin ï(t)tï; Tabg[ačgï] bäglär Tabgač ātin tutupan Tabgač kaganka körmiš, älig yïl (8) išig küčüg birmiš. Ilgärü kün tugsïkka, Bükli kaganka tägi süläyü birmiš, kur(ï)garu Tämir Kapïgka <tägi> süläyü birmiš. Tabgač kaganka ilin törösin alï birmiš.

Türük kara kamag bodun anča timiš: "Illig bodun [ärtim; ilim amtï kanï? Kämkä ilig kazganur män?" tir ärmiš]. (9) "Kaganlïg bodun ärtim; kaganïm kanï? Nä kaganka išig küčüg birür män?" tir ärmiš. Anča tip Tabgač kaganka yagï bolmiš. Yagï bolup itinü yaratïnu umadok, yana ičikmiš. Bunča išig küčüg birtök(k)ärü sakïnmatï "Türük bodunug ölüräyin, urugsïratayin!" tir ärmiš.

투뉴쿠크(Tunyukuk) 비문 (725년 ?)

제1 비문 서쪽 면

(1) Bilgä Tuñukuk, bän özüm, Tabgač iliŋä kïlïntïm. Türk bodun Tabgačka körür ärti.

(2) Türk bodun kanin bulmayin Tabgačda adrïltï, kanlantï. Kanin kodup Tabgačka yana ičikdi. Täŋri anča temiš ärinč: "Kan bertim; (3) kanïŋin kodup ičikdiŋ." Ičikdök üčün Täŋri "Öl!" temiš ärinč. Türk bodun ölti, alkïntï, yok boltï. Türk Sir bodun yerintä (4) bod kalmadï.

Ïda tašda kalmiši kubranïp yeti yüz boltï. Eki ülügi atlïg ärti, bir ülügi yadag ärti. Yeti yüz kišig (5) uduzugma ulugi Šad ärti. "Aygïl!" tedi. Ayïgmasi bän ärtim, Bilgä Tuñukuk. "Kagan mu kïšayin?" tedim, sakïntïm: "Toruk būkalï sämiz būkalï ïrakda (6) bilsär, sämiz būka toruk buka teyin bilmäz ärmiš" teyin, anča sakïntïm. Anta kisrä Täŋri bilig bertök üčün özüm ök kagan kïšdïm.

Bilgä Tuñukuk Buyla Baga Tarkan (7) birlä Ilteriš kagan boluyin biryä Tabgačïg, öŋra Kïtañïg, yïrya Oguzug üküš ök ölürti.

Čogay kuzin, Kara Kumug olorur ärtimiz.

제1 비문 남쪽 면

(8) Keyik yiyü, tabïšgan yeyü olorur ärtimiz. Bodun boguzi tok ärti. Yagïmïz tägrä očok täg ärti, biz aš <t>äg ärtimiz.

Anča olorur ärkli Oguzduntan küräg kälti. (9) Küräg sabi antag: "Tokuz Oguz bodun üzä kagan olortï" tir. Tabgačgaru Kunï, Säŋünüg, ïdmiš, Kïtañgaru Toŋra Äšimig ïdmiš. Sab anča ïdmiš: "Azkïña Türk [bodun] (10) yorïyur ärmiš. Kagani alp ärmiš, aygučïsi bilgä ärmiš. Ol eki kiši bar ärsär, sini, Tabgačïg, ölürtäči!" tir män. "Öŋrä Kïtañïg ölürtäči!" tir män, "Bini, Oguzug (11) ölürtäči-k!" tir män. "Tabgač birdin-yän täg, Kïtañ öŋdün-yän täg, bän yïrdïnta yan tägäyin, Türk Sir bodun yerintä idi yorïmazun! Usar, idi yok kïšalïm!"(12) tir män.

Ol sabïg ešidip tün udïsïkïm kälmädi, küntüz olorsïkïm kälmädi. Anta ötrü kaganïma ötüntüm: "Tabgač, Oguz, Kïtañ, bučägü kabïš(s)ar, (13) kaltačï biz. Öz iči tašïn tutmïš täg biz. Yuyka ärkli topulgalï učuz ärmiš, yinčgä ärklig üzgäli učuz; yuyka kalïn bolsar, topulguluk alp ärmiš; yinčgä (14) yogan bolsar, üzgülük alp ärmiš. Öŋrä Kïtañda, biryä Tabgačda, kurya kurdïnta, yïrya Oguzda eki üč biŋ sümüz, kältäčimiz, bar mu nä?" Anča ötüntüm. (15) Kaganïm, ban özüm, Bilgä Tuñukuk, ötüntök ötünčümin ešidü berti. "Köŋlüŋčä uduz!" tedi.

Kök Öŋüg yoguru Ötükän yïšgaru uduztum. ingäk köläkin Toglada Oguz kälti. (16) [Süsi altï biŋ] ärmiš. Biz eki biŋ ärtimiz. Süŋüšdümüz. Täŋri yarlï(k)kadï, yañdïmïz. Ügüzkä tüšdi, yañdok yolta yämä öltik-ök.

Anta ötrü Oguz kopïn kälti.

(17) Tü[rk kaganïg], Türk bodunug Ötükän yerkä bän özüm, Bilgä Tuñukuk, <kälürtüm>. Ötükän yerig konmiš teyin ešidip biryäki bodun, kuryakï, yïryakï, öŋräki bodun kälti.

웅기(Ongi) 비문 (732년 ?)

(1) Äčümüz apamïz Yamï Kagan tört buluŋug etmiš, yïgmiš, yaymiš, basmiš. Ol kan yōk boltokda kesrä [el] yitmiš, ičginmiš ·········

(2) kaganladok kaganïg ičginï idmiš. Türk bodun öŋrä kün tugsïkïŋa, kesrä kün batsïkïŋa tägi, biryä Tabgačka, yïryä yiš[ka tägi ·········]

(3) Alp ärin balbal kïšdï. Türk bodun āti yok bolu barmiš ärti. Türk bodun yitmäzün teyin üzä Täŋri [ter ärmiš]······

(4) Kapgan El-teriš kagan eliŋä kïlïntïm. El-etmiš Yabgu ogli, Ïšbara Tamgan Čor Yabgu inisi Bilgä Ïšbara Tamgan Tarkan. Yamaglïg [··· el]etmiš atam ···············

(5) b[asa] Tabgačda yïryä Atig, Oguz ara yeti ärän yagï bolmiš. Kaŋïm··· Täŋrikän eyin anta yorïmiš, išig küčin [bermiš ärti]···

(6) Täŋrikänkä išig bertiŋ teyin yarlï(k)kamiš. Šad atïg anta bermiš boltokda Tokuz Oguz, Atig, bädük ärmiš. Täŋrikän y[orïmiš]···

(7) "Yabïz bat biz. Azïg üküšüg körtüg ärti. Sül[äl]im!" ter ärmiš. "Amtï bäglärim ä!" ter ärmiš, "Biz az biz teyin kork[malïm]···"

(8) Kaŋïm Šad anča ötünmiš: Täŋrikän al[kïnmazun, bodu]n anta [kut] ärmäzkä tuš[ulmazun (?)]······

(9) Kam[ïl] balïk(k)a tägdim. Kunladïm, altïm. Süsi kälti. Karasin yïgdïm. Bägi kačdï ···················· Buzkunča

(10) kälir ärtimiz. Ekin ara Atig yagï bolmiš. "Tägmäči män!" teyin sakïntïm. Täŋri Bilgä kaganka [t]akï išig küčüg bersigim bar ärmiš ärinč. Tägd[im] ········· sančdïm. Äbkä tägdöküm. Uruš kïlïp

(11) tägip inimä ogluma anča ötlädim: "Kaŋ yorïp Elteriš Kaganka adrïlmadok yaŋïlmadok; Täŋri Bilgä Kaganta adrïlmalïm, azmalïm!" teyin anča ötlädim. Kerü barïgma bardï. Bilgä Kaganïŋ boduni······ bardï, ülgän atka išig küčüg berti.

(12) Üzä täŋri; koñ yïlka yetinč ay külüg alp kaganïmda adrïlu bardïŋïz. Bilgä atačïm! Yoguŋ koragïŋnï ko[radï]m ·················

부속 비문

(1) [Atačïm]ka bitig t[ašï]g (2) [tokït]dïm, bäŋigü (3) [tašïg urturtu]m. At[ačï]m, (4) [bil]gä at[ačï]m! [Lü] (5) [yïlka] bit[idim], (6) [külü]g är, ädgü···

발발(balbal) 위에 있는 비문: Ïšbara Tarkan balbali

퀼리 초르(Küli Čor (이헤-휘쇼튀(Ikhe-Khüshötü))) 비문 (722-723년)

서쪽 면

(1) ⋯ alpin ärdamin üčün Ap[a Tarkan] Čïkan Tunyukuk ātïg bermiš.

(2) ⋯ tdokda yügä(t)türmiš, Išbara Čïkan Küli Čor bolmiš⋯ Tunyukuk

(3) [Kap]gan Kagan elintä karïp ädgü bäŋi körti. Ulug Küli Čor sekiz on yašap yok bolt[ï].

(4) ⋯ özlüki boz at ärti. Kädim ⋯⋯ alpi ärdämi anta tükädi. Türk bodunka ⋯

(5) Sagïr Čulugan yagï(t)tokda [Küli] Čor [oplayu tägi]p, sančïp, ölürüp, oglin kisisin buln[adï].

(6) bulup Az elig tutdï. Kerü Az ⋯⋯⋯ ärti. Küli Čor Türk bodun⋯⋯

(7) [k]aganïŋa eli[n törösin ⋯⋯⋯] Bilgäsin üčün, alpin ärdamin [üčü]n kaz[g]antï ⋯⋯

(8) Tür[k⋯⋯⋯⋯⋯] Išbara bilgä Küli Čor kiši [⋯] äbmädöki yok.

(9) ärti. Süŋüš bolsar, čärig itär ärti. Ab ablasar, ärmäli täg ärti.

(10) sančdï. Käčändä tümän sükä süŋüšdi. Küli Čor oplayu tägip süsin

(11) ï(t)tï. Beš Balïkda tört sü[ŋüš s]üŋüšdökdä Küli Čor oplayu tägip bulgayu

(12) [Tab]gačka bunča süŋüšüp alpin ärdämin üčün kü bunča tutdï.

(13) Oglin k[is]isin uduztok[i, ko]ntoki, itdöki, yer aldoki.

(14) [Išbara Bil]gä Küli Čor Tarduš bodunug it[i] ayu olortï.

(15) ·········· özlükin binip, o[playu tägi]p üč ärig sančdï. Tü[rgiš bodun e]tdökdä Küli Čor özlüki yägrän at binip

(16) ········· anta kerü barïp, Yenčü ügüzüg käčip, Tämir Kapïgka, Täzikkä tägi sü[läp anč]a kazgantï. Tokuz Oguzka yeti süŋüš süŋüšdökdä

(17) ······ tükädi. Kïtañ, Tata[bï ······ tapa sü]lädökdä, beš süŋüš süŋüšdökdä, Küli Čor ančak bilgäsi, čabïši ärti.

(18) [Kü]li Čor yeti yašïŋa yägir ölürti, tokuz yašïŋa azïglïg toŋuz ölürti. Karluk yagï(t)tokda, Täzdä süŋüšdökdä

(19) Küli Čor anta kisrä Karlukka yäm[ä] süŋüš[dök]dä Idil akin binip, oplayu tägip, sanča ïdïp, topulu ünti. Yana agïtïp

(20) [s]ü sürti. Karlukug ičgintökin (?) sančdï. Karluk tapa [······]galï barïp, azïn ärig yana äbiŋä sü[ŋüš] kigürti. Karluk atlantï. Anča sön

(21) [K]arluk yägran ärmälig arkasin sïyu urtï. Karluk anin turup ········· Eltäbär özi kälti. Sir Irkin ogli Yigän Čor kälti.

(22) [Kar]lukug s[anč]galï sü kälti. Süsin sančdï, elin altï. Oglin kisisin bulnad[ï] ··· Išbara Bilgä Küli Čor

(23) [···s]ükä tusu bol[ayi]n tidi. Ülügi anča ärmiš ärinč: Yagïka yalïŋus oplayu tägip, opulu kirip, özi kïsga kärgäk boltï.

(24) Kagan inisi El Čor Tigin kälip, ulayu tört tigin kälip, Išbara Bilgä Küli Čorug yoglat(t)ï, bädizin bädzät(t)i, olort(t)ï.

(25) ················· kazgantï, artuk yïlkïg igi(t)ti.

남쪽 면

(1) tigin kälti, T[ar]d[uš Ïšbara Bilgä Küli] Čoruŋ ogli Yigän Čor kälti.

(2) [an]in üčün bunča bodun kuburap yogladï. Bän Tärbän m[än].

(3) Bilmäz biligin, biltökümün, ödökümün bunča bitig bitidim.

타리아트(Tariat (테르흐(Terkh)) 비문 (753년)

서쪽 면

(1) Taŋridä bolmïš, El-etmiš Bilgä kagan, El Bilgä katun kagan atïg katun atïg atanïp Ötükän kedin učïnta, Täz bašïnta, örgin [anta etitdim, čït] anta yaratïtdïm. Bars yïlka, yïlan yïlka eki yïl (2) yayladïm. Ulu yïlïka Ötükän ortosïnta, As Öŋüz Baš, Kan Ïduk Baš kedinintä yayladïm. Örgin bunta yaratï(t)dïm, čït bunta tokïtdïm. Bïŋ yïllïk, tümän künlük bitigimin bälgümin bunta (3) yasï taška yaratï[t]dïm, tulku taška tokïtdïm. Üzä kök täŋri yarlï(k)kadok üčün, asra yagïz yer igi(t)tök üčün elimin törömin etint[im]. Öŋrä kün tugsïkdakï bodun, kisrä ay tugsïkdakï bodun, (4) tört buluŋdakï bodun iš küč berür.

Yagïm Bülük yok bol[tï. Ötükän eli, Tägräs eli] ekin ara ïlgam tarïglagïm: Säkiz Säläŋä, Orkon, Togla, Säbän, Tälädü, Karaga, Burgu. Ol yerimin subumïn konar köčär bän.

(5) Yaylagïm: Ötükän kuzï, kedin učï, Täz bašï; öŋdüni Kañuy, Künüy …… ič ïlgam: Ötükän yeri, Oŋï Tarkan süy, yagï bodunkï, kagangï. Birgärü učï Altun yiš, kedin učï Kögmän, iligärü učï Költ[i].

(6) Täŋridä bolmïš, El-etmiš Bilgä kanïm ičräki bodunï altmïš.

Ič buyruk bašï: İnanču Baga Tarkan;

Ulug buyruk: Tokuz Bolmïš Bilgä Tay Säŋün;

Oŋï: beš yüz bašï Külüg Oŋï;

Öz ïnanču: beš yüz bašï Ulug Öz İnanču; (7)

Uruŋu: yüz baši Ulug Uruŋu;

Töliš bäglär oglï: bïŋ baši Töliš Külüg Ärän;

Tarduš bäglär oglï: bïŋ baši Tarduš Külüg Ärän;

Tarduš Išbaras: beš bïŋ är baši Išbara Säŋün Yaglakar ·····················

(8) Tokuz yüz är baši: Tuykun Ulug Tarkan Bukug Bïŋa;

(9) ·············· bodunï bïŋa; Kagas Atačuk, bodunï bïŋa············

모윤 초르(Moyun Čor (시네 우수(Shine-Usu))) 비문
(759-760년)

북쪽 면

(1) Täŋri[dä b]olmiš, El-etmiš Bilgä Kagan [bän] ······················

(2) Ö[tükän eli], Tägräs eli ekintü o[lormiš], Subï Säläŋä ärmiš. Anta eli ······················ [är]miš barmiš ···············

(3) ··· Anta kalmiši bodun On Uygur, Tokuz Oguz üzä yüz yïl olorup ······························ Orkon ügüz ···············

(4) Tür[ük Kï]bčak älig yïl olormiš. Türük iliŋä altï otuz yašïma ïduk [k]u[t] ·········

(5) yana ······ Tokuz Oguz bodunumïn tirü kubratï altïm. Kaŋïm Kül [Bil]g[ä Kagan] ······

(6) Sü yorïdï. Özümin öŋrä biŋa bašï ït(t)ï. Käyrädä öŋdün ······

(7) Ičgärip yana yorïdïm. Käyrä bašïnta Üč Birküdä kan süsi [birlä] katïltïm. Anta ···

(8) irtim. Kara Kum ašmiš, Kügürdä, Kömür tagda, Yar ügüzdä üč tuglug Türük bodun ······

(9) Ozmiš Tigin kan bolmiš. Koñ yïlka yorïdïm. Ekinti süŋüš [äŋ il]ki ay altï yaŋïka tokïdïm ······

(10) tutdum. Katunïn anta altïm. Türük bodun anta ïngaru yok boltï. Anta kisrä takïgu yïlka ············ bodun ···············

(11) Üč Karluk yablak sakïnïp täzä bardï, kur(ï)ya, On Ok(k)a kirti.

Lagzïn yïlka t[okïdïm] ·························· Tay Bilgä Totokug

(12) yabgu atadï. Anta kisrä kaŋïm kagan učdï. Kara bodun kïlinč ···

K[üsg]ü yïl[ka] ·················

동쪽 면

(1) tutdum ················ bir ········· [Anta Bükägük](k)ä yetdim. Kičä

yaruk batar ärkli süŋüšdüm. Anta sančdïm. Kün [kubran]mïš, tün tirilmiš.

[Bükäg]ükdä Säkiz Oguz, Tokuz Tatar kalmadok. Eki yaŋïka kün tuguru

süŋüšdüm. Kulum küŋüm bodunug, täŋri (2) yir ayu birti, anta sančdïm.

Yazuklug atlïg[ïg]··· [taŋ]ri tuta birti. Kara Igil bodunug yok kïlmadïm,

äbin barkïn yïlkïsïn [y]ul(ï)madïm. Kïyïn aydïm, turguru ko(t)tum. "Käntü

bodunum," tidim, "udu käliŋ!" tidim. Kodup bardïm. Kälmädi. Yičä (3)

irtim. Burguda yetdim. Törtünč ay tokuz yaŋïka süŋüšdüm, sančdïm.

Yïlkïsïn barïmïn, kïzïn koduzïn kälürtüm. Bišinč ay udu kälti. Säkiz Oguz,

Tokuz Tatar kalmatï kälti. Säläŋä kidin, Yïlun Kol birdin siŋar Šïp bašïŋa

tägi čärig itdim.

(4) Kärgün Sakïšïn, Šïp bašïn yürä kälti··· učï Säläŋäkä tägi čärig itdi.

Bišinč ay tokuz otuzka süŋüšdüm. Anta sančdïm. Säläŋäkä sïka sančdïm,

yazï kïltïm. Üküši Säläŋä kudï bardï. Bän Säläŋä käčä udu yorïdïm.

Süŋüšdä tutup on är ï(t)tïm.

(5) Tay Bilgä Totok yablakïn üčün, bir eki atlïg yablakïn üčün, kara

bodunum, öltüg yitdiŋ. "Yana ičik; ölmäči yitmäči sän!" tidim. "Yičä išig

küčüg birgil!" tidim. Eki ay kütdüm, kälmädi.

Säkizinč ay bir yaŋïka sü yorïyïn tidim. Tug tašïkar ärkli (6) yälmä äri kälti. "Yagï [käli]r!" tidi. Yagïn bašï yorïyu kälti. Säkizinč ay eki yaŋïka Čïgïltïr költä, Kasuy käzü süŋüšdüm. Anta sančdïm. Anta udu yorïdïm. Ol ay biš yegirmikä Käyrä bašï, Üč Birküdä Tatar birlä katï tokïdïm. Sïŋarï bodun (7) ičikdi, sïŋarï bodun [··· k]a kirti.

Anta yana tüšdüm. Ötükän irin kišladïm. Yagïda bošuna bošnuldum. Eki ogluma yabgu, šad at birtim; Tarduš, Töliš bodunka birtim.

Ančïp bars yïlka Čik tapa yorïdïm. Ekinti ay tört yegirmikä Kämdä (8) tokïdïm. Ol y[ïl·················· T]äz bašï anta, Kasar kurïdïn örgin anta ititdim, čït anta tokïtdïm. Yay anta yayladïm, yaka anta yakaladïm. Bälgümin bitigimin anta yaratïtdïm.

Ančïp ol yïl küzün ilgärü yorïdïm. Tatarïg ayïtdïm.

Tabïšgan yïl (9) bišinč ayka [·························· yïl]ka Ötükän yïš bašï, anta, bašï anta, Ïduk baš kidintä, Yabaš Tokuš bältirintä, [anta] yayladïm. Örgin anta yaratïtdïm, čït anta tokïtdïm. Bïŋ yïllïk, tümän künlük bitigimin bälgümin anta yasï taška (10) yaratïtdïm.

수지(Suji) 비문 (840년 ?)

1. Uygur yirintä Yaglakar Kan Ata k[ältim].

2. Kïrkïz oglï män. Buyla Kutlug Yargan

3. män. Kutlug Baga Tarkan Ögä buyrukï män.

4. Küm surugum kün tugsuk(k)a, batsïk(k)a

5. tägdi. Bay bar ärtim. Agïlïm on, yïlkïm sansïz ärti.

6. Inim yiti, urïm üč, kïzïm üč ärti. Äblädim. Oglumin,

7. kïzïmin kalïŋsïz birtim. Marïma yüz är turug b[ir]tim.

8. Yegänimin atïmin körtüm. Amtï öldüm···

9. Oglanïm! Ärdä marïminčä bol! Kanka tap, katïglan!

10. Ulug oglum s[ük]ä bardï;

11. körmädim. Ar[..]m ogul.

예니세이 비문들

우육-타를라크(Uyuk-Tarlak) (Malov E 1)

1. Äsiz, elim ä, oglanïm a, bodunum a! Äsizim ä! Altmïš yašïmda <adrïltïm>.

2. Atïm El Togan; Totok bän. Täŋri elimkä elčisi ärtim. Altï bag bodunka bägi ärtim.

우육-투란(Uyuk-Turan) (Malov E 3)

1. Kuyda kunčuyum, özdä oglum, yïta, äsizim ä, bökmädim, adrïltïm! Kinim kadašïm, yïta, adrïltïm!

2. Altunlig kešig belimtä bantïm. Täŋri elimkä bökmädim. Äsizim ä! Yïta!

3. Öčin Külüg Tirig bän. Täŋri elimtä yämlig bän.

4. Üč yetmiš yašïmka adrïltïm. Ägük Katun yerimkä adrïltïm···

5. Täŋri elimkä kazgakïm: Oglum, öz oglum, altï biŋ yuntum···

6. Kanïm Tölböri, kara bodun, külüg kadašïm, äsizim! Ičičim är, üküš är, oglan är küdägülärim, kïz kälinlärim bökmädim. Äsizim ä! Yïta!

<h2 style="text-align:center">바르크 제3(Barïk III) (Malov E 7)</h2>

1. Bayča Saŋun oglï Külüg Čor.

2. Buŋusuz ulga(t)tïm. Buŋ bu ärmiš.

3. Täŋridäki künkä, yerdäki elimkä bökmädim.

4. Kuyda kunčuyumgaka özdä oglumka adrïldïm.

<h2 style="text-align:center">엘레게스트 제1(Elegest I) (Malov E 10)</h2>

1. Kuyda kunčuyum a! Äsizim ä! Yïta! Özdä oglum, äsizim ä! Adrïltïm. Yïta!

2. Yüz är kadašim uyurïn [ü]čün yüz ärin, älig öküzin tikd[i].

3. Kōk täŋridä kün ay āzdïm. Yïta! Äsizim ä! Adrïltïm.

4. Kanïm elim ä, äsizim ä, yït[a], bökmädim! Kanïm elimiz, yïta, adrïltïm!

5. Körtl<ä> Kan Alp Uruŋu. Altunlug keš ägnin yü(t)tüm, beldä ban(t)ïm. Tokuz säkiz on yašïm.

6. Uruŋu Külüg Tok Bögü Tärkän ä! Kaŋïm bäg ärdäm üčün birlä bardï.

7. Kara bodunum! Katïglanïŋ! El törö sü ïdmaŋ! Yïta! Äsiz! Elim kanïm!

8. Elim ugrïnta sü bolup är ölürmädöküm yok. Čäbligdä bir tägimdä säkiz är [öl]ürdüm.

9. Elim utušïŋa azïp kāl[ayïn], adrïlayïn!.. Bars yïlta är[ti. Yal]ïkāyïn.

10. Buŋ baŋa bunta ärmiš, öldüm. Yïta! Äsizim ä! Yalïkāyïn.

11. Tört adak<lïg> yïlkïm, säkiz adaklïg barïmïm. Buŋum yok ärdim.

12. Kadašïma kenimä adrïltïm a! Kara bodunuma adrïltïm. Yïta! M(ü)n!

베그레(Begre) (Malov E 11)

1. Tör Apa Ičräki bän. Beš yegirmi yašda alïnmïšïm kunčuyuma, buŋ a, adrïldïm a!

2. Üč ogluma adrïldïm. Yïta! Bökmädim! Katïglangïl!

3. Beš yegirmi yašïmda Tabgač kanga bardïm. Är ärdämim üčün alpun(?), altun, kümüšüg ägri täbä, eldä kiši kazgandïm.

4. Yeti böri ölürdüm. Barsïg, kökmäkig ölürmädim.

5. Yerimä, yïta, subuma adrïldïm a! Buŋ a! Äsizim ä! Yïta!

6. Bodunuma, kinimä, kadašïma adrïldïm! Bökmädim!

7. Elimä kanïma bökmädim! Yašïm yeti yetmiš. Azdïm.

8. Yatda tüŋürümä adrïldïm.

9. Antlïg adašïma, antsïzda ädgü ešimä adrïldïm a!

10. Säkiz adaklïg barïmïg üčün yïlkï tükäti bardïm a! Aŋa bökmädim ä! Yïta! Ürüŋümüg karamïg azdïm a!

차아—횔 제1(Čaa—Xöl I) (Malov E 13)

1. Kadašïm adrïldïm, ïyu! Kuyda kunčuyum adrïltïm. Ikiz urïm adrïldïm, ïyu!

2. ···um. Ugdaš elimkä tapdïm. Bilgä ögäm tapdïm, kadašïm tapdïm. Är ärdämim!

3. Är ärdämim: Elimkä tapdïm. Täŋri elimkä, ädgü kadašïm[ka] adrïldïm.

4. Kaŋïm üčün Bilgä Čigši Kanïŋa tapdïm. Bodunum, äsizim!

차아-휠 제4(Čaa-Xöl IV) (Malov E 16)

1. Alp Uruŋu Totok bän. Kuyda kunčuyum, eki oglanïm, äsizim ä! Yalŋus kïzïm a!

2. Täŋri elimkä, bašda bägimkä bökmädim. Äsizim ä! Tört yašïmda kaŋ···

3. Yïš eči ešim kadašlarïma adrïlu bardïm a! Kazaŋ ärimä bökm[ädim].

차아-휠 제5(Čaa-Xöl V) (Malov E 17)

1. Tüz Bay Küč Bars Külüg.

2. Uyur kadïnïm üčün öldüm. Yïta! Ičim yurčimka [adrïltïm].

3. Uyur bägimkä adrïltïm. Uyur kadašïmka adrïltïm.

오즈나첸노예 제1(Označennoje I) (Malov E 25)

1. Kunčuyum, kadašïm adrïltïm. Buŋ a ! Ačïg a! Törünüm!

2. Kü Čäküŋ Totok. Äsizim ä! Adrïltïm.

3. Elim kanïm, äsizim ä! Adrïldïm. Altun keš adrïldïm.

4. Beš kïrk är ölürtüm···

5. El İnančï···

6. Kanïŋïz yoklayur, kadašlarïŋïz karganur. Äsniŋiz!

7. Yagïm anča ärmiš. Adrïldïmïz

아추라(Ačura) (Malov E 26)

1. Il ögäsi İnانču Bilgä Irig ölügin···

2. Oglï atï küč. Urï oglan tugdï.

3. ··· Iliŋiz üčün kazganu öz kuy, yïta äsiz!

4. ··· är, äsiz! Atïŋïz Or bäg, äsiz!

5. Yiti yegirmi ärdämi yašïnda ärdim. Ölti.

6. Yerdäki tamkalïg yïlkï buŋsï[z ärti].

7. ··· bakïrï buŋsïz ärti, kara sačïn täg.

8. Yag[ïka] tägmiš sü täŋi yiti biŋ oglan ärti.

9. ···[Y]üz är, yüzi bäglär bäŋzi bäglik kaš[ï] ···

10. [Alt]mïš är adašïŋïz, ilig är ädgü ešiŋiz öz eliŋiz ···

11. Äsiz, bagïr! Közüŋin unakï̈a körmäz irtiŋiz. [Ā]čïg!

12. Ökinmädiŋiz, y[ïta], körmädiŋiz, bütmäd[iŋiz].

13. Siziŋ är at Or, eliŋ Öz.

알튼쾰 제1(Altïnköl I) (Malov E 28)

1. On ay iltdi, ögüm ä, kälürti! Ilimkä ärdam üčün m[än] yirildim ä!

2. Elim ökünčiŋä kalïn yagïka kaymatïn tägipän adrïldïm a! Yïta!

3. Iniŋizkä ičiŋizkä ingän yüki iläz tüšürtüŋüz.

4. Atsar alp ärtiŋiz, i! Tutsar küč ärtiŋiz ä! Inilig bört, oča bars! Adrïlma, yïtu!

5. Botomuz, Umay bägimiz! Biz uya alp är özin alïtï kïlmadïŋ. Özlük at özin, üč ärig almadïŋ. Yïta! Äzänčüm ä, küzänčüm ä! Adrïlma, säčlinm[ä], ögirdim!

6. Yerdäki bars tägim ä! Ärdämligim ä! Bökmädim.

7. Altun, Soŋa yïš keyiki, art ogul, taš ogul, tadčïna barsïm adrïlu bard[ï]. Yïta!

8. Tört iniligü ärtimiz. Bizni Ärklig adïrtï. Yïta!

9. Är är<d>äm üčün, inim ečim uyurïn üčün bäŋgümin tikä berti.

알튼쾰 제2(Altïnköl II) (Malov E 29)

1. On ay iltdi ögüm, oglan tugdum. Ärin ulga(d)tïm.

2. Ilimdä tört tägzindim, ärdämim üčün. Inänču Alp [S]aŋun [män].

3. Ärdäm b[ols]ar, bodunug, ärk bodunug <···> Atïm Ärän Uluga. Ärdäm[l]ig batur m[än].

4. Ärdäml[ig] bolsar bodun isirkäyü ermädi. Erinčim, ikizim ä!

5. Kuyda kadašïma, kunčuyuma adrïlu bardïm. Män oglumka, bod-

unumka bökmädim.

6. Säkiz kïrk yašïma

7. är ärdäm üčün Töpöt kanka yalabač bardïm, kälmädim.

8. Är ärdäm bolsar andag ärmiš. Sinimin altun kapïr[čak(k)a kir]tim.

크즐-츠라아 제2(Kïzïl-Čïraa II) (Malov E 44)

1. Alp kolum, ärdäm yüräkim, äsiz ä, yïta!

2. K[adïr] yagïda yagïčï bän. Täzig keyikdä alp bän. Täŋri elimkä
tusum: Tokuz är ölürtüm. Adrïltïm.

3. Elim kanïm, äsiz ä! Bökmädim. Kün ay, äsiz, yïta!

4. Kadašïm kenimä, yïta, adrïltïm. Äsizim ä! Yüz Kümül bodunum,
yïta!

5. Är ärdämindä ägsüküm yok. Kïrk yašïmda adrïldïm.

6. Arslan Külüg Tirig oglï bän. Külüg Togan bän.

쾨제엘릭-호부(Köžeelig-Xovu) (Malov E 45)

1. Oglan atïm Čobuč Ïnal. ···ka atïm Kümül Ögä.

2. Beš yāšïmda kaŋsïz kalïp tokuz yegirmi yāšïmga ögsüz

3. bolup, katïglanïp, otuz yāšïmg[a] Ögä boltum. Kïrk yïl

4. el tut(t)um, bodun bašladïm. Taš yagïg yagïladïm, el(l)ädim.

5. Bir yetmiš yāšïmga kök täŋridä küngä āzdïm. Äsizim ä!

6. Kürsi Yāmda elim, äsizim ä! Yerim subum äsizim ä! Kuyda

kunčuyum tul kaltï. Äsizim ä!

7. Kinim kadašïm, äsizim ä! Oglanïm kïzïm a! Ürüŋüm karam, äsiz! Yüz elig ärim ä! Äsizim ä!

8. Bïŋ bodrak yunt, äsizim ä!

9. Elim, äsiz, ärinč! Yüz Kümül bodunum, äsiz, ärinč! Āz Kümülüg üküš boltï.

10. Yabïz! Ïg! Kümülümin bädük kïltïm. Äsizim ä! Bökm[ädim···].

아바칸(Abakan) (Malov E 48)

···················

7. Töliš Bilgä Totok bäg. Altï yegirmi yašda almïš kunčuyuŋuz bökmädi. Bägičim!

8. Ärdämlig elintä bökmädi. Töliš Alp Totok išiŋä bökmädi. Yigit ärkän, äsiz, yïta, ačïg a!

9. Yïta! [··········· y]agïn [al]dïŋïz, öltüŋüz. Önčüŋüz bar [üčün bäŋkü]ni tikä bertimiz. Kiš[i]dä yig tikär biz.

10. Ärdämi bar üčün kanïnta Kü Totok atka tägmiš bägim, äsiz! Är bašï, yïta, ačïg a!

11. Tokuz älig yašda tokuz altmïš är ölürmiš är bašï Saŋun ölürti. Bilgäm, yïta!

12. Ič yer äliki artzun: At(d)ačï Alp Totok yōk! Yuš Kadïŋ äliki <artzun> ······ öküz at yōk! Yïta!

13. Tugday turña[s]ï artzun: kušladačï Bilgä Totok yok! Artzun alp

kögšin, oloru kaltï.

14. Yeti urï ogluŋuzka bökmädök kaŋïčïm. Alp kušča buŋï tüšürmäk ärtiŋiz. Buŋka tura bäŋkü tikär män. Yïta!

15. Ärdä artuk ärdämi bar üčün bäŋkü tikä bertim. Yeti urï bar üčün tikä bertimiz.

바이-불룬 제2(Bay-Bulun II) (Malov E 49)

1. Äsizim ä, yüz kadašïma, altï bodunuma, äsizim ä, adrïltïm a!

2. Är atïm Ak Baš Atïk. İnal Ögä bän. Eki yetmiš yašïmda···

3. Är ärdämim: eki elig tokïšïm. Yagïda otuz ärig ölürdüm. Āsni!

4. Altï bag bodunum küčlügin üčün arkïš äldäm tašin bunta tikdi.

으르크 비틱(Ïrk Bitig) (9세기 말엽)

1. Tensi män. Yarïn kičä altun örgin üzä olorupan mäŋiläyür män. Anča biliŋlär: Ädgü ol.

2. Āla atlïg yol täŋri män. Yarïn kičä äšür män. Utru eki yalïg kiši oglïn sokušmiš. Kiši korkmiš. "Korkma!" timiš, "Kut birgäy män!" timiš. Anča biliŋ: Ädgü ol.

3. Altun kanatlïg talïm kara kuš män. Tanïm tüsi takï tükämäzkän taloyda yatïpan tapladokumin tutar män, säbdökümin yiyür män. Antag küčlüg män. Anča biliŋlär: Ädgü ol.

4. Ürüŋ äsri togan kuš män. Čïntan ïgač üzä olorupan mäŋiläyür män. Anča biliŋlär:

5. Bäg är yuntïŋaru barmiš: Ak bisi kulunlamiš. Altun tuyuglug adgïrlïk yaragay. Täbäsiŋärü barmiš: Ürüŋ ingäni botolamiš. Altun budlalïg bugralïk yaragay. Äbiŋärü kälmiš: Üčünč kunčuyï urïlanmiš. Bäglik yaragay tir. Mäŋilig bäg ärmiš. Añïg ädgü ol.

6. Adïglï toŋuzlï ārt üzä sokušmiš ärmiš. Adïgïŋ karnï yarïlmiš, toŋuzuŋ azïgï sïnmiš tir. Anča biliŋ: Yablak ol.

. . . .

15. Üzä tuman turdï, asra toz turdï. Kuš oglï uča āztï, kiyik oglï yügürü āztï. Yana täŋri kutïnta üčünč yïlta kop äsän tükäl körüšmiš. Kop ögirär säbinür tir. Anča biliŋlär: Ädgü ol.

16. Toruk at sämrit(t)i. Yirin öpän yügürü barmiš. Utru yirdä ogrï sokušup, tutupan minmiš. Yiliŋä kudursugïŋa tägi yagrïpan, kamšayu

umatïn turur tir. Anča biliŋ: Yablak ol.

17. Özlük at öŋ yirdä arïp oŋup turu kalmiš. Täŋri küčiŋä tag üzä yol sub körüpän, yiš üzä yaš ot körüpän, yorïyu barïpan, sub ičipän, yaš yipän ölümdä ozmiš tir. Anča biliŋlär: Ädgü ol.

18. Käräkü iči nätäg ol? Tügünüki nätäg ol? Közünüki nätäg? Körüklüg ol. Ägni nätäg? Ädgü ol. Bagïšï nätäg? Bar ol tir. Anča biliŋlär: Añïg ädgü ol.

어휘집

a / ä   호출 감탄사 (T 22 등)

ab   사냥 (KČ W 9)

Aba   종족 이름 (Tar. N 3, 4)

abïnču   계집종 (ÏB 38)

abla-   사냥하다 (KČ W 9)

ač-   열다 (T 28)

āč   배고픈 (BK E 38)

āč-   배고프다 (BK N 6)

ačïg a   얼마나 애통한가! (Ozn. I 1 등)

āčsïk   배고플 것 (KT S 8, 8; BK N 6)

adak   발(足) (KT N 7; BK E 30)

adart-   손해를 끼치다 (Toyok 24, 29)

adaš   친구, 길동무 (Ačura 10 등)

adgïr   종마(種馬) (KT E 36 등)

adïg   곰 (ÏB 6)

adïnčïg   놀라운, 굉장한 (KT S 12; BK N 14)

adrïl-   헤어지다, 갈라지다 (T 2 등)

adrïn-   헤어지다, 갈라지다 (Uybat III 10, 11)

ag   두 다리의 사이, 사타구니 (Xem.-Čir. 9)

ag-   오르다, 기어오르다 (BK E 37)

agï   비단 (KT S 5 등)

agïl   양 우리 (Suǰi 5)

agïr   무거운; 중요한 (BK E 2, S 15)

agïš   재산, 재물, 귀중품 (KT SW)

agït-   패주시키다, 쫓아내다, 몰아내다 (KT N 7 등)

agrï-   병들다 (BK S 9)

agtur-   기어오르게 하다 (T 25)

Agu   땅 이름 (BK E 34)

agulug   독이 있는 (Toyok 28)

ak   흰, 백색의 (말의 털 색깔) (KT E 36 등); → **ürüŋ, yürüŋ**

Ak Tämäl 강 이름 (T 25)

akïnču   아큰추 (칭호; "유격대") (Tar. N 1)

akït-   습격하게 하다 (KT N 8, T 35)

akïz-   습격하게 하다 (Tes 9)

al-   얻다, (사로)잡다, 점령하다 (BK E 24 등)

āla   얼룩덜룩한, 점무늬가 있는 (ÏB 2)

alït-   (사로)잡게 하다 (Altïnköl I 5)

alk-   끝내다, 완성하다 (KT NE)

alkïn-   소멸되다, 궤멸되다, 사라지다 (KT S 9 등)

alku   모든 사람, 모두 (ÏB 66)

alp   어려운, 힘든; 용감한, 씩씩한 전사

Alp Uruŋu Totok 사람 이름 (Čaa-Xöl IV 1)

alpagu   씩씩한 전사들; → **yïlpagut**

altï   여섯, 6

altïz-   붙잡게 하다, (사로)잡게 하다 (KT E 38)

altmiš 예순, 60

altun 금, 황금

Altun Yïš 알타이 산맥 (金山)

Amga Korgan 땅 이름 (KT N 8)

amrak 사랑하는, 소중한 (ÏB 66)

amtï 지금 (KT S 3 등)

anča 그렇게, 그토록, 그만큼 (대명사 ol의 동등격)

ančak 그렇게 해서 (KČ E 5)

ančip 그렇게 해서 (ÏB 66)

ančola- 바치다, 넘기다 (KT E 32)

andag 그렇게, 그러한 (Altïnköl II 8); → **antag**, **antäg**

anï 그를, 그들을 (대명사 ol의 대격)

Anï 강 이름 (T 24, 27)

anïn 그것으로, 그와 함께 (대명사 ol의 기구격) (T 24)

anta 거기에서, 그때에; 그로부터 (대명사 ol의 처격-탈격)

antag 그렇게, 그러한; → **andag**, **antäg**

Antargu 땅 이름 (BK E 30)

antäg 그렇게, 그러한 (T 29); → **antag**, **andag**

antlïg 맹세한, 맹세에 얽매인 (Begre 9)

ant[s]ïz 맹세하지 않은, 맹세 없는, 맹세에 얽매이지 않은 (Begre 9)

aŋar 그에게, 그것에, 그들에게 (대명사 ol의 여격-처격) (KT S 11 등)

aŋaru 그를 향하여, 그에게로 (대명사 ol의 향격) (T 20)

añïg 나쁜, 불량한; 아주, 무척 (KT S 3 등; ÏB 5 등)

apa 조상, 선조; (칭호에서) 大; 아래의 **apa**를 볼 것

apa   누나, 언니 (Barïk II 4); 위의 **apa**를 볼 것

Apa Tarkan   최고 사령관 (阿波達干; 阿史德元珍의 칭호) (BK S 13;
             T 34)

Apar   종족 이름 (아바르(Avar) 족) (KT E 4; BK E 5)

ar-   속이다 (KT S 5; BK N 4)

ar- [ār]   지치다, 탈진하다 (ÏB 17)

āra   사이에서 (ÏB 10, 38, 52); → **ara**

ara [āra] 사이에서 (KT E 1 등); → **āra**

arïl-   줄다, 소모되다, 궤멸되다 (KT S 9 등); → **āz, az**

arka   뒤, 엉덩이 (KČ E 9)

arkïš   카라반, 대상 (KT S 8 등); → **tïrkiš**

arkïš   박수갈채, 칭찬 (Tuva I (Bay-Bulun II) 3)

arkuy   성, 요새 (T 53); → **korgan**

armakčï 사기꾼, 협잡꾼 (KT E 6)

Arslan Külüg Tirig   사람 이름 (Kïzïl-Čiraa II 6)

ārt   고개, 산길 (ÏB 6); → **art**

art [ārt] 뒤; 끝 (Xem.-Čïr. 10; Altïnköl I 7); → **ārt**

art-   늘어나다, 증가하다 (Abakan 12, 13)

artat-   파괴하다, 무너뜨리다 (KT E 22; BK E 19; Tar. E 5)

artuk   과도한, 과잉의, 수많은, 붐비는 (KT E 33; T 20, 40 등)

artur-   속다 (KT S 6; BK N 5)

aruk   지친, 피곤한 (Tar. N 1)

as   흰담비 (Uybat Ⅲ 6); → **kiš**

as   계집종 (Xem.-Čïr. 2)

As Öŋüz 땅 이름 (Tar. W 2, S 6)

asïg   쓸모, 효용 (İB 32)

asïn-   기어오르다 (T 27)

asra   아래에서, 밑에서 (KT E 1 등)

aš [āš]   음식, 먹을 것 (T 8)

aš- [āš]   넘다 (T 26 등); → **tog-**

aša   너머에 (KT E 17; BK E 15)

ašnukï   이전의, 먼저의 (Xem.-Čïr. 2, 4)

Ašok   사람 이름 (소그드족의 지도자 Ašoka?) (T 46)

āt   이름, 칭호 (KT E 7, W 2; BK E 41; KČ W 1); → **at**

at [āt]   이름, 칭호 (KT E 20 등); → **āt**

at   말(馬)[299] (KT E 33 등); → **yunt**

at-   (화살을) 쏘다; 사냥하다 (Altïnköl I 4)

ata   아버지 (O 4)

ata- [āta]   누군가에게 칭호를 주다 (MČ E 12; Tar. S 5 등)

atač   사랑스러운 아버지 (O 부속 3, 4)

Atačuk   별명의 하나 (Tar. W 9, N 2) (**Kagas Atačuk**)

Ataman Tarkan 높은 칭호의 하나 (BK S 14)

ātan-   유명해지다, 명성을 얻다 (İB 55); → **atan-**

atan-   칭호를 얻다 (Tar. W 1)

atï   조카, 형제의 아들 (KT S 13 등)

---

299) yunt는 '말'에 대한 일반적인 용어이고, at는 좀 더 구체적으로 '승용마'를 뜻하였다. 12지(十二支)에서 '말'을 가리키는 낱말은 yunt였고, at는 중세 튀르크어까지 나타나지 않았다 (EDPT 946a). at는 거의 언제나 '승용마'의 뜻을 함축하였는데, 오늘날 몇몇 튀르크어에서는 '종마'에 대조되는 '거세마'를 뜻한다 (EDPT 33a).

Atig (?) 종족 이름 (중국 문헌에 나오는 종족 이름 **A-tie**[300])?) (O 5,
6, 10)

atlan- 말 타다 (KČ E 8)

atlat- 말에 태우다, 말 타게 하다 (T 25)

atlïg 말 탄 이, 기병 (BK S 1 등)

atlig [ātlïg] 칭호 또는 계급이 있는 (BK E 41)

ay [āy] 달, 30일의 기간; (하늘의) 달 (BK S 10; Elegest I 3 등)

ay- 말하다 (T 5, 31, 32)

ayak 컵, 잔, 사발 (ÏB 42)

ayguči 카간의 이름으로 명령하는 (이), 대변인 (T 10, 29 등)

ayïgma 카간의 이름으로 명령하는 (이), 대변인 (T 5)

ayin- 무서워하다, 두려워하다 (ÏB 19); → **kork-**

ayït- 묻다, 질문하다 (BK E 41[301]); MČ E 8); → **ayt-**

ayt- 말하다, 묻다 (T 24 등); → **ayït-**

aytïgma ~라 하는, ~라 불리는 (T 44, 47)

Az 종족 이름 (KT N 2 등)

az 누런 (말의 털 색깔?) (KT N 5, 8)

āz, az 적은, 소수의 (ÏB 57; KT S 10 등); → **arïl-**

āz-, az- 길을 벗어나다, 길을 잃다 (ÏB 15, 등)

azča 약간의, 조금의 (T 43)

azïg 엄니 (ÏB 6)

azïglïg 맹렬한, 무서운 (KČ E 6)

---

300) 저자가 **A-tie**라고 표기한 종족은 阿跌이고 Ädiz 족을 가리키므로 Atig과 관련이 없다.

301) 저자는 예전에는 añït- '두려워하게 하다, 으르다'로 읽었다.

azkiña 극소수의, 아주 적은 (T 9)

azman 거세된 (?) (KT N 5, 6)

azu 그렇지 않으면 (KT S 10)

azuk 먹을 것, 식량 (KT E 39)

bā- 매다, 묶다 (ÏB 14 등); → **ba-**

ba- [bā] 매다, 묶다 (T 27); → **bā-**

bag 뭉쳐진 부족들, 부족 연맹 (Bay-Bulun II, 4 등)

baga 작은, 계급이 낮은 (?); 아래의 **Baga Tarkan**을 볼 것

Baga Tarkan 투뉴쿠크의 칭호 중 하나 (莫賀達干) (T 6)

bagïr 애통하다!, 슬프다! (Ačura 11)

bagïš 밧줄, 천막 밧줄 (ÏB 18)

bakïr 구리 (Ačura 7)

balbal 살해된 적의 석상(石像); → **balbar** (< 몽골어 **barimal**)

balbar 살해된 적의 석상(石像) (Tuva III 4); → **balbal** (< 몽골어 **barimal**)

balïk 도시

balïk 진창, 진흙 (KT N 8); → **titig**

ban- (화살통을) 허리에 매다 (Uyuk-Turan 2 등)

baŋa 나에게 (1인칭 단수 대명사 bän의 여격-처격); → **maŋa**

baŋaru 나를 향하여, 내 쪽으로 (1인칭 단수 대명사 bän의 향격) (T 34)

bar 있는, 존재하는

bar- 가다

barïm 재산, 재물

bark   집, 주택; 능묘

bars   표범 (< 이란어)

Bars   사람 이름

bas-   습격하다; 억누르다; 누르다, 밟다

b[asa]   나중에, 또 (O 5)

b[asï]k- 빠뜨리다, 밀어 넣다 (KT N 8)

basïn-   지다, 짓밟히다

basït-   (적에게) 습격당하다

Basmïl   종족 이름 (바스믈, 拔悉密)

baš   머리; 꼭대기, 정상; 우두머리

bašad-   지휘하다, 이끌다

bašgu   머리에 흰 반점이 있는 (말)

bašla-   지휘하다, 이끌다

bašlayu 먼저, 우선

bašlïg   오만한, 거만한; 우두머리로 있는

bat   나쁜, 가치 없는 (O 7)

bat-   (해가) 지다

batïm   빠짐, (~이 빠지는) 깊이

batsïk   (해가) 짐

batur   용사 (Altïnköl II 3)

bay   부유한, 넉넉한

Bayča Saŋun 사람 이름 및 칭호 (Barïk III 1)

Bayïrku 종족 이름 (바이르쿠, 拔也古, 拔野古, 拔曳古)

baz   종속된, 예속된

bazlan-   종속되다, 예속되다 (Tes 11)

bädiz   장식, 그림, 조각(彫刻)

bädizči   화공, 조각사

bädizlä-   꾸미다, 장식하다 (ÏB 28)

bädük   큰 (O 6)

bädzät-   꾸미게 하다, 장식하게 하다

bäg   백, (작은 사회집단이나 나라의) 우두머리 (< 佰 ?)

bägič   친애하는 백 (Abakan 7)

bäglik   백이 될, 백이 될 만한

bälgü   기호, 표시

bältir   교차점 (길 또는 강)

bän   나; → **män**

bäniŋ   나의 (1인칭 단수 대명사 bän의 속격) (T 21); → **mäniŋ**

bäŋi   기쁨, 즐거움 (KČ W 3); → **mäŋi**

bäŋgü   영원한, 영원히 (< 萬古 ?); → **bäŋigü, bäŋkü, bäŋü**

bäŋigü   영원한, 영원히 (< 萬古 ?) (O 부속 2); → **bäŋgü, bäŋkü, bäŋü**

bäŋiz   안색 (Ačura 9)

bäŋkü   비문 (< 萬古 ?) (Abakan 14, 15 등); → **bäŋgü, bäŋigü, bäŋü**

bäŋlig   점이 있는, 흰 점이 있는 (T 44)

bäŋü   비문 (< 萬古 ?) (Čaa-Xöl I 5, Uybat I 2); → **bäŋgü, bäŋigü,
             bäŋkü**

Bärčik   페르시아인, 이란인 (KT N 12)

bärüki   이쪽의, 이쪽에 있는 (T 46)

bel   허리 (Uyuk-Turan 2); → **bil**

ber- 주다; → **bir-**

bersig 주려는 욕구 (O 10)

beš 다섯, 5; → **biš**

Beš Balïk 땅 이름 (베시발르크, 北庭; "5 도시") (KČ W 11)

bešinč 다섯째 (Tar. S 2); → **bišinč**

[b]ïč- 베다, 자르다 (BK S 12); → **bič-**

bïŋ 천, 1,000 (T 16, 18); → **biŋ, miŋ**

bïŋa 1,000명의 군사로 이루어지는 부대 (MČ N 6)

bïŋ baši 1,000명의 우두머리(千長) (Tar. W 7, 7)

bi 암말 (ÏB 5)

bič- 베다, 자르다 (ÏB 37); → **bič-**

bičin 원숭이 (해 이름) (KT NE)

bidgüči 전쟁의 춤을 추는 군사 (?) (MČ S 3)

bil 허리 (ÏB 37); → **bel**

bil- 알다

bilgä 현명한, 지혜로운; 고문(顧問); → **biligä**

Bilgä 사람 이름, 카간 이름 (毗伽, 苾伽)

Bilgä Kagan 쿠틀룩(Kutlug)의 카간 이름

Bilgä Tamgačï 사람 이름 및 칭호

Bilgä Tuñukuk 사람 이름 및 칭호

bilig 지식, 지혜, 지능

biligä 현명한, 지혜로운; 고문(顧問) (Tar. N 6, 6); → **bilgä**

biligsiz 무식한, 무지한, 어리석은

bin- (올라)타다; → **min-**

bini　나를 (1인칭 단수 대명사 bän의 대격) (T 10)

bintür-　(말에) 태우다, 타게 하다 (T 25)

biŋ　천, 1,000; → **büŋ, miŋ**

bir　하나, 1; 한 번; 같은

bir-　주다; → **ber-**

birdin　남쪽

birgärü　남쪽을 향하여, 남쪽으로; → **birigärü**

birigärü　남쪽을 향하여, 남쪽으로 (Tar. W 5); → **birgärü**

birki　연합한, 결합한, 뭉쳐진

Birkü → Üč Birkü

birlä　~와 함께, ~와 더불어

biryä　남쪽에서

biryäki　남쪽에 있는

biš　다섯, 5; → **beš**

biš-　익다, 숙성하다 (ÏB 53)

bišinč　다섯째, 다섯째로; → **bešinč**

bišük　친척 (KT S 6); → **kadaš, kagadaš, ken, kin, uya**

biti-　쓰다, 적다, 표기하다

bitig　글; 비문; 책

bitit-　쓰게 하다, 적게 하다, 표기하게 하다

biz　우리, 우리들

bizintä　우리한테(서), 우리보다 (1인칭 복수 대명사 biz의 처격-탈격)) (T 40)

biziŋ　우리의 (1인칭 복수 대명사 biz의 속격) (KT E 39)

biziŋä   우리에게 (1인칭 복수 대명사 biz의 여격-처격) (KT E 19, 40; BK E 16)

bizni   우리를 (1인칭 복수 대명사 biz의 대격) (T 20, 29, 30)

bod   부족(部族); → **uguš, urug**

bodrak   적갈색의 (말의 털 색깔) (K.-Hovu 8)

bodun   부족들, 백성

boguz   목구멍

boguzlan- 목 잘리다, 참수되다 (T 8)

bol-   ~이 되다

Bolču   땅 이름 (T 35)

bolug   있음, 존재 (ÏB 19)

bor   뇌우, 눈보라, 폭풍[302] (KT E 37; BK E 27)

boš   자유로운

bošgur- 가르치다, 일깨우다; 만들다, 조직하다

bošnul- 자유롭게 되다, 풀어지다

bošun- 자유롭게 되다, 풀어지다

boto   새끼 낙타

botola- (낙타가) 낳다 (ÏB 5)

boymul 목이 하얀 (ÏB 64)

boz   잿빛의, 회색의

Bögü   카간 또는 칸(汗)의 이름 (**Bögü Kagan, Bögü Tärkän**)

bök-   충족되다, 실컷 함께 있다

bökä   용감한 전사

---

302) 토하르(Tokhar)어 동부 방언의 por "불"의 차용어일 수 있다.

bököš- 충족되다, 실컷 함께 있다 (Xerbis-Baarï 2)

bölön 장관, 대신, 고관 (< 티베트어 **blon**)

böri 이리, 늑대

bört 새끼 이리, 새끼 늑대 (?) (Altïnköl I 4)

bu[303] 이(것)

bučägü 이 셋이 함께 (< bu üčägü); → **üčägü**

budla 낙타 코뚜레 (ÏB 5)

bugra 수낙타 (ÏB 20)

bugralïk 번식용 수컷이 될 만한 낙타

būka 황소 (T 5, 5, 6); → **buka**

buka 황소 (T 6); → **būka**

Bukarak 도시 이름 (부하라, Bukhara)

Bukug 칭호의 하나 (Tar. W 8)

bukursï 나무 쟁기 (ÏB 25)

bul- 찾아내다, 발견하다 (KT E 31; T 23)

bulga- 문제를 일으키다, 혼란시키다

bulgak 도발적인, 자극적인, 반항적인

bulg[anč] 혼란한, 무질서한

bulït 구름 (ÏB 52, 53)

bu[l]na- 사로잡다, 포로로 하다

bulun 포로 (KČ W 5)

buluŋ 구석, 모서리

Bumïn 사람 이름 (**Bumïn Kagan**)

---

303) bo로 읽는 것이 더 정확할지도 모른다.

bunča   이만큼, 이 정도 (많은) (대명사 bu의 동등격)

bunï   이를, 이것을 (대명사 bu의 대격)

bunta   이것에서, 여기에서 (대명사 bu의 처격-탈격)

bunt(u)t- (?) (잠을) 달아나게 하다 (?) (T 19)

buŋ   필요, 결핍; 걱정, 괴로움; → **muŋlug**

buŋad-   지루하다, 따분하다

buŋsïz   엄청나게, 잔뜩, 아낌없이 (T 48); → **buŋsuz, buŋusuz**

buŋsuz   엄청나게, 잔뜩, 아낌없이; → **buŋsïz, buŋusuz**

buŋusuz   엄청나게, 잔뜩, 아낌없이; (Barïk II 3); → **buŋsïz, buŋsuz**

Burgu   땅 이름 (MČ E 3; Tar. W 4)

busanč   괴로움, 고통 (ÏB 52)

busušlug   슬퍼하는, 슬픈 (ÏB 52)

buyruk   고관, 지휘관

Buyla   높은 칭호의 하나 (**Tunyukuk Buyla Baga Tarkan**)

buz-   (쳐)부수다, 참패시키다

buzagula- (암소가) 낳다 (ÏB 41)

buzkun (?) 폭풍, 선풍 (O 9)

bük   구석, 집의 구석 (ÏB 9)

Bükägük 땅 이름 (MČ E 1)

Bükli   땅 이름, 나라 이름 (만주 평원?)[304]

Bülük   사람 이름 (Tar. W 4, S 3)

büntägi[305] (그들의) 이러한, 이와 같은 (이) (T 57)

---

304) 고구리(高句麗)를 가리키는 듯한데, 이를 Bökküli(貊句麗)나 Bökköli(貊高麗)로 읽는 것이 더 옳을지도 모른다.

büt-   (욕구, 바램이) 실현되다, 만족해하다, 충족되다 (Ačura 12)

čabïš   부관, 최고 고문, 총사령관

Čača Säŋün 사람 이름 및 칭호: 차차 장군 (< **Šača** < 沙吒[忠義])

Čad   높은 칭호의 하나 (殺, 設) (Tar. N 4, 4); → **Šad**

Čaŋ Säŋün 사람 이름 및 칭호: 장 장군 (< **Čaŋ** < 張[去逸])

Čaŋšï   칭호의 하나 (**Uz Bilgä Čaŋšï**) (Uybat II 1 등); < 長史)

čärig   군대

čïgañ   가난한, 빈곤한

Čïgïltïr köl 땅 이름 (MČ E 6)

čïkan   이종사촌

Čïkan   사람 이름 (또는 칭호?)

čïna   어린 (동물) (Altïnköl I 7); → **oča, tad**

čïntan   백단(白檀; < 산스크리트어 jandana)

čït   울타리 (KČ E 8 등)

Čïgši   높은 칭호의 하나 (Tar. N 1 등; < 刺史306))

Čïk   종족 이름

Čoči   사람 이름 (**Čoči Böri Saŋun**) (Aldïï-Bel 1)

Čogay yïš 땅 이름 (陰山 산맥)

Čor   높은 칭호의 하나

čorak   척박한, 메마른 땅, 사막 (< 이란어)

čöl   초원, 스텝

---

305) bintägi "(그들의) 나와 같은 (이)"일 수 있다.

306) 낱말의 형태를 보면 오히려 勅使일 가능성이 있다.

čub　　지역, 지방 (< 州)

Čulugan　칭호의 하나 (?) (KČ W 5)

Čuš　　강 이름

äb　　　집, 천막; 야영지

äb-　　　서두르다 (KČ 8)

äbči　　아내, 처 (Bay-Bulun I 2 등)

Äbdi　　종족 이름 (Tar. E 2)

äbir-　　감다, 주위를 두르다

äblä-　　혼인시키다 (Suji 6)

äčü　　　조상, 선조

Ädä　　　종족 이름 (Tar. N 2, 3)

ädgü　　좋은; 이익, 이득, 쓸모

ädgüti　　잘

Ädiz　　종족 이름 (애디즈, 阿跌; **Eki Ädiz**[307]) (BK E 1))

ägin　　등[308]; 천막 지붕 (Elegest I 5; İB 18)

ägir-　　포위하다, 에워싸다, 둘러싸다 (KT N 6, 7; BK N 6)

ägri　　굽은, 구부러진

ägri täbi　혹이 있는 낙타 (T 48 등)

ägsük　　부족한, 모자라는 (Kïzïl-Čiraa II 5)

Ägük　　사람 이름 (Uyuk-Turan 4)

Äk tag　　땅 이름 (T 44)

---

307) kidiz ‘펠트, 모전’으로 읽어야 한다.

308) ‘어깨’의 잘못이다.

äkä   누나, 언니

äldäm   미덕 (Tuva I (Bay-Bulun II) 3); → **ärdäm**

älig   손

älig   쉰, 50

älik   사슴[309] (İB 63 등)

ämgäk   괴로움, 고통

ämgät-   괴롭히다, 고통을 주다

ämig   젖꼭지 (İB 24)

ämsi-   중독되다 (İB 27)

äŋ   야생의 대형 사냥감

äŋlä-   사냥하다 (İB 49); → **mäŋlä-**

är   사내, 남자

är-   ~이다, 있다; → **ir-**

ärdäm   남자다움, 씩씩함, 용기; 용감한, 씩씩한; → **äldäm**

ärdämlig   용감한, 씩씩한, 가치 있는 (İB 10 등)

ärän   사내들, 남자들

ärinč   틀림없이, 분명히, 정말로

ärkän   ~일 때에 (Abakan 8)

Ärkin   칭호의 하나 (Tar. N 6)

ärkli   ~인; ~일 때에

ärklig   힘 있는, 강력한, 유능한

Ärklig   지하의 신 (Altïnköl I 8)

ärmäli   준마, 빠른 말 (?) (KČ 9, 12)

---

309) 이 낱말의 뜻은 '수노루'이어야 한다.

Ärsin   땅 이름 (**Tokuz Ärsin**)

ärt-   지나(가)다

ärtin-   포기하다, 참회하다 (BK E 19)

ärtiŋü   매우, 아주, 무척

Ärtiš   강 이름 (이르티시(Irtysh) 강)

ärtür-   행하게 하다

äsän   건강한, 안전한 (ÏB 15 등)

äsiz   슬프다!

äsiz ä   아아!, 슬프다!

äsizim   애석하다!

äsizim ä   아아!, 슬프다!

äsnä-   하품하다 (ÏB 10)

äsni-   기억하다, 상기하다 (Tuva I (Bay-Bulun II) 3)

äsri   얼룩덜룩한 (ÏB 4, 41 등)

äš-   말이 종종걸음으로 가다, 말을 종종걸음으로 몰다 (ÏB 2)

äšin-   (말을) 종종걸음으로 몰다 (Xem.-Čir. 4)

Äšim   사람 이름 (**Toŋra Äšim**) (T 9)

ät   고기(肉) (ÏB 23)

ät-   음매하고 울다; 천둥치다; 노래하다

äzänčü   전위대[310] (Altïnköl I 5)

Äzginti Kadïz   땅 이름

eči   삼촌, 숙부; 형, 오빠 (→ **iči**)

---

310) 터키어 원본에서는 이 낱말의 뜻이 '괴로움, 고통'으로 나오지만 이것은 잘못임이 분
    명하다.

edi　전혀, 전연, 결코, 완전히 (T 21); → **idi**

eki　둘, 2; → **ekin, iki**

Eki Ädiz[311]　종족 이름 (BK E 1)

ekin　둘, 2; → **eki, iki**

ekinti　둘째, 두 번째로; → **ekintü**

ekintü　둘째 (MČ N 2); → **ekinti**

el　나라, 국가, 백성; → **il**

El Čor Tigin　사람 이름

elči　사절; 사자, 급사

Eletmiš　카간의 이름

elgün　백성 (Xem.-Čir. 3)

ellig　나라를 지닌, 나라가 있는; → **illig**

elsirä-　나라가 없게 되다 (KT E 13)

elsirät-　나라가 없게 하다; → **ilsirät-**

elt-　휩쓸어 가다, 가져가다; 보내다; → **ilt-**

Eltäbär　높은 칭호의 하나, 총독(俟利發, 頡利發); → **Iltäbär**

Elteriš　카간의 이름

er-　이르다, 도달하다, 다다르다; → **ir-**

erig　도달될 수 있는 (KT S 13, 13)

erinčim　슬프다! (Altïnköl II 4)

eš　짝, 친구, 길동무; → **iš**

ešgiti　비단; → **išgiti**

eši　귀부인, 숙녀

---

311) kidiz '펠트, 모전'으로 읽어야 한다.

ešid- 듣다; → **ešit-**

ešilik 귀부인이 될, 귀부인이 될 만한

ešit- 듣다; → **ešid-**

et- 조직하다, 편성하다; 하다; → **it-**

etin- 얻다, 획득하다 (Tar. W 3); → **itin-**

etit- 만들게 하다, 건설하게 하다 (Tar. S 6)

eyin ~을 뒤따라, ~ 직후에 (O 5)

gu / gü 의문 첨사

guru 영적 지도자 (< 산스크리트어 guru) (ÏB 67)

ï 삼림지대, 숲; 나무

ïča 누나, 언니 (Xem.-Čïr. 7, 7)

ïčgïn- 잃다, 상실하다

ïd- 보내다; → **ït-, yïd-, id-**

ïduk 신성한, 성스러운

Ïdukkut 높은 칭호의 하나

ïg 연민 감탄사 (K.-Hovu 10)

ïgač 나무

ïgar 소중한, 사랑스러운, 귀중한

ïlga 골짜기, 강가 (Tar. W 4, 5)

Ïnanču 높은 칭호의 하나 (Tar. W 6, 6); → **Inanču, Inänču**

ïngaru 나중에, 너머 (MČ N 10)

ïrak 먼

ïrk   징조 (ÏB 57, 66)

Ïšbara   높은 칭호의 하나 (< Skr. **īśvara** "지배자, 군주")

Ïšbaras   Ïšbara의 복수형 (Tar. W 7)

ït, [ï]t   개 (해 이름) (BK S 10; Tar. S 3)

ït-   보내다; → **ïd-**, **yïd-**, **id-**

ïyu   슬프다! (Čaa-Xöl 앞면 1)

i   오! (Altïnköl I 4)

ič   안, 속

ičgär-   복종시키다, 예속시키다

ičgin-   복종하다, 예속하다 (KČ 20)

iči   형, 오빠 (Čaa-Xöl V 2); → **eči**

ičič   사랑스러운 형, 사랑스러운 오빠 (Uyuk-Turan 6; Uybat III 13)

ičik-   복종하다, 예속하다

ičiräki → **ičräki**

ičrä   안에서, 속에서; 은밀한

ičräki   안에 있는, 속에 있는; 특별한, 궁궐에 소속된; → **ičiräki**

id-   보내다 (O 2); → **ïd-**, **yïd-**, **ït-**

idi   주인, 임자

idi   전혀, 전연, 결코; → **edi**

Idil   땅 이름 (KČ 19; Tuba II[312] 3)

idiš   컵, 잔, 그릇 (ÏB 42)

---

312) 3줄로 이루어진 이 비문은 오늘날의 러시아 연방 하카시아(Khakassia) 공화국에서 투
바(Tuba) 강의 오른쪽 기슭에 있는 테스(Tes') 마을 맞은 편의 바위에서 발견되었다.

Igdir   종족 이름 (Tar. S 3)

igid   거짓, 허위

igid-   먹이다, 배부르게 하다

ikägü   둘, 두 부분

iki   둘, 2; → **eki**, **ekin**

ikiz   쌍둥이 (Altïnköl II 4)

il   나라, 국가, 백성; → **el**

iläz   괴로움 (Altïnköl I 3)

ilgärü   앞으로, 앞을 향하여; 동쪽으로, 동쪽을 향하여; → **iligärü**

ilig   군주

iligärü   앞으로, 앞을 향하여; 동쪽으로, 동쪽을 향하여 (Tar. W 5);
→ **ilgärü**

ilin-   잡히다 (ÏB 61)

ilk   처음, 먼저

ilki   처음의, 첫째의

illä-   나라를 세우다

illig   나라를 지닌, 나라가 있는; → **ellig**

ilsirät-   → **elsirät-**

ilt-   휩쓸어 가다, 가져가다 (Altïnköl I 1); → **elt-**

Iltäbär → **Eltäbär**

Ilteriš → **Elteriš**

in   굴, 뱀의 굴 (ÏB 8)

in-   내리다, 내려가다, 내려오다

Inanču   높은 칭호의 하나 (KT N 13); → **Ïnanču**, **Inänču**

Inäl   태자 (移涅; 카프간 카간의 아들의 칭호) (T 31, 45)

Inänču   높은 칭호의 하나 (KT W 2); → **Ïnanču, Inanču**

ingäk   암소 (ÏB 41)

Ingäk   호수 이름 (T 15)

ingän   암낙타 (Altïnköl I 3; ÏB 5); → **titir**

ini   남동생

iniygün   남동생들

ir   북쪽 (→ **yïr**)

ir-   ~이다, 있다 (KT S 13); → **är-**

ir-   이르다, 도달하다, 다다르다 (T 45 등); → **er-**

iril-   헤어지다, 갈라지다; → **yiril-**

irkäk   수~, 수컷의 (ÏB 24, 41)

Irkin   높은 칭호의 하나(俟斤[313])); → **Ulug Irkin, Sir Irkin**

irtür-   이르게 하다, 도달하게 하다, 다다르게 하다

isig   사랑하는, 소중한 (ÏB 67)

isirkä-   누군가의 죽음을 슬퍼하다, 애도하다 (Altïnköl II 4)

iš   일, 봉사

iš → eš

išgiti   비단; → **ešgiti**

Ištämi   사람 이름 (室點密; **Ištämi Kagan**)

it-   조직하다, 편성하다; 하다; → **et-**

Itačuk   사람 이름 (ÏB 67)

itgüči   만드는, 하는 (사람), 장인(匠人)

---

313) 俟은 伕의 잘못임이 분명하다.

itin-   스스로를 조직하다, 스스로를 편성하다; → **etin-**

Izgil   종족 이름(思結?)

Kabay   종족 이름 (Xem.-Čïr. 10)

kabiš-   연합하다, 동맹하다 (T 20 등)

kač-   달아나다

kačan   언제 (T 20, 21, 29)

kadaš   친척, 친구, 길동무; → **bišük, kagadaš, ken, kin, uya**

kadïn   인척 (Čaa-Xöl V 2)

kadïr   격렬한, 맹렬한, 격심한 (Čaa-Xöl VII 1 등)

Kadïrkan Yïš 땅 이름 (興安嶺 산맥)

Kadïz   땅 이름 (**Äzginti Kadïz**)

kagadaš   친척 (Xem.-Čïr. 3); → **bišük, kadaš, ken, kin, uya**

kagan   카간(可汗), 황제

kagangï   카간에 속하는 (Tar. W 5)

kaganla-   카간으로 만들다, 카간으로 삼다

kaganlïg   카간을 지닌, 카간이 있는

kagansïra-   카간이 없게 되다

kagansïrat-   카간이 없게 하다

Kagas Atačuk 사람 이름 (Tar. W 9, N 2)

kāl-, kal-   남다; 절망적인 상황에 처하다

kalï-   공중에 오르다, 날다 (ÏB 35, 44)

kalïn   두꺼운; 붐비는 (T 13; Altïnköl I 2 등)

kalïŋ   신부값 (Suji 7)

kalïsïz 남김없이, 모두

kalït- (시간을) 벌다 (T 25)

kalmïš (살아)남은 이(들) (T 4 등)

kaltï 어떻게 (ÏB 45)

kamag 모든, 전체의; 모두, 전체

kamïč 국자 (ÏB 13)

Kam[ïl] 땅 이름 (Komul 또는 Hami 시) (O 9)

kamïl- 떨어지다 (ÏB 12)

kamïš, kamuš 갈대 (ÏB 10, 38)

kamša- 움직이다 (ÏB 16 등)

kamšag 흔들리는, 흔들린, 혼란 상태에 있는

kamšat- 흔들리다, 비틀거리다

kan 피, 혈액

kan 높은 칭호의 하나, 칸(汗)

kanat 날개 (ÏB 3, 35)

kanča 어디에, 어디로 (ÏB 42)

kanï 어디에(서)

kanïg (?) 총애하는 연인 (ÏB 57)

kanlan- (백성이) 자기 칸이 있게 되다 (T 2)

kanlïk 칸국(汗國), 칸이 다스리는 나라 (ÏB 63)

kanta 어디에(서) (ÏB 24)

kantan 어디로부터, 어디에서 (KT E 23 등)

kaŋ 아버지

kaŋïč 사랑스러운 아버지 (Abakan 14)

Kañuy　땅 이름 (= 몽골의 하누이(Khanuy) 강?) (Tar. W 5)

kap-　움켜잡다, 붙잡다 (İB 44)

Kapgan　뵈귀(Bögü) 카간의 카간 이름

kapïg　문, 통로 (땅 이름 **Tämir Kapïg**에서)

kapïr[čak]　관(棺) (Altïnköl II 8)

kar　눈(雪)

kara　검은; 보통의, 평범한 (백성)

Kara Köl　호수 이름(“黑湖”)

Kara Kum　땅 이름(“黑沙”)

Kara Sub　강 이름(“黑水”) (Tar. S 5)

Karaga　땅 이름 (= 몽골의 하라아(Kharaa) 강?) (Tar. W 4)

Karagan Kïsïl　땅 이름 (BK E 37)

kargan-　스스로를 저주하다 (Ozn. I 6)

kargu　망루, 망대 (T 34, 53)

karï　늙은, 나이 많은 (T 56)

karï-　늙다 (KČ W 3)

karïn　배, 복부 (İB 6)

Karluk　종족 이름(葛邏祿)

karšï　적수 (İB 19)

Kasar　종족 이름 (Tar. E 2)

Kasuy　땅 이름 (MČ E 6)

kaš　(겉)눈썹

kat　층 (İB 9, 50)

kata　번, 회 (Uybat II 4; Toyok IV F 2-3)

katï　맹렬하게, 격렬하게 (MČ E 6)

katïg　단단한, 딱딱한 (ÏB 65)

katïgdï, katïgtï　단단히, 잘

katïglan-　노력하다, 애쓰다, 견디다 (Suji 9; Begre 2; Elegest I 7); →
kātlan-

katïl-　참가하다, 참여하다 (MČ N 7, S 8)

kātlan-　노력하다, 애쓰다 (Minusinsk a 2); → **katïglan-**

katun　카툰, 카간의 아내 (賀敦; < 소그드어 xwat'yn)

Kay　종족 이름 (Tar. N 3, 4)

kay-　돌아오다 (Altïnköl I 2)

kaya　바위 (ÏB 40 등)

Kazaŋ　종족 이름 (Čaa-Xöl IV 3)

kazgak　이득, 쓸모

kazgan-　얻다, 획득하다, 정복하다, 성공하다

kazganč　이득, 이익

käč-　지나다

käčä　지나, 너머

Käčän　땅 이름[314] (KČ 10)

käčig　여울, 건널 곳 (T 35)

kädim　옷, 의복

kädimlig　옷을 입은

käl-　오다

käligmä　오는

---

314) 중국 문헌에 姑藏으로 나오는 땅이름인 듯하다.

kälin   며느리

käliŋün   며느리들(< kälin-gün)

kälmiš   온 사람(들)

kältäči   올 사람(들)

kälür-   가져오다, 데려오다

Käm   강 이름 (예니세이 강, 劍水)

käm   누구 (KT E 22 등)

käntü   자기, 자신; 너 자신

Käŋäräs   땅 이름 (KT E 39); → **Käŋkäräs**

Käŋkäräs 땅 이름 (Tes N 4); → **Käŋäräs**

käŋrän-   중얼거리다 (ÏB 22)

Käŋü Tarban 땅 이름

käräkü   천막, 천막의 뼈대 (ÏB 18)

käräkülüg 천막을 지닌, 유목의 (BK E 1)

kärgäk   필요한, 없는, 존재하지 않는

kärgäksiz 아주 많이, 풍부히, 잔뜩, 부족함 없이

Kärgün Sakïš 땅 이름 (MČ E 4)

käs-   자르다 (ÏB 8)

Käyrä   땅 이름 (MČ E 6 등)

käz-   돌아다니다 (MČ E 6)

kedin → **kidin**

ken   친척 (Elegest I 12); → **bišük, kadaš, kagadaš, kin, uya**

kerü   뒤로, 뒤를 향하여 (KČ 16; O 11); → **kirü**

kesrä   뒤에, 다음에; → **kisrä**

keš   화살집, 전동(箭筒) (Uyuk-Turan 2 등)

keyik   야수; → **kiyik**

kï   아아! (Minusinsk a 2)

[Kï]bčak 종족 이름 (큽차크 족) (MČ N 4)

küd-   죽이다 (KT S 6; BK N 4)

kïl   털, 체모

kïl-   하다, 만들다, 행하다

kïlïč   칼, 검 (ÏB 8)

kïlïčla-   칼로 쳐서 죽이다

kïlïn-   창조되다, 태어나다

kïlïnč (?) 일, 행위 (MČ N 12)

kïlïnčlïg   (~한) 기질의 (Toyok I B 3-4)

kïrgaglïg 가장자리를 꾸민, 가장자리를 감친 (천)

kïrk   마흔, 40

Kïrkïz   종족 이름 (크르그즈 족; 堅昆, 結骨, 契骨, 黠戛斯)

kïs-   짜다, 꽉 누르다, 통제하에 두다

kïsga   짧은

küsïl   좁은 산길 (BK E 37)

kïš   겨울

kïš-   함께 하다, 만들다, 행하다 (KT E 32 등)

kïšïn   겨울에 (BK S 2)

kïšla-   겨울을 나다, 겨울을 보내다, 월동하다

kïšlag   동영지(冬營地), 겨울을 나는 곳 (ÏB 51, 56)

Kïtañ   종족 이름 (거란족, 글안족; 契丹)

küyin	형벌, 벌 (T 32)
küz	여자의, 여성의; 딸; 계집아이
küz-	화내다, 성내다 (T 40)
küzil	붉은, 빨간
kičä	저녁에 (MČ E 1; ÏB 1, 2, 22)
kičig	조금, 아주 조금, 전혀; 작은
kidin	뒤로, 서쪽 (Tar. W 1, 2 등); → **kedin**
kidiz	펠트, 모전 (ÏB 33)
kigür-	들이다, 넣다
kikšür-	선동하다, 자극하다, 부추기다
kin	친척 (Begre 6); → **bišük, kadaš, kagadaš, ken, uya**
kin	나중에 (ÏB 57)
kinlig	사향 향기가 나는 (BK N 11)
kir-	들어가다, 뛰어들다, 돌진하다; 도피하다, 종속하다
kirü	뒤로, 뒤를 향하여 (KT E 2); → **kerü**
kisi	여자, 아내 (KČ W 5 등; ÏB 29 등)
kisrä	뒤로, 뒤를 향하여; 서쪽으로, 서쪽을 향하여; 뒤에, 다음에; → **kisrä**
kiš	검은담비; → **as**
kišä-	(말의) 다리를 묶다 (ÏB 39)
kiši	사람
kit-	가다, (은유적으로) 죽다 (Čaa-Xöl III 2)
kiyik	야수, 사슴 (ÏB 15); → **keyik**
kobï	빈

kod-   놓다, 버리다, 떠나다; → **kot-**

koduz   여자, 계집종315)

koklïk   향수, 향료

kol   팔, 손 (Kïzïl-Čïraa II 1; Toyok IV F 5)

kol-   바라다, 원하다

kon-   정착하다, 자리 잡다

kontur-   정착시키다, 자리 잡게 하다

koŋuz   곤충316)

koñ   양(羊)

koñči   목동, 양치기 (Miran C 5)

kop   모두, 완전히

kop-   공중에 오르다 (ÏB 43)

kopïn   모두 함께, 모두 같이

ko[ra]-   장례식을 치르다 (O 12)

korag   장례식 (O 12); → **yog**

korgan   성, 요새; → **arkuy**

korïgu   성의 수비자 (BK E 41)

kork-   무서워하다, 두려워하다; → **ayïn-**

korkïnč   무서움, 두려움 (ÏB 36)

Košu   사람 이름 (**Košu Totok**) (KT N 1)

Košulgak (**Kušlagak** ?) 땅 이름 (KT N 5)

kot-   놓다, 버리다 (MČ S 6); → **kod-**

---

315) 이 낱말의 뜻은 '여자, 남편이 없는 여자'이어야 한다.

316) 이 낱말의 뜻은 '딱정벌레'이어야 한다.

kotay　비단의 일종 (< 縞帶)

köbürgä　북(鼓)

köč-　이주하다 (Tar. W 4)

köčür-　이주하게 하다 (ÏB 34)

Kögman yïš　땅 이름 (탄누 투바(Tannu Tuva) 산맥)

kögšin　두루미[317] (Abakan 13)

kök　푸른(blue)

kökmäk　사슴의 일종 (Begre 4)

köküzmäk　흉갑 (Miran C 6)

köl　호수

köl-　(거세한 황소들을) 쟁기에 매다 (ÏB 25)

köläk　작은 호수, 못 (T 15)

Költ[i]　땅 이름 (Tar. W 5)

Kömür tag　땅 이름 (Tar. E 7)

könäk, köŋäk　양동이, 들통 (ÏB 57)

köŋül　마음

köñig　애통하다!

köpük　거품 (ÏB 20)

kör-　보다; 복종하다, 예속하다

Körtlä　사람 이름 (**Körtlä Kan, Körtlä Saŋun**) (Elegest I 5, Elegest II 1)

---

317) Kormušin(1997)은 이 낱말을 кравчий , 즉 영어의 royal carver로 읽었다. 그런데 Kormušin(1997)은 어휘집에서는 ловчая птица (?), кравчий (?)로 뜻풀이함으로써 이 낱말의 뜻이 확실하지 않음을 나타내었다. ловчая птица는 영어로 hunting bird를 뜻한다. 비문의 같은 줄에서 kögšin보다 8번째 앞에 turña '두루미'가 나오므로 kögšin의 뜻을 '두루미'로 보는 것은 무리일 것이다. 더구나 kögšin 바로 앞에는 alp '용감한'이 있어서 '용감한 두루미'라고 읽는 것은 뜻이 맞지 않는다.

körüklüg 넓은 경치가 있는 (ÏB 18, 64)

körüš- 서로 보다, 만나다 (ÏB 15)

kötür- 올리다, 높이다

köz 눈(目)

közlä- 지켜보다, 둘러보다 (ÏB 64)

közŋü[318] 거울 (ÏB 22)

közünük 천막의 창(窓) (ÏB 18)

Ku 사람 이름 (**Ku Säŋün**)

kubran- 모이다; → **kubura-**

kubrat- 모으다

kubura- 모이다 (KČ S 2); → **kubran-**

kudi 아래로

kudruk 꼬리 (ÏB 50)

kudursug (?) 꼬리뼈 (ÏB 16)

kugu 고니, 백조 (ÏB 35)

kul 사내종

kulad- 사내종이 되다

kulkak 귀

kullug 사내종이 있는, 사내종을 지닌

kulun 망아지[319] (ÏB 24); → **tay**

kulunla- (암말이) 낳다

---

318) 터키어 원본에는 küzgü로 잘못 나온다.

319) kulun은 '태어나서 1년까지의 망아지', tay는 '1년이나 2년 된 망아지'를 뜻한다. 즉, kulun이 tay보다 어린 망아지이다 (EDPT 622b, 566b).

kum　　모래 (땅 이름 **Kara Kum**에서)

kumursga 개미 (İB 37)

kunčuy　공주 (< 公主)

kunla-　훔치다, 약탈하다

kurïdïn, kurdïn 서쪽에서, 서쪽으로부터[320] (KT W 1; T 14)

kurïgaru, kurgaru 서쪽으로, 서쪽을 향하여 (KT S 2, E 24)

Kurïkan 종족 이름 (骨利幹; **Üč Kurïkan**) (KT E 4 등)

kurïya, kurya 서쪽에서 (KT N 12; T 14)

kurïyakï, kuryakï 서쪽에 있는 (T 17)

kurt　　벌레 (Toyok 28-29)

kurtga　늙은 여자 (İB 13)

kurugsak 위(胃) (İB 8)

kuš　　새(鳥) (İB 3 등)

kušla-　새를 사냥하다 (İB 43)

kut　　운, 재수, 하느님의 은총

kutlug　운 좋은, 행복한, 축복 받은 (İB 23, 56)

kuy　　규방 (Uyuk-Turan 1 등) (< 閨)

kuz　　산의 북쪽 기슭

kuzgun　갈까마귀 (İB 14, 54)

kü　　소식; 명성, 명망 (KT E 12; KČ 12 등); → **surug**

küč　　힘, 세력; 강력한

küčlüg　힘 있는, 강력한

---

320) 고대 튀르크어에서 "서쪽에서"를 뜻하는 낱말로는 kurïya와 kedin이 있을 뿐 kurïdïn은
확인되지 않는다. 이 낱말을 korïdïn으로 읽고 (흔히 Kurïkan으로 읽어 온) Korïkan[骨
利幹] 족이라고 보는 것이 옳을지도 모른다.

küdägü 사위 (Uyuk-Turan 6)

Kügür 강 또는 호수 이름 (Tar. E 7) (= 몽골의 퀴귀르 호수(Kügür nuur)?)

kük- 명성을 얻다 (KČ W 4)

Kül 고유명사 (**Kül Tigin**(闕特勤), **Kül Čor, Kül Irkin**); → **Küli**

Küli 고유명사 (**Küli Čor**); → **Kül**

külüg 유명한, 이름난

Kümül 종족 이름 (Kïzïl-Čïraa II 4 등)

kümüš 은(銀)

kün 날(日); 해, 태양; 낮(에)

künäš 햇빛, 햇빛이 잘 드는 곳

küni[321] 질투, 시새움, 투기

künlük ~ 날 (동안)의 (MČ E 9; Tar. W 5)

küntüz 낮(에)

Künüy 강 이름 (Tar. W 5) (= 몽골의 Küne 강)

küŋ 계집종

küŋäd- 계집종이 되다

küŋlüg 계집종이 있는, 계집종을 지닌

küräg 탈주자

kürägü 순종하지 않음

kürlüg 속이는, 현혹시키는

küsgü 쥐 (해 이름) (Tar. S 5)

küt- 기다리다 (MČ E 5)

---

321) 이 낱말의 뜻은 '그(들)의 날'일 수 있다.

küz 가을 (Hoytu-Tamïr X 3)

küzäd- 지키다, 보호하다

küzänčü 지키는, 보호하는 (Altïnköl I 5)

küzün 가을에 (MČ E 8)

lagzïn, lakzïn 돼지 (해 이름) (BK S 10; Ihe-Askhete b 2)

Likäŋ[322] 사람 이름 (KT N 12) (< 呂向)

Lisün 사람 이름 (BK S 11) (< 李佺)

lü 용 (O 부속 4; < 龍); → **ulu**

mag 박수갈채, 칭찬 (BK S 15 등) (< 몽골어)

Makarač 칭호 (KT N 13) (< 산스크리트어 mahārāǰa)

Mančud 종족 이름 (T 45)

manïstan 수도원 (ÏB 67)

maŋa 나에게 (1인칭 단수 대명사 män의 여격-처격); → **baŋa**

mar 선생님 (Suǰi 7) (< 시리아어 **mār**)

matï 충성스러운, 충실한 (KT S 11, 등) (< 몽골어 ?)

män 나; → **bän**

mäniŋ 나의 (1인칭 단수 대명사 män의 속격); → **bäniŋ**

mäŋ 먹이, 먹을 것 (ÏB 31)

mäŋi 기쁨, 즐거움 (ÏB 52); → **bäŋi**

mäŋilä- 기뻐하다, 행복하다 (ÏB 1 등)

mäŋilig 기쁜, 즐거운, 행복한 (ÏB 5, 62)

---

322) Lükäŋ을 잘못 표기한 것일 수 있다. 즉 I(i)는 Ẅ(O)의 잘못일지도 모른다.

mäŋlä-   (야수가) 사냥 가다, 사냥하다 (ÏB 49); → **äŋlä-**

min-   (올라)타다 (ÏB 16); → **bin-**

miŋ   천, 1,000 (ÏB 32); → **büŋ, biŋ**

möŋrä-   음매하고 울다 (ÏB 60)

mu / mü 의문 첨사

muŋlug   슬픈, 슬퍼하는 (ÏB 22); → **buŋ**

nä   무엇; 왜

näčök   어떻게 (ÏB 45)

nägüdä   어디에서 (ÏB 24)

Näk   사람 이름 (KT N 12)

näkä   왜, 어째서 (대명사 nä의 여격) (T 38, 39)

nälök   왜, 어째서 (ÏB 57, 57)

nänčä   얼마나 (많이), 그만큼, 아주 많이 (대명사 nä의 동등격)

näŋ   전혀, 전연; 무슨 (˜라도)

nätäg   어떠한, 어떻게 (ÏB 18)

oča   어린 (동물) (Altïnköl I 4); → **čïna, tad**

očok   화덕 (T 8)

odgur-   깨우다 (ÏB 20)

ogad-   뒤처지다 (Tuva III 2)

oglan   아들들

oglït   아들들

ogrï   도둑 (ÏB 16)

ogul, ogïl 아들; 자식

Ogul   사람 이름 (**Ogul Tarkan**) (KT N 12)

Oguz   종족 이름 (**Säkiz Oguz, Tokuz Oguz** 등)

ok   화살; 부족, 부족 조직

ok   강세 첨사; → **ök**

okï-   부르다, 초대하다 (BK E 28)

okuz   불운하구나! 운이 없구나! (Uyuk-Aržan 3, 4)

ol   그, 그들; 그는 ~이다, 그들은 ~이다

olgurt-   세우게 하다, 건립하게 하다 (T 53)

olor-   앉다, 자리 잡다, 거주하다; (왕좌에) 앉다

olort-   (왕좌에) 앉게 하다 (T 51)

on   열, 10 (T 26 등)

On Ok   종족 이름 (西突厥, 十姓)

On Uygur 종족 이름

onunč   열째

Oŋ   사람 이름 (= 王?)

Oŋ   군사 칭호 (Tar. W 6, 6)

oŋ-   시들다 (ÏB 17)

op-   삼키다 (Toyok I F 3)

opla-   돌진하다, 몸을 던지다 (KT E 32 등)

opul-   돌진하다 (KČ E 11)

ordu[323)] 카간의 본영 (KT N 8, 9)

Orkon   강 이름 (오르콘(Orkhon) 강; 頟根河, 嗢昆水) (Tar. W 4)

---

323) ordo로 읽는 것이 더 정확할 수 있다.

orto   가운데

oruk   길, 소로

oš   배, 내장, 창자 (ÏB 29)

ot [ōt]   불

ot   풀(草) (ÏB 17 등)

otači   의사 (Šan'či I[324] 3)

otuz   서른, 30

Otuz Tatar 종족 이름

oy-   (~의 속을) 파내다 (ÏB 29)

oyma   파냄

oz-   앞서 가다, 추월하다, 뒤처지게 하다; 벗어나다

Ozmiš   사람 이름 (**Ozmiš Tigin**; 烏蘇米施) (MČ N 9 등)

ö-   생각하다, 숙고하다, 헤아리다 (KT S 5 등)

öbkälä-   화내다, 성내다 (ÏB 58)

öčäš-   다투다, 논쟁하다 (Toyok II F 2)

Öčin Külüg Tırıg 사람 이름 및 칭호

öd   시간, 때 (KT N 10 등)

öd   쓸개, 담낭[325] (?) (BK E 29)

öd-   흥분하다 (ÏB 21)

ödkünč   가짜의, 거짓된 (Tes 13)

---

324) 3줄로 이루어진 이 비문은 러시아 연방 투바(Tuva) 공화국에서 Šan'či 마을로부터 3km 떨어진 Suglug-Adïr-Aksï라는 곳에서 발견되어 투바 박물관에서 보관되고 있다. 이 비문은 Sergej Jefimovič Malov(1880.1.28.-1957.9.6.)의 분류에 따르면 E-61이다.

325) 이 낱말의 뜻은 '시간, 때'일 수 있다.

ödüš	하루, 24 시간
ög	어머니
ög-	칭찬하다, 찬양하다 (BK S 15)
Ögä	높은 칭호의 하나 (Ačura 1 등)
ögir-	기뻐하다
ögläš-	서로 의논하다, 함께 결정하다 (T 20, 20)
ögrünčü	기쁨, 즐거움 (ÏB 36)
ögrünčülüg	기쁜, 즐거운 (ÏB 55)
ögsüz	고아의, 어머니가 없는
ögtür-	칭찬하게 하다, 찬양하게 하다 (KT W 2)
ök	강세 첨사; → **ok**
ökin-	후회하다, 참회하다, 슬퍼하다 (Ačura 12); → **ökün-**
ökün-	후회하다, 참회하다, 슬퍼하다; → **ökin-**
ökünč	후회, 참회, 슬퍼함
öküz	거세한 황소 (Abakan 12 등)
öl-	죽다
ölüg	죽은 (사람), 사망한 (사람)
ölüm	죽음, 사망 (ÏB 13 등)
ölür-	죽이다
önč	복수, 앙갚음 (?) (Abakan 9)
Öŋ	땅 이름 (**Kök Öŋ**) (T 15)
öŋ	사람이 살지 않는, 적막한 (ÏB 17)
öŋdün	앞쪽; 동쪽
öŋi	따로 떨어져서, 갈라져서 (ÏB 42)

öŋrä 앞쪽에서; 동쪽에서

öŋräki 앞쪽에 있는; 동쪽에 있는

öŋüz → **As Öŋüz**

ör- 봉기하다, 반란을 일으키다 (?) (KT W 1)

örgi- 카간의 천막과 왕좌를 세우다 (MČ S 10)

örgin 왕좌, 옥좌 (MČ S 10; İB 1)

Örpän 땅 이름

ört 불, 불꽃 (T 40)

örtän- 타다, 불타다 (İB 9)

öt 조언, 충고 (İB 58)

ötlä- 조언하다, 충고하다 (O 11, 11)

ötrü ~ 뒤에, 다음에 (T 12, 16 등)

ötüg 요청 (İB 19)

Ötükän 땅 이름 (鬱督軍, 於都斤, 烏德鞬) (T 17 등)

ötün- 요청하다, 청원하다

ötünč 요청, 청원

öz 자기, 자신

öz 골짜기, 계곡

özlük, özlik 개인의, 사유의 (승용마)

Purum 동로마, 비잔티움(拂菻) (KT E 4)

sab 말; 소식, 전갈; → **söz**

sabči 전령 (İB 11, 55)

sač	머리털
sač-	흩뿌리다 (ÏB 20)
sagïr	몰이 사냥터 (ÏB 63)
[Saka]	종족 이름 (사카 족; 塞) (T 45)
sakïn-	생각하다; 애도하다
Sakïš → **Kärgün Sakïš**	
salla-	(강을) 뗏목으로 건너다 (MČ S 1)
san	수(數)
sanč-	(창으로) 찌르다
sansïz	무수히, 아주 많이
saŋa	너에게 (2인칭 단수 대명사 sän의 여격-처격)
saŋun	장군 (< 將軍); → **säŋün**
sap-	잇다, 고치다, 수리하다 (ÏB 48)
sarïg	누런, 황색의 (ÏB 11)
saš-	서두르다, 서두르다 길을 잃다 (MČ S 9)
satïgčï	파는 사람, 판매자 (Toyok IV F 3)
say	자갈 (Xem.-Čir. 5)
sayu	매(每)~, ~마다
säb-	사랑하다 (ÏB 3)
Säbän	강 이름 (Tar. W 4)
Säbig	사람 이름 (**Säbig Kül Irkin**)
säbin-	기뻐하다
säčlin-	뽑혀서 떨어지다, 헤어지다 (Altïnköl I 5; Kïzïl-Čïraa I 2)
säkiz	여덟, 8

Säkiz Oguz 종족 이름

säkiz on 여든, 80

Sälänä 강 이름 (셀렝가 강; 娑陵水)

sämiz 살찐, 비만한; → **sämrit-**

sämrit- 살찌다, 살찌우다 (ÏB 16); → **sämiz**

sän 너는 ~이다

sänün 장군 (< 將軍); → **sanun**

si- 깨뜨리다, 부수다

sïgït 슬퍼 울부짖는 소리, 비탄하여 외치는 소리

sïgïtči 애도자, 문상객

sïgta- 울다, 애도하다

sïgun 사슴 (BK W 5; ÏB 60)

sïk- 누르다, 밀어붙이다 (MČ E 4)

sïn- 깨지다, 부서지다 (ÏB 6)

sïnuk 깨진, 부서진 (ÏB 48)

sïnar 반, 절반

Silig 사람 이름 (**Yegän Silig Bäg**)

sin 몸, 주검 (Altïnköl II 8)

sin 무덤 (< 寢[326]) (Tar. S 5 등)

sinläg 묘지 (Tar. S 5)

sini 너를 (2인칭 단수 대명사 sän의 대격)

sinjil 여동생

---

326) 그 당시의 중국어에서는 어말에 m이 있었으므로 이러한 차용은 그리 가능해 보이지 않는다.

siŋök[327] 뼈 (KT E 24); → **süŋök**

Sir 종족 이름 (BK E 1 등)

Sir Irkin 사람 이름 (KČ E 9)

siz 너희는 ~이다

Sogdak 종족 이름 (소그드 족) (KT E 31 등); → **Sogud**

[S]ogud 종족 이름 (소그드 족); → **Sogdak**

sokuš- 마주치다, (우연히) 만나다 (ÏB 2 등)

Soŋa yïš 땅 이름 (KT E 35 등)

sök- 헤치다, 돌파하다

sökür- 무릎 꿇게 하다, 복종시키다

sön 시간 (KČ E 8)

söz 말; 소식, 전갈 (ÏB 7, 11); → **sab**

sözläš- 합의하다

sub 물; 강

sučulun- 가죽이 벗겨지다 (ÏB 44)

suk 시기, 질투; 노여움, 격노, 분노 (BK E 38)

suk- 넣다 (ÏB 33)

surug 명성, 명망 (Suji 4); → **kü**

sü 군대, 군부대들; 싸움

süčig 단, 달콤한; → **tatïglïg**

sülä- 군대를 보내다, 출정하다

sülät- 군대를 보내게 하다, 출정시키다

---

327) 이 낱말은 핀란드 발간 도해에서는 siŋök, Radloff 발간 도해에서는 süŋök로 나온다. I(i) 와 W̌(O)는 서로 혼동될 수 있으므로 siŋök는 süŋök의 잘못일 수 있다.

süŋök   뼈 (BK E 20); → siŋök

süŋüg   창(槍)

süŋüglüg   창병(槍兵), 창을 가진(이)

süŋüš   싸움, 전투; → uruš

süŋüš-   싸우다

sür-   몰다, 몰아내다

Šad   높은 칭호의 하나 (殺, 設); → Čad

Šadapït   높은 칭호의 하나

Šalčï   사람 이름 (Alp Šalčï)

Šantuŋ   땅 이름 (산동 평원; < 山東)

Šïp   땅 이름 (MČ E 3, 4)

tabar   가축 (MČ S 5)

Tabar   땅 이름

Tabgač   중국, 중국인 (拓跋)

tabïlku   식물 이름 (Spiraea, spiraea altaica) (ÏB 32, 32)

tabïšgan   (산)토끼 (T 8; ÏB 44)

tad   어린 (동물) (Altïnköl I 7); → čïna, oča

Tadik   사람 이름 (Tadik Čor)

tag   산(山)

tagik-   산에 오르다

takï   더, 더욱; 아직 (KT S 13; O 10; ÏB 3, 33)

takïgu   닭 (해 이름)

talïm 포식성의; 용감한, 대담한 (ÏB 3 등)

taloy 바다, 대양 (< 大流)

talula- 뽑다, 선택하다 (ÏB 19)

tām 벽 (KT SE)

Tamag 땅 이름 (Tamag Ïduk Baš)

tamgačï 옥새관, 옥새 담당관, 비서; → **Makarač, Bilgä, tamkalïg**

Tamgan 사람 이름 (Tamgan Tarkan)

tamkalïg 낙인이 있는 (Ačura 6); → **tamgačï**

tan 몸, 신체 (ÏB 3; < 이란어)

taŋ 새벽, 여명, 동이 틀 무렵 (ÏB 26)

taŋlar- 동트다, 날이 새다 (ÏB 26)

Taŋut 종족 이름 (탕구트 족; 唐古特, 唐兀剔, 堂項)

tañ 망아지 (Xem.-Čïr. a 2); → **taygun**

tap- 봉사하다 (Čaa-Xöl I 2)

tapa ~을 향해, ~ 쪽으로

tapla- 좋아하다, 좋게 보다, 인정하다 (BK E 35; ÏB 3)

Tarban 땅 이름; → **Tarman**

Tarduš 종족 이름 (돌궐 제국의 서쪽 부족들)

tarïg 곡물, 농작물 (ÏB 53)

tarïglag 밭, 경지 (Tar. W 4)

Tarkan 높은 칭호의 하나 (達干)

Tarkat Tarkan 칭호의 복수형

tarkïnč 불안한, 불만인

Tarman 땅 이름; → **Tarban**

taš [tāš] 돌; 돌투성이 땅

taš 밖

tašgar- (군대를) 전쟁에 내보내다 (MČ E 10)

tašïk- 나가다; 반란을 일으키다

tašra 밖으로

Tat[328] 종족 이름 (이란 사람)

Tatabï[329] 종족 이름

Tatar 종족 이름 (**Otuz Tatar, Tokuz Tatar**)

tatïglïg 단, 달콤한 (Toyok I F 6); → **süčig**

Tay Bilgä Totok 사람 이름 (MČ N 11)

Tay Säŋün 대장군 (Tar. W 6; < 大將軍)

taygun 망아지 같은 아들들 (글자 그대로는 "망아지들")[330]; → **tañ, kulun**

Taygüntan 땅 이름 (< 大雲堂) (İB 67)

täbä 낙타 (İB 5, 46); → **täbi**

täbi 낙타 (T 48 등); → **täbä**

täblig 속이는, 현혹시키는

täg ~ 같은, ~ 같이, ~처럼

täg- 닿다, 이르다, 다다르다; 공격하다

tägdök 싸움, 전투 (KT E 36)

---

328) 아주 다양하게 번역되는 이 낱말의 기본적인 뜻은 '낯선 사람'이라기보다는 '외국인 체류자', 아마 '신민'이었던 것 같다. 어쨌든 하위의 사람이었던 것 같다 (EDPT 449a). 저자는 앞에서 이 낱말을 '외국인'으로 번역하였다.

329) 타타브(Tatabï)는 중국 문헌에 해(奚)로 나오는 종족인 듯하다. 비문들에서는 거의 언제나 거란 다음에 언급되어 있다.

330) kulun은 '태어나서 1년까지의 망아지', tay는 '1년이나 2년 된 망아지'를 뜻한다. 즉, kulun이 tay보다 어린 망아지이다 (EDPT 622b, 566b).

tägi   ~까지

tägim   공격 (Elegest I 8)

tägiš   전투 (KT N 5)

täglük   눈먼, 장님의 (ÏB 24)

tägrä   주위에서, 주변에서; 주위, 주변

Tägräs   땅 이름 (Tar. E 3)

tägür-   이르게 하다, 도달하게 하다 (ÏB 35)

tägzin-   돌아다니다 (Altïnköl II 2 등); → **täzgin-**

Tälädü   강 이름 (Tar. W 4)

tälin-   구멍이 나다, 구멍이 뚫리다 (KT E 22; BK E 18)

Tämir Kapïg 땅 이름 (“鐵門”)

täŋ   수, 양 (< 等) (Ačura 8)

täŋri   하늘; 신

täŋrikän   독실한 카간

täŋrilig   독실한, 신앙심이 깊은 (ÏB 13)

tär   땀

Tärbän   사람 이름 (KČ S 2)

täri   가죽 (ÏB 44)

tärit-   땀 흘리다 (ÏB 50)

Tärkän   칭호의 하나 (Elegest I 6 등)

tärkläyü   빨리, 급속히 (ÏB 7)

Tämäl   강 이름 (**Ak Tämäl**) (T 25)

tärtrü   십자형으로 (ÏB 39)

täyäŋ   다람쥐 (BK N 12, S 12)

Täz   강 이름 (Tar. W 5)

täz-   달아나다

täzäk   동물의 똥 (ÏB 23)

täzig   빨리 달리는 (Kïzïl-Čïraa II 2)

täzgin-   돌아다니다 (Uybat III 8); → **tägzin-**

Täzik   종족 이름 (타지크 족[331]); 大食

te-   말하다; → **ti-**

Tensi, Tinsi 땅 이름 (< 天子 "하늘의 아들")

teril-   모이다; → **tiril-**

teyin   ~라고, ~하고; → **tiyin**

tïd-   저지하다, 제지하다

tïg   밤색에 흰색 또는 회색의 털이 섞인; 밤색에 흰색 또는 회색
           의 털이 섞인 말[332] (ÏB 39, 50)

tïl   (적에 대한) 정보; 정찰자, 전령

tïŋla-   듣다, 경청하다 (ÏB 58); → **tiŋla-**

tïrŋak   발톱 (ÏB 44)

tïtïn-   산산조각이 나다, 조각나다 (ÏB 44)

ti   지속적으로, 오랫동안 (BK S 15)

ti-   말하다; → **te-**

tigin   왕자(特勤)

---

331) 압바스 왕조(王朝) 때의 이슬람 교도들을 당(唐)에서 大食이라고 부른 것을 보면, Täzik
   는 아랍인을 가리키는 것인 듯하다. 더구나 저자는 1968년에 발간된 자신의 저서인
   A Grammar of Orkhon Turkic의 어휘집에서 täzik, täzīk에 대하여 'ethnic n. (Arab)'
   (p. 380a)이라 하였다.

332) 터키어 원본에는 '누르스름한; 이 색깔의 말'로 되어 있지만, Tekin(1993)에서는 'roan;
   roan horse'로 되어 있다.

tigrät-   (말을) 방귀를 뀔 때까지 달리게 하다 (ÏB 50)

tik-   세우다

til → til

tilä-   바라다, 원하다

tilkü   여우 (ÏB 46)

Tinsi → Tensi

tiŋla-   듣다, 경청하다; → **tiŋla-**

tir-   모으다; → **teril-**

[ti]r-   살다, 생존하다[333] (KT S 10)

tirgür-   되살리다, 소생시키다

tirig   살아 있는 (이); 목숨, 생명

tiril-   모이다; → **teril-**, **tir-**

tiril-   되살다, 살아남다

tirkiš   카라반, 대상; → **arkïš**

titig   진흙, 진창 (ÏB 46); → **balïk**

titir   암낙타 (ÏB 20); → **ingän**

tiyin   ~라고, ~하고; → **teyin**

tiz   무릎 (ÏB 60)

tizlig   강력한, 굳센 (글자 그대로는 "무릎이 있는")

to-   배부르다

tod-   배부르다

tog-   넘다; → **aš-**

togan   매(鷹) (ÏB 4 등)

---

333) 이 낱말의 뜻은 '모으다'임이 분명하다.

Togla 강 이름 (톨라(Tola) 강, 獨樂河)

tograk 포플러 나무 (İB 64)

Togu 땅 이름 (**Togu Balïk**)

tok 배부른

Tokar 종족 이름 (토하르(Tokhar) 족) (T 45)

tokï- 치다, 때리다

tokïš 싸움 (Tuva I (Bay-Bulun II) 3)

tokït- 비문을 쓰게 하다

tokurkak 자신을 배부르다고 여기는

Tokuš 강 이름 (MČ E 9)

tokuz 아홉, 9

Tokuz Oguz 종족 이름 (九姓)

Tokuz Tatar 종족 이름

tokuzunč 아홉째

tolgat- 괴롭히다, 고통을 주다

ton 겉옷

tonlug 옷이 있는, 옷을 입은

tonsuz 옷이 없는, 헐벗은

toŋ- 얼다

Toŋa 사람 이름 (同俄; **Toŋa Tigin**) (KT N 7; BK E 31)

toŋït- 내려다 보다, 아래로 향하다

Toŋra Äšim 사람 이름 (T 9)

toŋuz (멧)돼지 (Uybat VI 3)

topul- 뚫다

tor- 야위다, 몹시 지치다

torug 밤색의, 적갈색의 (말의 털 색깔)

toruk 야윈, 쇠약한

Totok 도독 (< 都督)

toz 먼지 (ÏB 15)

Tögültün yazï 땅 이름 (퇴귈튄 평원)

tök- 쏟다

tökǔt- 흘리다

Tölböri 사람 이름 (Uyuk-Turan 6)

Töliš 종족 이름 (돌궐 제국의 동쪽 부족들)

töpö 꼭대기, 정상

Töpöt 티베트 (吐蕃)

Tör Apa 칭호의 하나

törö 구두의 법/관습/관례; 의식, 예식

tört 넷, 4

törtünč 넷째

törü-[334] 창조되다

törün[335] 친족 용어 (Ozn. I 1)

törüt-[336] 만들게 하다 (ÏB 55)

tu- 막히다

Tudun 높은 칭호의 하나 (吐屯)

---

334) törö-로 읽는 것이 더 옳을지도 모른다.

335) törön으로 읽는 것이 더 옳을지도 모른다.

336) töröt-로 읽는 것이 더 옳을지도 모른다.

tug   기, 깃발 (MČ E 5; < 纛); → **učrug**

tug   장애물, 방해물 (T 26)

tug-   (해가) 뜨다 (ÏB 26, 52)

tuglug   기가 있는, 깃발이 있는

tugsïk, tugsuk (해가) 뜸, 동쪽

tugur-   (해가) 뜨다[337] (MČ E 1)

tul   과부 (K.-Hovu 6; Talaš 12; Tal. IV)

tulku   한 덩이로 된 (Tar. W 3)

tuman   안개 (ÏB 15)

Tun Tarkan 높은 칭호의 하나

Tunyukuk 높은 칭호의 하나, 총리대신 (暾欲谷; < ***tun yukuk?**); →

          Tuñukuk

Tuñukuk → **Tunyukuk**

tur-   일어나다; 머무르다, 남다 (ÏB 15 등)

turgak   낮의 순찰대 (Tar. N 2, 2)

turgur-   일으키다 (ÏB 20)

turña   두루미 (Abakan 13); → **turñya**

turñya[338] 두루미 (ÏB 61); → **turña**

turug   거처 (Suji 7)

turuk   맑은, 투명한 (Toyok I F 1-2)

tusu   쓸모 (Kïzïl-Čiraa II 2 등)

---

337) kün tuguru '해가 뜰 때에'에서 확인되는 동사 tugur-는 본래 tug- '(해가) 뜨다'의 사
　　동형이다. 이와 비슷한 예로 taŋ üntürü '동틀 때에'(T 35)에서 동사 üntür- '(해가) 나
　　오다, 동트다, 날이 새다'는 본래 ün- '오르다'의 사동형이다.

338) turña를 잘못 표기한 것이다.

tuš[ul]-   맞닥뜨리다 (O 8)

tut-   잡다, 붙잡다; 지키다, 보존하다

tutug   인질 (ÏB 29; Uybat III 9)

tutun-   매달리다

tutuz-   잡게 하다, 붙잡게 하다

Tuygun   사람 이름

Tuygut   사람 이름

tuyug   발굽 (ÏB 5)

tuy-   느끼다, 알아차리다

tuzak   덫 (ÏB 61)

tü   깃털 (ÏB 3)

tüg-   매듭을 짓다, 매듭으로 묶다

tügünlüg   (그 꼬리가) 매듭지어진 (T 54)

tügünük   천막의 굴뚝/연기 구멍 (ÏB 18)

tükä-   완성되다 (KČ W 4; ÏB 3)

tükäl   완전한; 무사히 (ÏB 15 등)

tükäti   완전히, 전부

tümän   만, 10,000, 아주 많은

Tümät   종족 이름

tün   밤, 밤에

tüŋür   사돈339) (Begre 8)

Türgi   땅 이름 (**Türgi Yargun Köl**)

Türgiš   종족 이름 (突騎施; 西突厥의 지배 세력)

---

339) 자식의 시아버지/장인이나 시어머니/장모.

Türk   종족 이름 (突厥); → **Türük**

türlüg   여러 가지의, 갖가지의 (Toyok 2)

Türük   종족 이름 (突厥); → **Türk**

tüš-   내리다, 내려오다, 내려가다; 떨어지다

tüšnäk   (새의) 횃대, 쉴 곳 (ÏB 61)

tüšür-   내리다, 내리게 하다

tüz   순종하는, 사이좋은, 조화된, 다툼이 없는

tüzsüz   순종하지 않는, 조화되지 않은, 다투는

tüzül-   화해하다, 관계를 개선하다, 화친하다

u   잠

u-   할 수 있다, 가능하다

ubut   부끄러움, 수치 (T 37)

uč   끝, 첨단; (군대의) 익(翼)

uč-   날다; 죽다, 사망하다, 서거하다, 승하하다

učrug   기, 깃발 (ÏB 36); → **tug**

učuz   쉬운

ud-   따라가다, 추적하다, 몰다

Udar   사람 이름 (**Udar Säŋün**)

udi-   자다

udigma   자는 (이), 잠자는 (이) (ÏB 20)

udlïk   넓적다리, 엉덩이

udšur-   무리를 지어 뒤쫓다

udu   그리고, 및 ("뒤쫓으며, 추적하며")

uduz-　이끌다, 파견하다

ugdaš　같은 부족 출신의 (Čaa-Xöl I 1)

ugur　시간, 때

uguš　부족(部族); → **bod, urug**

ula-　잇다, 연결하다 (ÏB 48)

ulayu　먼저, 제일 먼저; 그리고 ("이으며, 연결하며")

ulgat-　크다, 자라다 (< ***ulgad-**) (Barïk III 2; Altïnköl II 1)

ulgart-[340]　높이다, 승진시키다 (BK E 41); → **yügä(d)tür-**

ulu　용 (< 龍) (Tar. W 2); → **lü**

ulug　큰; 늙은, 연장의

Ulug Irkin　높은 칭호의 하나

Ulug Uruŋu　높은 칭호의 하나

uluš　도시

Umay　여신의 이름 (아이들을 보호하는 여신)

una-　옳게 여기다, 인가하다 (T 35)

unakïña　이내, 곧 (Ačura 11)

unč　가능한, 될 수 있는 (T 24)

unït-　잊다 (Tun-huang III a 9)

ur-　치다, 때리다; (돌에) 새기다, 파다; 놓다, 두다, 설치하다

urï　사내 (아이), 아들

urïlan-　아들을 낳다 (ÏB 5)

---

340) kič(i)g atl(ï)g[(ï)g ulgartd(ï)m] "나는 작은 칭호를 지닌 자[를 승진시켰다."에 나온다. 마멸된 부분을 채워 넣은 것인데, 동사 *ulgart-(< ulug + -ar- + -t-)는 아직 다른 곳에서 확인된 적이 없다. 한편 동사 ulgad-는 많이 확인되고 오늘날에는 ulgay-로 나타나므로 *ulgart-보다는 ulgad-나 *ulgadït-로 채워 넣는 것이 더 나을 것이다.

urtur-   (돌에) 새기게 하다, 파게 하다

urug   부족(部族) (Xem.-Čir. 10); → **bod**, **uguš**

urugsïrat- 근절하다, 멸종시키다

Uruŋu   높은 칭호의 하나

uruš   싸움, 전투 (O 10); → **süŋüš**

ut-   (도박이나 내기에서) 이기다 (ÏB 29)

utru   맞은편의, 맞은편에서 (ÏB 2 등)

utuz-   (도박이나 내기에서) 지다 (ÏB 29)

uya   둥지, 굴 (ÏB 31)

uya   친척 (Čaa-Xöl III 3); → **bišük**, **kadaš**, **kagadaš**, **ken**, **kin**

Uygur   종족 이름 (위구르 족; 廻紇, 回紇, 回鶻)

uyur   유능한 (ÏB 28 등); → **yitiglig**

uz   장식, 무늬

uzun   먼; 긴 (T 52; ÏB 22, 42, 47)

üč   셋, 3

Üč Kurïkan 종족 이름

Üč Oguz 종족 이름

üčägü   셋이 함께; → **bučägü**

üčün   ˜때문에, ˜이므로, ˜을 위하여

üčünč   셋째로

üčürgü   펠트 언치 (ÏB 50)

ügür[341]   암말떼, 말 번식장 (ÏB 56)

---

341) 이 낱말은 ögür '(말)떼'로 읽어야 한다.

ügüš-   뽑히다, 닳다 (İB 44)

ügüz   강

üküš   많은, 무수한

ülgän   위대한, 고상한

ülüg   운, 행운; 운명, 숙명; 부분, 일부

ümälä-   방문하다, 방문하러 가다 (İB 47)

ün-   오르다, 기어오르다; 일어서다 (İB 49 등)

üntür-   (해가) 나오다, 동트다, 날이 새다[342] (T 35)

üŋüš-   가죽이 벗겨지다, 찢어지다 (İB 44)

üpgük   후투티, 오디새 (İB 21)

ürk-   겁먹다, 겁에 질리다 (MČ S 7; İB 40)

ürküt-   겁주다, 겁에 질리게 하다 (İB 21)

ürüŋ   흰, 백색의; 고결한, 귀족(적)인 (BK N 11; Begre 10); → ak,
yürüŋ

üz   완고한, 고집 센, 제멋대로인 (T 34)

üz-   자르다, 부러뜨리다, 꺾다

üzä   위에, 위에서; ~ 위에, ~ 위에서; ~에 따라서

üzük   부러진, 찢긴 (İB 48)

Yabaš   강 이름 (MČ E 9)

Yabgu   높은 칭호의 하나 (葉護)

yabïz   나쁜, 불량한; → yabrït-

---

342) taŋ üntürü '동틀 때에'(T 35)에서 동사 üntür- '(해가) 나오다, 동트다, 날이 새다'는
본래 ün- '오르다'의 사동형이다. 이와 비슷한 예로 kün tuguru '해가 뜰 때에'(MČ E
1)에서 확인되는 동사 tugur-는 본래 tug- '(해가) 뜨다'의 사동형이다.

yablak   나쁜, 불량한; 나쁨, 불화

yabrït-   참패시키다, 패주시키다; → **yabïz**

yadag   걸어서; 보병

yadrat-   (말을) 땅에 눕히다, 넘어뜨리다 (İB 50)

yag-   비가 오다 (İB 53, 53)

yagak   호두[343] (İB 56)

yagï   적, 적군

yagïčï   전사(戰士), 지휘관 (T 50)

yagïd-   적이 되다; → **yagït-**

yagïsïz   우호적인, 평화적인 ("적(군)이 없는")

yagït-   적이 되다 (KČ 18); → **yagïd-**

yagïz   갈색의, 거무스름한

Yaglakar[344] **Kan Ata** 사람 이름

yaglïg   기름의, 기름투성이의 (İB 13)

yagrï-   말의 등이 상처 나다 (İB 16)

yagru   가까이

yaguk   가까운

yagut-   가까이 오게 하다, 다가오게 하다

yaka   가장자리, 끝, 경계

yakala-   경계를 정하다 (MČ E 8, S 2)

---

343) 이 낱말은 '견과(堅果)'를 뜻한다.

344) Yaglakar(藥羅葛)는 몽골 고원에 있던 위구르 제국(744-840)에서 744-789 년에 카간을 배출했던 씨족의 이름이다. 오늘날 중국 감숙성의 서부 유구르(West Yugur, 西部裕固, Yellow Uyghur) 족 사이에 Yaɣlahqar/Yaɣlahqər라는 씨족이 있다. 이 씨족의 사람들은 楊이라는 중국식 성씨를 사용한다.

yalabač 사신, 사절; 사자 (BK E 39; İB 11)

yalaŋ 벌거벗은, 벌거숭이의

yalbar- 간청하다, 애원하다, 빌다 (İB 19, 54)

yalga- 핥다 (İB 13)

yalïg 기쁜, 즐거운 (İB 2)

yalïk- 혼자 남다 (Elegest I 9, 10)

yalïm 벌거벗은, 초목이 없는 (İB 40, 49)

yalïŋus, yalŋus 혼자서 (KČ 23; Čaa-Xöl IV 1; İB 40 등)

yalma 카프탄

yamaglïg (?) 연합한 (?) (O 4)

yamaš- 참가하다, 가입하다, 합치다 (Tar. E 6)

Yamï 사람 이름 (**Yamï Kagan**) (O 1)

Yamtar 사람 이름 (**İšbara Yamtar, Tudun Yamtar**)

yan 옆, 측면; ~ 쪽으로, ~을 향하여 (**kanta yan, yirdinta yan** 등);
→ **yän**

yan- 돌아가다, 돌아오다

yana 다시, 또, 재차 ("돌아가며, 돌아오며")

yantur- (되)돌리다

yaŋi 새로운, 신선한

yaŋil- 잘못하다, 잘못 처신하다

yaŋra- 중얼거리다 (İB 22)

yañ- 흩뜨리다, 흩어지게 하다, 패주시키다, 참패시키다; → **yay-**

yap- 만들다, 건설하다 (İB 28)

yapït- 만들게 하다

Yar ügüz 강 이름 (Tar. E 7)

yar- 쪼개다, 가르다 (ÏB 40)

yara- 쓸모 있다, 알맞다 (T 23; ÏB 5 등)

yaraklïg 무기를 지닌

yarat- 만들다, 창조하다; 조직하다, 편성하다

yaratïn- 스스로를 조직하다, 편성하다 (BK E 9); → **yaratun-**

yaratït- 만들게 하다, 건설하게 하다345) (BK N 14)

yaratun- 스스로를 조직하다, 편성하다 (KT E 10); → **yaratïn-**

yarat(t)ur- 만들게 하다, 건설하게 하다346) (KT S 12)

Yargan 높은 칭호의 하나: **Inänču Apa Yargan Tarkan** (KT W 2);

Buyla Kutlug Yargan (Suji 2-3)

yargun 사슴의 일종 (ÏB 62)

Yargun 땅 이름 (**Türgi Yargun Köl**) (KT E 34)

yarïk 갑옷 (KT E 33 등)

yarïklïg 갑옷을 입은 (T 54)

yarïl- 쪼개지다, 갈라지다 (ÏB 6)

yarïn 아침에 (ÏB 22, 40)

Yarïš yazï 땅 이름 (야르시 평원) (T 33, 36)

yarlïka-, **yarlï(k)ka-** 은혜를 베풀다, 호의를 베풀다; (신이) 명령하다

yaru- 빛나다, 밝아지다 (ÏB 21, 26)

---

345) 터키어 원본에는 '(비문을) 세우게 하다'로 되어 있다. 그렇지만 비문에서 동사 yaratït-의 목적어는 bark '능묘'이므로 저자가 뜻을 잘못 달았음을 알 수 있다.

346) 터키어 원본에는 '(비문을) 세우도록 시키다'로 되어 있다. 그렇지만 비문에서 동사 yarat(t)ur-의 목적어는 bark '능묘'이므로 저자가 뜻을 잘못 달았음을 알 수 있다. 더 구나 이 부분은 BK N 14에 상응하는데 BK N 14에서는 동사 yaratït-가 나온다.

yaruk   빛나는, 밝은; 해, 태양

yasï   넓적한 (MČ E 9)

yasïč   넓고 긴 화살촉 (ÏB 49)

yaš   나이, ~ 살

yaš   눈물

yāš, yaš 신선한; 신선한 풀 (ÏB 17, 17, 53)

yaša-   살다

yašïl   녹색의 (ÏB 51)

Yašïl ügüz 강 이름 (黃河; "綠河")

yat   외국, 타향 (Begre 8)

yat-   눕다

yatïglï   누운 (이) (ÏB 20)

yay   여름

yay-   흩뜨리다, 흩어지게 하다 (O 1, 9[347]); → **yañ-**

yayïn   여름에 (BK E 39 등)

yayla-   여름을 보내다 (Tar. W 2; ÏB 62, 64)

yaylag   하영지(夏營地), 여름을 나는 곳 (Tar. W 5; ÏB 51, 62)

yaz   봄

yaz-   위반하다

yazï   평원

yazïg   암갈색의 (말의 털 색깔); 암갈색 말 (ÏB 11, 51)

yazïn   봄에

---

347) 이 낱말은 Malov의 저작에는 나오지만 저자의 **원문 예**에서는 ………로 표시한 부분
에 위치한다. 즉 저자는 이 낱말이 포함된 부분을 마멸된 것으로 여긴다.

yazïn- 잘못하다, 잘못을 저지르다 (BK E 16, 17)

yazuklug 유죄의 (MČ E 2)

yägir 젊은 가젤 (KČ 18)

yägrän 밤색 (말) (KČ 15, 21)

yäl- (말을) 전속력으로 몰다 (T 26, 27)

yälmä 전위대, 척후대, 기마 정찰대; 원정

yältür- 습격하게 하다, 전속력으로 달리게 하다

yämä ~도, 또한

yämlig 아름다운 (Uyuk-Turan 3)

yän ~ 쪽으로, ~을 향하여 (**birdin yän, öŋdün yän**) (T 11, 11); → **yan**

ye- 먹다; → **yi-**

yeg 더 좋은, 더 나은; → **yig**

yegän 조카 (Suǰi 8; MČ W 8)

Yegän Silig Bäg 사람 이름; → **Yigän Čor**

yegdi 더 좋게, 더 잘

yegirmi 스물, 20; → **yigirmi**

Yenčü ügüz 강 이름 (시르다리야 강; 眞珠河, 藥殺水[348])); → **Yinčü ügüz**

yer 땅, 토지; 나라, 국가; → **yir**

yerči 안내자

yet- (끄는 밧줄로) 끌고 가다, 데리고 가다; (말을) 끌고 가다

yet- 이르다, 다다르다, 도달하다 (MČ E 1, 3)

yeti 일곱, 7; → **yiti**

yetinč 일곱째; → **yitinč**

---

348) Jaxartes/Yaxartes를 옮긴 것이다.

yetmiš   일흔, 70

yïd-   보내다 (T 34); → **ïd-, id-**

yïdït-   냄새나게 하다, 악취가 나게 하다 (İB 59)

yïg-   쌓다, 모으다

yïl   해(年)

yïlan   뱀 (İB 8)

yïlkï   말, 말떼; 농경용 가축, 소

yïlla-   해를 보내다 (Tar. S 2)

yïllïk   ~ 해 (동안)의 (Tar. W 2)

yïlpagut   씩씩한 전사들; → **alpagu**

yïlsïg   넉넉한, 잘사는

Yïlun Kol   강 이름 (MČ E 3)

yïpar   사향, 향

yïr   북(쪽); → **ir**

yïra-   (시간이) 지나다, 멀어지다

yïrdïn   북쪽

yïrgaru   북(쪽)으로, 북쪽을 향하여

yïrya, yïryä   북(쪽)에서

yïryakï   북(쪽)에 있는

yïš   숲으로 덮인 산; → **yiš**

yïta   슬프다! (Uyuk-Turan 1 등); → **yïtu**

yïtu   아아! 슬프다! (Altïnköl I 4); → **yïta**

yi-   먹다; → **ye-**

yičä   다시, 재차 (KT E 16; BK E 14; MČ E 5)

yig　더 좋은, 더 나은; → **yeg**

Yigän Čor 사람 이름; → **Yegän Silig Bäg**

yigirmi　스물, 20; → **yegirmi**

yigit　젊은이

yil　(말의) 갈기 (ÏB 16)

yimšak　부드러운 (KT S 5 등)

yinčgä　가는, 가느다란 (T 13)

Yinčü ügüz 강 이름 (시르다리야 강; 眞珠河, 藥殺水) (KT E 39 등);
　　　　　　→ **Yenčü ügüz**

yir　땅, 토지; 나라, 국가; → **yer**

yir　북(쪽) (Tar. W 5); → **ir, yïrdïn, yïrya**

Yir Bayïrku 종족 이름

yiril-　헤어지다, 갈라지다 (Xem.-Čïr. 6); → **iril-**

yiš　숲으로 덮인 산 (Tar. W 5; ÏB 17); → **yïš**

yit-　사라지다, 없어지다

yiti　일곱, 7; → **yeti**

yitiglig　유능한 (ÏB 55); → **uyur**

yitinč　일곱째; → **yetinč**

yitür-　잃다, 상실하다; → **yütür-**

yog　장례식; → **korag**

yogan　굵은

yogči　문상객, 조문객

yogla-　애도하다, 문상하다

yoglat-　장례를 치르게 하다

yogur-   (위험한 곳을) 지나다

yōk, yok 없는

yokad-   없어지다, 소멸되다

yok(k)aru, yokaru 위로, 위를 향하여; → **yüg(g)ärü**

yokla-   오르다, 위로 올라가다 (죽다) (Ozn. I 6; Uybat III 3, 6)

yol   길

yolagči   전위대 (?) (BK SE)

yoli̇   번, 회

Yollug   사람 이름 (**Yollug Tigin**)

yoluk-   길에서 마주치다 (MČ S 1; Elegest I 10)

yoŋašur-   서로 중상하게 하다

yori̇-   걷다, 진군하다, 발전하다; 살다; → **yür-**

yori̇t-   걷게 하다, 진군하게 하다, 발전하게 하다

yubul-   구르다

yugur-   개다, 반죽하다

yuli̇-, yul- 약탈하다 (BK E 32; ÏB 8 등)

yulugči   약탈자

yuluk   약탈당한, 없어진 (O 3[349])

yumuš   일, 봉사 (Šan'či II[350] 1)

yunt   말(馬)[351] (ÏB 5 등); → **at**

---

349) 이 낱말은 **원문 예** 부분에서는 나오지 않는다.

350) 4줄로 이루어진 이 비문은 러시아 연방 투바(Tuva) 공화국의 Ulug-Xem '예니세이 강'(글자 그대로는 '큰 강'; 예니세이 강의 상류) 왼쪽 기슭을 따라 있는 샨치(Šan'či) 골짜기에서, 차아-횔(Čaa-Xöl) 강과 헴치크(Xemčik) 강 사이에서, 비체-하아근(Biče-Xaagïn)이라는 곳에서 발견되어 투바 박물관에서 보관되고 있다. 이 비문은 Sergej Jefimovič Malov(1880.1.28.-1957.9.6.)의 분류에 따르면 E-152이다.

yurč   (손아래) 처남 (KT E 32; Čaa-Xöl V 2)

yurt   야영지, 본영

yut352)   기아, 기근 (BK E 31)

yutuz   아내, 부인, 여자

yuyka   얇은

yügä(d)tür- 승진시키다 (KČ W 2); → **ulgart-**

yüg(g)ärü 위로, 위를 향하여; → **yok(k)aru, yokaru**

yügür-   달리다; 흐르다

yügürt-   쏟다, 흘리다

yük   짐 (Altïnköl I 3)

yükün-   머리를 숙이다, 굴복하다, 복종하다

yüküntür- 머리를 숙이게 하다, 굴복시키다, 복종시키다

yür-   걷다, 걸어가다 (MČ E 4); → **yorï-**

yüräk   심장 (Kïzïl-Čiraa II 1)

yürüŋ   흰, 빛; → **ürüŋ**

yütür-   잃다, 상실하다 (ÏB 24); → **yitür-**

yüz   얼굴 (KT E 33)

yüz   백, 100

yüz baši 100명의 우두머리(百長) (Tar. W 7)

yüzüt-   헤엄치게 하다 (BK E 30)

---

351) yunt는 '말'에 대한 일반적인 용어이고, at는 좀 더 구체적으로 '승용마'를 뜻하였다. 12지(十二支)에서 '말'을 가리키는 낱말은 yunt였고, at는 중세 튀르크어까지 나타나지 않았다 (EDPT 946a).

352) 원래 '가축을 죽일 정도로 혹독한 날씨'를 뜻하는 yut는 그 뜻이 확장되어, 목초지의 부족 및 전염병처럼 가축의 상실, 심지어 인간의 사망을 일으키는 다른 것들에 대해서도 사용된다(EDPT: 883b).

참고문헌

Pentti Aalto, G. J. Ramstedt & J. G. Granö, "Materialien zu den alttürkischen Inschriften der Mongolei", JSFOu LX: 7 (1958).

Reşid Rahmeti Arat, *Kutadgu Bilig*, TDK, İstanbul 1947.

W. Bang, *Über die köktürkische Inschrift auf der Südseite des Kültägin-Denkmals*, Leipzig 1896.

__________, "Zu den Kök-Türk-Inschriften der Mongolei", *T'oung Pao* VII (1896), 325-355.

__________, "Zu den köktürkischen Inschriften", *T'oung Pao* IX (1898), 117-141.

__________, "Turcica", *Mitteilungen der vorderasiatischen Gesellschaft* (1917), 270-294.

I. A. Batmanov & A. Č. Kunaa, *Pamjatniki drevnetjurkskoj pis'mennosti Tuvy*, I & II: Kyzyl 1963, III: Kyzyl 1965.

Ahmet Caferoğlu, *Türk Dili Tarihi* I, İstanbul 1970.

Sir Gerard Clauson, "The Ongin Inscription", *JRAS* (1957), 177-192.

__________, "Notes on Irk Bitig", *UAJb* XXXIII: 3-4 (1961), 218-225.

__________, *Turkish and Mongolian Studies*, London 1962.

__________, *An Etymological Dictionary of Pre-Thirteenth-Century Turkish*, Oxford 1972.

Sir Gerard Clauson & Edward Tryjarski, "The Inscription at Ikhe-Khushotu", *RO* 34 (1971), 7-33.

A. von Le Coq, "Köktürkisches aus Turfan", *SBAW* 1909, 1047-1061.

K. Czeglédy, "Čoγ ay-Quzï, Qara-Qum, Kök-Öng", *AOH* XV: 1-3 (1962), 55-69.

Gerhard Doerfer, "Zum Vokalismus nichterster Silben im Alttürkischen", *WZKM* 73 (1981), 47-87; 74 (1982), 103-128.

Otto Donner, "Sur l'origine de l'alphabet turc du nord de l'Asie", *JSFOu* XIV: 1 (1896).

János Eckmann, "Das Chwarezmtürkische", *Philologiae Turcicae Fundamenta I*, (Wiesbaden 1959), 113-137.

Ahmet Cevat Emre, *Türk Lehçelerinin Mukayeseli Grameri, Birinci Kitap: Fonetik*, İstanbul 1949.

Marcel Erdal, "Irk Bitig üzerine yeni notlar", *TDAY-Belleten* 1977, 87-119.

__________, *Old Turkic Word Formation*, I-II, Wiesbaden 1991.

Karl Foy, "Türkische Vocalstudien", *MSOS* (1900), 180-215.

A. von Gabain, *Alttürkische Grammatik*, Leipzig 1941; 제2 판: Leipzig 1950; 제3 판 Wiesbaden 1974.

__________, "Über Ort s bezeichnungen im Alttürkischen", *SO* XIV: 5 (1950).

__________, "Zur Geschichte der türkischen Vokalharmonie", *UAJb* XXIV (1952), 105-111.

__________, "Alttürkische Datierungsformen", *UAJb* XXVII (1955), 191-203.

__________, "Das Alttürkische", *Philologiae Turcicae Fundamenta I*, (Wiesbaden 1959), 21-45.

René Giraud, *L'inscription de Baïn Tsokto*, Paris 1961.

Kaare Grønbech, *Der Türkische Sprachbau*, Kopenhagen 1936.

Vilhelm Peter Grønbech, *Forstudier til tyrkisk lydhistorie*, Copenhague 1902.

Inscriptions de l'Iénisséi, recueillies et publiées par la Société finlandaise d'Archéologie, Helsingfors 1889.

Inscriptions de l'Orkhon, recueillies par l'expédition finnoise 1890 et publiées par la Société finno-ougrienne, Helsingfors 1892.

James Hamilton, "Le colophon de l'Irk Bitig", *Turcica* VII (1975), 7-19.

F. G. Isxakov, "Dolgije glasnyje v tjurkskix jazykax", *Issledovanija po sravnitel'noj grammatike tjurkskix jazykov, I: Fonetika* (Moskva 1955), 160-174.

I. V. Kormušin, *Tjurkskije jenisejskije epitafii. Teksti i issledovanija*, Moskva 1997.

W. Kotwicz & A. N. Samoïlovitch, "Le monument turc d'Ikhékhuchotu en Mongolie centrale", *RO* 4 (1926), 60-107.

A. N. Kurat, "Gök Türk Kağanlığı", *DTCFD* X: 1-2 (1952), 55-77.

L. Ligeti, "Les voyelles longues en turc", *JA* (April-June 1938), 177-204.

Mao-Tsai Liu, *Chinesischen Nachrichten zur Geschichte der Ost-Türken (T'u-küe)*, Wiesbaden 1958.

S. Je. Malov, *Pamjatniki drevnetjurkskoj pis'mennosti*, Moskva 1951.

__________, *Jenisejskaja pis'mennost' tjurkov*, Moskva 1952.

__________, *Jazyk želtyx ujgurov*, Alma-ata 1957.

__________, *Pamjatniki drevnetjurkskoj pis'mennosti mongolii i kirgizii*, Moskva 1959.

P. M. Melioranskij, "Pamjatnik v čest' Kjul-Tegina", *Zapiski Vostočnago Otdelenija Imperatorskago Russkago Arxeologičeskago Obščestva* XII: 2-3, Sanktpeterburg 1899.

D. M. Nasilov, "K voprosu o modal'nyx slovax *ärinč, ärki* i *ärkän* v drevnetjurkskix jazykax", *Trudy samarkandskogo gosudarstvennogo universiteta im. A. Navoi*, No. 102 (Samarkand 1960), 127-132.

__________, "O nekotoryx složnyx glagol'nyx formax v drevnetjurkskix jazykax", *Trudy samarkandskogo gosudarstvennogo universiteta im. A. Navoi*, No. 102 (Samarkand 1960), 133-143.

__________, "Yenisey vä Orxun yadgärlikläridägi rävišdaš kategoriyasi", *Özbek Tili vä Ädäbiyåti Mäsäläläri* I (Taškent 1961), 48-53.

V. M. Nasilov, *Jazyk orxono-jenisejskix pamjatnikov*, Moskva 1960.

__________, *Drevnetjurkskij jazyk*, Moskva 1963.

J. Németh, "Zur Kenntnis des geschlossenen *e* im Türkischen", *KCsA* I, Supplement (Budapest-Leipzig 1939), 515-531.

__________, "Zur Erklärung der Orchon-inschriften", *Festschrift Friedrich Giese* (= *Die Welt des Islams*, Sonderband, 1941), 35-45.

H. N. Orkun, *Eski Türk Yazıtları* I-IV, İstanbul 1936, 1938, 1940, 1941.

B. Ögel, "Göktürk yazıtlarının 'Apurım'ları ve 'Fulin' problemi", *TTK-Belleten* 33 (Ankara 1945), 63-87.

P. Pelliot, "L'origine de T'ou-kiue, nom chinois des Turcs", *T'oung Pao* XVI (1915), 687-690.

N. Poppe, "Türkisch-tchuwassische vergleichende Studien", *Islamica* I: 1 (Leipzig 1924), 409-427.

__________, "Altaisch und Urtürkisch", *UJb* VI: 1-2 (1926), 94-121.

__________, "Plural Suffixes in the Altaic Languages", *UAJb* XXIV: 3-4 (1957), 65-83.

__________, *Vergleichende Grammatik der altaischen Sprachen*, Teil 1: *Vergleichende Lautlehre*, Wiesbaden 1960.

O. Pritsak, "Die Herkunft der Allophone und Allomorphe im Türkischen", *UAJb* XXXIII: 1-2 (1961), 142-145.

__________, "Das Alttürkische", *Handbuch der Orientalistik*, Fünfter Band: *Altaistik*, Erster Abschnitt: *Turkologie*, Leiden/Köln 1963, 27-52.

W. Radloff, *Atlas der Alterthümer der Mongolei*, St. Petersburg 1892-1899.

__________, *Die Alttürkischen Inschriften der Mongolei*, Erste Lieferung, St. Petersburg 1894-1895.

__________, *Die Alttürkischen Inschriften der Mongolei*, Zweite Folge, St. Petersburg 1899.

__________, "Alttürkische Studien", *Bulletin de l'Académie impériale des sciences de St.-Pétersbourg* I (1909), 1213-1222; II (1910), 217-228; III (1910), 1025-1036; IV (1911), 305-326; V (1911), 427-452; VI (1912),

747-778.

G. J. Ramstedt, "Zwei uigurische Runeninschriften in der Nord-Mongolei", *JSFOu* 3 (1913), 1-63.

__________, "Zur Frage nach der Stellung des Tschuwassischen", *JSFOu* VIII: 1, Helsinki 1922.

Martti Räsänen, *Zur Lautgeschichte der türkischen Sprachen* (= *Studia Orientalia* XV), Helsinki 1949.

__________, "Türkische Miszellen I: Die Vokallängen der ersten Silbe im Türkmenischen", *Studia Orientalia* XXV: 1 (1960).

Talat Tekin, "On Kök Turkic büntägi", *CAJ* VIII: 3 (1963), 196-198.

__________, "On a misinterpreted word in the Old Turkic inscriptions", *UAJb* XXXV (1964), 134-144.

__________, *A Grammar of Orkhon Turkic*, Indiana University Publications, Uralic and Altaic Series, No. 69, Bloomington 1968.

__________, "The Tariat (Terkhin) Inscription", *AOH* 37: 1-2 (!983), 43-68; 터키어로는: "Kuzey Moğolistan'da yeni bir Uygur yazıtı", *TTK-Belleten* XLVI: Sayı 184 (Ankara 1983), 795-838.

__________, *Orhon Yazıtları*, TDK, Ankara 1988.

__________, "Nine notes on the Tes inscription", *AOH* 42: 1 (1988), 111-118.

__________, *Irk Bitig: The Book of Omens*, Harrassowitz Verlag, Wiesbaden 1993.

__________, *Tunyukuk Yazıtı*, Simurg, Ankara 1994.

__________, *Türk Dillerinde Birincil Uzun Ünlüler*, T. C. Kültür Bakanlığı-Simurg, Ankara 1995.

__________, "Some Remarks on the Tunyukuk inscription", *Beläk Bitig, Sprachstudien für Gerhard Doerfer zum 75. Geburtstag*, heraus. von Marcel Erdal und Semih Tezcan, Harrassowitz Verlag, Wiesbaden 1995, 209-222.

__________, "Elegest (Körtle Han) Yazıtı", *Türk Dilleri Araştırmaları* 5, 1995 (Ankara 1995), 19-32.

__________, "The first Altınköl inscription", *Turkic Languages* 1-2 (1997), 210-226.

__________, "The second Altınköl inscription", *Türk Dilleri Araştırmaları* 8 (Ankara 1998), 5-14.

Semih Tezcan, "Tonyukuk yazıtında birkaç düzeltme", *TDAY-Belleten* 1975-1976 (Ankara 1976), 173-181.

Vilhelm Thomsen, *Inscriptions de l'Orkhon déchiffrées* (= *MSFOu* V), Helsingfors 1896.

_______, "Alttürkische Inschriften aus der Mongolei"(덴마크어에서 번역한 사
람은 H. H. Schaeder), *ZDMG* 1924/25, 121-175.

_______, "Dr. M. A Stein's Manuscripts in Turkish 'Runic' script from Miran
and Tun-huang", *JRAS* 1912, 181-227.

_______, "Ein Blatt in türkischer 'Runen' Schrift", *SBAW* 1910, 296-306.

_______, "Une lettre méconnue des inscriptions de l'Iénisseï", *JSFOu* 30: 4
(1913), 1-9.

_______, *Turcica* (= *MSFOu* XXXVII), Helsingfors 1916, 1-107.

D. D. Vasil'ev, *Korpus tjurkskix runičeskix pamjatnikov bassejna jeniseja*,
Leningrad 1983.

룬 문자로 된 원문 예

ᚵᚤᚭ : ᛟᛞᚺ : ᛌᛅᚲᛁᛦ : ᚱᛏᚾᛕ : ᛒᛦᚤᚭ : ᛌᛉᛏᛦᛕ : ᛂᛕᛁᛏᛦᛕ (1)
ᛞᛕᛁᚾᛂᛩᛐᛁ : ᚤᚭᚫ : ᚤᛂᛉᛚ : ᛚᚺᛌᛕ : ᚬᛦᚭᛌ : ᛷᚬᛐᚤᚩ : ᛌᛉᛉ
ᚤᛂᛩᛐᛅᛌᚱᛂᛠ : ᛌᚴᛏᛚᚭ : ᛷᚬᛠᚭ : ᛚᚴᛏᛚᚭ : ᛷᚬᛌᚫ
ᛐᛕᛐ : ᛏᚤᛂᚭ : ᛌᚺᛞᚤᚭ : ᛐᛅᛕᛐ : ᛌᛞᚴᛚᚩ : ᛏ

ᛐᛅᛕ : ᛉᛚ : ᛚᚺᚾᛂᛉ : ᛕᛷᚭᛌᚭ : ᛚᚬᛷᚭᛌᚺᛏᚤᚭ : ᛕᚤᚭᛕᛷᛐᛐ (2)
ᚾᛩ : ᚾᛏᛂᛏᛚᚭ : ᛌᚺᛌᚤᚭᛐ : ᛕᚾᚵ : ᚾᛏᛂᛚᛚ : ᛌᚴᛅᛚᛕ : ᛚᛷᛠᛜᛩ
: ᚭᛅᛠᛅᛕᚩ : ᛌᚴᛚᛅᛐᛜᛅ : ᛕᚾᚵ : ᚭᛅᛠᛚᛅᛐ : ᚭᛅᛌᛐᛚᚭᛜᛅᛐ : ᛕ
ᛕᚾᛕ : ᚭᛐᚭ : ᚭᛷᚭᛌ : ᛚᚺᛏ : ᛌᚴ : ᛌᚭ : ᚭᛅᛌᛚᚭᛜᛅᛐ : ᛕᚾᛕ
ᛚ : ᛷᚫᚭᛌ

ᛒᛕᚩ : ᛕᚺᛕᚾ : ᚭᛅᛕ : ᚱᛏᚾᛕ : ᛐᚭᛅᛈ : ᛚᚩᛜᚭᛌ : ᛷᛉᛅᛚ : ᛐᚭᛐ (3)
: ᛚᚺᛕᛌᚺᛚᚺᛞ : ᛅᚭᛠᛷ : ᚾᛏᛂᛚᛚ : ᛐᚤᛅᚭ : ᛌᚺᛠᛚ : ᚺᛠᚺᛅᛩᛐ
: ᛕᚭᛐᛠ : ᚾᛏᛂᛏᛚᚭ : ᛷᛉᛠᛂᚾ : ᛂᛌᛏᚭ : ᛌᚺᚭᛞᛜ : ᛷᛉᛠᛦᛕᛅ
ᛚᚺᛅᛐ : ᛷᛉᛠᛂᚾ : ᛂᛌᛏᚭ : ᛌᚴᚺᛕᚴᛏᚺ : ᛷᛉᛠᛅᛚ : ᛚᛂᛕᚭ : ᛌᚴᛅᚺᛠᛩ
ᛅᚾᚾᚩᚩ : ᚭᛅᚫ

ᛈᛒᛚᛞᛌᛏᛩ : ᚭᛅᛌᚴᛅᛕᚩ : ᛷᛉᛠᛅᚾ : ᛚᚺᛕ : ᛌᚴᚺᛌᛅᛐᚴᛐᛕ : ᛌᛅᛅᚫ (4)
: ᛷᛐᚺᛅᛐᛞ : ᛚᚺᛕ : ᛌᚴᛏᛚᚩ : ᛌᛅᛕᚭ : ᛷᛉᛠᛅᚾ : ᛚᚺᛕ : ᛌᚺᛌᛚᛐᚭᛩ
ᚱᛕᚾ : ᛏᛏᛩ : ᚺᛌᛜᛜᛜᛦᚴ : ᚭᛅᛐ : ᛐᚭᛚᛠᛚ : ᛂᛚᚩ : ᛌᛷᛒᛠᚩ : ᛕᛷᚱᛕᚾ
: ᛌᛦᛐᛏᚭ : ᚭᛷᚭᛌ : ᛷᛠᛅᛦᛚ : ᛐᛅᛚᛕ : ᛌᛉᛚᛠᛐᚩᛌ : ᛒᛷᛐᛷᛷᛕ : ᛕ

: ᛕᛅᛌᚭᛌ : ᛞᛜᚭᛐ : ᛚᚺᛂᛚᛚ : ᛒᛷᛕᚾᚵ : ᚭᚭᛜᛌ : ᛷᚺᛦᛕᛕ (5)
: ᛅᛠᚭᚩ : ᛚᛚᛏ : ᛂᛚᛅᛠᛚ : ᛚᚩᛠ : ᚭᛷᚭᛌ : ᛅᛌᚭᛜ : ᛏᚾᛏᛏᚭᛌᛌ
ᛠᛞᛌᛌ : ᛌᚩᛜᛞᚺᛠᛕ : ᛐᛅ : ᚾᛏᛅ : ᚭᛠᚭᚩ : ᛌᚩᛠ : ᛂᛚᛅᛠᛚ : ᛅᛐᛐ

<그림 1> 퀼 티긴 비문 남쪽 면 (Malov 1951: 19)

500 돌궐어 문법

<그림 2> 퀼 티긴 비문 남쪽 면 (Malov 1951: 20)

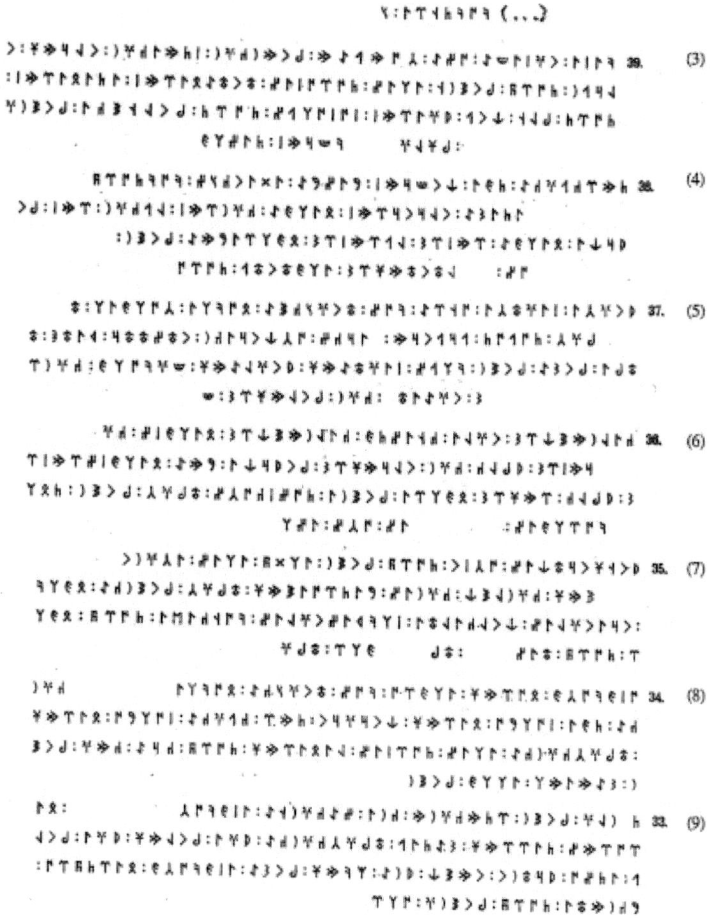

<그림 3> 빌개 카간 비문 동쪽 면 (Inscriptions de l'Orkhon 17-18)

<그림 4> 투뉴쿠크 제1 비문 서쪽 면 (Malov 1951: 56)

(8)

(9)

(10)

(11)

(12)

(13)

(14)

(15)

(16)

(17)

(18)

<그림 5> 투뉴쿠크 제1 비문 남쪽 면 (Malov 1951: 57)

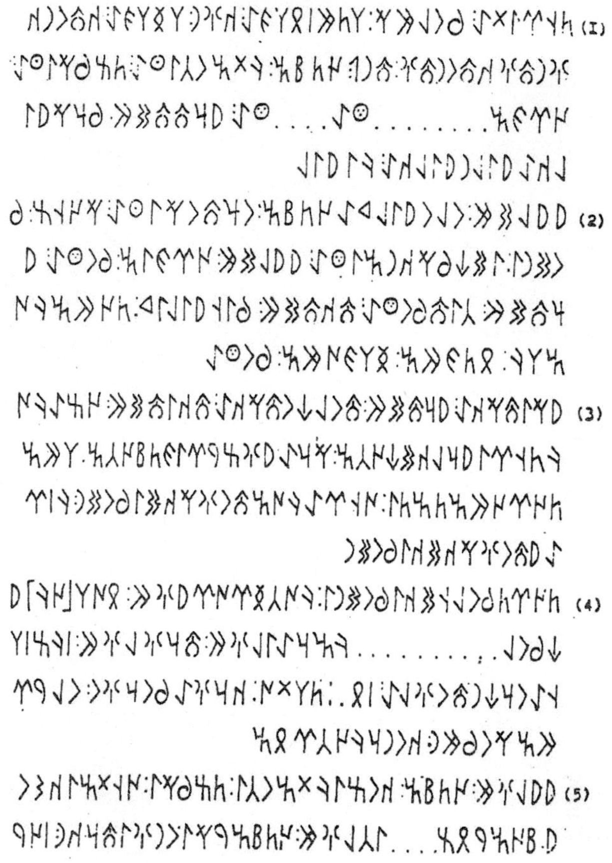

<그림 6> 타리아트 비문 서쪽 면
(Shineekhüü에 의거, Tekin 1983으로부터)

<그림 7> 우육-투란 비문 (Vasil'ev 1983: 83)

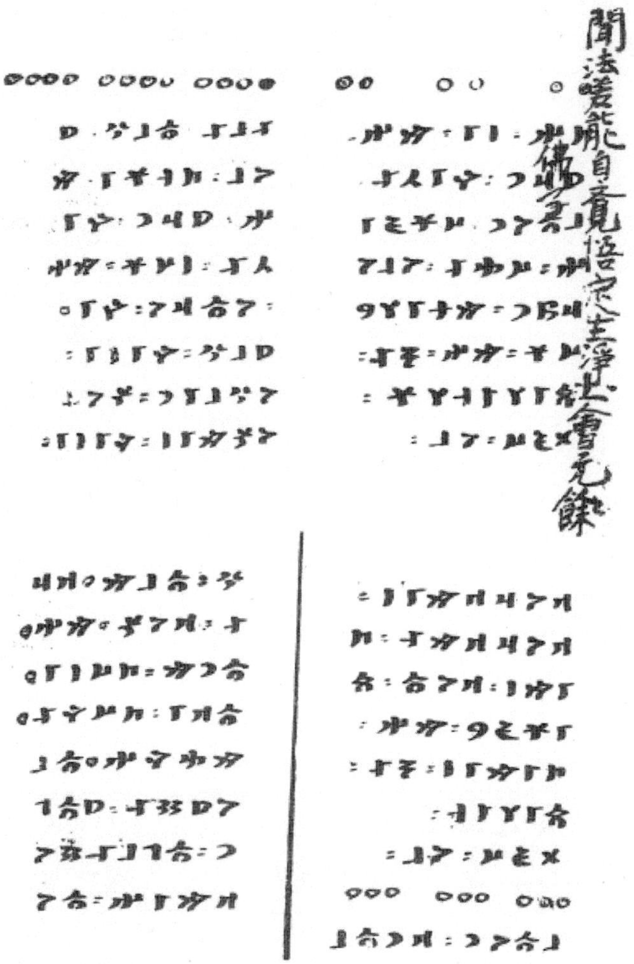

<그림 8> 으르크 비틱, 첫 3 점괘 (Tekin 1993: 81-82)

지은이
탈라트 테킨(Talât Tekin, 1927~2015)

이스탄불 대학교 인문대학 터키어문학과를 졸업하였다. 1951~1957년에 이즈미르(İzmir), 트라브존(Trabzon), 비틀리스(Bitlis)에서 터키 문학 교사로 근무하였다. 1957~1961년에는 터키 언어 협회(Türk Dil Kurumu)에서 터키어 문법 전문가로 근무하였다. 1965년에 로스앤젤레스의 캘리포니아 대학교 근동어학과에서 「A Study of Orkhon Turkic」이라는 논문으로 박사학위를 받았다. 1965~1972년에 버클리의 캘리포니아 대학교에서 터키어 조교수로 근무하였다. 1972~1976년에 앙카라의 하젤테페(Hacettepe) 대학교 부교수, 1976~1994년에 동 대학교 터키어문학과 교수로 근무하다 정년퇴직하였다. 1996~1997년에 앙카라의 빌켄트(Bilkent) 대학교 역사학과, 1997~2004년에 이스탄불의 예디테페(Yeditepe) 대학교 터키어문학과에서 근무하였다.

저서로는 「A Grammar of Orkhon Turkic」(1968), 「Ana Türkçede Aslî Uzun Ünlüler[튀르크 조어에서 일차 장모음들」(1975), 「Japanese and Turkish: Is Japanese Related to Turkish?」(1985), 「Tuna Bulgarları ve Dilleri[다뉴브 불가르족 및 그들의 언어」(1987), 「Orhon Yazıtları[오르콘 비문들]」(1988), 「Volga Bulgar Kitabeleri ve Volga Bulgarcası[볼가 불가르 비문들 및 볼가 불가르어]」(1988), 「XI. Yüzyıl Türk Şiiri[11세기 튀르크 시(詩)]」(1989), 「Hunların Dili[흉노족의 언어]」(1993), 「Japonca ve Altay Dilleri[일본어 및 알타이 언어들]」(1993), 「Irk Bitig, The Book of Omens」(1993), 「Tunyukuk Yazıtı[투뉴쿠크 비문]」(1994), 「Türk Dillerinde Birincil Uzun Ünlüler[튀르크 언어들에서 일차 장모음들]」(1995), 「Türk Dilleri - Les Langues Turques」(1995; M. Ölmez와 공저), 「Les inscriptions de l'Orkhon, Kul Tighine, Bilghé Qaghan, Tounyouqouq」(1995), 「Tarih Boyunca Türkçenin Yazımı[역사상 튀르크어의 표기]」(1997), 「Türkoloji Eleştirileri[튀르크학 비평들]」(1997, 개정증보판), 「Orhon Türkçesi Grameri[오르콘 튀르크어 문법]」(2000)이 있다.

옮긴이
이용성(1964~)

서울대학교 사범대학 지리교육과를 졸업하였다. 서울 소재 광양중학교에서 사회과 교사로 근무하였다. 터키 앙카라의 하젤테페(Hacettepe) 대학교 터키어문학과에서 탈라트 테킨 교수의 지도를 받아 「Türk Dillerinde Akrabalık Adları[튀르크 언어들에서 친족용어들]」(1993)로 석사학위, 「Türk Dillerinde Sontakılar[튀르크 언어들에서 후치사들」(1998)로 박사학위를 받았다.
2000~2001년에는 북 키프로스 가지마우사(Gazimağusa)에 있는 동지중해 대학교(Doğu Akdeniz Üniversitesi, Eastern Mediterranean University) 터키어문학과에서 조교수로 일했다. 2003년부터 서울대학교 인문학연구원에서 연구원으로 일하며 한국학술진흥재단이 후원하는 알타이어 현지조사 프로젝트에 참여하여 중국, 러시아, 몽골, 우크라이나, 키르기스스탄, 리투아니아에서 여러 튀르크어를 조사하였다.
서울대학교에서 강의하고 있으며 고려대학교와 단국대학교에 출강하기도 하였다. 개정·증보한 석사학위논문과 박사학위논문은 각각 1999년과 2004년에 이스탄불에서 발간되었다.

저서로는 「A Study of the Middle Chulym Dialect of the Chulym Language」(2008)와 「A Study of Dolgan」(2011), 「터키와 점점 친해지는 샤크르 샤크르 터키어」(2012), 역서로는 「돌궐 비문 연구」(2008)가 있다. Marquis Who's Who in the World 2016 (33rd Edition)에 등재되었다.

돌궐어 문법

초 판 인 쇄 | 2012년 11월 16일
초 판 발 행 | 2012년 11월 16일

지 은 이 | 탈랴트 테킨
옮 긴 이 | 이용성
펴 낸 이 | 채종준
펴 낸 곳 | 한국학술정보㈜
주　　　소 | 경기도 파주시 문발동 파주출판문화정보산업단지 513-5
전　　　화 | 031) 908-3181(대표)
팩　　　스 | 031) 908-3189
홈 페 이 지 | http://ebook.kstudy.com
E-mail | 출판사업부　publish@kstudy.com
등　　　록 | 제일산-115호(2000. 6. 19)

ISBN　　978-89-268-3899-0 93790 (Paper Book)
　　　　978-89-268-3900-3 95790 (e-Book)